A.F.R Knötel

Atlantis und das Volk der Atlanten

Ein Beitrag zur 400 jährigen Festfeier der Entdeckung Amerikas

A.F.R Knötel

Atlantis und das Volk der Atlanten

Ein Beitrag zur 400 jährigen Festfeier der Entdeckung Amerikas

ISBN/EAN: 9783742894816

Hergestellt in Europa, USA, Kanada, Australien, Japan

Cover: Foto ©Thomas Meinert / pixelio.de

Manufactured and distributed by brebook publishing software
(www.brebook.com)

A.F.R Knötel

Atlantis und das Volk der Atlanten

Atlantis

und das Volk der Atlanten

Ein Beitrag zur 400jährigen Festfeier
der Entdeckung Amerikas

von

A. F. R. Knötel

Leipzig
Verlag von Fr. Wilh. Grunow
1893

Inhaltsverzeichnis

Erstes Buch

Viertes Buch

Seite

Erstes Buch

Atlantis

Erſtes Kapitel

Amerika von den Normannen entdeckt — Vinland —
St. Brandans Eiland; die alten Iren und Kelten, die
Druiden — Einführung des Chriſtentums — Island
von den Iren beſiedelt — Ihre Schiffahrt — Beſchränkte
geographiſche Kenntniſſe der Griechen und Römer —
Pytheas von Maſſilia — Gades und ſeine Schiffahrt —
Kunden von einem Lande jenſeits des Ozeans

Die Entdeckung Amerikas durch Kolumbus war
nicht die erſte, wohl aber die, die bald zu allgemeiner
Kenntnis gekommen war und eine fortdauernde Ver=
bindung dieſer neuen Welt mit der alten hergeſtellt
hat. Wir wiſſen gegenwärtig, daß es ſchon einmal
etwa fünfhundert Jahre früher durch die Normannen
entdeckt worden war, aber dieſe Kunde blieb auf enge
Kreiſe im Norden beſchränkt und ging im Laufe der
Zeit wieder verloren, weil niemand darauf beſonders
geachtet hatte.

Im Jahre 874 ſuchten die von dem chriſtlichen
Könige Harald Harfagr beſiegten heidniſchen Prieſter
und Bauern eine Zufluchtſtätte auf Island, das alſo
damals bereits entdeckt war. In großen Scharen

1*

siedelten sie sich in dem unwirtbaren Lande an und mehrten sich im Laufe der Zeit so stark, daß Über- völkerung eintrat. Von hier aus entdeckten sie Grön- land, und als im Jahre 983 Erich der Rote, wegen Totschlages verbannt, dorthin auswanderte, folgten ihm zahlreiche andre Isländer und ließen sich der Westküste entlang bis zum 73° n. Br., wo Upernivik liegt, nieder. Durch einen Sturm verschlagen entdeckte dann Biarni Herjulfson die Küste von Nordamerika (Labrador, Halluland), worauf Eireks drei Söhne seit 990 wiederholte Fahrten dorthin machten. Sie kamen zunächst bis zum Kap Cod (42° n. Br.) in der Nähe von Boston, und einer von ihnen, Leif mit Namen, gründete dort in einer wald- und fischreichen Gegend eine Ortschaft Leifsbuar. Er nannte das um- liegende Land Vinland, d. i. Weinland. Denn sein Erzieher, ein Deutscher namens Tyrker, der von einem Ausfluge ins Innere betrunken zurückgekommen war, hatte ihm gesagt, er habe gewisse Beeren gegessen, und die Pflanze, darauf sie wüchsen, sei Vin.

Diese Vinländer waren bereits Christen und standen als solche, wie die übrigen Nordländer mit ihren Bischöfen und Priestern, unter dem Patriar- chate des Erzbischofs von Bremen. Da in Rom ge- weihte Bischöfe und in Bremen ordinierte Priester unausgesetzt nach Dänemark, Schweden, Norwegen, Island gingen, so müssen solche auch nach Grönland und Vinland geschickt worden sein. Ob die Meldung begründet sei, die wir vor längerer Zeit in einem Journale lasen, daß sich noch jetzt auf einer Insel in der Nähe jener Niederlassung Ruinen einer kleinen im romanischen Stile erbauten Kirche befinden, wissen wir nicht. Jedenfalls war die Kolonie Vin- land damals im Norden wohlbekannt. Der dänische König Sven Estridson machte dem gelehrten Chro- nisten Adam von Bremen, Domherrn daselbst, Mit-

teilungen über Vinland.[1]) Auch in Rom muß man
wenigstens von dem Namen und dem Bestande dieses
Landes Kunde gehabt haben, und es wäre möglich,
daß dies durch Nachforschungen in den vatikanischen
Archiven erhärtet werden könnte.

Man sollte denken, das mildere Klima und die
weit günstigern Lebensbedingungen müßten große
Scharen von Ansiedlern aus dem öden Grönland
und dem unwirtbaren Island nach Vinland gelockt
haben, aber dies ist nicht der Fall gewesen, es blieb
ein verlorner Posten und verschwand spurlos, wie
die große Insel Atlantis verschwunden war, von der
das höhere Altertum wissen wollte. Jedenfalls war
diese Ansiedlung zu schwach gegründet, um den An=
griffen der damals zahlreichen und starken Einge=
bornen, der sogenannten Skrälinger, für die Dauer
Widerstand leisten zu können. Übrigens hatten die
Bewohner von Leifsbuar Küstenfahrten bis weit nach
Süden gemacht und mußten verschiedne andre Länder,
darunter eines, Hvitramannaland, d. i. Weißermänner=
land, zu nennen. Man kann annehmen, daß sie bis
nach Florida, vielleicht bis zu den Antillen gekommen
sind.

Es ist nun die Frage, ob die Normannen die
ersten Ostländer gewesen sind, die den Boden Ame=
rikas betraten. Möglicherweise waren vor ihnen
schon die Iren dort. Auf dem Globus des Martin
Behaim von 1492 ist fern im Südwesten von Europa
eine Insel mit dem Namen St. Brandans Eiland
angegeben, hinter der im Westen das von Marco
Polo im fernsten Ostasien erwähnte Land Cipango,

1) Diese Mitteilungen machte der König um 1050 n. Chr. im An=
fang seiner Regierung bei Gelegenheit des Besuches, den ihm der Erz
bischof Adalbert von Bremen ablegte. Er sprach noch vieles über die
nördlichen Länder, Norwegen, England, Schottland, Grönland u. s. w.
Vinland war ihm eine Insel.

d. i. Japan, liegt. Diese Eintragung beruht auf der
Legende vom heiligen Brandan. Darnach war Brandan ein irischer Abt, der um 600 n. Chr. lebte und
voll heiligen Eifers, die Heiden zu bekehren, nach
Westen schiffte, jenes Land entdeckte, dort den Eingebornen das Evangelium predigte und später zu-
rückkam, wodurch man Kunde davon erhielt. An der
Fahrt nach Westen wird man kaum zweifeln können.

Die alten Iren waren einst ein von ihren
heutigen durch viele Jahrhunderte lange Unterdrückung herunter gekommnen Nachkommen sehr ver-
schiednes Volk. Sie gehörten dem großen keltischen
Stamme an, dessen Gesittung bis in uralte Zeiten
zurückreicht und einen hohen Grad von Ausbildung
erreicht hatte, als sie den Griechen und Römern bekannt wurden. Die Kelten hatten Könige, Priester,
einen Waffenadel, Künstler und Handwerker, Kaufleute, Ackerbauer, Seefahrer, sie hatten Städte und
bildeten Staaten. Große mächtige Reiche scheinen sie
nie gegründet zu haben; aber gemeinsame Opfer-
stätten und Landtage der Priester und Adlichen,
die dem übrigen Volke gegenüber die bevorrechteten Stände waren, erhielten die oft gefährdete
Einheit. Die Priester, Druiden genannt, bildeten eine
geschlossene Kaste, die im Besitze aller Weisheit und
Wissenschaft dadurch in den Stand gesetzt war, das
Volk zu leiten. Sie waren, ähnlich wie die ägyptischen Priester, die Chaldäer, Magier, Brahmanen,
Theologen, Philosophen, Sternkundige, Rechtslehrer,
Physiker, Ärzte, Grammatiker, Musiker und viel
andres und lagen, da sie nach ihrem Gesetze den
Schriftgebrauch verpönten und ihr Wissen nur im
lebendigen Gedächtnisse und in gebundner Rede
weitergaben, mit großem Eifer dem Studieren ob. Die
weltlichen Adlichen oder Ritter standen an der Spitze
von Gefolgsleuten, die ihre Klientel oder ihren Klan

ausmachten und nicht bloß dem jedesmaligen Stamm=
haupte, sondern seinem ganzen Geschlechte auf Leben
und Tod ergeben waren.

Das Keltentum und seine Kultur erhielt sich in
urwüchsiger Reinheit am längsten auf Irland. Denn
die festländischen Gallier romanisierten sich nach
ihrer Unterwerfung durch Cäsar überraschend schnell
und gaben namentlich ihre Sprache auf; die später
gleichfalls unterworfnen Briten behielten sie, aber
lebten Jahrhunderte lang unter römischer Fremd=
herrschaft, die doch nur zersetzend einwirken konnte.
Die Römer rotteten in Gallien, wie in Britannien,
das ihnen gefährliche Druidentum schonungslos aus,
indem sie seine Hauptsitze, wie Alesia und Mona
(Insel Anglesey), zerstörten und der druidischen Reli=
gion, Weisheit und Wissenschaft einen tötlichen
Schlag versetzten. Nur der untergeordnete Stand der
Barden, d. h. der halb weltlichen Sänger, die im
Dienste der Großen Genealogie und heimische Ge=
schichtskunde pflegten und die Heldenthaten ihrer
Brotherren in Gesängen verherrlichten, erhielt sich
und rettete einen Teil der druidischen Weisheit.

Wiewohl wir über das Druidentum in Irland
schlecht unterrichtet sind, so muß man doch annehmen,
daß es wesentlich dasselbe Gepräge trug, wie das
gallische und britische. Die Überlieferungen aus der
irischen Vorzeit, uralte Kunden von Einwanderungen
aus der Fremde, von Phöniziern, den sagenhaften
Milesiern, von Königen und Fürsten, darunter z. B.
von Fingal und Ossian[1] u. a., haben sich bis heutigen
Tages erhalten und sind von ganz ähnlicher Art,
wie die altbritischen, die Gottfried von Mon=
mouth aufgezeichnet hat. Der Mangel jeder gliedern=

---

1) Die Schotten sind vom selben Stamme wie die Iren, und diese
Heroen beiden Stämmen gemeinsam.

den Zeitrechnung macht diese Überlieferungen für die
Geschichte fast wertlos, aber ihr Vorhandensein be=
weist, daß wir es mit einem uralten und geistig ge=
weckten Volke zu thun haben.

Merkwürdig ist die Thatsache, daß das Christen=
tum in Irland einen so frühen und raschen Eingang
fand. Man möchte annehmen, daß der völlige Sturz
des britischen Druidentums, das sich mit verzweifelter
Gewalt gegen die in Mona eindringenden Römer
gewehrt hatte, den Trotz des irischen gebrochen und
zur Annahme des von St. Patricius gepredigten
neuen Glaubens geneigt gemacht habe. Das Christen=
tum gelangte hier bald zu großer Blüte. Da die
Druiden an ein unausgesetztes, eifriges Lernen ge=
wohnt waren, eine trefflich ausgebildete Sprache und
gute Schuleinrichtungen besaßen, so erklärt sich dies
hinreichend. Die christliche Kultur ging jedenfalls aus
bekehrten Druiden hervor. Die Sprachdenkmäler, nach
denen Ebel seine Grammatik des Altirischen verfaßt
hat, geben uns den besten Begriff von der alt=
keltischen Sprache. Denn die neuern Mundarten,
das Neuirische, das Schottische, Wallisische, Breto=
nische, sind, soweit ich die Sache beurteilen kann,
sehr verbraucht und verderbt.

Der Glaubenseifer der irischen Priester und
Mönche war groß; in ihren Klöstern lag man aber
nicht bloß den asketischen Übungen ob, sondern betrieb
Griechisch und Latein, las und schrieb Bücher ab,
die man kunstreich ausmalte und schmückte. und ver=
faßte neue. So wurde Erin die Insel der Heiligen
und eine Mutterstätte begeisterter Glaubensboten.
Die ersten Bekehrer, die schon vor dem Angelsachsen
Winfried=Bonifacius nach dem Festlande und nach
Deutschland kamen, wie St. Columban, St. Gallus,
St. Kilian, und neue Sitze der Frömmigkeit und
Gelehrsamkeit stifteten, waren Iren.

Nun waren die Iren, und zwar gewiß von alters her, ein seefahrendes Volk. Bei der Lage ihres Landes ist dies selbstverständlich. Als die Normannen im Jahre 874 nach Island kamen, fanden sie, wie ihre Sagen berichten, Bischofstäbe (baglar), Glocken (biöllur) und irische Bücher vor. Es waren also vor ihnen christliche Iren hier gewesen, aber wieder abgezogen. Wenn man Kolonien nach Island schickte, so konnte man solche auch anders wohin senden, und so verliert die Legende von St. Brandans Land, mag sie auch vielleicht mit Fabeln verbrämt sein, viel von ihrer Unglaubwürdigkeit. Auf Behaims Globus trifft die Lage dieser Insel, wenn man sie in die heutige Karte einzeichnet, auf das nordwestliche Südamerika, also etwa auf Columbia. Es ist doch gewiß merkwürdig, daß man dies Land so weit westlich suchen und eine so weite Fahrt für möglich halten konnte. Die Normannen von Vinland sprachen von einem Hvitramannalande (Land weißer Männer) und einem Groß-Jreland weiter südlich von ihrer Ansieblung.

Was wissen wir übrigens von der Schiffahrt der alten Kelten und ihren geographischen Kenntnissen? Wenn, wie wir sehen werden, die Bewohner Westafrikas und der kanarischen Inseln von ihren Vorfahren her dunkle Kunde von einem großen Festlande im Westen hatten, warum können die Jberer, die Gallier der Westküste, die Briten, die Iren solche nicht auch besessen haben? Denn was wir alte Geographie nennen, sind durchaus nur die Kenntnisse der Griechen und der Römer. Jene wohnten im östlichen Teile des Mittelmeeres, wo man sich um das, was außerhalb der Säulen des Herakles lag, wenig kümmerte, und den Römern fehlte der Sinn für Geographie und der wißbegierige Forschergeist fast gänzlich. Sie besiegten Volk für Volk und unterjochten Land für Land, sodaß ihr Reich sich zuletzt vom Atlantischen Ozean bis zum Euphrat und vom Piktenwalle bis in die Sahara erstreckte; sie schickten überallhin ihre Prokonsuln, ihre Heere, hatten überall ihre Besatzungen, besteuerten und plünderten, bauten Heerstraßen, Wasserleitungen, Schutzwälle, aber über Itinerarien und Angaben der Entfernungen, die man zu Rom auf dem Forum an einer ausgestellten Tafel ablesen konnte, kamen sie nicht hinaus; nur gelegentlich gaben Schriftsteller wie Salluft, Cäsar, Tacitus einige genauere Nachrichten über ferne Provinzen; sich eine deutliche Vorstellung von der Lage, Größe und Gestalt der ihnen unterthänigen Provinzen zu machen oder gar genauere Karten davon entwerfen zu lassen, daran dachten sie nicht; wer sich darüber unterrichten wollte, war an die Griechen, namentlich an Strabo und später an Ptolemäus gewiesen. Das dürftige Büchlein von Pomponius Mela und die flüchtige Übersicht, die der ältere Plinius über die römischen Besitzungen und die andern damals bekannten Länder giebt, sind das einzige, was uns die Römer als Zeugnis ihrer geographischen Kenntnisse hinterlassen haben.

Der erste Grieche, der Spanien umschiffte und die Nordmeere besuchte, war Pytheas von Massilia. Er machte seine Fahrten um 330 v. Chr., um die Zeit, wo Alexander der Große sich auf seinem Heereszuge befand. Eine bloße Entdeckungsreise dürfte seine Fahrt nicht gewesen sein. Vielleicht wollte er Handelsverbindungen anknüpfen oder die britische Zinninsel und das Bernsteinland besuchen, um unmittelbar an der Quelle Einkäufe zu machen. Daß die Phönizier und Karthager bereits seit Jahrhunderten diese Gegenden besuchten, scheint mir wenig zweifelhaft zu sein.

Da man an der Nordküste Galliens dieselbe Sprache redete wie in der Umgegend von Massilia,

so konnte man hier längst Kunde von den nördlichen
Meeren haben, und wenn Pytheas vielleicht auch
selbst nicht keltisch verstand, so hatte er wahrscheinlich
Leute an Bord, die den Dolmetscher machen konnten.
Ganz blind ins Blaue fuhr er also nicht hinein,
sondern besuchte Meere, auf denen der lebhafteste
Verkehr stattfand, und Länder, die zum Teil wohl-
bevölkert waren, auch Städte und Häfen besaßen. So
lernte er jedenfalls Teile von Britannien, von Irland
und Schottland kennen und gelangte bis zu den Fä-
röern und nach Island, wenn Thule Island ist, ja
durch das Kattegat in die Ostsee und an die preu-
ßische Bernsteinküste.

Ein Hauptsitz nautischer Kenntnisse und geographischen Wissens war Gadeira oder Gades, das heutige Cadix, schon in uralter Zeit den Griechen als
Erytheia bekannt, und das Land der Turduler oder
Turdetanier, das Tarschisch oder Tartessus der Alten.
Wir haben Nachrichten, daß die Gaditaner einerseits
bis zu den durch Kolumbus wieder bekannt gewor-
denen Sargassowiesen des Atlantischen Ozeans hinaus-
fuhren und hier einen sehr lohnenden Thunfischfang
betrieben, und andrerseits, daß sie gleichfalls des
Fischfanges wegen die Gewässer der im westlichsten
Westafrika wohnenden Äthiopen besuchten. Wie sie
hier erfuhren, stammten diese aus dem fernen Osten
und hatten die ganze Sahara durchwandert. Diese
Äthiopen waren keine afrikanischen Neger, sondern
dunkelfarbige Kuschiten aus Susiana und waren von
dort, was auch die Zendschriften wissen, von den
Vorfahren der Iranier vertrieben worden.[1])

---

1) Daß diese Äthiopen dem Osten nicht außer der Welt lagen,
beweist der Periplus des Stylax von Karyanda, eines Seefahrers, der
sie zur Zeit des Königs Darius besuchte. Da man attisches Töpfergeschirr dahin zu Markte brachte, dürften auch viele andre dieses wohl-
habende Volk besucht und mit ihm Tauschhandel betrieben haben.

Marcellus hatte in seiner Schrift Äthiopica be=
richtet, daß es im Westmeere sieben der Proserpina
heilige Inseln und drei andre unbetretbare, dem Pluto,
dem Ammon und die mittlere dem Poseidon heilige,
1000 Stadien im Umfange, gegeben habe, deren Ein=
wohner behaupteten, von ihren Vorfahren Kunden
über die dem Poseidon heilige, einst über alle Inseln
in jenem Meere gebietende Insel Atlantis erhalten
zu haben.[1] Die erwähnten Inseln könnten die kana=
rischen sein.

---

[1] Aristot. de mir. ausc. c. 145.

Zweites Kapitel

Die Atlanten — Zerstreuung der Völker — Auswanderungen aus Vorderasien nach Griechenland und weiterhin — Tartessos und die Turdetanier — Arganthonios,
Geryones, die spanische Rinderzucht und der rinder-
treibende Herakles

Das Volk der Atlanten, von dem bis zum heutigen
Tage das Atlantische Meer seinen Namen trägt, ist so
sagenhaft geworden, daß man nicht ganz mit Unrecht
an seinem einstigen Vorhandensein zweifeln kann. Es
wird sich der Mühe lohnen, genauer zu untersuchen,
was es mit ihm für eine Bewandtnis habe, ob es wirklich bestanden hat oder nicht, und wenn es bestanden
hat, wie es gekommen ist, daß es fast spurlos verschwunden ist. Nach Herodot war Libyen von viererlei
Völkern bewohnt, von Eingebornen, d. i. libyschen
Stämmen, von Äthiopen, worunter er jedenfalls Neger
versteht, von Phöniziern, d. i. Karthagern, und Hellenen
(in Kyrene).[1] Dabei kennt er allerdings Atlanten.
Es sind die Anwohner des himmelhohen Berges Atlas,

1) Herod. 4, 197.

zu denen man kommt, wenn man von Ägypten und
dem Ammonion aus die ganze Sahara durchzogen hat,
und von denen aus der Weg dann zu den Säulen
des Herakles führte. Sie wohnten also im heutigen
Marokko.

Wie wir ausführlich zeigen werden, hat es im
höhern Altertum, d. h. im zweiten Jahrtauſend v. Chr.,
allerdings Atlanten gegeben, aber dieſe waren kein
eigentliches Volk, ſondern eine den ägyptiſchen Prie=
ſtern, Chaldäern, den Magiern ähnliche Prieſterkaſte,
die ihre Weisheit auf ihren Stifter, den mythiſchen
Atlas, zurückführte, auch nicht den eingebornen Li=
byern, ſondern einer aus Arabien und Chaldäa ge=
kommenen Auswanderung angehörte und überall da
zu finden war, wo dieſe ſich feſtgeſetzt und größere
und kleinere Herrſchaften geſtiftet hatte. Daher war
ſie über ganz Nordafrika verbreitet und namentlich
im Weſten ſtark vertreten. Was das für eine Aus=
wanderung war, was ſie veranlaßte, und in welcher
Zeit ſie ſtattgefunden hatte, läßt ſich mit genügender
Sicherheit feſtſtellen, wenn man ſieht, daß ſie mit dem
Erſcheinen der Phöniko=Araber, deren Fürſten, die ſo=
genannten Hykſos Ägypten von 2150—1666 v. Chr.
beherrſchten, genau zuſammenhängt. Um jene Zeit
nämlich, in die die moſaiſche Überlieferung die Zer=
ſtreuung der Völker nach dem Baue des babyloniſchen
Turmes verſetzt, fand in Babylonien und weiterhin
ein ungeheurer Religionskrieg ſtatt, der lange Zeit
währte und ſchließlich mit der Auswanderung und
Zerſtreuung der Beſiegten endete. Wie wir aus San=
choniathons in myſtiſcher Weiſe erzählten Meldungen
erſehen, war es der große Krieg zwiſchen Beelſamin
oder Uranos und El=Kronos, d. h. zwiſchen den beider=
ſeitigen Anhängern, ein Krieg, den auch die griechiſche
Mythologie kennt und noch vollſtändiger ins Wun=
derbare gezogen hat.

Nun aber heißt Atlas ein Sohn des Uranos, und aus andern Meldungen, namentlich Diodors Mitteilungen über die Mythologie der Westafrikaner,[1] geht hervor, daß die Atlanten Anhänger des Uranos waren, und damit einer Religion, die sich sehr von der des Kronos unterschied und ganz besondre Lehren und Satzungen hatte. Atlas galt, das werden wir sehen, als ein großer Sternkundiger, Mathematiker, Erfinder der Schiffbaukunst, der wissenschaftlichen Nautik, und ebenso seine Schüler und Nachkommen, die Atlanten. In Westafrika hat er ganz neue Entdeckungen gemacht, namentlich die Lehre von der Kugelgestalt (τὸν σφαιρικὸν λόγον) aufgestellt.[2] Ohne Zweifel waren demnach die Atlanten eine nach dem Westen verschlagne Chaldäersekte; denn was wir von ihren astronomischen Kenntnissen noch ermitteln werden, beruht ganz auf chaldäischer Grundlage, ja sie werden in mehrfachen Meldungen mit namhaften Priestersitzen im Osten, mit Babylon, Byblus und Berytus in Phönizien in Verbindung gebracht und ihr Stammvater Atlas geradezu mit dem biblischen Patriarchen Henoch, dem Begründer der chaldäischen Sternkunde, als ein und derselbe erklärt.

Daß in so alten Zeiten Auswanderungen zu Lande wie zur See von Vorderasien bis ins fernste Westafrika und Westeuropa möglich waren und stattgefunden haben, beweist die mosaische Völkertafel. Phut, der Sohn des Noachiden Cham, Bruder des Kusch (Äthiops), Mizrajim (Ägyptos) und Kanaan wanderte bis ins heutige Marokko, wo die Stadt Phute am Flusse Phut (Tensift) lag.[3] Unbedingt können diese Phutäer mit den Atlanten in Verbindung gebracht werden. Andrerseits wird die Gründung von

---

Tarschisch-Tartessos, des westlichsten Landes in Europa, gleichfalls auf einen Noachiden dieses Namens, Sohn von Javan, Bruder von Kittim, Dodanim (oder Rhodanim) und Elisa zurückgeführt. Javan ist in Jône oder Jopolis, einer einst wichtigen Stadt am Ausflusse des Orontes, zu suchen, die mit Argolis in uralter Verbindung stand und später in dem mächtigen Antiochia aufging. Kittim sind die Kyprier, so genannt von der Stadt Kition, Rhodanim die Rhodier; wenn Dodanim zu lesen ist, die Dodonäer, Elisa nicht das bekannte Elis im westlichen Peloponnes, sondern sehr wahrscheinlich Argos, wo eine Stadt Elis (*Ἤλις*) dem einen der drei Söhne des Phoroneus zufiel[1]) — vielleicht die ungenannte Phoronische Stadt, die älteste Gründung Griechenlands.

Jone hatte einen berühmten Feuertempel und den Dienst der kuhgehörnten Jo, und war seiner Lage nach so gut wie die Hafenstadt von Niniveh. Die Verbindungen mit Argolis sind durch das Stiftungsfeuer des Phoroneus, den Dienst der Jo, die in Jopolis hausenden Triptolemiden und andre Spuren und Anzeichen gegeben, über die wir hier der Kürze wegen nicht sprechen können. Es scheint also, daß ein uralter Seeweg von Nordsyrien über Kypros, Rhodos, Argolis nach Tartessos führte. Denn es heißt weiter von den Söhnen Javans: „Von diesen zerteilen sich die Inseln der (heidnischen) Völker, ein jedes nach seiner Sprache und seinen Geschlechtern in ihren Völkerschaften.“ Man hat an Kreta, Sicilien, Italien, Sardinien u. s. w. zu denken. Nach andrer Meldung kam Gyges, ein in den Götterkämpfen des Ostens besiegter Gigant, flüchtig nach Tartessos und siedelte sich dort an.[2])

---

1) Eustath. ad Jl. 3, 74. — 2) Nach Thallos dem Phönizier. Schol ad Hesiod. Theog. 806. Ogyges ein von Belos besiegter und

Die Turduler oder Turdetanier in dem schönen
Lande am Bätis (Guadalquivir), dem heutigen An=
dalusien, waren die gesittetsten aller Iberer und rühm=
ten sich einer uralten Kultur. Nach Strabo behaup=
teten sie, Bücher, Gedichte und in Verse gebrachte
Gesetze zu besitzen, die 6000 Jahre (?) zurückgingen.
Sie und die übrigen Iberer kannten auch seit alten
Zeiten die Grammatik.[1]) Sie waren übrigens zu
Strabos Zeit bereits völlig romanisiert. Man wird
mit 2000 Jahren auch zufrieden sein können. Wenn
es nun heißt, Iberos und Keltos seien Söhne der
Atlantide Asterope, so ist in dieser mythischen Formel
wohl gesagt, daß einst die Atlanten in Iberien und
im Keltenlande geherrscht und mächtig gewesen seien.[2])
In der That spricht Plato im Timäos von Gadeira
als dem Orte, von dem aus man einst über verschie=
dene Inseln nach dem riesigen Festlande oder der
Insel Atlantis überfuhr. Die Phönizier von Ga=
deira, die, wie wir sahen, auch südwärts bis zu den
hesperischen Äthiopen am Rio do Uro, wo die kleine
Handelsfaktorei Kerne lag, fuhren,[3]) erzählten, wenn
man mit gutem Winde von den Säulen gegen Westen
schiffe, komme man an eine Stelle, die so mit See=
gras bedeckt sei, daß sie nur zur Zeit der Flut unter
Wasser stehe. Der Thunfischfang sei dort sehr loh=
nend.[3]) Man kannte also das Sargassomeer. Theo=
phrast weiß, daß die Meeresströmung bisweilen un=
geheure Massen Seetang ins Mittelmeer treibe.[4])

Der Ruf des fernen Westlandes war im Osten
groß, seine Schönheit, seine Fruchtbarkeit, sein Reich=
tum, sein gesundes, das Leben verlängernde Klima
allgemein gerühmt. „Ich möchte weder das Horn der

---

vertriebner Götterkönig. Kastor fr. 1. Movers Phönic. 3, 62. Dieser
Gyges oder Ogyges scheint ein Gog zu sein. — 1) Strabo 3, 1. —
2) Dion. Halik. 14, 2. — 3) Aristot. de mir. auscult. c. 145. —
4) Hist. plant. 4, 7.

Amaltheia besitzen, singt Anakreon, noch hundertfünf=
zig Jahre lang über Tartessos herrschen,"[1] wie der
König Arganthonios.[2] Auf diese Langlebigkeit be=
zieht sich wahrscheinlich auch die Sage vom drei=
leibigen sagenberühmten Könige Geryones, der nach
Äschylos zweimal getötet wieder auflebte und erst
zum drittenmale tot blieb.[3] Der kretische Herakles
war der Feind, mit dem er rang. Man kann diese
Sage demnach auf lange hartnäckige Kämpfe mit den
Tartessiern beziehen. Der griechische Mythus versetzte
hierher die Gärten der Hesperiden, das Elysium, die
Inseln der Seligen. Unter diesen Gärten hat man
einfach besonders schöne, fruchtbare und wohlange=
baute Gegenden zu verstehen, namentlich solche, die
wohl bewässert sind. Man suchte sie später bei Tingis,
dem heutigen Tanger, bei der Atlantenstadt Lixos,
dann auch in Andalusien. Denn einer davon hieß
Erytheia, dies aber war das Land des Geryones. Be=
wacht wurden sie von einem hundertköpfigen Drachen,
einem Sohne des Typhon und der Echidna, der sehr
verschiedne Stimmen von sich geben konnte, und den
Herakles erschlagen mußte, ehe es ihm gelang, zu Atlas
und zu den goldnen Äpfeln zu kommen — offenbar
eine Verbildlichung der wilden, vielsprachigen, schwer
zu besiegenden Stämme, die sich dem Wandrer hier
in den Weg stellten.

Das elysische Gefilde, an den Enden der Erde,
wohin Menelaos versetzt werden soll, wird ganz als
ein von Menschen bewohntes Land geschildert. Der
Lebensunterhalt ist dort leicht zu erwerben; dort ist
nicht Schneefall und Regenguß, und beständig weht
ein frischer Lufthauch vom Okeanos herein und kühlt

---

1) Strabo 3, 3. — 2) Herod. 1, 163. — 3) Agam. v. 164. Ebenso
lebte Mares, der Stammvater der italischen Ausoner, 123 Jahre und
starb dreimal, nach den beiden ersten malen wieder auflebend. (Ael.
v. h. 9, 16.) Vierzig Jahre waren ein chaldäisches Menschenalter.

die Hitze.[1]) Nach Hesiod hat Zeus die vor Theben
und Troja gefallnen Helden an den Enden der Erde
angesiedelt, wo Kronos ihr König ist. Ohne Kummer
und Sorge wohnen sie dort als glückselige Heroen, und
dreimal im Jahre trägt ihnen die spelzergiebige Feld=
mark üppig die honigsüße Frucht.[2])

Nach Strabo war das Land Turdetanien nicht
bloß außerordentlich schön, sondern auch reich an
Naturerzeugnissen. Man führte zu seiner Zeit viel
Getreide, Wein und vortreffliches Öl aus, ebenso
Pech, Wachs und Honig. Nach Justinus hatte ein
uralter König Gargoris das Honigzeideln erfunden.
Ferner kam von dorther Scharlach (Koffos von der
Scharlacheiche) und Mennig. Man hatte auch Schiff-
bauholz im Überflusse, gegrabnes wie aus Flüssen
gesottenes Salz und gedörrte Fische jeder Art. Der
Fang der Thunfische und andrer Fischfang wurde
mit großem Erfolg betrieben. Dabei hatte man viel
Weideland und große Herden von Schafen und Rin=
dern. Man trieb die Schafzucht mit solchem Eifer
und Erfolge, daß man einen guten Zuchtwidder mit
einem Talente bezahlte. Gefährliche Raubtiere kannte
man wenig, dagegen waren Kaninchen, die man Lebe=
riden (leporidae) nannte, in solcher Unzahl vorhanden,
daß sie eine Landplage waren und an manchen Orten
die Menschen vertrieben. Hispania bedeutet daher
das Kaninchenland.

Spanien ist bis heutigen Tags das Land der Stier=
gefechte, hat also eine bedeutende Rinderzucht; die
andalusischen Stiere sind nicht die schlechtesten. Schon
im höchsten Altertum war Spanien und vor allem
Tartessos das Land der schönen Rinder, wie kein
zweites neben ihm. Wenn wir die typische Sage
von dem rindertreibenden Herakles näher betrachten,

1) Od. 4, 563 fgb. — 2) Hes. e. 169.

2*

so müssen wir annehmen, daß eine Straße von Erytheia
aus immer an der spanischen, keltischen, ligurischen,
westitalischen Küste hin bis Sicilien und dann über
See nach Epirus und Griechenland ging, auf der
man beständig große Herden nach Osten trieb und
dann überschiffte. Denn Herakles ist der typische
Held, der die Straßen schützte und für ihre Sicher=
heit sorgte. Daher hatte er an den verschiedensten
Stellen, zu Pyrene, wo der Übergang über die
Pyrenäen war, im Keltenlande, am Ausflusse der
Rhone, an den grajischen Alpen, über die er eine
Straße gebahnt, auf der Stätte Roms gegen Wege=
lagerer und Unholde gekämpft. Ein Werk wie die
Anlegung einer Straße über die wilden, unwegsamen
Alpen setzt großartige politische Verhältnisse, viel
Verkehr und reiche Hilfsmittel voraus.

Die Rinder, die Herakles forttrieb, heißen die
des Geryones. Dieser Riesenkönig erscheint daher über=
all, wo er auftritt, als Heros der spanischen Rinder=
zucht. Nach altheimischer Sage war dem erwähnten
Könige Gargoris, dem ersten, der über das auch von
Herodot erwähnte, in den Bergen hausende wilde
Volk der Kuneten oder Kyneten herrschte, von seiner
Tochter ein unehelicher Enkel geboren worden. Auf
Befehl des Königs ausgesetzt, von wilden Tieren ge=
säugt, wieder gefunden und der Reihe nach den
Rindern zum Zertreten, den Hunden und Schweinen
zum Fraße und zuletzt ins Meer geworfen, wurde er
wunderbarerweise ans Ufer getrieben und von einer
Hirschkuh gesäugt. Er wuchs nun unter den Hirschen
auf, wurde der beste Läufer und zuletzt in einer
Schlinge gefangen, vor den König gebracht, an ge=
wissen Zeichen erkannt und zu Gnaden aufgenommen.
Habis — so wurde er genannt — folgte dem Gargoris
in der Herrschaft. Ein Riese an Wuchs, bändigte er
sein Volk durch Gesetze und lehrte es, sich der elenden

Nahrungsmittel des Waldes zu entwöhnen, Stiere zu zähmen und an den Pflug zu spannen und Ackerbau zu treiben[1]) — ein Rest altiberischer Sagenkunde.

---

[1]) Justin. 44, 4.

Drittes Kapitel

Gadeira-Erytheia, der Oleaster von Olympia, Gold-
und Silberreichtum von Tartessos — Seezug von Kreta
dahin — Assyrische Seeherrschaft — Das Lager von
Olympia — Molochdienst auf Kreta

Der Königssitz des Geryones wurde nach Gadeira
verlegt. Denn die Insel Erytheia, worauf er seine
Rinderställe hatte, ist darnach keine andre, als die
Isla de Leon, auf der das heutige Cadix liegt,
ein Punkt wie kein andrer geeignet, vom Meere aus
das nahe Festland zu erobern und zu beherrschen.
Nach Polybius war die Insel Gadeira 12 000 Schritt
lang, 3000 breit, 15 000 im Umfang und an der
schmalsten Stelle 700 Schritt vom Festlande entfernt.
Zwischen ihr und diesem lag eine kleinere, 3000 Schritt
lang. Diese war nach Ephoros und Philistides die
mythische Erytheia. Nach Timäos und Seilenos
hieß sie Aphrodisias, bei den Eingebornen Insel der
Juno, und darauf hatte das älteste Gadeira gelegen.
Die größere Insel hatte nach Timäos Kotinussa ge=
heißen, jedenfalls weil sich auf ihr ein Hain von
Kotinos, d. h. Oleaster, wilder Ölbaum, befand. Die

Römer nannten sie Tartessos, die Punier Gadir,[1)] d. i. Festung.

Der Oleaster war ein Baum, der in diesen Gegenden besonders schön und häufig wuchs. Auf den Pityusen pfropfte man auf ihn die echte Olive.[2)] Nun ist merkwürdig, wie er das Band zwischen Spanien und Griechenland macht. Der Hain Altis am Fuße des Kronosberges zu Olympia war ein Hain von Oleastern. Da, wie die Eleer erzählten, auf der sonnenverbrannten Ebene am Alpheios einst nur schlechte Bäume wuchsen, die keinen Schatten gewährten, hatte Herakles, der bei den Hyperboreern an den Quellen des Istros den Oleaster kennen gelernt hatte, diesen von dort geholt und jenen Hain angelegt, war auch, als Vorbild der olympischen Sieger, zuerst mit dem Oleasterzweige bekränzt worden.[3)] Man fragt erstaunt, wie Pindar, der die Hyperboreer im Osten, wo Perseus und Apollo an ihren Eselsopfern teilnahmen, sehr wohl kannte, solche in den äußersten Westen versetzen konnte. Denn wie wir aus Herodot ersehen, glaubte man damals, daß die Donau im Lande der oberhalb Gades wohnenden Kyneten entspringe und dann ganz Europa durchströme.[4)] Auch mit den Hyperboreern hat es seine Richtigkeit. Wird doch auch Atlas in ein Land der Hyperboreer versetzt.[5)] Es waren jene Meder, Perser, Armenier, die nach langer Wüstenwanderung aus Afrika herübergekommen, unter Herakles das Land erobert, besetzt, Städte gegründet und sich, wie Sallust berichtet, nach Herakles Tode zerstreut hatten.[6)] Von diesen Hyperboreen, einer hellfarbigen, blonden, helläugigen Rasse, die noch heute an den verschiedensten

---

1) Plin. n. h. 4, 36. — 2) Diod. 5, 16. — 3) Pinb. Olymp. 3, 25 fgb. — 4) Herod. 4, 49. — 5) Apollod. 2, 5, 11. — 6) Sallust. bell. Jug. c. 18.

Stellen Nordafrikas, namentlich in Marokko, unter der dunkeln Bevölkerung auffallend hervortritt, werden wir noch viel zu sagen haben. Sie sind das Volk des assyrischen Perseus, der ganz Nordafrika erobert hatte und bis zum Atlas vorgedrungen war. Wie Justinus berichtet, hatte schon Ninus, der Stifter von Niniveh, die zum Widerstande unfähigen Völker bis an den Ozean unterworfen.[1]

Der Oleaster wuchs in Elis so häufig, daß man sein getrocknetes Laub allgemein als Viehstreu benutzte. Auch das Heiligtum des samischen Poseidon an der triphylischen Küste lag in einem Oleaster-haine. Hier stand einst die Hafenstadt von Olympia, wo die Atlantide Elektra, Dardanos und libysche Erinnerungen zu Hause waren. Ebenso war der Altar des Herakles im fernen westafrikanischen Lixos von Oleastern umstanden, woraus man sieht, daß der Held in besondrer Beziehung zu diesem Baume stand. Geryones hatte zu Gadeira kein Heiligtum, aber einen ihm geweihten Baum.[2] Allem Anscheine nach war dieser demnach ein Oleaster, und der Sieg, wegen dessen Herakles gekrönt wurde, der über Geryones. Die Stätte von Olympia war damals ein Heerlager kretischer Kureten, von Kreta aus aber hatte der Idäische Herakles mit großer Heeresmacht seinen Zug nach Erytheia unternommen.[3]

Was die Habgier fremder Eroberer reizte, war nicht bloß die Schönheit und Fruchtbarkeit des Landes, sondern bei weitem mehr noch sein Reichtum an edeln Metallen, namentlich an Silber. Tartessos war für Assyrien das, was später Mexiko und Peru für Spanien waren. Die Phönizier hatten ihre besondern Tarschischfahrer, die unausgesetzt von dort reiche

---

1) Just. 1, 1. — 2) Pauf. 1, 35, 5. — 3) Diod. 4, 17, 18.

Fracht zurückbrachten. Die Üppigkeit der Iberischen Könige, die ihr Bier in goldnen und silbernen
Schalen auftragen ließen, wird mit jener der Phäaken
verglichen.[1]) Der König von Tartessos erschien den
Hellenen, die zuerst durch die Phokäer Verbindungen
mit Spanien angeknüpft hatten, als glückseligster
der Menschen nach dem Perserkönige. Wie Strabo
berichtet, fand Hamilkar Barkas, als er mit seinem
Heere nach Turdetanien kam, daß seine Bewohner
sich silberner Krippen und Fässer bedienten. Schon
Geryones war ungeheuer reich an Schätzen gewesen.
Die Bewohner der Balearen hatten, wie Diodor erzählt, den Gebrauch von Gold- und Silbergeld abgeschafft und ließen gar kein edles Metall zu. Ihren
Sold für geleistete Kriegsdienste bei den Karthagern
verwandten sie sofort zum Ankauf von Weibern und
Wein. Das thaten sie aus Freiheitsliebe, um nicht
die Habsucht der Punier zu reizen, und beriefen sich
dabei auf den Sturz des Geryones, dem sein vieles
Gold und Silber zum Verderben gewesen wäre.[2])
Das Land Turdetanien selbst erzeugte diese Schätze
nicht; die Silberbergwerke lagen im Binnenlande, und
manche Flüsse führten Gold. Das einzelne darüber
findet man bei Strabo und Diodor.

Der das Land am Bätis erobernde Herakles
war der auf Kreta hausende idäische Daktyl. Wenn
man in so alter Zeit Seezüge unternehmen konnte,
die ziemlich die halbe Länge des Weges von Europa
nach Amerika zurückzulegen hatten, so mußte damals die
Ausbildung der Schiffahrt und des Seewesens schon
eine hohe Stufe der Ausbildung erlangt haben. Aber
wie kam man auf Kreta dazu, einen solchen Plan zu
fassen? Denn die Vorbedingungen scheinen hier zu
fehlen. Die Antwort ist, hinter Kreta stand

---

1) Polyb. 34, 9. -- 2) Diod. 5, 17.

Assyrien und der König von Niniveh. Nichts
läßt sich einleuchtender darthun. Kreta war nur
das Werkzeug der Eroberung und der Aus=
gangspunkt einer Seeherrschaft, die sich über
alle Teile des Mittelmeeres erstreckte und
bis in den offnen Ozean hineinreichte. Dazu
war die Insel selbst und ihre Lage trefflich geeignet.
Die Assyrier müssen das zeitig erkannt haben. Mit
einfachen Worten kann man sagen, Kreta
war eine große Seefestung und eine mit Sinn
und Absicht zur Beherrschung des Meeres
angelegte assyrische Militärkolonie. Die
Kureten, die hier hausten, waren Kriegsleute, ihre
Anführer, gleichfalls Kureten genannt, die Gründer
und Fürsten der ältesten Städte, der über sie ge=
bietende Herakles aber kann, wenn wir uns die Sache
klar machen wollen, nichts andres als der assyrische
Statthalter, Vizekönig oder so etwas wie ein Groß=
admiral gewesen sein. Herakles[1]) ist der stehende
Name eines Amtes und einer Würde, die viele Per=
sonen getragen haben. Nach dem Sturze der assyrischen
Herrschaft trat ein ägyptischer Herakles auf, der in
Kanobus (bei Alexandrien) seinen Sitz hatte, und
dessen Macht und Ansehn wieder bis nach Gadeira
im fernsten Westen reichte. Nach ihm wurde in
Westafrika der tyrische Herakles Melkarth mächtig,
und der griechische Held dieses Namens trat auf,
der eigentlich Alkäos hieß und unzweifelhaft eine
geschichtliche Person war. Wie er zum Erben aller
möglichen Heraklessagen geworden, wird später er=
örtert werden.

Auf der Ebene am Alpheios, wo die aus Kreta
gekommenen Kureten ihre Wettläufe hielten, hatte

---

1) Herakles ein Diener des kriegführenden Zeus (Stratios). Plin.
16, 89.

der idäische Herakles ein zur Beherrschung
des Westlandes bestimmtes Standlager angelegt. Man wußte recht wohl, daß die olympischen
Wettkämpfe ursprünglich militärischer Natur waren,
und daß in einer bestimmten Zeit dieses Heerlager
sich aufgelöst habe.[1]) Diese assyrischen Kriegsleute feierten einfach das heimische, durch
den Aufgang des Orion und Sirius bestimmte
fünftägige Sakäenfest. Später ging das Kuretenlager in den Besitz der Ägypto-Libyer, d. h. der
Poseidons- und Athenediener über, die Wagen-
rennen mit dem libyschen Viergespann und andre
Kampfarten einführten. Wenn man in Olympia
noch in spätester Zeit die Here Ammonia und den
Hermes Parammon verehrt hat,[2]) so ist klar,
daß der Hauptgott hier einst Zeus Ammon, nicht
der olympische Zeus gewesen ist; denn dieser war es,
der hier mit Kronos einst um die Weltherrschaft gerungen, ihn besiegt und neue Spiele eingeführt hatte.
Später hat ihn der Olympier verdrängt, aber noch
lange Zeit fuhren Eleer und Lakonier fort, das Orakel
in der Oase zu befragen. Ammon war der Gott der
oberägyptischen Könige der achtzehnten Dynastie von
Amoses (1666) ab.

Die Kureten heißen Söhne der Anchiale,
namentlich einer, der Stifter einer gleichnamigen
Stadt auf Kreta, Daxos; Anchiale aber ist die von
Sardanapal dem Großen, einem der nächsten Nachfolger von Ninus und Semiramis, gestiftete Hafenstadt von Tarsus. Wenn nun berichtet wird, daß
Semiramis eine Flotte von Kriegsschiffen erbaut
habe,[3]) wo können anders ihre Stationen gewesen
sein, als im Winkel des Issischen Busens? Von hier
führt die nächste Straße über Kypros und Rhodus

---

1) Philostr. Vit. Apoll. V, 4. — 2) Pauf. 5, 15, 7. — 3) Plin.
n. h. 7, 55.

nach Kreta. Darnach kann man die Besetzung dieser
Insel und die Eroberung von Tartessos um 1900,
wenn nicht früher, ansetzen.

Daß Kreta assyrisch war, bezeugen auch die
Auswanderungen, die über diese Insel nach dem Westen
gingen. Ninus selbst, vor den Greueln der Semiramis
flüchtig oder in einer Feldschlacht geschlagen, ging
angeblich über Kreta nach Libyen und stiftete in den
Gegenden des spätern Karthago eine Herrschaft.[1]
Kronos vermählte sich hier mit Philyra und zeugte
den Afros, den Stammvater der Afrer, der die
Astynome (städische Ordnung) heiratete.[2] Es gab
hier also eine assyrische Kolonie.

Die Weltherrschaft, die einst Kronos ausgeübt
haben soll, und die sich über das ganze Mittelmeer
und drüber hinaus erstreckte, war also die assyrische.
Denn Kronos ist der Gott des Ninus und des von
ihm gestifteten Reiches, ja Ninus wird geradezu mit
Kronos und Semiramis mit Rhea gleichgesetzt. So heißt
es im Chronikon Paschale:[3] „Der Urvater Kronos
verließ sein Weib Rhea, die auch Semiramis heißt, und
nachdem er zu seiner Unterstützung eine große Schar
vornehmer Leute genommen, zog er nach dem könig=
losen Abendlande und unterwarf sich die westlichen
Gegenden, aus Syrien aber verschwand er." Auch
der Babylonier Semeronios nennt in dem Bruchstück
eines Verzeichnisses der ältesten Könige da, wo Berossos
Ninus und Semiramis hat, Kronos und Rhea. Die Sache
erklärt sich, wenn man die Meldung berücksichtigt,
der zufolge die Assyrier Menschenanbeter waren und
ihre Könige als Götter verehrten.

Der Kronosdienst, der nach langen blutigen
Kämpfen den Dienst des Uranos gestürzt hatte, war

---

1) Moses v. Chorene c. 14. — 2) Joh. Damasc. Müller, hist.
gr. fr. IV, S. 542. — 3) Tom. I, S. 65, Scal.

finster und blutig. Man verehrte ein ehernes Stierbild
und opferte Kinder. Daß nun Kreta diesen Moloch=
dienst hatte, also unter assyrischer Herrschaft stand, ist
ganz unzweifelhaft. Denn auf Kreta herrschten, ehe
Zeus dort geboren wurde, Kronos und Rhea, und die
griechische Sage weiß, daß er seine Kinder verschlang.
Auch wird berichtet, daß die Kureten Kinder geopfert
hätten. Die kretischen Korybanten, Hochspringer,
Beckenschläger und Lärmer, sind eine Gesellschaft, die
diesem scheußlichen Dienste Beistand leistete und durch
ihr Getöse das Schreien und Weinen der unglücklichen
Opfer betäubte. Ohne Zweifel haben die Kureten
auf dem Kronoshügel bei Olympia solche Opfer ge=
bracht. Denn der Brauch, Kinder zu opfern, ver=
breitete sich über ganz Arkadien. Er ging in den
Zeusdienst über. Seine Mutterstätte ist die angeblich
urälteste Stadt Griechenlands, Lykosura, mit dem
Lykäon, das nur etwa vier bis fünf Meilen oberhalb
Olympias im Gebirge liegt. Die Träger dieses
Dienstes, der noch in geschichtlicher Zeit im geheimen
geübt wurde, waren die von hier ausgegangnen
Lykaoniden. Sie hatten überall im Binnenlande
Städte gegründet; man sieht aber auch, daß die ein=
geborenen Arkader, ein tapferes, abgehärtetes Ge=
birgsvolk, kriegerisch geschult wurde und Dienste im
Heerlager der Kureten nahm. Deshalb traten Lykao=
niden und Arkader in Verbindung mit dem kuretischen
Herakles und seinen Feldzügen auf. Man begegnet
ihnen namentlich in Epirus und in Italien, an der
Ost= wie an der Westküste. Andre Teile von Griechen=
land scheinen die Assyrier nicht beherrscht zu haben,
aber der Peloponnes und namentlich Arkadien waren
offenbar eine Hauptstütze ihrer Macht.

Was wir beweisen wollten, war, daß es außer der
Landherrschaft im Osten eine Seeherrschaft der Assyrier
im Westen gegeben habe, die alle Küsten und Inseln

des Mittelmeeres umfaßte. Dies hängt mit unsern
Forschungen über die Atlanten aufs innigste zusammen. Diese haben offenbar nie eine selbständige
politische Rolle gespielt, sondern immer, zuerst unter
assyrischer, dann unter ägyptischer Hoheit gestanden.
Sie werden auch, wie wir sehen werden, nie als
kriegerische, sondern stets als besonders friedfertige
und wohlgesittete Leute geschildert. Dies hindert aber
nicht, daß sie in der nautischen Wissenschaft groß und
im Seewesen ausgezeichnet gewesen sein können. Wie
ausgebildet dieses war, beweisen schon die erwähnten Seeherrschaften. Kriegsflotten durchmaßen
das ganze Mittelmeer von Osten nach Westen, und
ganze Völkerschaften wurden zur See verpflanzt. So
finden wir Saken, Meder, Perser, Armenier in
Spanien, und umgekehrt wurden Iberer, iberische
Bebryker, Ligurer, Libyer an die Propontis und in
den Pontus bis an den Kaukasus hin versetzt. Daß
die westafrikanischen Atlanten lange bevor die tyrischen
Phönizier an ihre Stelle traten, Spanien umschifft
und Britannien und Gallien besiedelt hatten, wird
später dargelegt werden. Ob eine Möglichkeit vorhanden sei, daß sie das westliche Festland entdeckt
hätten, das soll gleichfalls erörtert werden.

Viertes Kapitel

Wanderungen durch Nordafrika — Arabische Abkunft der Phönizier — Enakiten und Kanaaniten — Die ägyptischen Hyksos

Die Nordküste von Afrika ist zu allen Zeiten wie eine Laufbahn gewesen, auf der von Osten gekommene Völkerstöße sich bis ans westliche Ende fortpflanzten, bis ihnen der offne Ozean Halt zu machen gebot. Hatten sie einmal die Brücke von Suez überschritten, so war ihnen die Straße vorgezeichnet. Solche Völkerstöße lassen sich mehrere unterscheiden, und nach ihnen gliedert sich die älteste Geschichte Nordafrikas. Diese Eindringlinge waren teils heimatlose Flüchtlinge, teils Eroberer, erst Assyrier, dann Medoperser, dann Ägypter.

Die älteste Völkerwanderung, die über Phönizien in Ägypten eindrang und dann westwärts flutete, war eine arabische. Sie nahm ziemlich denselben Weg und Verlauf, wie die der spätern muhammedanischen Araber. Diese hatten sie wohl im Angedenken behalten und rechneten darnach eine Ära. Man wußte, daß die ältesten Stämme Südarabiens, die

Amalekiten, Aaditen, Thamuditen, von den aus Ba=
bylonien kommenden Kachtaniden, hebr. Joktaniden,
überwältigt und vertrieben worden waren. Es müssen
gewaltige Kämpfe stattgefunden haben. Man kennt
noch in Arabien die verfallnen Städte dieser ge=
nannten Stämme, zeigt Cisternen und Mühlsteine
und erzählt von ihrem Untergange durch himmlische
Strafen, Wasserfluten, Erdbeben. Die Söhne Joktans
nahmen nun ihre Sitze ein. Wir finden ihr Ver=
zeichnis im ersten Buche Mosis:[1] Almodab, Saleph,
Hazarmaveth (Habramaut), Jarech, Hadoram, Usal,
Diklah, Habal, Alimael, Scheba (Saba, Sabäer),
Ophir, Havilah, Jobab. Joktan war ein Nachkomme
Noahs und Sems, Sohn des Heber, Stammvaters
der Hebräer, und Bruder Phalegs, der deshalb diesen
Namen empfing, weil damals die Welt (zunächst das
babylonische Reich) geteilt wurde. Wir könnten sagen,
ein Bürgerkrieg, ein Schisma, ein Krieg zwischen
Semiten und Chamiten, die beide doch offenbar
mehr als religiöse Sekten, denn als Menschenrassen
auftreten. Wie könnten sonst die Kanaaniten Cha=
miten genannt werden?

Dem Herodot berichteten persische Gelehrte, die
Phönizier seien vom erythräischen Meere (dem per=
sischen Meerbusen) in ihr damaliges Land am Mittel=
meer gezogen und hätten bald nach ihrer Ankunft
weite Seefahrten unternommen.[2] Darnach müßten
sie also schon in ihrer früheren Heimat mit dem See=
wesen vertraut gewesen sein und also namentlich
den indischen Ozean befahren haben. An einer andern
Stelle berichtet er: „Diese Phöniker wohnten einst,
wie sie selber sagen, am erythräischen Meere; von
dort ausgewandert, bewohnen sie den am Meere ge=
legnen Strich von Syrien."[3] Er redet von den Phö=

---

1) 1. Buch Mos. 10, 25—31. — 2) Herod. 1, 1. — 3) Ebd. 7, 89.

nifern in Xerxes Heere und unterscheidet sie aus=
drücklich von den Syrern in Palästina, also wohl
den Kanaaniten. Ebenso sagt der Scholiast zu Dionys
dem Periegeten: „Die Phöniker sind Abkömmlinge der
Araber, die in der Nähe des erythräischen Meeres
wohnen[1].“ Der lateinische Bearbeiter dieser Perie=
gese[2] leitet sie gleichfalls von dort her ab, jenes
Meer habe sie entsendet, ein durch chaldäisches
Blut hochgeadeltes Volk, gefeiert und geein=
durch die geheimen Satzungen Gottes. Sie
waren also Einheitsgläubige, wie dies bei Noachiden
sich von selbst versteht. Nach Justinus wurden die
Phöniker durch große Erdbeben — worunter man
aber auch religiöse und politische Erschütterungen
verstehen kann — vom assyrischen See (Assyrium
stagnum) vertrieben, wanderten in ihrem spätern
Lande ein und gründeten Sidon. Man hat sie demnach
auch von arabischen Stämmen, von Judadan, von
den Dedaniten, von dem Joktaniden Jobab, also
aus Südarabien, abgeleitet.[3]

Diese Kunden von der Herkunft der Phönizier
bespricht Ritter in seiner Erdkunde,[4] erwähnt auch
ihre (spätern) Niederlassungen Tylos und Arados
(jetzt die Insel Bahrein mit Perlenfischerei) im per=
sischen Meerbusen und erkennt die Verwandtschaft
der Araber und Phönizier an. Dagegen leugnet
Movers in seinem sonst ausgezeichneten Werke über
dieses Volk diese Einwanderung gänzlich und hält
die Phönizier für Autochthonen in Kanaan — ein
starkes Stück den angeführten Zeugnissen und nament=
lich Herodot gegenüber, der sich auf die Aussage der
Phönizier selbst und auf persische Gelehrte beruft.
Die Kunde von dieser Wanderung muß wohlbekannt

---

1) B. 905 S 863. — 2) B. 843. — 3) Jos., Antiq. I, 6, 2.
Dedan Genes. 10, 7. Chrom. Pasch. tom. I, S. 54. — 4) Bd. 4,
Abt. 1, S. 441.

gewesen sein. Zu seiner Ansicht ist Movers durch Sanchoniathon verleitet worden, weil dieser nur eingeborne Stämme und keine Einwandrer zu kennen scheint; indes ist dies, wie wir bald sehen werden, wirklich nur scheinbar; der Irrtum ist auf die der biblischen ähnliche Erzählungsweise und die Abkürzungen zurückzuführen, die der den Auszug machende sich erlaubt hat.

Warum sollte man hier nicht, wie das in hunderten von Fällen geschehen ist, zwischen einer eingebornen Bevölkerung und einer zugewanderten, die jene unterjochte, aber im Laufe der Zeit mit ihr verschmolz und ihre Sprache annahm, unterscheiden können? Wenn später die Namen Kanaaniten und Phönizier gleichbedeutend scheinen, muß das immer gewesen sein? Unterscheidet Herodot nicht deutlich zwischen Phöniziern und Syrern in Palästina? Man muß darnach annehmen, daß noch zu Herodots Zeiten ein Unterschied wenn nicht in der Sprache, so doch in den Standesverhältnissen, erkennbar war. Unter Phönikern im engern Sinne mag man das herrschende Volk, den bevorrechteten Stand, in Städten wie Tyros, Sidon, Arados Byblos, Berytos zu verstehen haben, während das gemeine Volk, der Demos, dem eingebornen Stamme der Kanaaniten oder Syrer angehörte. Im Staate der Israeliten war es ganz ähnlich. Die unter ihnen lebenden Kanaaniten waren Knechte.

Ein solches herrschendes Volk hat es aber gegeben. Als die Israeliten unter Josua um 1300 v. Chr. Kanaan eroberten, rotteten sie überall die Enakiten, die Riesen, aus. Warum? Offenbar deshalb, weil diese die Zwingherrn des Landes waren und ihnen, einem neuen Eroberervolke, allein Widerstand leisteten, während das mit den verknechteten Kanaaniten nicht der Fall war. Denn diese ergaben sich ruhig in ihr Schicksal und wechselten nur den Herrn. Diese Enakiten waren Feudalherrn; hochgewachsene, übermütige Krieger, die in ummauerten Städten hausten, auch in Künsten und Wissenschaften wohl erfahren. Sie waren, wie angegeben wird, die Über= bleibsel der in der großen Flut umgekommnen Gi= ganten. Da selbst Abraham einmal zu den Giganten gerechnet wird, so sieht man, daß unter Enakim eben nur ein herrschendes Volk zu verstehen ist.

Nachdem wir dieses sicher gestellt haben, kann man ganz deutlich sehen, wie diese Phöniko=Araber von Kanaan aus Ägypten erobert und dort unter dem Namen der Hyksos oder Hirtenkönige eine fast fünf= hundertjährige Herrschaft geübt haben. Ein Hauptsitz und eine starke Burg der Enakiten war Hebron. Die Stadt hieß auch Kiriath=Arbe, weil hier Arba, der Stammvater der Enakiten, bestattet war.[1]) Eine ur= alte Terebinthe war seinem Andenken geweiht. Abra= ham fand Hebron, wo er sich längere Zeit nieder= ließ, im Besitze des Stammes der Chetiter. Sie waren demnach Enakiten. Dies bestätigt sich. Denn als Josua gegen Hebron zu Felde zog, herrschten daselbst Achiman Sisai und Tholmai, Söhne Enaks. „Hebron aber war sieben Jahre vor Zoan (Tanis), der Stadt Ägyptens, erbaut worden"[2]).

Nach der mosaischen Völkertafel ist Chet, der Stammvater der Chetiter, ein Bruder Sidons, des erstgebornen Sohnes von Kanaan. Demnach sind die phönikischen Sidonier und Hebroniten für die vor= nehmsten der Enakiten zu erachten.

Wenn es nun hieß, Hebron sei sieben Jahre vor Zoan in Ägypten gegründet, so bedeutet das, die Eroberung dieses Landes durch die Phöniko=Araber

---

1) Buch Josua 21, 11. — 2) 4. Buch Mosis 13, 23.

erfolgte sieben Jahre nach ihrer Einwanderung in Hebron. Denn Tanis ist die erste Stadt, die bei ihrem
Anzuge von der Küste her auf dem Wege lag; Tanis
aber wurde, wie wir zeigen können, nach Manetho,
der den Taniten 484 Jahre beischreibt, ebenso viele
Jahre vor Amoses (1666), also im Jahre 2150
v. Chr., gegründet, d. h. eingenommen und besiedelt.
Folglich war Hebron im Jahre 2157 gegründet
worden. In dieselbe Zeit fällt demnach auch die
Einnahme von Sidon, und die Vertreibung der
Phöniker aus Südarabien gewiß nur wenige Jahre
früher. Auch Strabo wußte, daß die Phönizier und
Sidonier Abkömmlinge von andern Phöniziern waren,
die am offnen Ozean wohnten, und erzählt von Ho-
merauslegern, die die Sidonier Homers an das
persische Meer versetzten.[1]) Josephus will wissen, daß
Hebron 2300 vor seiner Zeit, also etwa 2230 v. Chr.
gegründet worden sei. Das nähert sich unserm Ansatze.
Natürlich bestanden Tyrus und Sidon und andere
Städte bereits und waren gewiß nicht unbedeutende
Sitze des Handels und mannigfacher Kunstthätigkeit.
Man sieht das aus Herodot, der sagt, die genannten vom Roten Meere gekommnen Phöniker
hätten babylonische und assyrische Waren ausgeführt.
Dasselbe geht auch aus Sanchoniathon hervor. Die
Stiftung des Heraklestempels von Tyros, von dem
auch er weiß, und die mit der Gründung von
Inseltyrus zusammenfällt, war, wie die dortigen
Priester dem Herodot erzählten, 2300 Jahre vor
jener Zeit, also um 2750 v. Chr., geschehen.[2]) Der
tyrische Herakles Melkarth, dem die Phönizier später
ihre Eroberungen zuschrieben und weihten, war der
vergötterte Gründer der Stadt, der wilde Jäger
Usow.

---

1) Strabo 1, 2. — 2) Herod. 2, 44.

Die arabische Zuwanderung in Palästina ist bei Sanchoniathon aus folgender Stelle zu erkennen: „Aus diesen (oder nach diesen, den Vorhergehenden) waren Feldleute (Agrotai) und Jäger (Kynegoi, Hundeführer). Diese werden auch Herumzieher (Aletai, Pelitim? Nomaden, Beduinen) und Titanen (Enakim? hochmütige Trotzer) genannt. Von ihnen kam her der Wehrmann (Amynos, der Kriegerstand) und der Magier (Priesterstand), die Dörfer und Viehtriften anzulegen lehrten. Von diesen kommen Misor (Mizrajim, Ägypten) und Sydyk her."[1] „Von Misor stammt nun der Schrifterfinder Taaut, der in Groß-Hermopolis verehrte Thot, dem Kronos, nachdem er ins Südland gezogen, ganz Ägypten zum Königreiche gab; von Sydyk aber Esmun (der Achte) und sieben Kabiren — auch als Dioskuren, Korybanten, Samothraken erklärt, d. h. die Priesterschaft von Berytos. Darüber später genauer. Hier ist die Geburtsstätte der chaldäisch-phönizischen Nautik und die Schule der atlantischen Weisheit. Denn Kronos vergrub aus Argwohn (weil er ein Anhänger des Uranos war) seinen leiblichen Bruder Atlos in die Tiefen der Erde,[2] d. h verbannte ihn ins ferne Westland.

Josephus weiß ferner, daß Hebron älter sei als Memphis.[3] Ohne Zweifel ist dies von dem von den Phönikern besetzten Memphis zu verstehen. Manetho rechnet Memphiten 453 Jahre, wonach also die Hauptstadt Unterägyptens im Jahre 2119 v. Chr., 31 Jahre nach der Einnahme von Tanis, erobert worden wäre.

Die Phöniker von Sidon und Tyrus u. a. hatten Könige, die jedenfalls aus enakitischem Geschlechte

---

1) Sanchon Beryt. fr. ed. Orell S. 22, 38.   2) Ebd. S. 23. —
3) Antiq. 1, 10, 4. Bell. Jud. 4, 9, 7.

stammten. Sie leiteten sich von Belos, dem Gotte von Babylon, her. Denn wie die Babylonier er= zählten, hatte in ihrem Lande zuerst Belos geherrscht. Dieser hatte zwei Söhne, den jüngern Belos und den Chanaan, den Vater des Chum (Kusch?), den die Griechen Asbolos, d. i. den Rußigen, Schwarzen, nennen.[1]) Der Dienst der Sidonier und Tyrier, des Stiermolochs Asterios und der kuhgestalteten Astarte, war finster, blutig, aber nicht ausschweifend und stand daher im Gegensatze gegen den wollüstigen und zucht= losen Dienst, den Kanaaniten und Syrer der Natur= göttin weihten. Dessen Hauptsitz war Byblos (Gubal), von wo aus er nach Kypros gebracht wurde. Der dortige Aphroditendienst ist höchst schmutzigen Ur= sprungs — der Handel mit Mädchen, den die Phö= nizier bis nach Griechenland und Sicilien trieben, von wo sie ihre Ware holten, um sie auf den Markt im Osten zu bringen. Die Kinyraden von Paphos hatten das Monopol; der Eryx im Westen Siciliens, Korinth, Kythera, Knidos waren Stapelplätze dieses Handels. Wir erwähnen das hier nur, um einen weitern Hinweis zu der ausgebreiteten Seefahrt des Ostens zu geben.

So lange die großen Reiche der Assyrier und der Ägypter bestanden, haben die Phönizier keine politische Rolle gespielt, da sie stets nur Knechte der Könige von Niniveh, Memphis oder Theben waren. Sie haben deren Flotten bemannt, unter ihrem Schutze Kolonien ausgeführt, Handel getrieben und den Künsten des Friedens obgelegen; mächtig sind sie erst nach dem Zusammenbruche des ägyptischen Reiches geworden, indem sie etwa von 1200 v. Chr. ab sich in Westafrika festsetzten und im Vereine mit den damals mächtig werdenden Numiden ihre Herr=

---

[1]) Eupolemos bei Euseb. praep. ev. IX, 17.

schaft begründeten. Ohne Zweifel haben sie damals die Reste und die Überlieferungen der Atlanten in sich aufgenommen.

Es ist ein Mangel von Movers Arbeit, daß er von den großen Weltreichen Assyrien und Ägypten und ihren Schicksalen und ebenso von den Atlanten nichts weiß, und daß er daher ungemein vieles für phönizisch ansieht, was gar nicht phönizisch ist. Ohne Zweifel waren die Phönizier ein Handelsvolk ersten Ranges, sowohl zu Lande durch die Karawanen, die dahin von Ägypten, Arabien, Assyrien kamen und ebenso von ihren Städten abgingen, wie zur See durch die Schiffe; aber man hat übertriebne Vorstellungen von ihrer Seekunde und ihrem Seewesen, wenn man in dieser Beziehung nur immer von Phöniziern und wieder von Phöniziern redet. Man kann sagen, daß alle gleichzeitigen am Meere wohnenden Völker Seefahrt betrieben, und daß manche sich darin ausgezeichnet haben. Der Ruhm der Atlanten ist nur durch die Phönizier verdunkelt worden.

Fünftes Kapitel

Gründung von Heliopolis, der Sonnendienst, und die Phönixreligion

Die aus Südarabien vertriebnen Araber drangen also von Syrien her über die Landenge von Suez in Ägypten ein und setzten sich zuerst in Tanis, später in Memphis fest. Zwischen beiden Städten liegt die Sonnenstadt Heliopolis, hebräisch On, der Ort, wo der Pharao Josephs hauste. Sie hatte, wie Plinius ausdrücklich angiebt, Araber zu Gründern.[1] Welche andern könnten das gewesen sein, als eben die von Hebron und Tanis her eingefallnen Hyksos? Heliopolis ist demnach zwischen 2150 und 2119 v. Chr. gegründet worden. Es war eine arabische Stadt und blieb eine, wenn auch die dortige hochberühmte Priesterschaft, die vor allem in der Sternkunde erfahren war, ägyptische Sprache und Schrift pflegte und ägyptische Sitten angenommen hatte. Denn die Landschaft im östlichen Delta, worin Heliopolis lag, führte den Namen Arabien, jedenfalls weil Araber hier wohnten, die mit den Arabern der Sinaïhalb-

---

1) Plin. n. h. 6, 31.

insel, den Schasu oder Amalekiten, ungetrennt zu=
sammenhingen. ¹)

Heliopolis war der Sitz des als Falke oder mit
dem Falkenkopfe dargestellten Sonnengottes Ra;
dieser Dienst war aber gar nicht echtägyptisch,
sondern arabischen Ursprungs; denn ihm liegt eine
von dem altheimischen Osirisdienste gänzlich ver=
schiedne Religion, die Phönixreligion, zu Grunde,
und diese ist arabischen Ursprungs. Die erste Nach=
richt von dem wunderbaren Vogel Phönix giebt uns
Herodot, der selbst mit den Priestern von Heliopolis
sprach. Sie erzählten ihm, daß stets nach 500 Jahren
ein junger Phönix aus Arabien komme, um seinen
toten Vater in ihrem Tempel zu bestatten. Er brachte
ihn (eine Vogelmumie) in einem von ihm selbst aus
Myrrhen gemachten Ei. Herodot bezweifelte die Ge=
schichte stark. Man zeigte ihm auch eine Abbildung
des Vogels, den er einem Adler ähnlich fand.²) Es
war, wie wir zeigen können, nichts andres,
als der in vierfacher Größe abgebildete
Sonnenfalke. Die Ägyptologen befinden sich im
Irrtum, wenn sie den langbeinigen Reiher Bennu
für den Phönix ansehen. Wenn Herodot einen sehr
großen Falken für einen Adler ansah, so ist das be=
greiflich, einen Storch oder Reiher würde er nicht
dafür angesehen haben.

Es ist also gar keinem Zweifel unterworfen, daß
das Mutterheiligtum von Heliopolis in
Arabien, und zwar in Südarabien, lag, wo=
her die Gründer dieser Stadt gekommen waren. Plinius
redet von einem Sonnentempel daselbst, wo der ge=

---

1) Herodot rechnet sogar das weit westlich an der Küste des Delta
gelegne Buto zu Arabien (2, 71) und läßt die Stadt Patumos (Pithom
im Lande Gosen) dazu gehören. Gosen heißt im 1. Buch Mosis 45, 10
LXX, Γεσεμ τῆς Ἀραβίας. — 2) Herod. 2, 73.

alterte Phönix starb, nachdem er sich ein Nest aus
Kassiazweigen, Weihrauch und andern Wohlgerüchen
gebaut hatte.[1]) Der junge Phönix trug dieses Ei dann
fliegend in die Sonnenstadt Panchäa und legte es
(zum Verbrennen?) auf dem Altare daselbst nieder.
Es ist demnach klar, daß dieser Sonnendienst
aus Arabien stammte, und daß es dort ein
Mutterheiligtum des heliopolitanischen gab. Die in
vielen Künsten, namentlich aber in der Sternkunde
und Sonnenbeobachtung erfahrenen Priester dieser
Stadt waren also nicht Ägypter, sondern Araber
von Abkunft und hatten sich später nur ägyptisiert.
Umgekehrt haben die Ägypter vieles von diesen
Phöniko = Arabern angenommen.

Was nun die Phönixlehre betrifft, so dreht sie
sich um gewaltige Dinge, um die Wiederherstellung
der gestörten Weltordnung, die Rückkehr der Irrsterne
zu ihrem Ausgangspunkte, die Neugeburt des Himmels,
die Auferstehung der Toten, das Erscheinen eines
Retters vom Übel, die Neuschöpfung und Seligkeit.
Mit einem Worte, es sind messianische Glaubenssätze,
die hier unter symbolischer Hülle versteckt sind, und
diese Religion ist im Grunde Einheitsglaube noa=
chischen Ursprungs. Daher knüpfte das Christentum
bei seiner Entstehung wieder an diese Lehren an:
die Weisen im Morgenlande hatten den Stern ge=
sehen, der die Geburt des Messias verkündete, und
schon der Apostelschüler Klemens von Rom redet vom
Phönix als einem Vorbilde Christi, was dann in die
christliche Symbolik überging;[2]) auch bezeugt Augu=
stinus, daß die Ägypter allein an die Auferstehung
der Toten glaubten und deshalb ihre Mumien, Gab=
bara genannt, sehr sorgfältig aufbewahrten.[3]) Man

---

1) Plin. n. h. 10, 2. — 2) Symbol der Auferstehung bei Am=
brosius, Lactantius, Gregor von Nazianz, Tertullian u. a. — 3) Aug.
serm. de diversis CXX.

kann die Phönixreligion sehr gut aus erster Hand kennen lernen. Das sogenannte Totenbuch ist voll von dieser Theologie. Wir werden Proben davon geben.

Diese Priester betrieben die Sternkunde teilweise ganz anders als unsre gelehrten Astronomen, nämlich aus theologischen Gründen. Ihre Wissenschaft, wie die der Chaldäer überhaupt, war Weissagung aus den Sternen. Ähnlich wie noch heute christliche Mystiker nach dem Propheten Daniel u. a. den Weltuntergang, den Anfang des tausendjährigen Reiches ausrechnen, so auch rechneten jene fortwährend, um den Eintritt der Weltwiedergeburt, d. h. das große Phönixjahr, zu ermitteln. Dabei suchten sie fortwährend nach einer Ausgleichung der Sternenläufe, nach genauer Bestimmung von Monat, Jahr, Periode, was natürlich der wissenschaftlichen Astronomie zu gute kam. Daher war Ägypten das Land der Jubiläen; denn jede am Himmel kennbar gewordne Ausgleichung wurde als Phönixerscheinung gefeiert. Daraus war die Lehre von den Äonen oder Weltzeiten hervorgegangen, deren die Ägypter einst sieben annahmen und mit besondern Namen bezeichneten. Alle zusammen bilden das große Jahr, bei dessen Ablauf sie die Neugeburt der Welt erwarteten. Damit stehen auch die Siriusperioden von 1460 Jahren in engster Verbindung. Als man diese Ausgleichung entdeckt hatte, benutzte man sie offenbar, um darnach das große Weltjahr zu bestimmen.

Über die Dauer einer Phönixperiode haben wir sehr verschiedne Angaben. Man legt ihr 340, 500 (Herodot), 509, 600, 660, 1000, 1460 (die Sothisperiode) bei. Der Grund dieser Verschiedenheit ist der, daß jede am Himmel bemerkte Ausgleichung als Phönixerscheinung betrachtet wurde, und dann ein zweiter, daß die echte ursprüngliche Phönix-

periobe gar nicht nach dem Sternenlaufe bestimmt wurde. Den Schlüssel dazu hatten die
Priester von Heliopolis gar nicht, sondern waren in
dieser Beziehung von ihren Stammverwandten im
arabischen Heimatslande abhängig. Wie Älian berichtet,
wußte entweder gar kein Ägypter oder wußten nur
wenige genau, und das nur Priester, wann der Phönix
erscheine. „Und auch diese können darüber nicht leicht
übereinkommen, sondern necken einander und streiten
sich darüber, daß der göttliche Vogel nicht jetzt,
sondern später kommen würde, oder daß er bereits
gekommen sein müßte; während aber jene so streiten,
meldet er wunderbarerweise seine Zeit an und ist da.
Nun müssen sie opfern und eingestehen, daß sie bei
dem müßigen Geschwätz in den Leschen, das sie vom
Morgen bis zur sinkenden Sonne verführen, gerade
so viel wissen, wie die Vögel."[1]

Es ist nicht gar so schwer, den Sinn der absichtlich rätselhaft gehaltenen Mitteilungen zu erraten
und den wahren Sachverhalt festzustellen. Der
Phönix ist der Palmenvogel, und die echte
Phönixperiode die natürliche Lebensdauer
einer Dattelpalme, die, wie man weiß, gleichfalls
Phönix heißt. Arabien war die Urheimat dieses
Baumes oder wenigstens das Land, wo, stets in Verbindung mit der Sternkunde und Jahresberechnung,
die Kunst der Palmenzucht und die Palmenerneuerung
erfunden worden war. Denn dieser Baum, der für
die Bewohner des von Westafrika bis an die Grenzen
Indiens reichenden Wüstenstriches eine größere Bedeutung hat, als für unsre nördlichen Gegenden der
Getreidebau, zeichnet sich durch eine ganz wunderbare
Lebenskraft aus. Plinius und andre haben beschrieben,
wie man eine abgestorbne Palme dadurch erneute,

1) Hist. an. 6, 58.

daß man in das Mark des übrig gebliebnen Stumpfes
ein Reis pfropfte, das daraus wieder zu einem
Baume erwuchs. So wurde die Palme ein Bild der
Auferstehung und Unsterblichkeit, und Palmenreiser
haben bei Muhammedanern wie bei Christen diese
Bedeutung bis heutigen Tages behalten.

Nun gab es in Arabien an verschiednen Orten,
von denen sich sogar einige nachweisen lassen, heilig
gehaltene Palmbäume, die natürlich keine Art fällen
durfte, und die man demnach stehen ließ, bis
sie endlich vor Alter, durch einen Sturm
oder auf sonstige Weise von selbst umstürz=
ten. Wenn das geschah, so war das, wie die Römer
sagen würden, ein Prodigium und ein Zeichen,
daß ein Äon abgelaufen sei und ein neuer
begonnen habe. Nun denke man sich, daß in Süd=
arabien irgendwo ein Palmbaum stand, den irgend
ein heiliger Urvater als Erfinder der Palmenzucht
gesetzt und seine Pflege den Kindern und Enkeln
empfohlen hatte, und der dann so und so viel mal
immer wieder verjüngt worden war. An diesem
Baume, der unsterblich schien, wurden die Weltzeiten
und Weltschicksale gemessen. Man wird nicht leugnen
können, daß diese die Jahrtausende geistig überfliegen=
den Anschauungen großartig sind und gar nicht zu
den Vorstellungen passen, die man sich gegenwärtig
von den Menschen der Urzeit zu machen pflegt. Ihr
Vermögen, aus dem Natürlichen und Stofflichen das
Geistige herauszufinden, muß weit stärker und leben=
diger gewesen sein. Der fromme Job, ein Nach=
komme Sems und Wüstenbewohner, spricht in seinem
Elende seine Hoffnung auf Erlösung aus, indem er
sagt: „In meinem Neste werde ich sterben und wie
der Chol verjüngen meine Tage." Das Wort Chol
bedeutet Sandwirbel, Wirbel, dann wohl Kreis,
Periode, den Phönix aber nennen die Rabbinen

Chul, während die Vulgata das erstere Wort sehr
gut mit palma übersetzt. Nach Ovid baut der Phönix
auf dem Gipfel einer Palme ein Nest, worin er sich
verbrennt,[1]) und Plinius weiß, daß der Phönix seinen
Namen von der Palme erhalten hat, die mit ihm
sterbe und wieder auflebe.[2]) Der Zusammenhang ist
also ganz klar.

Nach Horapollo bedeutet das Bild des Phönix
eine Wiederherstellung der Dinge (Apokatastase) nach
langer Zeit. Denn eine solche geschehe, wenn er ge=
boren wird. Wenn der alte Phönix sterben soll,
schlägt er sich auf die Erde ($\dot{\varrho}\dot{\eta}\sigma\sigma\epsilon\iota\ \dot{\epsilon}\alpha\upsilon\tau\dot{\partial}\nu\ \dot{\epsilon}\pi\dot{\iota}$
$\tau\dot{\eta}\nu\ \gamma\dot{\eta}\nu$) und bekommt ein Loch von dem Bruche,
und von dem aus dem Loche vorquellenden
Safte wird ein andrer Phönix. Wenn er
Flügel bekommt, zieht er mit dem Vater nach Helio=
polis in Ägypten, dieser aber stirbt dort bei Sonnen=
aufgang, und nach seinem Tode kehrt der junge wieder
in seine Heimat zurück, die ägyptischen Priester aber
bestatten den toten Phönix.[3]) Hier ist ganz deutlich
nicht von einem Vogel, sondern von einem Baume
die Rede. Er bricht ab, schlägt um, und das Mark
des Stumpfes wird bloß und blutet sozusagen.
Nun setzt man ein junges Reis ein. Wenn dies fort=
geht und Blätter bekommt, meldet man die Sache
nach Heliopolis. Eine Festgesandtschaft ging ab und
brachte eine schön balsamierte Adler= oder Falken=
mumie mit. Man verbrannte sie unter großen Cäre=
monien und beging so, wie die Römer sagen würden,
das lustrum conditum und die Inauguration eines
neuen Säkulums. Nun muß man wissen, daß die
Ägypter die Kraft der Neubelebung in das Rücken=
mark setzten. Wenn ein Mensch starb, kroch die Seele

---

1) Metam. 15, 396. — 2) Plin. n. h. 13, 9; vgl. 10, 2. —
3) Horap. II, § 3.

in Gestalt einer Schlange aus, und so war diese das
Bild für Seele. Daher reden Plinius und Suidas
auch von einem Wurme, der aus der Asche des alten
Phönix krieche und zum jungen Phönix werde.

Nun ist vollständig klar, warum die Priester
nicht wußten, wann der neue Phönix erscheinen werde.
Die echten Phönixperioden waren also sehr ungleich,
und daher erklärt sich die große Verschiedenheit der
Angaben über ihre Dauer, nachdem man versucht
hatte, diese astronomisch zu bestimmen. Wir erlauben
uns nun zum Beweise der Richtigkeit unsrer Auf-
stellungen einige teils unerklärte, teils nicht genügend
erklärte Hieroglyphen herzusetzen.

Palmenschoß (baï) mit Sonnenscheibe, bedeutet
Jahr (renpa).

Ist ein oben ausgesägter Palmenstumpf.
Mit dem Zeichen Wasserbecken dahinter
bedeutet es Palmenpflanzung, Oase, Kolonie, Nebenland (hant) Ägyptens.

Derselbe gespalten und zusammengebunden.

Derselbe okuliert und sprießend. Das Zeichen
doppelt gesetzt mit Sonnenscheibe dazwischen bedeutet den Zeitraum zwischen zwei Okulierungen,
also Phönixperiode, ägyptisch hun Erneuerung.

Mit erstem Jahresschosse.

Dasselbe ein Blatt treibend, Abzeichen der Phönix-
orte, Heliopolis und Dendera. K. 75 des Totenbuchs steht der Myste anbetend vor diesem Zeichen,
d. h. er verehrt das Phönixgeheimnis. Weiterhin
folgen die zwölf Phönixverwandlungen, zuerst der
junge Phönixfalke („vierfach in seiner Größe, Schimmer

geht von ihm aus"), dann der Phönix der Palmen=
lehre (Sproß mit Buch). Der gealterte Phönix=
mensch stirbt dann den Osiristod und wird,
auf der Bahre liegend, von einem herabschwebenden
Vogel mit Menschenkopf, der das Zeichen
(anech, Leben) bringt, neu belebt.

 Falke vom Oftberge auffliegend, Phönix=
erscheinung, Neugeburt.

Phönixmumie in ihrer Kapsel.

Sechstes Kapitel

Die Phönixheimat, Palmenzucht, Arabien und Indien

Wenn die in Kanaan und Ägypten eingewander=
ten Araber Phöniker heißen, so bedeutet dieses Wort
also Palmenpflanzer und Anhänger der Phönix=
religion. In der That haben die kanaanitischen Phö=
nizier diesen Baum überall, wo sie hinkamen, auf Kreta,
im Archipelagus, in Italien, auf Sicilien und weiter=
hin bis Spanien, ebenso auf der Nordküste Afrikas
gezüchtet, obgleich er als Wüstenbaum auf der euro=
päischen Seite nicht mehr gut fortkam und keine
reifen Früchte mehr brachte. Phönizien selbst war
ein Palmengarten. Die über Ägypten weiter nach
Westen ziehenden Araber dürften durch ihre Kunst
der Palmenzucht viele Oasen angelegt und wüste
Striche bewohnbar gemacht haben.

Das echte Bild des Phönix ist also nichts
andres, als der tausend und abertausend
male abgebildete Falke oder Sperber, das
Bild des Sonnengottes von Heliopolis und des Horus.
Dadurch wird die Sache sehr einfach. Dieser Vogel
ist wegen seines scharfen Gesichtes zum Abbilde des,

Atlantis   4

wie man glaubte, allsehenden Sonnengottes gewählt
worden; man muß aber einigen Sinn für Mystik besitzen, um all die Anwendungen zu verstehen, die man
von diesem und andern Bildern machte. Diese Phöniker
waren Einheitsgläubige; aber in Ägypten, wo man
sich einer an Vergleiche und Übertragungen ange-
wiesenen Bilderschrift bediente, lernten sie ihre Weisheit
hinter Symbolen verstecken. Der Phönix im höchsten
Sinne ist der Allerhöchste, den sie Neb-Ter, Herr der
Schöpfung, Tom (den Verschlossenen, Geheimen), Tera,
Schöpfer nannten; dann ist er der Herr der sichtbaren
Sonne, nach ihrer Anschauung ein Diener des Allerhöchsten, dann ist auch Horus, der Sohn des Osiris,
von dem man die Wiederherstellung des Osirisreiches
erhoffte, der Phönix; sodann jeder fromme und gerechte Mensch, der dieser Religion anhing. 120 Jahre
waren einem solchen als Lebenszeit beschieden, und
auch das war eine Phönixperiode. Alle zehn Jahre
machte der Phönixmensch eine symbolische Verwand-
lung durch und nahm, wie man aus dem Totenbuche
ersehen kann, eine neue Gestalt an. Trägt der Gold-
falke die Doppelkrone, dann ist er als König und Herr
von Ägypten anzusehen. Im Glauben der Ägypter
war die Wiedergeburt der Welt und die Neubelebung
der Toten der Wiederherstellung des Osirisreiches
gleichbedeutend. Daher konnte auch Osiris der
Phönix sein.

 Nebenstehendes Bild stellt den Phönix
innerhalb eines Hauses dar und wird ge-
lesen hat-hor, Haus des Lichtes.[1]) Es ist
der Name der Göttin Hathor, die als Aphrodite erklärt wird, aber nur für das unwissende Volk
vorhanden ist. Der Wissende verstand unter diesem

---

1) Was schon Plutarch weiß: οἶκος Ὥρου κόσμιος. de Is.

hause den Phönixpalast¹), den seligen Zustand, der mit
der Wiederherstellung aller Dinge eintritt, die neugeborne Welt. Diesen Sinn hat auch die im Totenbuche
unter den Amuletten, die man dem Toten an den Hals
legte, abgebildete heilige Kuh, die dort mit mystischen
Anrufungen gefeiert wird. Sie ist gleichfalls Hathor,
und daher wird diese scheinbare Göttin als Kuh, mit
Kuhkopf oder mit der Sonnenscheibe zwischen Kuh-
hörnern auf dem Kopfe dargestellt. Ihr Zeichen, die
heilige Kuh in der Barke, fällt im Tierkreise von
Tendera auf die Stelle des Sirius — eine Stelle,
die wahrscheinlich das ma sche r labu kerhu „der
Ort der Versammlung beim Löwen der Nacht" (dem
Sirius) war, wo man die Zusammenkunft der Planeten
erwartete. Das 64. Kapitel des Totenbuchs enthält
das Orakel, das im Anfang der Regierung des
mildgesinnten Königs Mykerinus (Menkeura) von
Hermopolis ausging und die Phönixlehre deutlich
verkündigte; denn dieser König machte der Unterdrückung der Osirisdiener ein Ende und führte eine
beide Völker versöhnende Religion ein. Der fromme
König weint vor Sehnsucht. „Sein Trost ist im
Aufblicke seiner Augen zum Orte der Vereinigung,
der Zeit verborgen in Dunkel."

Die Phönixheimat war den Ägyptern zu allen
Zeiten wohl bekannt und viel von ihnen besucht. Denn
sie standen in lebhaftesten Handelsverbindungen mit
dem glücklichen Arabien, weil sie von dort die arabischen
und indischen Spezereien bezogen, die sie zur Balsamierung der Toten bedurften. Sie hatten sie ganz
ohne Zweifel durch eben die Phöniko-Araber kennen
gelernt. Ihr Verbrauch von Myrrhen, Bdellium,

---

1) Der Sonnentempel zu Heliopolis hieß das Phönixhaus (οἶκος
τοῦ Φοίνικος), also wohl Hat. Hor. Hermapions Übersetzung einer
Obeliskeninschrift. Amm. Marc. 17, 4.

4*

Kassia, Weihrauch u. s. w. war ungeheuer, der kunstreich balsamierte Phönixvogel das Vorbild jedes
balsamierten Leichnams, der durch diese Kunst ge-
wissermaßen schon verjüngt und wie ein Phönix war.
Das Land Arabien heißt auf ägyptisch Pun, von
welchem Namen vielleicht besser als von einem andern
Worte die Ausdrücke Phönix (der Araber, der arabische Baum), lat. Poenus, Punus abzuleiten sind.
Von Ägypten kam man über See nach dem „Gotteslande" (Nuterto), das im südlichen Arabien lag.
Thutmos III. schickte eine große Flotte dorthin, um
allerlei kostbare Bäume und Gewächse holen zu
lassen. Im Laboratorium von Edfu spricht eine
Menge von Stellen vom Paradiese Aamuru und der
Phönixheimat, von wo man die kostbaren Spezereien
bezog. Die Hauptstelle (Dümichen, tab. 52, 1, 3)
lautet:

„Bal Ra (Sonnenauge), Spezerei von Pun, Hauptware des Gotteslandes, macht lieblich die Ausflüsse
aller Götter (der gestorbnen Frommen). Der Phönixfalke gewährt deiner Nase Wohlgeruch durch die
Knospe des Antagebirges. Gebunden an deinen
Gliedern betritt das Gottesland, durchwandre Pun,
schlage ein den Weg des Landes Meru durchs Gebirge des Gekörnes von An (Land), Amanu (Oman?)
in ihrer Sprache, zur Wohnung des emporfliegenden
Phönix. Lieblich duftend erscheint er. Die heiligen
Wesen sind berauscht von seinem Wohlgeruche."

Offenbar ging die Reise quer durch Südarabien
nach Osten, und wenn Amanu, wie es scheint, Oman
ist, dann liegt die Phönixheimat überm Meere noch
weiter östlich und kann füglich kein andres Land
als Indien sein. Der emporfliegende Phönix ist
also nichts andres als der dort emporsteigende
Sonnengott. Wenn es von den in Arabien eingedrungnen Joktaniden heißt: „ihre Wohnung war von

Messa bis man kommt gen Sophar, den Berg im
Osten¹)," so sieht man, daß hier gleichfalls eine
Landschaft sich von Westen nach Osten zieht. Hier
kommt vor allem das Land Nedschrân (auch Ned-
scherân, Nedschrâm al Jemen) in Betracht, das 7
Tagereisen südlich von Mekka zwischen dieser Stadt
und Senna auf der Grenze von Hedschas und Jemen
in schwer zugänglichen Bergen liegt. 8 Tagereisen
lang und 5 breit erstreckt es sich an einem von Ge-
birgszuflüssen gespeisten Wasserstrang, der sich im
Sande verliert, von Westen nach Osten. Dieser
Wadi bildet ein äußerst fruchtbares, namentlich an
Datteln reiches Thal. Nur im Nordosten ist eine
große, von Beduinen durchzogne Sandwüste. Die
das Land durchziehenden Berge sind so hoch, daß
ihre Gipfel 3 Monate lang mit Schnee bedeckt sind.
Daher ist das Klima gemäßigt und Überfluß an
Wasser und Grasung. Die ebnen Striche bringen viel
Datteln, Körner, Mais, Hafer, Baumwolle, Trauben,
Granatäpfel, Aprikosen, Pfirsiche u. a. hervor; man
hat frische Brunnen und schöne Gärten; in den
Bergen gedeiht die Viehzucht. Es giebt darin viele
wilde Tiere, Tiger (?), Panther, Wölfe, Gemsen,
Gazellen, Strauße, Adler von rötlicher Farbe, verschiedne Rabenarten, Tauben u. a. Die Einwohner,
etwa 80000 an Zahl, meist dem großen Stamme der
Beni Jam, der schönsten Rasse in Südarabien, an-
gehörig, sind wohl gewachsen, von ausdrucksvollen
Gesichtszügen, haben schwarzes lockiges Haar und
sind stolz, kühn und kriegerisch, dabei von feiner
Sitte und Lebensart. Ihre Sprache soll dem Schrift-
arabischen sehr nahe kommen. Sie zerfallen in Seß-
hafte und Beduinen. Jene sind Palmenzüchter,
Handwerker, Gewerbsleute, Kaufleute, die einen

---

¹) 1. B. Mos. 10, 3).

starken Handel treiben. Die Lederbereitung von Ned=
schân ist weitberühmt.

Die Bewohner dieser Landschaft waren vor Mu=
hammed Christen und noch früher Heiden. Wie
Tabari in seiner Chronik berichtet, verehrten sie da=
mals einen uralten mächtigen Palmbaum,
der sich außerhalb ihrer Stadt befand und Orakel
gab. Man behängte ihn mit reichgestickten Teppichen,
stellte ihm zu Ehren Feste und feierliche Umzüge
an, bis ein Syrer namens Kaimun, ein Apostel=
schüler, von Räubern gefangen und hierher verkauft,
das Volk zum Christentum bekehrte. Einst um
Mitternacht unter diesem Baume das Evangelium
lesend hatte er eine Erscheinung des Herrn gehabt
und darauf so begeistert gepredigt, daß das Volk
eifrig seinen Glauben annahm. Später verfiel es in
Lauigkeit und wurde muhammedanisch.

Es ist nicht unwahrscheinlich, daß dies der
heilige Palmbaum war, der die Phönixalter ver=
kündete. In der Nähe des heutigen Nedschrân sollen
sich Ruinen einer sehr alten Stadt befinden, deren
Untergang, wie es heißt, Muhammed geweissagt hatte.
Sie muß von Bedeutung gewesen sein; denn ein ge=
wisser Abdol Modan versuchte hier eine Gegenkaaba
gegen die von Mekka zu errichten, und Ptolemäus
setzt in diese Gegenden eine Stadt Nagara Metro=
polis, also eine Hauptstadt. Auch Strabo kennt die
Negraner als ein wichtiges Volk im südlichen Ara=
bien. Um die Araber zu züchtigen, drang Älius
Gallus auf Befehl des Kaisers Augustus vom Meere
aus unter ungeheuern Schwierigkeiten bis zu ihnen
vor und nahm im Fluge, nachdem der König ge=
flohen war, ihre Stadt, die ihm nun zum Stützpunkte
diente. Nachdem er in einer Schlacht gesiegt hatte,
drang er weiter nach Osten vor, nahm mehrere Städte

und belagerte zuletzt Mariaba, die Hauptstadt der
Ramaniten (das Land Meru in der obigen Stelle?),
die 2 Tagereisen vor dem Weihrauchlande (Aroma=
tophoros) lag. Aus Wassermangel mußte er dann
nach der Stadt der Negräner zurückgehen. Von da
zog er durch die Wüste bis ins Gebiet von Oboda
an der Küste und schiffte sich nach Myos Hormos
ein.[1])

Das erwähnte Gottesland war jedenfalls ein
Küstenstrich Südarabiens, von dem aus die Handels=
straße ins Phönixland führte. Südlich von Mekka
unterm 17.° 25 n. Br. mündet ins Rote Meer ein
für Arabien bedeutender Fluß, Baisch, im Altertum
Baitios genannt. Er fließt durch das schöne reiche
Wadi al Daun, das Bdelliumthal. Man soll hier
Gold und den Stein Onyx finden, der 1. B. Mos.
2, 11, 12 Schoham heißt, und den auch Plinius als
arabischen Stein erwähnt. Das Gebiet, das der
Baisch durchströmt, heißt Soham. Sprenger hält
dieses Bdelliumthal für das Paradiesland Chavila
und den Baitios für den Paradiesfluß Phison, wo
man köstliches Gold, das Gewürz Bdolach (Bdellion)
und den Stein Schoham findet. Auch Agatharchides
erwähnt in Südarabien einen Goldfluß.

Nach Dioskorides war das Bdellion oder Bdo=
lach das Gummi eines arabischen Baumes, bitter
von Geschmack, durchsichtig, dem Ochsenleim ähnlich
und wohlriechend. Nach einigen war es das Harz
der gemeinen noch unvollkommnen Myrrhe, nach
andern kam es von der Dumpalme oder von Daucus
gummifer Lamarx. Es besaß eine erweichende, wärmende
Kraft, war gut gegen Verhärtungen, Seitenstechen,
roch auf glühende Kohlen gestreut sehr angenehm
u. s. w. Nun hat Dümichen nachgewiesen, daß das

---

1) Strabo 16, 4.

Produkt Ant oder Anta, das man früher für ein
kostbares Metall hielt, nichts andres als das Ge=
würz Bdellion war. Man kannte viele Arten davon;
die ersten elf kamen vom Baume Neḫat, d. h. vom
Myrrhenbaume, die andern also von andern Bäumen.
Jede Art hatte ihren besondern Namen und ihre
besondern Tugenden. Man brachte diese wohlriechenden
Harze in eigestaltigen Ballen in den Handel, wobei
man an das aus Myrrhen gemachte Phönixei denken
mag. Man salbte, machte die Haare mit Anta duftig,
man lackierte, firnißte und malte damit. Die beste
Art hieß Bal Ra (Sonnenauge) oder Avischa und
sah aus wie Gold. „Bal Ra, hieß es, Spezerei von
Pun, Hauptware von Nuterto.‟

An einer andern Stelle zu Edfu heißt es:
„Durchzogen habe ich das Bdelliumland, ich bin um=
hergereist im Gotteslande, einschlagend den Weg von
Pun, ich führe herbei die Erzeugnisse des Gottes=
landes u. s. w.‟[1])

Der Sonnentempel von Heliopolis, die Mutter=
stätte und der Hauptsitz der phöniko=arabischen
Priesterschaft und des Phönixdienstes, ist spurlos von
der Erde verschwunden, aber zwei Tochteranstalten,
Dendera und Edfu, haben sich besser erhalten, und
die Inschriften ihrer Tempel können uns eine an=
nähernde Vorstellung von dem geben, was einst in
Heliopolis zu sehen und zu lesen war. Tentyra
(Tantarer), heute Dendera, war der Göttin Hathor,
also der Apokatastase, geweiht, und seine Bewohner
waren so eifrige Falkendiener, daß sie mit den be=
nachbarten Ombiten, die das Krokodil verehrten,
noch in spätester Zeit in bitterster Feindschaft lebten.
Laut Inschriften war dieser Tempel von dem
Pyramidenerbauer Chufu (Cheops) gestiftet.

---

1) Recueil de Monum. Égyptiens par H. Brugsch et J. Dümichen.
3, 4. partie Monuments géograph. S. 49 fgb.

Darin finden sich eine Menge Inschriften, die den Phönixfalken mit lobenden Beinamen bedenken. So z. B.: Lebendig ist der herrliche Phönix, der Sohn der Hathor — der herrliche Goldphönix — lebendig ist der herrliche Phönix, der Sohn des verjüngten Palmbaumes — .... der herrliche Phönix, der befruchtete Palmbaum — der Gründer des Sitzes, nächtlich verjüngt in seinem Neste. Erneut strahlt der Himmel in der Nacht — lebendig ist der herrliche Phönix, golden gestaltet, das Kind der Sothis (des Sirius) am herrlichen Sitze der verjüngten Palme — der Phönix verjüngt in seinem Neste, Anubis macht neu den Rückgrat in seinem Neste — der Phönix, Herr von Pun. Dann ist auch vom toten Phönix die Rede. Das Zeichen von Tentyra ist dasselbe, wie das von Heliopolis, der sprossende Palmenstumpf. Die Gründer der Stadt waren also arabische Palmengärtner und Cheops ein Araber.

Edfu (Hat), die andre Stiftung, ist dem Phönix selbst geweiht. Er trägt hier den Namen Har uer, der große Horus oder Lichtgott, griechisch Aroeris und als Apoll erklärt, weshalb die bei Theben liegende Stadt auch Apollinopolis magna heißt. Hier hat der Sonnenfalke ähnliche Namen: „der große Phönix, der Herr des Himmels, ausgeprägt als greiser Phönixgeist, lautern Herzens alt werdend in seinem Schiffe (Leibe) — der Greis erscheinend als Kind — der König der Phönixgeister — der tote Phönix, sich verwandelnd ...... — jung werdend im Jahre, das die Phönixgeister lebendig macht — der tote Phönix, der zeugende Stier der Seelen." Statt Phönixgeister kann man sagen Lichtgeister. Denn Hor bedeutet Licht. Der Hauptgegenstand dieser Religion war die Auferstehung der Toten und die Unsterblichkeit der Seele.

Die arabischen und indischen Gewürze dienten also ganz vornehmlich zur Balsamierung der Leich= name, die man vordem in Ägypten in Salzwasser gelegt, dann am Feuer gedörrt und in den Höhlen der Berge beigesetzt hatte, weil man sie bei der jährlichen, alles wegschwemmenden Nilflut weder begraben, noch beim Mangel an Holz verbrennen konnte. Von diesen Arabern lernten die Ägypter nicht bloß die kostbaren Spezereien, sondern auch das Erdpech, den Asphalt, kennen und balsamierten hin= fort ihre Toten. Auch bereitete man aus diesen Spezereien allerlei Arzeneien, Pillen, Latwergen, Räucherstoffe, Tränklein, Herzstärkungen, Lebens= elexire u. s. w. Die ägyptischen Tempel waren Apotheken und chemische Küchen, und die Priester neben vielem andern auch Chemiker und Ärzte.

Die Phönixdiener glaubten an ein im fernen Osten liegendes Paradies mit Namen Aanuru, wo die seligen Vorfahren wohnten. Im Totenbuche K. 149, 4 heißt es: „Sie ernten am Orte des Har= remchu (des Sonnengottes in der Macht), ich kenne das Land Aanuru, worin der Sonnengott auf= geht im Osten des Himmels." Die Verklärten sind dort siebenfach an Größe, das Getreide, das sie ernten, dreifach an Höhe (Kap. 111). Nach Kap. 109 haben die Ähren dort siebenfache Größe, die Blumen dreifache, die Blumenkränze vierfache, die Seligen achtfache. Daselbst ist auch der Berg des Ostens, über dem der Sonnenphönix aufgeht. „Sein Südende im Teiche (See, Meer) der Charuvögel, sein Nordende im Wasser der Ruvögel; der Sonnen= gott wandert dort zur Winterzeit." Das Land lag also sehr südlich und muß darnach eine Insel sein. Man kann nur an Ceylon und den hohen Adamspik denken. Die Spezereien, die in den ägyptischen Handel kamen, stammten jedenfalls zum Teil aus

Indien. Hier war also das Sonnenland und die
Phönixheimat, und hier suchte man sie in der That.
Dem Apollonios von Tyana erzählten angeblich die
Inder, daß der Phönix, der alle 500 Jahre in
Ägypten erscheine, die ganze Zeit über in Indien
umherfliege, aber stets nur einer, aus Strahlen
geboren, von Golde glänzend, von der Größe eines
Adlers. Einige setzten hinzu, er singe, wie der Schwan,
sein Sterbelied.[1])

Da die vom Roten Meere gekommnen Arabo-
Phöniker bald nach ihrer Einwanderung in Kanaan
weite Seefahrten unternahmen, so mußten sie schon
in ihrer frühern Heimat im Seewesen erfahren gewesen sein. Wo konnten sie dort hinfahren? Doch
wohl an die Somaliküste und weiter nach Süden
und ebenso nach Indien. Wenn sie von dort Waren
holten, so landeten sie in Oman und andern Häfen
Ostarabiens und zogen dann quer durch Südarabien,
durch das Land der Arome und das der Negraner
nach der Küste, von da zu Schiffe nach den ägyptischen Häfen und dann zu Lande nach Koptos,
Theben, Tentyra u. s. w. Die Karawanen brachten
Myrrhen, Bdellion, Weihrauch (Libanoton), Balsam,
Kassia, Laudanum, Narden, Gold, Edelsteine aller
Arten. So viel dürfte klar geworden sein, daß diese
von den Joktaniden vertriebnen Phöniker ein ebenso
altes Volk wie Babylonier und Ägypter und zur
Zeit ihrer Vertreibung bereits hoch zivilisiert waren.

---

1) Philostrat. vit. Apoll. III, 49.

Siebentes Kapitel

Die Pyramidenerbauer waren Araber — Berichtigung der Zeitrechnung und Herstellung der ältesten Geschichte Ägyptens

Die Sonnenreligion hatte also ihren Hauptsitz in Heliopolis, und dieses war von Arabern gegründet. Der Dienst des falkenköpfigen Sonnengottes Ra ist also nicht, wie man bisher allgemein geglaubt hat, einheimisch ägyptisch, sondern arabisch, und die Könige, die diesem Dienste anhängen, sind demnach nicht Ägypter, sondern Araber von Abkunft gewesen. Nun ist sonnenklar, daß dies keine andern sind, als die Pyramidenerbauer, die Snefru, Chufu (Cheops), Schafra (Kephren), Pepi, Amenemhe, Sesurtasen u. a., die Könige, die von 2150 bis 1666 v. Chr. in Ägypten herrschten, und dann von den Oberägyptern, den Verehrern des widderköpfigen Ammon, gestürzt wurden. Denn alle diese Könige führen einen vom Sonnengotte Ra ent= lehnten Titel, wie z. B. Schafra, „seine Krone ist Ra," Nefrukera, „herrlich ist die Kraft des Ra," Menkeura, „dauernd sind die Sonnenkräfte,"

Merira, „den Ra liebend" u. a. und nennen sich Siu Ra, Sonnensöhne, Heliaden, wie die ältesten japanischen und peruanischen Herrscher. Wie aus einer Inschrift im Hathortempel zu Tentyra hervorgeht, nannte man ihre Zeit die Zeit der Falkendiener.[1] Man kann dafür also auch Phönixdiener sagen. Wir werden später auf Grund des Totenbuches noch genauer zeigen, daß diese Phöniko-Araber Chamiten und Noachiden waren. Es giebt Kapitel, wo von der Sittenverderbnis im Zeitalter des Baba (Babys, Typhon) und dem Schiffe der Rettung, vom Siegesjubel der Gottlosen über den gekränkten Gerechten, von einem nur einige hundert Fuß hohen Berge im Ostlande (dem Turme von Babel?) und von einem von dessen Höhe heruntergestürzten Gotte sowie von der Hoffnung auf seine Wiedereinsetzung die Rede ist. Man erkennt daraus, daß die Bekenner dieser Religion eine aus ihrer Heimat vertriebne Sekte waren, die auf Rückkehr dahin hoffte. Das große mystische Sonnenschiff, von dem an vielen Stellen die Rede ist, trägt seine Insassen, Götter und Menschen, dem Tage der Welterneuerung entgegen. Es ist darunter die Phönixreligion zu verstehen.

Wenn also die Phöniko-Araber Chamiten waren, so ist klar, daß ihr Erscheinen im Lande Mizrajims nur in die ihm von uns angewiesene Zeit, also nicht sehr hoch ins dritte Jahrtausend v. Chr., fallen kann, d. i. in die Tage Phalegs, wo die Welt zerteilt wurde und die Zerstreuung der Völker stattfand; ist dies aber richtig, dann sieht man, wie durchaus irrig und unhaltbar die von den neuern Gelehrten aufgestellte altägyptische Chronologie ist, und wie dringend sie einer Berichtigung bedarf. So z. B. setzt Böckh (Manetho und die Hundsternperiode S. 387) den ersten Pyra-

1) Zeitschrift für ägyptische Sprache und Altertumskunde 1865, S. 92.

midenkönig (4. Dyn. Memphiten) ins Jahr 4933 an,
also 2783 vor das von uns angesetzte Jahr. Bedeu=
tend niedriger sind die Ansätze von Lepsius, Bunsen,
Brugsch u. a.; aber immer noch viel zu hoch. Daraus
ergiebt sich unzweifelhaft, daß diese Sonnenkönige
gar nicht dem von den Ägyptologen aufgestell=
ten alten Reiche, sondern dem mittlern an=
gehören, und daß sie — was wir bereits vor langen
Jahren behauptet haben — gleichbedeutend mit den
in der angeblichen Dynastie von 13 bis 18 angeführten
phöniko-arabischen Hyksos sind, ferner, daß das so=
genannte alte Reich auf nur ein paar Jahrhunderte
zusammenschmilzt.

In welch verschiedner Weise man mit denselben
Hilfsmitteln den Anfang der ägyptischen Geschichte
ausgerechnet hat, möge folgende von Brugsch gegebne,
von uns nur durch zwei weitere Beispiele (Unger und
Sharpe) vermehrte Übersicht zeigen.[1]) Der erste ge=
schichtliche König war nach allgemeiner Übereinstim=
mung Menes der Thinit, Gründer von Memphis.
Sein Regierungsantritt fiel

nach Champollion Figeac ins Jahr 5867 v. Chr.

„	Lesueur	. .	.	.	.	.	5773	„
„	Böckh	. .	.	.	.	.	5702	„
„	Unger	. .			.		5613	„
„	Brugsch	.	.	.	.	.	4455	„
„	Lepsius	.		.	.		3892	„
„	Bunsen	. .		.		.	3623	„
„	Gumpach		.	.			2785	„
„	Pole	. .	.	.	.	.	2717	„
„	Wilkinson	.	.	.	.	.	2330	„
„	Palmer	.	.	.	.	.	2224	„
„	Sharpe	. .	.	.	.	.	1700	„

1) Zeitschrift für ägyptische Sprache u. s. w. 1863, S. 19.

Der Unterschied zwischen dem höchsten und nie=
drigsten Ansatze beträgt also nicht weniger als 4167
Jahre, und das alles ist von ernsten, teilweise
berühmten Männern und mit großem Fleiße aus=
gerechnet worden. Wir enthalten uns darüber jeder Be=
merkung; denn diese ungeheuern Abweichungen sprechen
für sich selbst, indem sie zeigen, daß diese Art
chronologischer Forschung so gut wie keinen
Boden unter den Füßen hat. Dies gilt indes nur
für die Zeiten vor der sogenannten achtzehnten Dynastie,
an deren Spitze Amoses der Thebaner, der Besieger
der Sonnenkönige, steht. Denn deren Anfang, 345
Jahre vor dem Anfange der die Ära des Menephthes
bestimmenden, vollständig gesicherten Sothisperiode von
1321 v. Chr. bis 139 n. Chr. — also 1666 v. Chr.,
steht hinreichend fest.[1]) 484 Jahre früher nahmen die
Araber von Hebron her Tanis, die Grenzstadt Ägyptens,
ein, also 2150 v. Chr. Dies bestimmt den Anfang
ihrer Herrschaft.

Josephus rechnet von Minaios (d. i. Menes),
dem Gründer von Memphis, bis Salomon etwas mehr
als 1300 Jahre.[2]) Da er Salomons Thronbesteigung
ins Jahr 1056 v. Chr., d. h. 470 Jahre vor der Zer=
störung Jerusalems durch Nebukadnezar im Jahre 586
setzt, so würde der Antritt von Menes demnach einige
Zeit vor 2356 fallen. Diese verständige Angabe ist
gar nicht beachtet worden. Wir haben schon ausführ=
lich dargethan, daß die Ägypter das erste Jahr
des Menes sehr wohl kannten und es 2386
setzten, 720 Jahre vor Amoses, nach ganz bestimmter
Angabe, 1817 Jahre (menschliche Könige nach Manetho)
vor Amasis 569 v. Chr. Das alte Reich schmilzt daher
auf 236 Jahre, und die als gleichzeitig nachweisbaren
Könige der ersten thinitischen und der ersten memphitischen

1) Klem. Alex. strom. 1 c. 21 § 136. — 2) Antiq. Jud. 8, 6, 2.

Dynastie zusammen. Das sind die halbgöttlichen Könige Manethos.

Darnach gliedert sich die ägyptische Geschichte so:

1. Altes Reich

Menes und seine Nachkommen, Osiriden, 236 Jahre, von 2386 bis 2150 v. Chr.

2. Mittleres Reich

Phöniko=Araber, Phönixdiener, 484 Jahre, von 2150 bis 1666 v. Chr.

3. Neues Reich

Thebäer, Amunsdiener, von 1666 ab.

Diese 3 Reiche entsprechen den Aëriten (nebel= haften), den Mesträern (Mizrajim) und den Ägyptern mancher alten Chronologen.

Den Satz, daß die Pyramidenerbauer Fremd= herrscher und eben die Hyksos gewesen, habe ich auf= gestellt und in mehreren Schriften verfochten, ehe ich noch die Phönixreligion genauer kannte, die, wie wir sehen, allen Zweifel hebt.[1]) Als Herodot nach Memphis kam — das sieht man aus seiner Erzählung —, erkun= digte er sich bei den dortigen Priestern, wer die naheliegenden, noch heute bei Gizeh stehenden Pyra= miden erbaut habe. Natürlich Könige! — aber diese wollten anfangs aus Haß, wie er sagt, ihre Namen gar nicht nennen — ein Hirt Philitis, gaben sie an, der in der Gegend 106 Jahre lang seine Herden ge= weidet, habe sie erbaut. Diese 106 Jahre seien für die Ägypter äußerst traurig gewesen. Denn die genann= ten Könige hätten sich aller Schlechtigkeit überlassen, hätten die Tempel geschlossen, das Volk am Opfern

---

1) Meine Schriften darüber sind: 1. De pastoribus qui Hycsos vocantur. 2. System der ägyptischen Chronologie. 3. Cheops, der Pyramidenerbauer. Leipzig, Dyk. Ferner mehrere Aufsätze über die ältesten Zeiten der ägyptischen Geschichte im Rhein. Museum 1865 fgd.

gehindert und es mit schweren Fronden, namentlich dem Pyramidenbaue, gequält.[1])

Da die 106 Jahre des Hirten Philitis, der offenbar ein Volksname (Pelethi Läufer, Beduinen, Sanchoniathons Aleten) ist, mit den 106 Jahren des Cheops und Kephran zusammenfallen, so schloß ich daraus, daß beide Könige einem fremden, erobernd eingedrungenen Volke, also einem Hirtenvolke der Philiten, angehört und Anhänger einer fremden, dem Ägyptertume feindlichen Religion gewesen seien. Daher die grausame Verfolgung.

Einheimische, angestammte Könige würden das nicht gethan haben. Die verfolgte Religion war der Osirisdienst.

Sind nun diese Pyramidenerbauer, die Chufu, Schafra, Menkeura, bereits die Hirtenfürsten, so war der Schluß unabweislich, daß die im zweiten Buche (angeblich) Manethos in den Dynastien 13 bis 18 aufgeführten Araber oder Phöniker, d. h. Salatis, Erbauer der Zwingburg Avaris, Einführer einer neuen Jahresrechnung und des Apisdienstes — die Bnôn, Apachnas, Apopis —, die als Hirtenfürsten oder Hyksos aufgeführt werden, nur Doppelgänger der Könige von der vierten bis zwölften Dynastie sind.

Der Beweis, daß dem so ist, läßt sich nun mit Sicherheit führen. Die Einführung des Apisdienstes, die nach den Denkmälern dem ersten Pyramidenkönige (Snefru) zukommt, und die andrerseits dem Salatis Asses beigelegt wird, ebenso dessen mit dem Phönixdienste zusammenhängende Kalenderreform bilden das erste Band zwischen beiden Salatis ist der barbarische

---

1) Herod. 2, 124 fgd.

Name des Snefru.[1]) Das angebliche zweite Buch von
Manetho, worin diese Könige standen, ist allem An=
scheine nach gar nicht von diesem, sondern von un=
wissenden Chronologen, die nicht imstande waren, die
Sache richtig zu erkennen, gewaltsam eingeschoben
worden. Denn Manetho war ein Unterägypter aus
Sebennytos und Priester von Heliopolis, dieses Buch
des Hundsternkreises aber stammte aus Theben. Nun
muß man wissen und in Anschlag bringen, daß Ägypten
durch alle Zeiten hindurch eigentlich aus zwei Reichen
(daher Mizrajim, die beiden Mizar, Engtäler) bestand,
deren Bewohner einander vielfach feindlich entgegen=
standen und die Oberherrschaft des einen Teiles als
Fremdherrschaft betrachteten. Nun war die Herrschaft
der Phönixdiener, die fast 500 Jahre lang schwer auf
Oberägypten gelastet hatte, eine unterägyptische und
daher in Oberägypten übel berufen. In der Inschrift
von Medinet=Habu (Theben), die von dem gewaltsamen
Einbruche der libyschen Völker unter Menephthes II.
(um 1320 v. Chr.) handelt, heißt es: „Man hatte
nichts ähnliches gesehen in den Zeiten der Könige von
Unterägypten, als dieses Land Ägypten in ihrer
Gewalt war . . . . . und die Könige von Ober=
ägypten keine Kraft hatten, sie zurückzuweisen.[2])
     Es ist klar, daß man in Oberägypten die Geschichte
der Hirtenfürsten ganz anders auffaßte und schrieb.
Wir haben noch eine Probe dieser Geschichtschreibung
im Bruchstücke eines Papyrus, worin erzählt war, wie
Amoses, das Haupt der Oberägypter, sich gegen die
Tyrannei der Unterägypter erhoben, endlich siegreich
ihre Herrschaft gestürzt und die große Zwingburg
Avaris eingenommen hatte. Sekennenra, sein Vor=

---

1) In meiner Schrift „Cheops der Pyramidenerbauer‟ hielt ich
diesen für das Dynastiehaupt und deshalb für Salatis. Nun behebt
sich der Irrtum leicht. — 2) E. de Rougé in der Revue Archéologique 1867.

gänger, hatte schon einmal das Banner der Empörung erhoben, war aber geschlagen worden. „Damals, heißt es, hausten die Aussätzigen in Heliopolis, ihr Haupt Apapi aber hielt sich in Avaris auf und diente keinem andern Gotte, als dem Sutech (dem Kriegsgotte), dem er daselbst einen schönen Tempel baute. Das ganze Land zollte ihm strengen Gehorsam und zinste ihm von allen seinen Erzeugnissen."[1]) Dieser Apapi ist ganz offenbar der Apopis oder Apophis, das Haupt der siebzehnten Dynastie unsers eingeschobenen Buches, und demnach diese vom Parteigeist eingegebne Schrift ohne Zweifel von gleichem, d. h. von thebanischem Ursprunge.

Den Thebanern kam es natürlich darauf an, diese Hyksos, die sich nach Cheops und Kephren durch Mykerinus in ganz regelrechte ägyptische Pharaonen verwandelt hatten, möglichst herabzusetzen und schlecht zu machen.

Nach der erwähnten Schrift waren es Leute von unedler Abkunft, die plötzlich von Osten her in das schlechtverwahrte Land einbrachen, es verwüsteten, Städte anzündeten und eine Herrschaft stifteten. Diese Phöniker oder Araber, wie sie heißen, waren Brüder, d. h. eine zum Zwecke der Eroberung zusammengetretene Verbindung von Häuptlingen. Um sich zu behaupten, wählten sie einen aus ihrer Mitte zum Haupte. Er hieß Salatis oder Assseth (Asses). Um das Land im Zaume zu halten und sich gegen auswärtige Feinde zu sichern, legte er im Sethroïtischen Nomos (bei Pelusium, Tanis) das ungeheure verschanzte Feldlager von Avaris an und sammelte ein Heer von 240 000 Mann darin, das er wohl mit Proviant versorgte und alljährlich durch Übungen und Manöver im Atem erhielt. Er führte auch eine neue Jahresform ein,

----

1) Brugsch, Histoire d'Égypte.

indem er, statt mit $29^1/_2$ tägigen Monaten zu rechnen, den Monat 30 tägig machte und den 360 Tagen der zwölf Monate noch fünf Tage zusetzte. Dies ist offen= bar das Siriusjahr, das demnach gar nicht altägyptisch, sondern fremden Ursprungs ist. Auch wurde unter ihm der Dienst des Apis eingeführt.

Salatis war also ein mächtiger Herrscher, und die Großartigkeit der Verhältnisse zeigt, daß diese Hyksos unmöglich bloße Strauchdiebe gewesen sein können. Wenn nun diese Araber der angeblich drei= zehnten Dynastie dieselben sind, wie die Philiten und die ersten Pyramidenerbauer der angeblich vierten, so ist klar, daß dieser Salatis sich mit dem Stamm= vater der Pyramidenkönige, also dem Snefru, Vorgänger des Cheops, decken muß. Nun wollen wir zusehen, ob sich das näher begründen läßt.

1. In dem einen von der Jahresreform handeln= den Bruchstücke heißt der Fürst Salatis, in einem andern Aseth (᾿Ασήθ), richtiger wohl Asses, welcher Name auch in der kurzen, kläglich verderbten Liste vorkommt. Der König hieß also wohl Asses Salatis oder Salitis, d. i. arabisch Schallit, der Herrscher, Statthalter, welchen Namen der Hebräer Joseph führte. Nun tritt der Name Ases in der Pyramidendynastie mehrfach auf. Wir finden ihn zu Karnak und in Zu= sammensetzungen Aseskef (Nachfolger von Mykerinus), Aseskera (Elephantiner). Es war aber ein berühmter Name. Im Totenbuche K. 110 a Z. 19, 20 sagt der zur Würde eines Schächters beförderte Priester am Schlusse: „Ich war begraben (bildlich) meine Zeit hin= durch auf Erden in der Phönixperiode in allen Künsten, seit das Land gestaltet wurde nach dem Ge= setze des Ases. Die nebenstehende Figur stellt vor einen thronenden Alten (as), Pa= triarchen, Stifter. Und K. 98 Z. 5 heißt es:

„Ich bin gekommen zum Feuersee im Lande des Feuers, ich lebe im See des Ases. O, ein weiser Mann! Er hat gebracht, (nach Ägypten) das Bild der Imamschiffe (gezeichnet) mit Schmutz der Flamme (Ruß)." Es scheint sich hier um Asphalt und Naphtha zu handeln, das man wahrscheinlich aus Babylonien oder Armenien bezog, und das fortan zur Mumifizierung und zur Erzeugung von Tusche verwandt wurde.

2. Ases führte also den Apisdienst in Memphis ein. Daß dieser in der Zeit der ersten Pyramidenerbauer vorhanden war, beweisen die Denkmäler des Pyramidenfeldes. In einem der Gräber daselbst ist ein Prinz Snefru-chaf (Sohn des Snefru?) bestattet, der Priester oder Stifter dieses Dienstes war. Wir werden bald die ausführliche Erzählung bringen, die seine Einführung einem Könige Chenephres zuschreibt, und zeigen, daß dieser Name nur aus Senefres verderbt sein kann.

3. Die verbündeten Hirten des Salitis, die Ägypten eroberten, kamen von der Halbinsel Sinaï her, diese aber war der frühere Sitz der Pyramidenkönige. Im südwestlichen Teile der Halbinsel lag das Land Leschet im Lande Maskat, d. h. dem Kupferlande, wo sich die Kupfer- und Türkisminen von Sorbut el Chadem und Wadi Maghara befinden. Die Herrin von Maskat war Hathor. Damit ist Kuhverehrung und Phönixdienst verbürgt. Ebenso wurde hier der Sirius verehrt, dessen hieroglyphisches Zeichen nebenstehend: Man findet die Namenschilder der Könige   Snefru, Chufu, Chnum Chufu, Sahura, Ransesur, Menkeura, Tatkera, Pepi, Nefrukera, Amenemhe III., lauter Memphiten, Elephantiner, Herakleopoliten, Heliopoliten von der angeblich vierten bis zwölften Dynastie, an den Felsenwänden eingehauen. Die Halbinsel war voller Palmen-

haine, in denen man zur Zeit der Dattelernte Hütten er=
richtete und Feste und Schmausereien anstellte. Zu ihnen
kamen die Umwohner auf Kamelen herbei und ver=
sammelten sich zu vielen Tausenden, brachten auch den
im Haine verehrten Göttern Opfer (Hekatomben von Ka=
melen) dar. Größere Feste feierte man alle fünf Jahre.
Manchmal dauern diese Feste noch heute (z. B. im Wadi
Feyran westlich vom Sinaï) vier bis sechs Wochen lang.
Diodor und Strabo berichten nach Artemidor von einem
Palmenhaine am Sinaï, dem aus einem bestimmten
Geschlechte ein Priester und eine Priesterin vorstanden,
die in Felle gekleidet waren. Bei Heliopolis lag ein
von Tausenden von Falken bevölkerter Palmenhain,
und solche befanden sich bei fast allen namhaften
Tempeln, wie bei Buto, Tentyra, Theben u. s. w.

Es ist also klar, daß Snefru, Chufu,
Schafra u. s. w. und die von den Chronologen
bis zu 3000 Jahren später angesetzten Hirten
Salitis, Bnôn, Apachnas u. s. w. dieselben
Personen sind. Demnach möge man sich eine Vor=
stellung von dem Werte dieser Chronologie und von
dem Zustande machen, in dem uns Manethos Werk
überliefert ist.

Als Araber hatten diese Häuptlinge na=
türlich arabische Namen. Diese hat man nun
offenbar in Theben hervorgesucht, um den Abscheu
auszudrücken, den sie hier eingeflößt hatten. Wir
werden sehen, daß die noch heute erhaltene arabische
Überlieferung von der Pyramidenzeit diese Könige als
Amalekiten bezeichnet und ihnen durchweg
arabische Namen giebt, auch daß bereits die Alten
diese arabische Überlieferung gekannt haben. Was
in dem Hyksosbuche weiter erzählt war, ist uns völlig
unbekannt. Wir haben nur einige wenige, dazu teil=
weise verderbte Namen. Wenn Apopis, der ans letzte
Ende gehört, einmal schon an vierter Stelle hinter

Salitis erscheint, so mag das einen Begriff davon
geben, wie lüderlich die Auszugmacher verfahren sind.
Außer diesen Namen sind nur leere Dynastiezahlen,
aus denen man 500 bis 900 (Bunsen) und 953 Jahre
(Böckh) herausgerechnet hat.

Manetho, der Unterägypter und Priester von Helio=
polis, der ohne Zweifel zunächst die dortigen Auf=
zeichnungen benutzt hat, dürfte schwerlich dieses gegen
seine nächsten Landsleute so gehässige oberländische
Buch in sein Werk aufgenommen haben; es hat viel=
mehr allen Anschein, daß ein unwissender Chronologe
das Kunststück fertig gebracht hat, es zwischen die an=
geblich zwölfte und achtzehnte Dynastie einzuschieben
und so die ägyptische Geschichte heillos zu verwirren
und zu verderben. Wirft man dieses eingeschobne Buch
heraus, so verschwindet die ihm zugemessene Zeit spur=
los, und die zwölfte und achtzehnte Dynastie,
die des Amenemhe und des Amoses, rücken
unmittelbar an einander; ja es stellt sich
heraus, daß diese mit jener zum größern
Teile (bis Thutmos III., 1575) gleichzeitig war.
Baukunst und Malerei zeigen in beiden Dynastien den=
selben hohen Grad der Ausbildung. Wir haben ge=
fragt, wie dies möglich sei, und wohin die ägyptische
Kunst gekommen sein würde, wenn beide durch eine min=
destens fünfhundertjährige Barbarei getrennt gewesen
wären, und es scheint, daß dieser Einwurf einigen Ein=
druck, namentlich auf Lepsius, gemacht hat[1]. Gerade mit
der zwölften Dynastie, wie der Engländer Nash erkannt
hat, fängt die klare, zusammenhängende Reihe der ägyp=
tischen Könige an, und das hat seinen Grund darin,
daß Amenemhe I. die Vielherrschaft der örtlichen Fürsten
beseitigt und dafür einen strammen Krieger= und Be=

---

[1] Vgl. meinen Aufsatz: Die ältesten Zeiten der ägyptischen Geschichte. Rheinisches Museum 1865, S. 481 fgd.

amtenstaat geschaffen hatte. Denn in der vorhergehenden
Zeit hatte es stets einen Oberkönig, aber daneben fünf-
zehn Unterkönige gegeben. Es ist ein Unsinn, in einer
Zeit, wo die ägyptische Macht auf dem höchsten Gipfel
stand und das Kriegswesen in nie gesehener Ausbildung,
ja wo Avaris nachweislich vorhanden war, Strauchdiebe einfallen und das Land erobern zu lassen. Amenemhe I. hieß als Hirtenfürst Apopis, von dem gesagt
wurde, daß er — was richtig ist — der erste wahre
Pharao gewesen sei.

Wie der Sirius und das Hundsternjahr mit dem
Phönixdienste zusammenhängt, haben wir nachgewiesen.
Natürlich war seine Einführung ein großes Ereignis
und gleichbedeutend mit der Einführung der Phönixreligion, d. h. dem Sonnendienste von Heliopolis;
man wird auch begreifen, daß Amoses, der Sieger und
Unterdrücker der Sonnendiener, diese Jahresform wieder
beseitigte. Diese Zeit nun, die von der Einführung des Siriusjahres bis Amoses verfloß,
ist der namhafte Hundsternkreis (κυνικὸς κύκλος)
im Gegensatze zu der 1321 von Menephthes
eingeführten Sothisperiode, einer Erneuerung
der alten Zeitrechnung. Bei dem erwähnten Zustande der Chronologie wußten Lepsius und andre nicht
viel damit anzufangen. Man mußte im Dunkeln tappen.
Der Hundsternkreis umfaßte nur 443 Jahre,
hatte also so lange Zeit vor Amoses (1666) im
Jahre 2109 v. Chr., 41 nach der Einnahme von
Tanis, 10 nach der von Memphis, wo damals
Cheops herrschte, begonnen. Man zählte darin
siebzehn Geschlechter, d. h. Dynastien, davon sechzehn
offenbar gleichzeitige von örtlichen Fürsten, wie Taniten,
Heliopoliten, Sebennyten, Memphiten, Herakleopoliten,
Saïten, Thebaner, Elephantiner u. a. Die siebzehnte
(entsprechend der zwölften des ersten Buches)
war die des Apophis (Amenemhe I.), der die

kleinen Fürsten beseitigte. Denn „viele hatten in
Ägypten geherrscht," und eine Zeit lang in der hundert-
jährigen Dynastie des Phiops (Pepi) hatte Ägypten
sogar einen bloßen Staatenbund gebildet. Man hatte
damals das Labyrinth als ein Panägyption, als Bundes-
tempel und Landtagshaus erbaut. Plinius weiß, daß
es ursprünglich aus sechzehn einzelnen Häusern und
Höfen bestand. Die sechzehn Dynastien des Hundsternkreises tagten also daselbst. Apophis, der erste
Pharao und der Pharao Josephs, der Vater
des Sesurtasen (Sestostris), war das Haupt der
siebzehnten Dynastie des Hundsternes, gleich
der zwölften des Amenemhe.

Zu dieser siebzehnten Dynastie rechnet der Later-
kulus des Syncellus auch einen König Koncharis und
giebt an, er habe 25 Jahre regiert, und in seinem
fünften seien gerade 700 Jahre nach Menes
umgewesen. Er kann kein andrer sein, als Amenemhe II. Nubkera, der Sohn des Sesostris, des Plinius Nuncoreus, Sohn des Sesosis, der unglück-
liche von Amoses gestürzte König. Sein fünftes Jahr
fällt also zwanzig Jahre vor 1666 ins Jahr 1686,
folglich Menes ins Jahr 2386, was wir auch auf
mehrfache andre Weise herausgebracht haben. Somit
ist der Kreis geschlossen.

Nun sehen wir ein, woher die siebzehn
Dynastien vor Amoses und die vielen Könige
herkommen. Sie sind Machwerke unwissender Chronologen, die zuerst den Manetho lüderlich ausgezogen
und diese Auszüge dann ratlos gemißhandelt haben.
So sind sie durch drei, vier Hände gegangen, ehe sie
an Afrikanus und Eusebius kamen, die damit auch
nicht viel anzufangen wußten. Leute wie Alexander
Polyhistor, Artapanos, Apion dürften hier in Anschlag
gebracht werden. Josephus thut so, als ob er den Manetho noch vor sich gehabt habe, ich bezweifle es aber,

da die Könige der achtzehnten und neunzehnten Dynastie,
die er anführt, verglichen mit den wohlbekannten Denkmälern, die ärgste Namensentstellung und Verwirrung
zeigen; auch scheint es mir, daß er den Apion mit
gleicher Münze bedient und mehrfach geschwindelt
habe.[1]) Auch über die von den namhaftesten Gelehrten
geübte Methode und Kritik wäre vieles zu sagen. Man
müßte Bände darüber schreiben. Der Glaube, daß
die Ägypter seit fast 6000 Jahren v. Chr. —
oder sagen wir 5000, 4000 — schriftliche Aufzeichnungen gehabt und gerettet hätten, ist
doch etwas stark und zeigt Mangel an gesundem Menschenverstande. Mit bloßen philologischen
Künsten war diesem Wuste von Unsinn gar nicht bei-
zukommen. Denn hier ist alles aus dem Gefüge gerissen, zerflackert und jammerhaft zusammengestoppelt.
Von geschichtlicher Pragmatik ist keine Spur darin.

Eine auf dem Trümmerfelde von Avaris-Tanis
gefundne Inschrift beweist, daß man in den Zeiten
der zwölften oder auch siebzehnten Dynastie nach der
Ära des Hundsternkreises gerechnet hat, und daß in
dieser Riesenfestung damals regelrechte Soldaten lagen.
Im Jahre 400, am 4. Mesore der Ära des
großen, sehr starken Set (d. h. des greifengestaltigen
Kriegsgottes, der auch Sutech, gr. Typhon heißt) be-
sichtigte das Lager „der hochedle Fürst, Schirmträger
zur Rechten des Königs, Oberst der Hilfstruppen, Inspektor der fremden Provinzen, Gouverneur der Festung
Zor (Tyrus?), Anführer der Meder, königlicher Ge-
heimrat (Grammateus), Inspektor der Reiterei, Piramses." Die Ära hatte also mit der Fertigstellung und
Inauguration von Avaris begonnen. Das Jahr 400
fällt darnach ins Jahr 1709 v. Chr. in die Regierungs-

---

1) Rabbi A. in G., der durch mich bisweilen Bücher entlehnte,
sagte, als er mir des Josephus Antiquitäten zurückbrachte, lächelnd:
„Nein, ist das e Lügner! Nein, was der Mann alles weiß!"

zeit des großen Eroberers Sesostris (Sesurtasen I.), der von 1740—1692 regierte und mit seinem Vater Ame=nemhe I. (von 1756—1740) zusammen unter dem Namen Apopis begriffen ist. In der That kennen die Denk=mäler zwei Könige Apapi.

Achtes Kapitel

Die Gesetzgebung des Snefru und des Mneves, des zweiten Thot

Das Haupt der Pyramidenkönige war also der mit Afes-Salitis, dem Erbauer von Avaris und Einführer des Siriusjahres und Apisdienstes sich deckende König Snefru, der an der Spitze der vierten manethonischen Dynastie den ganz verderbten Namen Soris trägt, der Vorgänger von Cheops und Kephren. Er war es also, den die verbrüderten Häuptlinge zum Oberkönige erwählt hatten. Er macht deutlich den Anfang einer neuen Ordnung der Dinge. Denn mit ihm beginnt die Reihe gleichzeitiger Denkmäler und der vollständigen Königstitel. Er stammte von der Sinaihalbinsel. Dort in Wadi Maghara scheint er einen Ahnendienst gehabt zu haben. An den Felsen daselbst werden die Siege verherrlicht, die er, der Bezwinger der „fremden Völker," und nach ihm Chufu, Sahura, Sesurenra, Pepi erfochten. Er scheint dort sich selbst eine Statue gesetzt zu haben.[1] Sein Vorgänger war Hatni, d. i Aches, der siebente König der dritten Dynastie

---

[1] Chronologie des Manetho von G. F. Unger, S. 92.

Memphiten, die, wie wir ausführlich nachgewiesen haben,
der ersten Dynastie Thiniten (mit Menes an der Spitze)
gleichzeitig war, die also bis in den Anfang des alten
Reiches zurückging. Im Papyrus Prisse heißt es:
„Als der König beider Lande Hakni gestorben war,
siehe da erhob sich die Hoheit des Königs beider Lande
Snefru als ein gnädiger König diesem unserm Reiche."
Er hatte also Ägypten erobert. Seine Gemahlin, deren
Grab man auf dem Pyramidenfelde gefunden hat,
hieß Mertitefs. Sie war später auch Gemahlin des
Chufu und zuletzt Palastfrau des Schafra.

Mehr wüßten wir nicht von diesem Vorgänger
des Cheops, wenn uns nicht Eusebius eine lange über
diesen König und seine Zeit handelnde Erzählung be=
wahrt hätte, die offenbar aus guten Quellen geflossen,
aber aus ihrem Zusammenhang gerissen und falsch
erklärt worden ist. [1]) Alexander Polyhistor und
Artapanos haben dieses Kunststück fertig gebracht. Die
Erzählung handelt nämlich von dem großen Gesetz=
geber der Pyramidenzeit, der den Phönixdienst und
die Tierverehrung eingeführt hatte; die genannten
aber, auf der Suche nach Moses in ägyptischen Quellen,
haben einfach den richtigen Namen dieses Mannes —
der sich übrigens ermitteln läßt — unterschlagen und
dafür Moses gesetzt. Sie bringen auch den Isaak
hinein, und es sieht so aus, als ob dieser unmittelbar
vor Moses gelebt hätte. Nach dieser Erzählung regierte
einst ein König namens Mempsasthenot in Ägypten
(vielleicht nur auf der Halbinsel Sinaï), und als er
starb, kam sein Sohn Palmanothes zur Regierung.
Er, wenn nicht schon sein Vater, muß Kriege geführt
haben. Denn das Land wimmelte damals von Kriegs=
gefangenen, die vornehmlich einem syrischen Volke
Hermiuth mit Namen angehörten. Daraus ließen

---

[1] Praepar. Evang. IX, 27 fgd.

sich die Juden machen. Palmanothes bedrückte sie mit Fronarbeiten aufs äußerste. So erbauten sie den Tempel zu Heliopolis, Kessa (Gosen? Gesem) und Athos. Hieraus ist ersichtlich, daß Palmanothes über die Gegenden von Heliopolis herrschte und ein arabischer Hyksos war. Denn Heliopolis war, wie wir sahen, von Arabern gegründet worden. Der genannte Tempel war das Phönixhaus, das Bild darin ein riesiger Falke. Also ist dieser König für den Stifter des Phönix= und Sonnendienstes zu erachten. Die Kämpfe, die er, Snefru, Chufu, Schafra mit syrischen Völkern führten, erklären sich aus dem Kriege, den die neueingewanderten Phöniker noch mit den Eingebornen Palästinas zu führen hatten.

Palmanothes hatte keine Söhne, sondern nur eine Tochter namens Merris. Er verheiratete sie an einen Fürsten Namens Chenephres, der die Land= schaften oberhalb Memphis beherrschte. „Denn viele herrschten damals in Ägypten.“ Also dasselbe, was von den Hyksos der Zeit des Salitis gesagt wird! Ägypten war also damals bereits völlig unterworfen und aufgeteilt. Chenephres, wofür man offenbar Senephres zu lesen hat, und Merris sind nun doch wohl keine andern, als Snefru und seine Gemahlin Mertitefs, die demnach eine Heliopolitin war. Dies bestätigt sich trefflich. Denn „Chenephres gab einem Stiere den Namen Apis und befahl den Volks= haufen, ihm einen Tempel zu bauen.“ Er herrschte also über Memphis. Von Aseth (Salitis) hieß es, er habe das Jahr von 360 Tagen und 5 Schalttagen eingeführt, und unter ihm sei der zum Gotte gemachte Stier Apis genannt worden. Wie wir sahen, ist ein Prinz Snefruchaf als Ver= ehrer des Apis auf dem Pyramidenfelde bestattet. Die Gleichheit von Snefru und Salitis=Aseth oder

Ases, der ein großer Gesetzgeber war, ist also gar nicht zu bestreiten. Hieraus geht wieder hervor, daß die Verehrung der Stiere Apis und Mnevis (in Heliopolis), der Hathorkuh und überhaupt der gesamte Tierdienst fremden und zwar arabischen Ursprungs und gänzlich unägyptisch, also dem Lande nur aufgedrängt ist. Plutarch und Diodor wußten das. Manche Ägypter erklärten, einer der uralten schlauen Tyrannen habe den Tierdienst eingeführt und dem einen Gaue dieses, einem andern ein andres Tier zur Verehrung zugewiesen, um das widerspenstige, zu Aufständen geneigte Volk unter sich zwieträchtig zu machen und es so leichter beherrschen zu können [1]). Übrigens hing der Apisdienst genau mit dem Siriusjahre zusammen. In seinem Tempel wurde jedesmal der neu erhobne König mit den Staatsgewändern bekleidet, gekrönt und auf den Thron gesetzt, um die Huldigung zu empfangen, und zum erstenmale in die Geheimnisse eingeweiht. Dem Apis wurde an diesem Tage ein Joch aufgelegt. Dann führte der Priester der Isis den König in das Abyton und nahm ihm den Eid ab, daß er weder einen Monat noch einen Tag, der zum festen Tage werden könnte, einschalten, sondern nur 365 Tage des Jahres zählen werde, wie dies von den Alten festgesetzt worden.[2]) Man kann diese Einrichtung also auf Snefru zurückführen. Es gab auch eine Apisperiode, die jedenfalls auf eine Ausgleichung zwischen Sonnen- und Mondlauf und auf den Nil Bezug hatte, der denselben Namen Hapi führte.

Nach Phylarchos hatte Dionysos (ist arabischer Hauptgott) zwei Stiere, den Apis und Osiris (Mnevis)

---

1) Plut. de Isid. Diod. 1, 89. — 2) Unbekannter Grammatiker in Jablonskys Pantheon Aeg. Bd. 1, S. 210.

aus Indien nach Ägypten gebracht.[1]) Unter Indien
kann man das kuschitische Susiana verstehen. Der
Rinderdienst war also jedenfalls fremden Ursprungs.
Zunächst kam er aus dem Lande Maskat, wo die kuh=
gestaltige Hathor Schutzgottheit war. Ferner ist in
Manethos zweiten thinitischen Dynastie dem zweiten
Könige namens Kaiechos die Meldung beigeschrieben:
„Unter ihm wurden die Rinder Apis in Memphis,
Mnevis in Heliopolis und der mendesische Bock für
Götter erklärt." Also auch hier bestimmter Anfang
und gesetzliche Einführung des Tierdienstes! Der Schluß
liegt nahe, daß Kaiechos ein Zeitgenosse des
Snefru war. Dies bestätigt sich, da sein Namenschild
Kekeu auf dem Pyramidenfelde gefunden worden ist.
Hieraus folgt die Gleichzeitigkeit dieser Dynastie mit
der des Snefru, Chufu, sowie auch der Elephantiner,
ebenso, was auch auf andre Weise gezeigt werden
kann, die Gleichzeitigkeit der ersten thinitischen und
ersten memphitischen. Die Einführung des Apis=
dienstes giebt also einen starken chronolo=
gischen Halt ab, und das aufgestellte alte Reich
schmilzt von zwei bis dreitausend Jahren auf nur 236
Jahre zusammen. Dadurch nimmt die ägyptische Zeit=
rechnung eine einfache und verständige Gestalt an.

Snefru=Ases war ein großer Gesetzgeber, der dem
Lande eine ganz neue Verfassung gab; aber dieses
Gesetz war nicht sein, sondern seines Stiefsohnes
geistiges Werk. Seine Gemahlin Merris (also Mer=
titefs) hatte nämlich einen dem Geschlechte der Hermiuth
entsprossenen Knaben an Kindesstatt angenommen, der
ganz außerordentliche Begabung zeigte und, als er
erwachsen war, ein ebenso tüchtiger Kriegsheld wie
tiefer Denker und Kunstverständiger wurde. Wie dieser
Mann eigentlich hieß, werden wir später nachweisen,

---

1) Plutarch de Isid. c. 28.

Artapanos hat seinen Namen unterdrückt und ihn dafür zu Moses gemacht, der gleichfalls das angenommene Kind einer Königstochter war — die einzige Ähnlichkeit zwischen beiden! — Aus dem Zusammenhange der Erzählung geht nun hervor, daß Senephres, der anfangs nur in der Gegend von Memphis geboten, sich zum Herrn von ganz Ägypten bis Elephantine hin gemacht hatte. Um seinem Stiefvater nun diese Oberherrschaft zu sichern, führte dieser Pseudomoses ganz neue Gesetze ein. Er teilte das Land in 36 Nomen und schrieb jedem Nomos ein heiliges Tier zur Verehrung vor, wie z. B. die Katze, den Hund, den Ibis u. a. Auch teilte er den Priestern auserlesenes Land zu, nachdem er die ganze Philosophie — d. h. die Theologie der Phönixlehre, das theokratische System — ausgesonnen hatte. Auch erfand er Schiffe — die Imamschiffe des Ases —, Maschinen zum Steinsetzen (beim Pyramidenbau), Werkzeuge zur Bewässerung und die ägyptische Bewaffnung. Wenn Snefru und Ases Salitis eine Person sind, woran nun wohl kein Zweifel mehr ist, dann hat Snefru damals auch das große Standlager von Avaris gebaut und mit seinen 240 000 Mann zur Verfügung gehabt. So begreift sich die Sorge für Waffen.

Durch solche Leistungen erwarb sich der Pflegesohn des Senefres große Volksbeliebtheit (bei den Arabern) und wurde als der zweite Thot-Hermes von den Priestern nach seinem Tode göttlicher Ehre gewürdigt. Der erste Thot galt als ein großer Prophet und Gesetzgeber in den Zeiten des Osiris, dessen Geheimschreiber er gewesen war; der zweite Thot, der die Schriften des ersten erläutert hatte, war also der Gesetzgeber der Hirtenzeit und ein Ausländer von Abkunft. Ein solcher Mann verschwindet nicht so leicht. Man kann ohne Umstände

ſagen, ſein richtiger Name war Mneves. Diodor
führt nämlich alle namhaften Geſetzgeber des Landes
auf und dabei an erſter Stelle den Mneves, der das
Volk zum erſtenmale dahin gebracht habe, nach ge=
ſchriebnen Geſetzen zu leben. Er war ein Mann von
hohem Geiſte und von allen Menſchen, deren man ge=
denkt, der umgänglichſte. Man gab vor, daß ihm
Hermes (Thot) dieſe Geſetze, die von großem Vorteile
ſein ſollten, eingegeben habe. [1]) Schon die Gleichnamigkeit
mit dem Namen des Stieres Mnevis deutet auf Helio=
polis und die Zeit des Pyramidenbaues, ganz ſicher
aber wird die Sache, wenn wir den Geſetzgeber
Menâweſch den Menkâweſch herbeiziehen, der
nach arabiſcher Überlieferung der Einführer
des Stierdienſtes in Ägypten und der Stifter
der ganzen ſabiſchen Religion und des Heiden=
tums war.

Alſo Mneves=Menâweſch, nicht Moſes, hieß
der Mann, der zur Zeit der Pyramidenkönige ganz
Ägypten umgeſtaltete. Weiter wird erzählt, daß er
durch ſeine große Beliebtheit bei dem Volke dem
Senephres mißliebig und verdächtig geworden ſei.
Um ſich ſeiner zu entledigen, habe dieſer ihn mit einem
ſtarken Heere gegen die Äthiopen geſchickt, die von
Süden her Einfälle machten. Mneves führte gegen
ſie, wie die Heliopoliten erzählten, einen zehnjährigen
Krieg und beſiegte ſie zuletzt. Darauf nahm ihm
Senephres Leute weg und ſchickte ſie teils an die
Grenze Äthiopiens als Wachtpoſten (Urſprung der
Dynaſtie der Elephantiner?), teils nach Theben, um
den aus Ziegeln erbauten Tempel einzureißen und einen
neuen aus Bruchſteinen des nahen Gebirges zu bauen.
Als Oberaufſeher über dieſen Bau beſtellte er einen
gewiſſen Nacherôs. Hierauf empörte ſich Mneves und

---

[1]) Diod. 1, 94.

setzte sich mit 100000 bewaffneten Landleuten in Mittel=
ägypten fest. In frühern Kämpfen erprobte Kriegs=
oberste standen ihm hier zur Seite. Mneves und seine
Leute gründeten nun die Stadt Hermopolis (magna),
wo der Ibis als heiliges Tier verehrt wurde. Er
schloß auch mit den Äthiopen Freundschaft. Sie waren
ihm zugethan und nahmen von ihm die Beschneidung
an. Senephres starb an der Elephantiasis. Nach ihm
muß Cheops mit den Hermopoliten Krieg geführt
haben. Denn das heutige dieser Stadt gegenüber=
liegende Minieh hieß im Altertume Menat Chufu,
Festung des Cheops. Unter Amenemhe I., Sesurtasen I.
und Amenemhe II. (zwischen 1756 und 1666 v. Chr.)
war sie Grenzfestung und Stand eines bedeutenden
Militärpostens gegen die stets zur Empörung geneigten
Oberägypter. Die beiden ersten Könige entsprechen,
wie gesagt, der Dynastie des Apopis, die in Heliopolis
und in Avaris mächtig war. Über die Gründung
von Hermopolis und seine Religion haben wir aus=
führlich gehandelt und gezeigt, daß sie die des be=
rühmten Planetenturms von Babel und die
von Berytos in Phönizien war.[1] Man verehrte
hier Esmun, den Achten, den Herrn der sieben
Himmelskreise. Thot, der Schläger der Welthar=
monie, herrschte hier in Ibisgestalt. Das Orakel
der Erlösung Ägyptens von schwerer Frone durch
den König Mykerinos ging von Hermopolis aus.

---

1) Der „unsterbliche Ibis" von Hermopolis ist jedenfalls der ins
Rätsel gehüllte Oberpriester, ebenso der Bennu (Prachtreiher) von Helio=
polis ein Oberpriester u. s. w.

Neuntes Kapitel

Die Pyramidenerbauer find die Hykſos — Verfolgung
des Oſirisdienſtes, Verſöhnung mit dem Phönixdienſte
— Die arabiſche Überlieferung

Wie der Pyramidenbau mit dem Phönixdienſte
zuſammenhängt, iſt nicht ſchwer einzuſehen. Dieſe
Könige glaubten an die Welterneuerung und Auf-
erſtehung der Toten, wünſchten alſo, daß ihre ſterbliche
Hülle, die Mumie, bis zu dem neuen Weltmorgen
unverletzt erhalten bliebe, fürchteten aber den Zorn
und die Rache des unterjochten Volkes, deſſen Religion
ſie unterdrückten. Sie kamen alſo auf den Einfall,
dieſe ungeheuern Steinmaſſen auftürmen und den Eingang zu den nur mäßig großen Grabkammern im
Innern ſo gut als möglich verſtecken zu laſſen, um,
wie ſie glaubten, im Frieden ruhen zu können. Da
auswärtige Kriege und fortwährende Aufſtände der
Eingebornen ihnen eine Unzahl von Gefangnen zu-
führten, ſo fehlte es nicht an Fronarbeitern. So
wurde das Land aufs grauſamſte gequält, und man
begreift nun, warum die Prieſter — aus Haß, ſagt
Herodot — die Namen des Cheops und Kephren, die
am grauſamſten geweſen ſeien, anfangs gar nicht nennen

wollten und dann diesen Königen das Allerschlechteste
nachsagten; man begreift auch, daß zuletzt nach Kephrens
Tode eine allgemeine Empörung ausbrach, daß man
seinen Leichnam aus dem Grabe riß, seine Statuen
umstürzte und in einen tiefen Brunnen warf. Er ist
der König, der den großen Sphinx bei den Pyramiden
als ein Bild des Sonnengottes Haremchu (griechisch
Harmachis), des Gottes der Taghälfte, gesetzt hat. Die
von ihm erhaltene schöne Statue zeigt ihn als Phönix=
diener. Er ist thronend dargestellt, und der hinten
sitzende Falke schlägt seine Flügel um seinen Nacken.

Da sich diese Politik der Unterdrückung alles Ein=
heimischen nicht durchführen ließ, so suchte der Nachfolger
des Kephren, Mykerinos, ägyptisch Menkeura, Erbauer
der dritten kleinern Pyramide, eine Versöhnung herbei=
zuführen, erlöste das Volk von seiner schweren Fronde,
öffnete seine Tempel wieder und erlaubte das Opfern,
hatte aber sein ganzes Leben hindurch mit der Feind=
schaft der Priester und ihren Nachstellungen zu kämpfen.
Denn natürlich sahen die übereifrigen Phönixdiener
seine Hinneigung zum Osirisdienste als einen Abfall
an. Ohne Zweifel, sein Werk ist die Aussöh=
nung und Vereinbarung des Phönixdienstes
mit dem Osirisdienste, deren Lehren und Ri=
tualien   freilich unter mystischer Hülle und vielfach
rätselhaft — in dem sogenannten Totenbuche
enthalten sind. Nach Manethon soll schon Suphis I.,
d. h. Chufu=Cheops, der ein Verächter der (ägyptischen)
Götter gewesen sei, zuletzt Reue gefühlt und das bei den
Ägyptern hochangesehene „heilige Buch" verfaßt haben.
Wahrscheinlich beruht darauf das genannte Totenbuch).
Wir können sagen, es enthält ganz andre Dinge, als die
Ägyptologen bisher darin gefunden haben — nämlich,
wie sie glauben, Wanderungen der Seele im Jenseits.
Den Hauptteil bilden wirklich, was Lepsius, Brugsch u. a.
in Abrede stellen, Ritualien, und nicht die Seelen

wandern im Jenseits, sondern lebende Menschen durch
unterirdische Gemächer, haben Anfechtungen, Prüfungen
zu bestehen, müssen an den Pforten Losungsworte ab-
geben, erfahren Geheimnisse, erkennen in Vermummten,
wenn sie die Masken abnehmen, Brüder u. s. w. Kurzum, es ist das Hauptbuch einer Mischreligion, die den
Grundsatz aufstellt: Die beiden Religionen, der Osirisdienst und der Phönixdienst, sind eins. Daher
ßß hatten die Ägypter zwei Ma, Göttinnen mit
Straußenfedern auf dem Kopfe, d. h. zwei Wahr-
heiten, Religionen.

Der Tierdienst erklärt sich wohl aus der Sitte der
alten heidnischen Araber, daß jeder Stamm, ähnlich
wie die Indianer mit ihren Totems, ein besondres
Tier, einen Adler, Löwen, ein Pferd u. a., als Abzeichen
annahm. Solche Totems mögen anfangs nur den in
Ägypten angesiedelten Arabern angehört haben, der
Gesetzgeber Mneves aber, um Ägypter und Araber
zu verschmelzen, machte ihre Verehrung zur Sache der
einzelnen Nomen oder Gaue und brachte System hinein.
Man sah die Tiere als etwas ganz andres denn heute
an und faßte ihr Wesen geistiger auf. Die Hieroglyphik
giebt darüber Aufschluß. Sie waren Sinnbilder des
Göttlichen, Typen sittlicher Eigenschaften. Dazu kam
die Lehre von der Seelenwanderung.

Der beste Beweis dafür, daß die Pyramidenerbauer
Araber und die Hyksos der angeblich dreizehnten Dynastie gewesen sind, wird in der genauen Übereinstimmung mit dem liegen, was die so nahe beteiligten
Araber darüber berichten. Denn diese standen den
Ägyptern weit näher als die Griechen und hatten
für manche Seiten ihres Wesens ein weit besseres Ver-
ständnis als diese. Sie kannten die Wanderungen ihrer
aus Südarabien vertriebnen Stammgenossen, der Amalekiten, Thamubiten, Aabiten sehr gut, sie wußten,
daß dabei Ägypten erobert worden sei.

Die arabischen Schriftsteller erzählen den Einfall sehr genau. Es waren von der Halbinsel Sinaï kommende Amalekiten — die auf ägyptisch Schasu heißen —, die das Land eroberten und darin jahrhundertelang regierten. Sie führen lange Reihen von Königen auf, aber mit barbarischen, anscheinend also arabischen Namen, wonach es aussieht, als ob die Pharaonen stets neben ihrem landesheimischen bei den Heliopoliten und andern einen arabischen Namen geführt[1]) hätten — ein sehr bemerkenswerter Umstand. Wir erinnern hierbei an die barbarischen Namen der Hyksos, wie Salatis, Bnon (Ben On, Sohn von Heliopolis?), Apachnas (Abu-chnan, Vater Kanaans?), Archles u. s. w. Wie Manetho von einem zweiten Hirteneinfalle, wissen auch die Araber von einem solchen, der durch Syrer geschah. Spuren deuten darauf hin, daß Amenemhe Apopis ein Eroberer und Syrer gewesen.

Die Pyramidenerbauer waren also Amalekiten. Die Kopten wußten recht gut, daß die Pyramiden Grabstätten seien. Ihnen zufolge lag in der östlichen ein König Süreid oder Sürid, in der westlichen sein Bruder Hargib, in der dritten kleinern, ehemals gelbgefärbten, dessen Sohn Afribûn. Süreid hatte 105 Jahre lang regiert, was in Übereinstimmung ist mit den 106 Jahren der großen Verfolgung unter Cheops und Kephren oder dem Hirten Philitis. Auch erinnert der Name Sürid an den des Salatis. Da man auf dem

---

1) Die alte „Allgemeine Welthistorie, die in England u. s. w." von Jakob Baumgarten, Halle 1744, Bd. I, S. 570—580 giebt diese arabisch-ägyptische Geschichte nach Makrizi, Jussuf ben Tagriwirdi und dem Perser Chondemir mit langen Königsreihen, darunter ein Paar Königinnen. Man denke an Nitokris. Chwolson nennt als Hauptquelle das in Petersburg befindliche Werk eines gewissen Ibrahim ben Wassif, der spätestens in die Mitte des zwölften Jahrhunderts fällt. Ewald, Knobel, Saalschütz haben bereits Stellen dieser Überlieferung angeführt. Chwolson, Die Ssabier I, S. 221 fgd.

Pyramidenfelde nicht bloß Memphiten, sondern auch die gleichzeitigen Thiniten (wie Kefeu) und Elephantiner (Unas u. a.) bestattet findet, so ergiebt sich hieraus, daß es die gemeinsame Nekropolis dieser Hirtenfürsten war, und daß diese demnach eine wirkliche Verbrüderung bildeten. Alle siedelten sich hier im Schatten der Pyramiden an.

Nach dem Glauben der Sabier, d. h. der syrischen schriftkundigen Heiden, waren in den Pyramiden biblische Patriarchen, Schith (Seth, Agathodämon), Edris (Henoch) und dessen Sohn Sabi, Stifter ihrer Religion, bestattet. Sie wallfahrteten dorthin, opferten vor dem großen Sphinx, dem Abu Haul (dem Vater des Schreckens), Kälber und weiße und schwarze Hühner und räucherten mit Sandarakholz. Sie würden das schwerlich gethan haben, wenn ihre Religion nicht in naher Verwandtschaft mit der arabisch-ägyptischen gestanden hätte, das war aber der Fall. Beiden lag chaldäische Sternkunde und chaldäischer Sterndienst zu Grunde, und durch die Herrschaft der Ägypter über Asien und umgekehrt der Asiaten über Ägypten hatten sich enge Verbindungen hergestellt. Die Religion von Heliopolis, ebenso arabisch, phönizisch, wie ägyptisch, bildete den Vereinigungspunkt. Man kann die ägyptischen Priester unbedenklich als Sabier bezeichnen. Sabu bedeutet auf ägyptisch einen Gelehrten, Weisen. In den Denkmälern ist von Weisen des Pharao die Rede. Bildung, Erziehung, Unterricht hieß sbô (Horapollo σβω), ti sbô Erziehung geben, unterrichten. Nun aber war der Fuchs, und wie es scheint, gleichgeltend mit ihm der Schakal, der Hund, wegen seines scharfen Geruches und seiner Klugheit das Bild des klugen Menschen. Er hieß sabi. Daher sagt im Totenbuche 55 der Einzuweihende: anek sabi t'esmu, „ich bin der Fuchs (d. h. der Kluge) der Tiere," d. h. ein Mensch. K. 31, 8 und 69, 7 heißt es: „Die hermetische Sprache

(ru Tahuti) ift finnbildlich (wörtlich Bild — Herz):
Taufende von Speifen (Opfergaben), taufende von Ge=
tränken von den Sabiu (Zeichen Tiere), den Tebu
(Tiere), den Nekau (Zuchtftiere), den Tescheru (Roten,
Flamingos), den Ru (Vögel), den Tarpu (Vögel), den
Tarpu des Hor.“ Man wird Priefterklaffen (es find
fieben Namen) oder vielleicht die Kaften des Volks dar=
unter zu verftehen haben.

Da der ägyptifche Fuchs ein Höhlentier ift, das
fich trotz der Dunkelheit in feinen Gängen und Schlupf=
winkeln zurechtfindet, fo wurde er zum Bilde des
Myftagogen erwählt, der die Jünger der Weisheit
durch die unterirdifchen Gänge der Tempel führt, ihnen
die Symbole zeigt und die Geheimlehre mitteilt, auch
in den Kammern und Kellern, wo die Leichname zu
Mumien gemacht werden, Befcheid weiß. Daher trägt
diefer in feinem Amte als Anubis den Fuchs= oder
Hundekopf. Er ift über die Gräber, die Geheimniffe
der Unterwelt gefetzt, wie Horus über die Dinge der
Oberwelt. Unter Sabi kann man recht wohl den in
der dritten Pyramide beigefetzten König Menkeura ver=
ftehen, da er der Begründer der arabifch=ägyptifchen
Mifchreligion der Sabier war.

Arabifchen Schriftftellern zufolge lebte in der Zeit
des Miffraïm ben Biffr der in der Sündflut unter=
gegangne Götzendienft in Ägypten wieder auf und
wurde den Kopten annehmbar gemacht. El Budfchir
(Bufiris?) ben Dafthorim war der erfte, der wahrfagte
und die Magie betrieb, und Menâwefch ben Men=
kâwefch der erfte, der den Stier verehrte und
feinen Dienft einführte, alfo unzweifelhaft der
Mneves Diodors und der zu Mofes gemachte Stief=
fohn des Senephres, der Gefetzgeber der erften Pyra=
midenzeit. Derfelbe ift auch den Berbern als Stamm=
vater bekannt. Sie nennen ihn Monaufch, Sohn
des Mafnaufch, und geben ihm eine Tochter Afrikija,

die ihren Stammvater gebiert. Er ist ihnen der Gründer
von Memphis. Klemens von Alexandrien kennt ihn
als Munantos, Vater der Libye und des libyschen
Belos. [1]

Die Ägypter verehrten also diesen Mneves oder
Menâwesch als zweiten Thot, und zwar mit Recht.
Denn der erste Thot war der Erfinder ihrer Bilderschrift. Die Einführung der neuen Religion und Verfassung war notwendig mit einer großen Umgestaltung
der Hieroglyphenschrift verbunden. Alle Zeichen, die
Vorstellungen und Begriffe des Phönixdienstes und der
Tierverehrung darstellen, sind damals ausgedacht und
festgestellt worden; um dies aber zu thun, dazu gehörte
ein ausnehmend kluger und tiefdenkender Kopf. Die
ägyptische Schrift enthält eine Philosophie und Theologie in Symbolen, solche Symbole aber aufzufinden,
erfordert eine tiefe Naturbetrachtung und Einsicht in
die höhern Dinge.

Wenn die in Ägypten eingefallenen amalekitischen
Araber und Pyramidenerbauer Chamiten waren, die
zur Zeit der Völkerzerstreuung nach dem Bau des
Turmes von Babel ausgewandert sind, so ist klar, daß
die Reste Manethos schrecklich verderbt und entstellt sein
müssen; denn die Chronologen sehen sich veranlaßt, die
Pyramiden bis 4000 v. Chr. zurückzuschieben. Bei dieser
Art Chronologie, ist offenbar keine Geschichte möglich
und was man als solche vorlegt, ist eben nur Täuschung.
Mit den gegebnen Nachweisen nimmt die Sache eine
andre, eine greifbare Gestalt an, und eine glaubwürdige
und begründete Geschichte wird möglich. Der beste
Teil der ägyptischen Kultur gehört also nicht den Eingebornen an, sondern ist arabischen Ursprungs, ja seit
dem Auftreten des Snefru haben die Ägypter nie mehr
einen Herrscher vom Blute des eingebornen Stammes

---

1) Klem. Alex. Recogn. 10, 21.

gehabt; denn auch die oberägyptischen Könige von Theben, die sich für Rächer ihres Vaters Osiris ausgaben, sind fremder Abstammung. Ihr Stammkult des widderköpfigen Chnum und die Kunde von einer großen Einwanderung von Westen zeigen, daß sie Libyer waren. Nicht Theben ist Mutterstätte des Ammonsdienstes, sondern das Ammonium in der Oase Siwah.

Zweites Buch

Erstes Kapitel

Die arabische Einwanderung in Westafrika; die Danaersage. Stiftung des assyrischen Reiches

Um die Frage der Atlanten ins Reine zu bringen, war es nötig, näher auf die ägyptischen Verhältnisse einzugehen. Denn Ägypten ist das Land, das an der Brücke von Suez liegt und die Pforte bildet, durch die fast alle Völker, die nach Westen wanderten, gezogen sind. Die nachweisbar früheste dieser Wanderungen war eben die der chamitischen Phöniko-Araber. Denn Teile desselben Volkes, das damals Ägypten eroberte, wanderten weiter und stifteten in Westafrika eine Herrschaft. Daher heißt Phut, der Stammvater der Phutäer, ein Sohn Chams und Bruder des Kusch, Kenaan und Mizrajim. Wir mußten ferner darauf eingehen, weil wir zu zeigen haben, daß die eigentlichen Atlanten eine Priesterkaste und eine nach Westen verschlagne Chaldäersekte waren, deren Weisheit im engsten Zusammenhange mit der ägyptischen stand und von ihr Licht erhält. Denn die Lehre von dem Himmelsträger und Inhaber der Weltsäulen Atlas, dem Ahnherrn und Urmeister der Atlanten, ist den Ägyptern wohl bekannt und in ihr System verarbeitet; auch stammt das, was Plato im Timäus über die riesige Insel Atlantis im fernen Westmeere und den Zug der Atlanten gegen Ägypten und Griechenland mitteilt, aus ägyptischer Quelle. Ein Priester von Saïs hatte dem Solon diese Mitteilungen gemacht; und ebenso war das Buch über die Atlantis, das Plato im Kritias anführt, ein ägyptisches und angeblich ins Griechische übersetzt worden.

Die um 1300 v. Chr. vertrieben aus Ägypten nach Argolis kommenden, sich dort festsetzenden Danaer, ein ägypto=libysches Kriegsvolk, haben von da Sagen mitgebracht, die zeigen, daß ihnen der Hyksoseinfall wohl bekannt war. Darnach war Ägyptos, der hier genau dem biblischen Mizrajim entspricht und als Stammvater nicht der Eingebornen, sondern der Araber zu fassen ist, ein Sohn des (babylonischen) Belos und der Anchinoe (der Geistesschärfe). Sein Vater wies ihm Arabien (die Halbinsel Sinaï) zum Wohnsitze an. Von da eroberte und unterwarf er das Land der Melampoden und nannte es nach seinem Namen Ägypten. Die Melampoden sind also das ein= geborne Volk, die unterjochten Osirisdiener. Ägypten heißt in der heimischen Sprache chêmi, das schwarze Land, und das Volk rut n chemi oder rut chêmi, das Volk des schwarzen Landes, rat chemi aber ein Schwarzfuß, Melampus. Der griechische Seher dieses Namens soll in Ägypten gewesen sein und den Dionysosdienst nach ägyptischem Vorbilde geordnet haben. Melampoden sind also die Eingebornen des Landes.

Nun hatte Ägyptos einen Bruder Danaos, also gleichfalls einen Sohn des Belos, dem als Erbschaft Libyen zufiel. Er ist von dem 800 Jahre jüngern Danaos, der angeblich nach Argolis kam, ganz ver= schieden. Dieser ältere Danaos ist demnach der Stamm=

vater der Danaer, und darunter sind sämtliche Westafrikaner von Ägypten an bis ans Atlantische Meer
hin zu verstehen. Danaoi bedeutet die dürren, trocknen
(ξηροί), vielleicht wegen der Dürre ihres Landes, oder
weil sie dürr wie Mumien waren. Nun heiraten beide
Brüder verschiedne Frauen, Ägyptos eine aus königlichem Geblüte namens Argyphia, dann eine Araberin,
eine Phönizierin, eine Äthiopin, eine Tyrierin, eine
Nymphe Kaliadne, eine gewisse Herse, und eine Hephästine.
Danaos dagegen freite die Hamadryaden Atlanteia
und Phöbe, eine Äthiopin, eine namens Memphis,
eine Najade Polyxo, eine Pieria, eine Krino.[1])

Nun erzeugt Ägyptos mit seinen Frauen merkwürdigerweise lauter Söhne, Danaos mit den seinigen
lauter Töchter, die den Söhnen zu Frauen gegeben
werden. Die Namen der Paare und wie sie zusammen
gegeben werden, kümmern uns nur zum Teile, und zwar
da, wo noch echte, von den Dichtern nicht entstellte
Überlieferung erkennbar ist; so viel aber liegt klar zu
Tage, daß der Schauplatz dieser Sage ein sehr weiter
ist und Babylonien, Arabien, Ägypten, Phönizien, ganz
Libyen bis zum Ozeane und selbst das Mittelmeer und Teile
von Europa umfaßt, ferner daß sie bis in die Zeit des
Hyksoseinfalls, bis vor 2100 zurückgeht. Sieht man
näher zu, so erkennt man, daß unter diesen Ägyptiden
und Danaïden Kolonien, Städte, Landschaften, Stämme
zu verstehen sind, die von Ägyptern und Libyern gemeinsam angelegt worden waren, also ein Reich und
eine Herrschaft voraussetzen, das sich über die erwähnten
Lande erstreckte. Ein solches Reich aber hat es gegeben.
Es war das von Sesostris (1740—1692) gegründete
ägyptische Weltreich, das, wie wir sehen werden, unter
Menephthes II. (1321—1291) durch den Abfall der
Libyer und andrer Völker, sowie durch eine große Empörung zusammenbrach. Weil nun in diesem Reiche

---

[1] Apollod. 2, 1, 4.

die Ägypter das herrschende Volk, die Danaer das
untergebne waren, so wurden dem Ägyptos lauter
Söhne, dem Danaos nur Töchter zugelegt. Die Er=
mordung der erstern durch ihre Bräute, die die unver=
ständlich gewordne Sage nach Argos verlegt, war ein
Ereignis, das sich über ganz Nordafrika und das Mittel=
meer erstreckt haben muß. Es bedeutet die Empörung
und den Abfall Libyens und der ägypto=libyschen
Kolonien. Ein solcher ist nachweisbar und wird aus=
führlich besprochen werden.

Zu den Gattinnen des Danaos gehörte also auch
eine Hamadryade Atlanteia, demnach das Land der
Atlanten im fernen Westen. Hamadryaden sind Baum=
nymphen — dies deutet auf ein baumreiches Land.
Man denke an Dattelhaine und wird diese Hamadryaden
in den Oasen suchen. Ferner heißt ein Ägyptide Lixos;
eine Stadt dieses Namens, die einst groß und mächtig
und offenbar die Hauptstadt des Volkes der als At=
lanten geltenden Lixiten war, lag im allerwestlichsten
Teile von Afrika. Das heutige Larache oder El Arisch
liegt an ihrer Stelle. Ptolemäus kennt in jenen Ge=
genden Ägypto=Libyer. Wie wir sehen werden, finden
sich unter den vielfach nichtssagenden Namen der
Ägyptiden und Danaïden eine ganze Anzahl von
solchen, die sich als Namen bestimmter Orte heraus=
stellen; namentlich in Griechenland werden auch außer
Argos Städte namhaft gemacht, wo diese oder jene
Danaïde daheim ist. Man findet aber auch andre
außerhalb Griechenland bis nach Spanien und ans
Schwarze Meer hin und muß daraus schließen, daß
hier urkundliche Verzeichnisse der ägypto=libyschen Kolo=
nien zu Grunde lagen.

Der alte Danaos, nicht der angeblich nach Argolis
gekommne, ist also der Stammvater aller Nordafri=
kaner westlich von Ägypten und als Sohn des Belos

und Bruder des Ägyptos derselben Völkerwanderung
angehörig wie dieser. Er fällt demnach der Hauptsache mit dem biblischen Phut zusammen und steht
in sichtlicher Verbindung mit den Atlanten. Damit
ist nicht behauptet, daß er eine wirkliche Person
gewesen sei, er ist vielmehr erfunden worden, um
sämtliche Völker, die man Danaer nannte, zusammen-
zufassen.

Über die Wanderung von Südarabern nach Westafrika sind bestimmte Kunden vorhanden. Von einem
Herakles, der mit arabischen Stämmen nach Mauretanien wandert, weiß Josephus. Ferner erzählt er,
daß Afrén, ein Sohn Jakobs (vielleicht ist Jobab zu
lesen), gegen Libyen zu Felde gezogen sei und es
erobert habe; seine Söhne und Enkel wohnten daselbst
und nannten das Land Afrika.¹) Nach Ibn Kaldun
waren es Himjariten aus Jemen, die Afrikis hierher
geführt und angesiedelt hatte.²) Ein himjaritischer
Gigantenkönig war auch Schebbab, der Sohn des
Aad — also vom Stamme der mit den Amalekiten
und Thamuditen vertriebnen Aaditen —, der nach
Mauretanien kam, Tingis (das heutige Tanger) erbaute, das umliegende Land unterwarf, Steuererheber
aussandte und Gärten — der Hesperiden — anlegte, von
deren Schönheit die Araber Wunderdinge berichten.³)
Nach Leo Afrikanus, dem gelehrten Mauren, war
Dschalut, Sohn des Jarisch, des Läud, des Aram,
ein Bruder des Amlek (Amalek), von dem die Giganten
(Enakim) Syriens und die Pharaonen Ägyptens abstammen.

Dies sind Trümmer mächtiger Überlieferungen, die
indes die Thatsache, daß sich die Phöniko-Araber über
Ägypten bis ans Atlantische Meer verbreiteten, hinlänglich erhärten. So ist denn der biblische Phut in

1) Jos. Antiqu. Jud. 1, 15.   2) Movers Phöniz. II, S. 422. —
3) Ebenda S. 533.

Marokko Bruder des Mizrajim in Ägypten, und die
Berber leiten sich von Monausch, Sohn des Mafnausch,
d. h. dem Gesetzgeber und Einführer des Apisdienstes
Menäwesch ben Menkäwesch oder Mneves ab. Hiernach
scheint es, daß diese Züge von Snefru und andern
Pyramidenkönigen geleitet worden sind. Sie fallen
also in die Pyramidenzeit. Da die Phöniker von
Sidon und Tyrus zur selben Zeit weite Fahrten nach
dem Westen unternahmen, so können wir nicht zweifeln,
daß diese sich bis nach Westafrika hin erstreckten, und
daß sie so mit ihren Stammgenossen in Verbindung
traten. In den Zeiten der hebräischen Propheten
dienten Phutäer in den Heeren von Tyrus und Sidon.

Diesen arabischen Wanderungen folgten assyrische.
Es handelt sich darum, die Zeit zu bestimmen. Das
altassyrische Reich beginnt mit der Stiftung von
Niniveh durch Ninus, sie geht aber, wie wir aus
der Genesis ersehen,[1] sehr hoch hinauf in die
Zeiten nahe der Völkerzerstreuung, und Ninus ist
demnach ein sehr alter Herrscher. Mit Dunkers
Annahme, daß Ninus Anfang um 1250 v Chr. zu
setzen sei,[2] kommt man mit der altassyrischen Geschichte
vollständig in die Brüche. Wenn Herodot die Dauer
des assyrischen Reiches bis zum Abfalle der Meder
(nach Dunker 714 v. Chr.) auf 520 Jahre berechnet,
wonach es 1234 v. Chr. begonnen haben würde, so
gilt dies nur von dem neuen, d. h. dem nach langem
Verfalle wieder hergestellten Reiche, an dessen Spitze
kein Ninus steht oder höchstens ein Ehren halber auch
Ninus genannter König stehen könnte. Es hat aber
ein mittleres, und zwar, wie wir sehen werden, von
Ariern gestiftetes und beherrschtes, und davor ein altes
von Ninus=Assur gestiftetes kuschitisches Reich gegeben.
Diese ältesten Assyrier gehörten dem Stamme der öst=

---

1) 1. Buch Mos. 10, 11. — 2) Geschichte des Altert. 1, S. 275.

lichen Äthiopen an und waren eine schwärzliche Rasse,
weshalb sie bei den ältesten Griechen Äthiopen
heißen. Schon Strabo bemerkt, daß das Wort Leuko=
syrer auch schwarze Syrer voraussetze. Wenn sogar
die pontischen Amazonen, die satisch=scythischen Stammes
waren, und die Kreter Äthiopen genannt werden,[1]
so bedeutet dies, daß sie politisch Assyrier waren.
Assur kam mit seinem Heergefolge aus Babylonien,
wo der Kuschit Nimrod, ein Susianer oder Elamit,
den Grund zu weitern Eroberungen gelegt hatte.
Denn der Anfang seines Reiches waren die Städte
Babel, Erech, Akkad und Chalne im Land Sinear.[2]
Das Land Kossäa oder Kissia ist der Ursitz der Kuschiten,
die als Chamiten mit den Phöniko = Arabern in
Kanaan und Ägypten in Verbindung stehen. Der eigent=
liche Name Nimrods, was wohl Empörer, Gewaltthäter
bedeutet, scheint Kudur Nanchundi gewesen zu sein.
Dieser war ein elamitischer König, der nach einer
Keilinschrift mit genau zu berechnender Zeitangabe um
2280 lebte, die Verehrung der Götter mißachtete und
auf seine eigne Macht vertrauend Hand an die Tempel
von Akkad legte.[3] Auch Nimrod war ein Gottesver=
ächter, und von den assyrischen Königen wird gesagt,
daß sie Gottesleugner und Sinnendiener gewesen seien.
Die Sardanapal u. a. glaubten nicht an die Unsterb=
lichkeit der Seele. Die Herrschaft der Kuschiten wurde
jedenfalls durch die aus Osten kommenden Meder
wieder gestürzt. Sie erscheinen um 2234 in Babylonien
und thun ihre Anwesenheit in dieser Zeit durch eine
Kalenderreform kund.

In der Zeit der nimrodischen Herrschaft gründete
Assur die Stadt Atur oder Athur, von der das um=
liegende Land den Namen Aturia oder Assyria erhielt.

---

1) Schol. Apol. Arg. 2, 967. Polemo Phys. 1, 3. — 2) 1. Buch
Mos. 10, 10. — 3) Zeitschr. für ägyptische Sprache 1868, S. 16.

Nach arabischen Schriftstellern war Assur ein Statthalter
Nimrods. Nach Xenokrates war Assur ein Sohn des
Susos, d. h. stammte aus Susa, der Hauptstadt der
elamitischen Kuschiten.[1] „Aschur, der König im Kreise
der großen Götter," wie er in den Keilschriften heißt,
ist also der vergöttlichte Ahnherr der Assyrier. Na=
türlich kann Ninus, der Niniveh auf oder nahe
der Stätte von Atur (heut Nimrub) gründete, als
Assyrier in dem Namen seines Ahnherrn einbegriffen
werden. Der Assyrier baute Niniveh, Rehobot=Jr,
Kalah und Ressen zwischen Niniveh und Kalah. „Das
ist die große Stadt," d. h die vier genannten
Städte, Niniveh im engern Sinne und die
andern bilden, von einer gemeinsamen Mauer
eingeschlossen, die Riesenstadt Niniveh. Man
kennt die Viertel jetzt. Niniveh mag die Priesterstadt,
Rehoboth=Jr, „Gassen der Stadt," die Stadt der Hand=
werker und Gewerbtreibenden, Ressen (Kappzaum) die
Kriegerstadt gewesen sei. Kalah mit seinen Palästen
war wohl der Königssitz.

Vellejus, der nach Gerhard Vossius sein Werk im
sechsten Jahre des Tiberius, also 19 n. Chr. Geburt,
schrieb, rechnet von Ninus Anfang bis auf seine Zeit
1995 Jahre,[2] setzt diesen also ins Jahr 1976 v. Chr.
In diesem läßt Berossos eine neue (die vierte der
Chaldäer) Dynastie in Babylon beginnen. Das würde
also der Anfang der Herrschaft der Assyrier von ihrer
Eroberung und Festsetzung in der alten Hauptstadt
des babylonischen Reiches ab gerechnet sein. Ktesias
hat unbedingt denselben Ansatz gehabt. Denn er setzt
den Auszug der Unreinen aus Avaris (fälschlich Moses

---

1) Etymol. mag. S. 107, 53. Syros, d. i. Assyrios, ein Sohn des
Äthiops oder Chaldäos. Schol. ad Dion. Perieg. v. 897, S. 362.
Geflügelte Stiere mit Königsköpfen, die dicke platte Nasen und wulstige
Lippen wie Neger haben, zu Arban am Chabur gefunden. Ausland
1864, S. 1090. — 2) Vellej. hist. Rom. 1, 7.

zugeschrieben) ins Jahr 402 der Ära des Ninus, ins
32. Jahr des assyrischen Königs Belochos II. 401 volle
Jahre von 1976 abgezogen, geben 1575 als das Jahr,
wo unter Thutmos III. dieser Auszug stattfand — ein
Jahr, das wir auch auf mehrfach andre Weise herausgerechnet haben. [1] Ferner rechnet Ktesias von Ninus bis
Sardanapal, den letzten König Assyriens, 1360 Jahre,
setzt also den letztern ins Jahr 616 v. Chr. [2] Herodot,
der die lydischen Könige von Ninus und Belos ab-
leitet, rechnet anscheinend von diesem bis auf Kan-
daules, den man auf 710 ansetzen kann, 22 Menschen-
geschlechter und 500 Jahre dazu, was also, 3 Geschlechter
aufs Jahrhundert gerechnet, etwa 1230 giebt. [3] Mit
Hinzurechnung von 710 kommt man ins Jahr 1940
v. Chr. hinauf.

Hieraus geht sonnenklar hervor, daß die Anfänge
des assyrischen Reiches hoch ins 20. Jahrhundert
zurückgehen, und daß es widersinnig ist, die großen
Eroberungen des Ninus und der Semiramis bis ins
dreizehnte Jahrhundert herabzusetzen, wo sie gar nicht
stattgefunden haben können. Man mag sich darnach
eine Vorstellung von dem Zustande machen, in dem sich
die Geschichte des zweiten und dritten Jahrtausends
infolge einer ganz unbrauchbaren Chronologie befindet.

Zwischen der Eroberung Ägyptens durch die
Araber 2150 und der Stiftung des assyrischen Reiches
durch Ninus 1976 liegen 174 Jahre. Während dieser
Zeit herrschten in Babylonien Meder. Nach dem Hund-
sternbuche erbaute Salatis Avaris vornehmlich zum
Schutze gegen die damals mächtigen Assyrier. Wenn diese
Angabe richtig ist, dann waren diese als Gebieter von

---

1) Siehe mein Syst. der ägypt. Chronol., S. 122. — 2) Diod. 2, 21.
— 3) Herod. 1, 7. Wahrscheinlich sind die 500 Jahre zuerst zu stellen,
sodaß also das selbständige lydische Reich um 1210 begann. Rechnet
man das Menschenalter, wozu Grund vorhanden, auf 35 Jahre (statt
33 1/3), so kommt man fast genau ins Jahr 1976 v. Chr.

Atur schon vor Ninus und der Erbauung von Niniveh)
ein mächtiges Volk, das Kriegszüge bis nach Phönizien
und Ägypten hin machte. Wie wir sahen, hatten die
Pyramidenkönige in der That mit asiatischen Feinden zu
kämpfen. Es scheint, daß Avaris, die große
Zwingburg Ägyptens, mit seinem Heerlager
von 240000 Mann das Vorbild zu Niniveh ge=
geben hat. Denn auch Niniveh war ein zur Beherrschung
Asiens bestimmtes riesiges Heerlager. Wie Salatis,
hatte Ninus darin seine Soldaten zusammengezogen,
sie wohl bewaffnet und durch fortwährende Übungen
und Abhärtungen schlagfertig gemacht. [1])

Nimrod, der große Jäger vor dem Herrn, scheint
der erste gewesen zu sein, der Leute zu Soldaten drillte
und den Krieg planmäßig führte. Da die Völker da=
mals, wie Justin sagt, zu roh zum Widerstande waren,
so begreift sich die Stiftung so ungeheurer Reiche, wie
sie im zweiten Jahrtausend v. Chr. entstanden. Die Feld=
züge waren, wie das auch späterhin im jüngern
Assyrien der Fall war, Züge zur Unterwerfung kleinerer
Könige und Häuptlinge, um sie zinspflichtig zu machen,
und Raub= und Beutezüge, und die stark befestigten
Feldlager wie Avaris und Niniveh die Höhlen, in
denen man diesen Raub sicher barg. Der Fortschritt
im Baue dieser Stadt gegen jene liegt darin,
daß neben den Kriegern darin auch Priester,
Handwerker, Gewerbtreibende, selbst Ackerbauer ein
Unterkommen fanden. Denn der eingemauerte Raum
war so groß, daß selbst Acker= und Weideland vor=
handen war.

Über das Emporkommen und die Eroberungszüge
des Ninus hier zu sprechen, würde zu weit führen,
aber so viel steht wohl fest, daß er zuletzt über ganz
Vorderasien und drüber hinaus herrschte. Wenn in

---

1) Diod. 2, 2, 3.

Lydien früher eine Dynastie aus seinem Geschlechte gebot, so hat sein Reich auch Kleinasien bis ans Ägäische Meer in sich begriffen, und wenn Justinus erzählt, er habe alle Völker Libyens bis ans äußerste Ende hin unterworfen, so ist das nicht unglaublich. Denn wir haben gesehen, daß das Mittelländische Meer einst ein assyrischer See war. Der Ausgangspunkt dieser Seeherrschaft befand sich im Winkel des Issischen Meerbusens, wo der Westweg von Niniveh das Meer erreichte. Tarsus mit Anchiale und Jopolis oder Jône waren die Werften und Häfen, wo die Kriegsschiffe des Ninus und der Semiramis lagen, und von wo sie nach Kypros, Rhodos, Kreta fuhren.

Zweites Kapitel

Assyrische und ägyptische Gleichzeitigkeiten, der große Eroberer Sesostris

Von assyrischen Auswanderungen zu Lande wie zur See ist mehrfach die Rede. Nach Leo Afrikanus kam ein Anführer namens Afrikis, von einem assyrischen Könige besiegt, mit den Resten seines Heeres zuerst nach Ägypten, zog dann weiter nach Westen und ließ sich in der Nähe des spätern Karthago nieder. Nach ihm wurde die umliegende Gegend Afrika genannt.[1] Ein Stamm der Afarik oder Jsurak findet sich westlich von Barka, eine Stadt Afrika an der kleinen Syrte. Nach den Genealogien der Berber ist Pharek bald der Sohn des Misr, bald des Bisir (Busiris) oder Afrikija eine Tochter des Monausch, Sohns des Mafnausch.[2] Wir haben bereits davon gesprochen. Dann ist die Rede von einer starken Auswanderung. Ninos flieht vor den Greueln der Semiramis nach Kreta[3], oder Kronos verläßt sein

---

1) Leo Afrik. S. 1, 8. — 2) Noch in muhammedanischer Zeit war eine Stadt Jfrikija neben Kairvan und Tunis ein Hauptsitz islamitischer Gelehrsamkeit. — 3) Mos. v. Chorene c. 14.

Weib Rhea, die auch Semiramis heißt, und zieht mit einer großen Gefolgschaft vornehmer Männer nach Westen und stiftet dort ein Reich.[1] Tacitus läßt gar die Juden — die er mit den Idäern verwechselt — von Kreta aus nach dem fernen Abendlande ziehn. Kronos vermählte sich in Libyen mit der Philyra und zeugte den Afros, der die Astynome heiratete. Der berühmte Kentaur Chiron heißt ein Sohn des Kronos und der Philyra.

Es ist also wohl keinem Zweifel unterworfen, daß schon in der ersten Zeit nach der Stiftung des assyrischen Reiches von da Eroberungszüge, Auswanderungen geschlagner oder unzufriedner Parteien nach den Gegenden an den Syrten und weiterhin stattgefunden, und daß man dort Städte angelegt und Reiche gestiftet hat. Kreta war das Eiland, über das diese Auswanderungen gingen, und von wo aus der Zug des Idäischen Herakles nach dem rinder- und silberreichen Lande des Geryones stattfand, der die Schatzkammern Ninivehs mit dem Reichtum Iberiens füllte. Diese wahrscheinlich langwierigen Kämpfe um den Besitz Tuodetaniens fallen jedenfalls in das zwanzigste und neunzehnte Jahrhundert v. Chr.; ebenso der Bestand des Kuretenlagers an der Stätte von Olympia, die Gründung von Lykosura, der ältesten Stadt Griechenlands, die Städtegründungen der Lykaoniden in Arkadien, die militärische Schulung der Arkader im Dienste des Kronos und die Verbreitung ihrer Stämme nach Epirus und Italien. Denn auch Italien gehörte zum Reiche des Kronos-Saturnus.

Nach unsrer Rechnung waren Ninus und Semiramis Zeitgenossen der gerade hundert Jahre dauernden Dynastie des Merira Pepi (Marros Phiops). Mit

1) Chronic. Pasch. I, S. 65, 59. Scal. Thesaur. temp. S. 67.

den folgenden Dynastien bis zum Auszuge unter
Thutmos VII. (1575) umfaßte sie 409 Jahre, hatte
also im Jahre 1984 angefangen, acht Jahre vor der
Ära des Ninus.[1]) An ihrer Spitze steht Othoes
(Achthoes), ein furchtbarer Tyrann, der die größten
Scheußlichkeiten beging und zuletzt von seinen Tra=
banten getötet wurde. Sein Denkmalname ist Ati,
was Krokodil, aussätzig bedeutet. In der Liste des
Eratosthenes entspricht ihm Mosthes, d. i. most, der
Verhaßte, bei Plinius der Stifter des Labyrinthes
Tithoes (Athoes?). Er war der Stifter des am See
Möris und am Labyrinth geübten Krokodildienstes.
Mit diesem scheint es folgende Bewandtnis zu haben.
Nach dem Tode des Nachfolgers von Mykerinos,
Asychis, brach eine furchtbare Empörung der Osiris=
diener gegen die herrschenden Falkendiener aus.
Othoes an ihrer Spitze erwählte das Kro=
kodil zum Abzeichen seiner Partei. Denn bôk
bedeutet niedrig, Krokodil, aber auch Knecht, Sklave,
und sbôk einen Verknechteten. Daher wird Sebu, der
Vater des Osiris und Stammvater des eingebornen
Volkes, auch mit dem Krokodilkopfe vorgestellt und
Sbok (Sebak) genannt. So brach denn wohl ein
langer grausamer Krieg zwischen den Falkendienern
und den Krokodildienern aus, und es entstand eine
Feindschaft zwischen beiden, die bis in die spätesten
Zeiten währte und zu fortwährenden Fehden (z. B.
zwischen Tentyriten und Ombiten) Veranlassung gab.

Othoes regierte dreißig Jahre, also von 1984—1954
v. Chr. Man kann annehmen, daß sein gewaltsamer
Tod der schrecklichen Verwüstung ein Ende machte,
und daß die Krokodildiener teilweise das Land räumen
mußten. Wie es heißt, wurde Typhon bei der Kro=

---

1) Vgl. meine Ägyptische Chronologie S. 25. 122

kobilstadt Antäopolis geschlagen und entrann in
Krokodilgestalt, Antäos aber ist ein Unhold, der über
die Kyrenaïs, wo er in Jrasa als Ringer mit Herakles
auftritt, bis Tingis in Westafrika floh. Man zeigte
sein Riesengrab daselbst. Dies läßt auf eine starke
Auswanderung vertriebner Ägypter nach Maure=
tanien schließen. Es gab, wie man aus Plotemäus
ersehen kann, Liby=Ägypter daselbst, und Lixos war
ein Ägyptide. Das Fürstengeschlecht der Sebakhotep
in Nubien gehört offenbar derselben Sekte an.

Ob Ninus Ägypten erobert hat, ist zweifelhaft;
es kann sich ihm auch freiwillig unterworfen haben,
denn es befand sich offenbar in einem geschwächten
Zustande. Pepi Merira (Phiops) wurde als sechs=
jähriges Kind zum Könige gemacht und regierte drei=
undfünfzig Jahre (1954—1901), wahrscheinlich als
Vasall von Niniveh, ohne Bedenken aber als erwähltes
Oberhaupt der sechzehn verbündeten Fürsten, die sich
im Labyrinth bei Herakleopolis als ihrem Bundes=
palaste vereinigt hatten. In seinen Grüften waren
die heiligen Krokodile bestattet. Daher ist es sehr
wahrscheinlich, daß Othoes — des Plinius Tithoes
oder Petesukkus, der Krokodilverehrer [1]) — wirklich den
Bau des Labyrinthes unternommen hatte. Die zu
Tentyra aus des Phiops Zeit bezeugten Falkendiener
scheinen also unterlegen zu sein. Dies war demnach
das Ende der eigentlichen Pyramidenzeit. Das Kro=
kobil hatte gesiegt, und Herakleopolis mit dem Laby=
rinth und dem Fayum war Hauptsitz des Landes.

———

Die an großen Werken und Thaten reiche Re=
gierung der Semiramis fällt, obgleich die Angaben
über ihre und des Ninus Regierungsdauer wenig

———

1) Pet-such (σοῦχος eine Art harmloser Krokodile) oder Pet-
sbok, wie Pet-phra, der dem Ra geweihte.

verlaßbar sind, unzweifelhaft zwischen 1950 und 1900.
Sie war also eine Zeitgenossin des Pepi. Von ihr
heißt es, daß sie nach großen Feldzügen in Asien
gegen die Meder und andre Völker auch Ägypten
durchzogen, einen großen Teil Libyens unterjocht,
das Orakel des Ammon an Ort und Stelle befragt
und hierauf auch Äthiopien (Nubien und Abyssinien)
mit Krieg überzogen und unterjocht habe.[1]) In der
That erzählte man in Ägypten von Fremden, die
mit Semiramis ins Land gekommen und die Städte
Babylon und Troja (Tura) bei Memphis angelegt
hätten.[2]) Dafür, daß wir nicht irre gehen, spricht
auch wohl das Auftreten einer Königin statt eines
Königs am Ende der Dynastie, der Nitokris (von
1896—1884), die überdies von fremder Abkunft ge=
wesen sein muß. Denn sie war, wie es in der sechsten
Dynastie Manethos heißt, „die adlichste und schönste
der damaligen Frauen, rötlich ($\xi\alpha\nu\vartheta\acute{\eta}$) von Farbe,"
und demnach keine gelbliche Ägypterin. Ihr Name
bedeutet „siegreiche Athene." Neït, die Göttin von
Saïs, ist also bereits mit der arischen Kriegsgöttin
in Verbindung gebracht.

Nach dem Tode der Nitokris, die ihre an=
geblichen Freier und Bedränger, die Nomarchen, im
Labyrinth durch Öffnung der Kanäle ertränkte und
sich dann selbst tötete, entstand eine siebzig Tage lange
Anarchie, indem jeden Tag ein neuer Thronbewerber
auftrat. Dann folgte eine memphitische Dynastie
von fünf namenlosen Königen, eine thebanische ohne
Namen. Jedenfalls war das eine Zeit der Viel=
herrschaft und der gänzlichen Schwäche des Landes.
Aus ihr stammen die aus den Denkmälern und
Papyrusbruchstücken bekannten zahlreichen Königs=
namen, die man in den Dynastien nicht unterbringen

---

1) Diod. 2, 14. — 2) Ebenda 1, 56.

kann. Man kann annehmen, daß es örtliche Fürsten
und von Assyrien abhängige Nomarchen waren, wes=
halb auch von Thaten aus dieser Zeit nichts berichtet
werden konnte. Sie dauerte 128 Jahre. Dann scheint
der zweite Hirteneinfall des Manetho, der nach der
arabischen Überlieferung durch syrische Stämme ge=
schah, erfolgt zu sein. Denn nun tritt die Dynastie
des Apopis auf, die, wie wir nachgewiesen haben,
keine andre ist, als die des Amenemhe und Sesostris.
Diese beiden Könige, die von 1756—1692 re=
gierten, sind die größten und gewaltigsten
Herrscher, die Ägypten gehabt hat, und die
Stifter einer unumschränkten Alleinherr=
schaft. Apopis war nach der Behauptung der Chrono=
logen der erste wirkliche Pharao gewesen und
derjenige, unter dem nach allgemeiner Über=
einstimmung der Hebräer Joseph das Land
verwaltet hatte.[1]) Nach dem thebanischen Pa=
pyrus herrschte er und sein Anhang in Heliopolis, er
hielt sich aber meist in Avaris auf und diente
keinem andern Gotte, als dem Ares. Das
ganze Land aber gehorchte und zinste ihm.

Mit ihm verschwinden in der That die vielen
kleinen Fürsten, und bloße Beamte treten als
Statthalter an ihre Stelle. Josephs ebenso ge=
schickte, wie rücksichtslose Enteignung des Bauern=
standes hatte den Zweck, die unter diesem
König angefangne, großartige Nilregulie=
rung durchzuführen. Amenemhe ist der Möris,
d. i. Mo=iri, Wasserbautner, des Herodot, der den
Abschluß von 330 Fürsten machte, die vor ihm regiert
hatten. Auf die Zerschneidung des gesamten Landes
in regelmäßige Bänke zu beiden Seiten des Stromes

---

1) Auch das stimmt. Vom Auszuge der Israeliten 1314 erhalten
wir 430 zurückgerechnet 1744 als Jahr der Einwanderung Jakobs. Dies
ist das dreizehnte des Apophis.

und die Austeilung der gleichgroßen Aruren an die
verknechteten Zinsbauern wurde ein regelmäßiges
Steuersystem gegründet und dabei durch die Beamten
die Kunst der Feldmessung erfunden.

Seinem Sohne Sesurtasen I. werden zugeschrieben
die Fortsetzung der Stromregulierung und die Einführung des Kastenwesens, sowie die Eroberung von
Libyen, Arabien, Äthiopien und Vorderasien bis In-
dien und ins Scythenland hinein, die Schaffung der
Kriegerkaste und eines ungeheuern Heeres, auch die
Einführung der Reiterei, sowie viele große durch
Kriegsgefangne ausgeführte Bauten und Pracht-
werke. Jedenfalls sind die beiden Apopis — das
Wort bedeutet Himmelstürmer, Titanen[1]) — die
kraftvollsten und mächtigsten Könige, die
Ägypten gehabt hat, die Begründer der Mo-
narchie und einer Weltherrschaft, die bis
Menephtha II. (1321) dauerte.

Die große Lücke zwischen der angeblich
zwölften und achtzehnten Dynastie besteht
also gar nicht. Sie ist, wie wir zeigten, durch die
ganz ungehörige Einschiebung eines Buches entstanden,
das vom Parteigeiste eingegeben, die Geschichte Unterägyptens absichtlich verdunkelte. Die Bildwerke aus
dieser zwölften Dynastie zeigen uns das ägyptische
Heerwesen in höchster Ausbildung, während es heißt,
daß die Hyksos der angeblich dreizehnten Dynastie
Ägypten erobert haben sollen, weil es schlecht behütet
war. Wie abgeschmackt ist es also, die Hyksos an
diese mächtige Dynastie anzuflicken? Aus diesem
Grunde haben die Ägyptologen auch den
großen Krieger und Eroberer Sesostris nicht

---

1) Apapi ist der Rebell gegen die Gottheit, dargestellt als eine
von drei Spießen durchbohrte, sich windende, stets rotgeschriebne Riesen-
schlange. Es ist klar, daß Apopis kein eigentlicher Königsname war.

finden können. Sie halten Ramses II. (von
1383—1321) dafür und können sich dabei auf das
berufen, was die Priester von Theben dem Germani=
kus erzählten, als er im Jahre 19 n. Chr. die alte
Hauptstadt Oberägyptens besuchte: Ägypten habe
einst 700000 Krieger gezählt, und ihr König Ramses
habe damit nicht nur Libyen, Äthiopien, Medien,
Persien und das Land der Scythen erobert, sondern
auch Syrien, Armenien und Kappadozien unterworfen
und habe vom Bithynischen bis zum Lycischen Meere,
also über ganz Kleinasien geherrscht. Sie lasen ihm
dann vor, was diese Völker für Tribute, an Gold
und Silber entrichtet, wie viele Waffen, Pferde, Ge=
schenke an die Tempel, Wohlgerüche, welche Mengen
von Getreide und sonstigen nützlichen Dingen ein
jedes geliefert hätte. [1]

Die Priester, bemüht, dem Römer einen hohen
Begriff von der einstigen Macht ihres Landes beizu=
bringen, haben einfach geschwindelt, indem sie, was
dem großen Sesostris, der ein Unterägypter war,
angehörte, auf ihren oberländischen Ramses übertrugen.
Dieser war ein mächtiger und glänzender Herrscher,
der namentlich viel gebaut hat, aber durchaus kein
Eroberer. Er hatte Mühe, die Eroberungen seines
Vaters Seti Menephtha zu halten, und hat deshalb
Kriege bis an den Euphrat und nach Armenien geführt,
war aber nicht imstande, die Cheta in Nordsyrien
zu unterwerfen, und mußte mit ihnen einen Frieden
auf gleichem Fuße schließen. Er war der letzte große
Pharao, dessen Macht und Ansehn auf den Erobe=
rungen des Sesostris beruhte, aber durchaus nicht
Sesostris selbst. Denn unter seinem Sohne brach das
Weltreich vollständig zusammen, und von da ab krankte
Ägypten.

Eher hätte Ramses Vater, Seti, der weite Züge
nach Asien hinein machte, Anspruch darauf, Sesostris
zu sein, wie ihn denn auch Herodot teilweise mit
diesem vermengt hat. Dann wäre der Hyksosver=
treiber Thutmos III. (1598—1549) in Anschlag zu
bringen. Denn auch er hat Feldzüge nach Asien
hinein unternommen und Naharaina (Mesopotamien),
Babiru (Babylon) und Nenii (Niniveh) beherrscht,
aber noch niemand hat in ihm den Sesostris finden
wollen; vielmehr ist es klar, daß der wahre
Sesostris und seine ungeheuern Eroberungen
vor Amoses (1666) fallen müssen, und daß
Thutmos III. und später Seti ihre Züge nur
unternahmen, um abgefallene Fürsten wieder
zum Gehorsam zu bringen und das Ansehn
des Reiches wieder herzustellen. Daß man
Sesurtasen I., den Sohn Amenemhes I., für Seso=
stris angesehen hat, beweist dieser unmittelbar
dahintergesetzte aus Herodot eingeschwärzte Name,[1]
daß aber Amenemhe und Sesortasis sich mit
Apopis I. und II. decken, erfolgt mit zwingender
Notwendigkeit aus unsern obigen Nachweisen und
aus andern Umständen. Josephs Pharao — Apopis —
herrscht in Heliopolis, Amenemhe und Sesostris auch.
Dieser letzte und sein Sohn schmückten den Sonnen=
tempel mit Obelisken, von denen noch einer an Ort
und Stelle vorhanden ist. Unter dem schwachen
Sohne des Sesostris, Amenemhe II., empörten sich die
Oberägypter, und die Herrschaft ging an Amosis und
seine Nachfolger über; doch setzte die gestürzte Dynastie
unter den Königen Sesurtasen II., Sesurtasen III.,
Amenemhe III. und IV., wie es scheint, mit sehr
wechselvollem Glücke den Kampf fort, und erst Thut=

---

1) Merkwürdig ist, daß manche Kritiker dies nicht bemerkt und diesen
deutlich aus Herodot eingeschwärzten Sesostris ruhig mit 48 Jahren ver=
rechnet haben.

mos III. gelang es (1575), die von den Hyksos zu=
rückgewonnene Festung Avaris wieder einzunehmen
und das starke Heer der Unreinen zum Abzuge zu
bewegen. Es zog nach Palästina, und so entstand
das Volk der Philister, d. i. der Flüchtlinge. Der
letzte Fürst — nach Manetho eine Frau Skemiophris —
hieß Sebaknefru. Dieses Ereignis bildete dem=
nach eine Hauptära. Tuthmos III. stellte die
Einheit des Reiches wieder her; er ließ sich in
Karnak (Theben) abbilden, wie er seinen Vorgängern
als Ahnherrn, von Menes und den Pyramiden=
königen angefangen bis auf seine jüngsten Gegner,
opfert, und zog dann mit seinen Heeren nach Palästina,
Syrien, Mesopotamien, nicht sowohl um Eroberungen
zu machen, als vielmehr um die von Sesostris ge=
gründete Herrschaft wieder herzustellen.

Drittes Kapitel

Assyrischer Molochdienst; Ninus und Semiramis

Die Weltherrschaft des Kronos ist also gleich=
bedeutend mit der assyrischen, und der eigentliche
Herrschersitz von Kronos und Rhea war nicht Kreta,
sondern Niniveh. Die ältesten Assyrier dienten, wie
später noch die Phönizier und Karthager, dem Moloch,
indem sie in großen Nöten oder bei andern Gelegen=
heiten in einem stiergestaltigen Ofen Kinder als Opfer
verbrannten. Dies geschah unter dem Lärm von Pauken
und ehernen Becken, um das Heulen und Geschrei der
Kinder, wie ihrer Mütter zu übertäuben. Daher die
kinderopfernden Kureten und die lärmenden Korybanten
auf Kreta, daher die Sagen von dem in einen Stier
verwandelten Zeus, vom gespenstischen Minotaurus,
vom kretischen Stiere. Der Dienst war wild fanatisch,
ein Wahnsinn, wirkte aber, wie der Molochdienst bei
den Israeliten beweist, ansteckend.

Die assyrischen Könige galten den Griechen für
Gottlose, für Atheisten, deren Wahlspruch war: „Iß,
trink, buhle, das übrige ist ein Fingerschnalz." [1]) Es
scheint etwas Wahres daran zu sein. Schon Nimrod

---

1) Athen. 12, 40. 41 (530).

wird als übermütiger und Aufrührer gegen Gott be=
zeichnet. Die Lehre der diesen Königen dienstbaren
Chaldäer, einer besondern Sekte neben andern, war
allem Anscheine nach der Glaube an die blinde Not=
wendigkeit, an das durch den Sternenlauf bestimmte
unabänderliche Fatum. Daher glaubten sie weder an
Gott, noch an sittliche Freiheit und Vorsehung, sondern
vermeinten, daß alles unter dem Zwange der Not=
wendigkeit stehe, und daß man demnach die Schicksale
der einzelnen Menschen, der Städte und Reiche nach
den Sternen und ihren Konstellationen berechnen könne
— ein Aberglaube, der in der ersten römischen Kaiser=
zeit den größten Einfluß gewann, im ganzen Mittel=
alter zahlreiche Gläubige hatte und selbst in unsrer
Zeit noch kaum völlig ausgestorben ist. Allerdings
hatten die Assyrier, wie man aus den Keilschriften weiß,
auch Götter, aber an ihrer Spitze stand Aschur, also ein
vergöttlichter Mensch, und die übrigen waren Sonne,
Mond, Sterne, die Konstellationen, die Tierkreisbilder
u. dgl. Kein Wunder also, wenn sich die Herrscher
man denke an Nebukadnezar und sein goldnes
Bild — als oberste Gebieter über die Schicksale des
Volkes von diesem Anbetung als Götter forderten und
so zu der Menschenanbetung Veranlassung gaben, die
man selbst bei Griechen und Römern findet. Die
Griechen kennen den mythischen Salmoneus, der sich für
Zeus hielt und Blitz und Donner nachahmte, einen
Zeus Agamemnon, einen Zeus Trophonios und zu
Göttern gewordne Menschen, wie Herakles, Asklepios,
Ino; die Römer verehrten den Romulus als Pater
Quirinus, und die ersten Kaiser wurden nach ihrem Tode
vergöttert. Man stiftete dem Augustus Tempel, in
denen die sogenannten Augustalen den Opferdienst ver=
richteten. Es gehört dies ebensowohl in die Geschichte
des menschlichen Größenwahns, wie in die des mensch=
lichen Knechtsinnes und seiner Ausschweifungen.

Wir gehen auf diese Dinge ein, weil es sich darum handelt, die verschiednen Chaldäersekten näher zu kennzeichnen und den Unterschied kennen zu lernen, der zwischen der ältern Religion des Uranos, der die Atlanten anhingen, und der des Kronos, sowie der spätern des Zeus obwaltete. Man sieht hieraus, daß trotz der überall wuchernden Vielgötterei der Gedanke des Einheitsglaubens vorhanden war, und daß es große Grundsätze und Prinzipien gab, die diese Religionen von einander schieden. Es waren Reichsreligionen. Die unterjochten Völker wurden gelehrt, den Gott ihres Gewaltherrschers und seines Geschlechtes als den höchsten zu verehren, in assyrischer den El Kronos von Niniveh, in ägyptischer den Zeus Ammon von Theben. Wurde das Reich gestürzt, so stürzte auch dieser Kult, und das Volk glaubte dann in seiner Beschränktheit, die Weltregierung sei an einen andern Gott übergegangen. So entstanden die Sagen, daß Kronos den Uranos, und Zeus dann wieder den Kronos vom Throne gestoßen habe. Natürlich trat mit einer solchen gewaltsamen Veränderung ein neues Gesetz und ein neuer Ritus an die Stelle des alten. Als Amosis, der Verehrer des Ammon, die Oberherrschaft errungen hatte, stellte er überall die Menschenopfer ab. Das war das Ende der Herrschaft des Kronos.

Mit der Religion der Semiramis hat es noch eine besondre Bewandtnis. Dieses furchtbare Weib war ebenso männlich kräftig und groß als Regentin, wie zucht- und sittenlos in ihrer Aufführung. Sie war von Haus eine syrische Dirne und Kebse des Ninus, die den alten König so zu bethören wußte, daß er ihrem Wunsche, einmal an einem Feste fünf Tage lang Asien zu regieren, willfahrte und seinen Hofleuten und Trabanten den Befehl gab, ihr zu gehorchen und, was sie geböte, auszuführen. Als sie sah, daß dies geschah, befahl sie den Ninus selbst zu ergreifen, zu binden und zuletzt zu töten. So machte sie sich zur unumschränkten Gebieterin des Reiches.[1]) Etwas ähnliches mag vorgekommen sein; denn der Übergang der Herrschaft in die Hand eines Weibes von niedrigster Herkunft, einer Dirne, erklärt sich nicht aus gewöhnlichen Verhältnissen. Der gewaltsame Sturz von Ninus Herrschaft ist augenfällig, weil nun eine Erscheinung ins Leben tritt, wie sie folgenreicher kaum gedacht werden kann — eine Weiberherrschaft, die darauf ausging, das männliche Geschlecht in die zweite Stelle hinabzudrücken und das weibliche Prinzip an die erste zu setzen — ein Unternehmen, das von der furchtbaren Entschlossenheit dieses Weibes zeugt, aber die greulichsten Erscheinungen zu Tage gefördert und den halben Orient verpestet hat.

Das auf dem Throne von Niniveh folgende Königsgeschlecht nannte sich nicht Niniden oder Ninyaden, sondern Derketaden, von Derketo, der Mutter der Semiramis. Sie hatte demnach keinen Vater; Derketo aber war eine zu Askalon verehrte syrische Göttin, die mit ihrem Sohne Ichthys (Dagon, Fisch) in einen Teich gesprungen sein sollte und demnach wohl über die Vermehrung der Fische waltete. Semiramis war von Tauben aufgezogen worden, d. h. sie hatte im Dienste der paphischen Göttin gestanden,[2]) die Taube war ihr geweiht. Auch soll sie in eine Taube verwandelt worden sein. So wird sie denn als zuchtlose Buhlerin dargestellt, die ihre Liebhaber umbrachte, zuerst Knaben zu Eunuchen machte und, während sie den Mann spielte, ihren Sohn Ninyas in ganz wei-

---

1) Plut. Amator. Aellan. v. h. 7, 1. — 2) Die Tauben schnäbeln sich und sind das Vorbild der Buhldirnen. An den Aphroditentempeln wurden weiße Tauben in Unzahl gehalten. Äl. v. h. 1, 15.

bischer Weise erzog und sich mit einem Hofstaate von
Männern umgab, deren Mannheit sie in jeder Weise
zu entwürdigen suchte. Von Ninyas angefangen bis
zum letzten Sardanapal geht diese Verweibung in
Tracht und Sitte, und sie ging sogar ins Hofleben andrer
Völker, z. B. der Meder, über. Die Könige und
Hofleute trugen lange, weichliche Kleider, Ohrringe und
Geschmeide, enthaarten, schminkten, salbten sich und
lebten, wenn sie nicht außergewöhnlich kraftvoll und
tapfer waren, in den Frauengemächern mit weiblichen
Arbeiten beschäftigt. Herakles Sandan, der Feldherr
im Weiberkleide, ist das erste Vorbild dieser dem Weibe
unterjochten Höflinge.[1]) Er wiederholt sich in dem
Herakles, der der lydischen Omphale fronte. Wir
haben gesehen, daß die Lyder assyrischen Ursprungs
waren. Die Würde und Verehrung des Vaters ist in
den alten Religionen von äußerster Wichtigkeit. Denn
darauf ist die Gottesverehrung gegründet. Der fromme
Sohn ehrt seine Eltern, Vater und Mutter, aber die
Mutter in zweiter Reihe und in Verbindung mit dem
Vater. Völker, die Väterverehrung haben, sind fromme,
gottesfürchtige Völker, die in Zucht, Gesetz und recht-
licher Ehe leben; denn der oberste Stammvater, auf
den der Vater, die Vorfahren, der Ahnherr zurückgehen,
ist eben Gott, der Schöpfer und Ausdruck des männ=
lichen Prinzips; Völker und Stämme dagegen, die
die Väterverehrung nicht haben, sind zuchtlose, gesetz=
lose, religionslose Völker, wie z. B. jene Riesen, die
nach Sanchoniathon im Libanon wohnten und ihre
Väter nicht kannten, weil ihre Mütter zuchtlos buhlten.
Wenn solche Völker etwas verehrten — und im Alter=
tume nahm alles die Form eines Kultes an —, dann
war es nicht Gott, nicht der Himmel, sondern die
Natur, die Erde, die Sinnlichkeit, und die

---

1) Ähnliches kam in Byzanz vor. Der siegreiche Feldherr Narses
war ein Eunuche.

Folge davon war Unzucht, Lasterhaftigkeit, Unnatur jeder Art. So entstand der Dienst der Naturgöttinnen, der Derketo=, der Aphrobitendienst und die ganze syrische Unzucht, gegen die Moses und die Propheten so viel zu kämpfen hatten.

Diese weitgehende Verweibung der Männer erklärt sich eben aus dem von Semiramis eingeführten Kulte des weiblichen Prinzips. Sie verlobten sich ihm in knechtischer Unterwürfigkeit und suchten sich ihm gleich= förmig zu machen. Wenn Semiramis geradezu Rhea genannt wird, so ist dies nicht ohne Sinn. Die im Wagen sitzende, von Löwen gefahrene, von Korybanten umtoste und von Gallen umtanzte Große Mutter, deren Dienst vornehmlich aus Phrygien bekannt ist, kann recht gut der göttlich verehrten Semiramis ihren Ur= sprung verdanken. Denn daß Semiramis (zu Mabug in Syrien) als Göttin verehrt worden ist, steht fest. Die Bildung der fanatischen Sekte der Gallen oder Kombaben, die, dem Beispiele ihres Stifters Attes oder Agbistis folgend, so weit gingen, sich selbst zu entmannen und lange Kittel anzuziehen, erklärt sich aus solchen Voraussetzungen.[1]) Auch in Assyrien und Palästina treten solche Erscheinungen hervor. Später verbreitete sich diese Seuche zu den Griechen, namentlich an die Höfe, und dann nach Rom und war stets gleichbedeutend mit äußerster Sittenverderbnis und Atheismus.

Wir haben noch ein altassyrisches Emblem, das man offenbar von der Zeit der Semiramis herleiten kann. Ein Kreis, in dem fünf Kugeln (eine in der Mitte, vier darum) sichtbar sind, und auf dem ein Joch liegt, hat zur Seite Vogelflügel und unten einen Taubenschwanz. Später erscheint ein bogenschießender König in dem Kreise, dessen Unterleib in einen Taubenschwanz aus=

---

1) Die Sekte der Skopzen in Rußland, die wohl schon in den scythischen entmannten Enarees vorhanden war, beweist, daß dergleichen vorkommen kann.

läuft. In einer dritten Abbildung ist der Kreis zum Rade mit Speichen geworden, und ein König erscheint darin, der den rechten Arm erhebt, in der linken abwärts geneigt den Bogen hält.[1]) Man kann sehen, wie aus diesen Pfeilschützen der persische Ormuzd geworden ist. Sein Bild schwebt auf dem Denkmale von Behistun segnend mit der Rechten, in der Linken etwas wie einen Kranz haltend, vor Darius, ragt wie jener aus einem Kreise hervor und zeigt Taubenflügel und Taubenschwanz.ʹ Dies ist wichtig, weil daraus der assyrische Ursprung der Religion Zarathustras und ihr verhältnismäßig junger Ursprung erhellt.

Offenbar soll das Rad oder der Kreis mit den fünf Kugeln (den fünf kleinen Planeten?) die stets in Bewegung befindliche Welt und das Joch, unter dem sie steht, die unentfliehbare Notwendigkeit bedeuten. Taubenflügel und Taubenschwanz sind dabei angebracht, weil die Taube der Vogel der Semiramis war. Man konnte sie als personifizierte Aphrodite Mylitta anbeten. Wie der Dienst dieser Beschützerin der Wollust, der von Kypros in gerader Linie über Griechenland bis zum Eryx auf Sizilien ging, wo sie einen Hauptsitz hatte, und wo man Tausende von Tauben hielt, mit der assyrischen Zuchtlosigkeit zusammenhängt, haben wir schon oben angedeutet. Das erwähnte Abzeichen, eine Art Wappen der Derketaden, spricht für den behaupteten Atheismus der Assyrier. Eine spätere Dynastie hat dann wieder einen Gott in den Kreis gesetzt, der sich noch später durch Zoroaster in Ormuzd verwandelt hat.

Diese Weiberherrschaft ist von den ältesten Griechen in der Gestalt der Andromeda, d. i. Männerherrin, festgehalten worden. Sie war der Sage nach eine

---

1) Layard, Niniveh und seine Überreste, Abbild. 79.

Emblem der Semiramis und der Darkataden

Der assyrische Apollo, Abzeichen der Persiden

Abzeichen der Belataraden (?)

Der iranische Auramazda, Abzeichen der Kajanier

Tochter des Königs der Äthiopen Kepheus und der
Kassiopeia. Die Äthiopen sind, wie wir zeigten, die
kuschitischen Assyrier. Darnach ist Kepheus als König
von Niniveh anzusehen und Andromeda, in der eine
Erinnerung an Semiramis steckt, ebendorthin zu ver=
setzen. Kassiopeia bedeutet entweder die das Gesicht
schmückende oder ein Gesicht wie Kassia, d. h. gelblich,
oder hat Bezug auf das Land Kossäa, Kissia (Kusch).
Kepheus bedeutet die Drohne, die männliche unnütze
Biene. Er ist demnach ein Bild der faulen, nichts=
nutzigen Könige, wie Ninyas, Sardanapal u. a.[1]
Daher nannte man auch das ganze unter Weiber=
herrschaft stehende und weibisch lebende Volk Kephenen.
Daß es solche Leute gab, zeigen die Abbildungen von
Völkern, die Thutmos III. Tribute bringen Darunter
ist eins Kefa genannt. Man sieht Männer dargestellt,
die bis auf kurze, wie es scheint sehr kunstreich gewirkte
Beinkleider und ebensolche Stiefeln nackt auftreten, dabei
aber völlig bartlos sind und wie Weiber lange hinten
herunterhängende Haarflechten — offenbar Perücken —
tragen. Sie bringen kostbare Vasen dar, waren also
ein kunstfertiges Volk, und da in einer zweisprachigen
Inschrift Kefa mit Phönike übersetzt wird, jedenfalls
Phönizier. Wahrscheinlich waren sie die Bewohner der
noch jetzt bestehenden Seestadt Khaifa oder Haifa unterm
Karmel.

Wenn es hieß, Ninus selbst sei empört über die
Greuel der Semiramis über Kreta nach dem Westen
ausgewandert, so kann man daraus ersehen, was man
für Vorstellungen vom Leben am Hofe von Niniveh
hatte. Die nordische Semiramis Katharina II. hat

---

1) Ein König Kepheus kommt auch in arkadischen Sagen vor, wo
einst eine Dynastin und Kolonieführerin Perimede oder Choira und die
amazonische Jungfrau und Jägerin Atalanta zu Hause war. Die Stadt
hatte einen ausgezeichneten Athenedienst, und ihre Frauen waren so
kriegerisch, daß sie ohne ihre Männer in einer Schlacht die Spartaner
schlugen.

ähnliche Einfälle gehabt.[1]) Unnatur jeder Art, Wollust und Grausamkeit, Überfeinerung und Barbarei sind da stets im engsten Vereine. Dabei läßt sich nicht verkennen, daß Semiramis an Thatkraft und Entschlossenheit den gewaltigsten Herrschern an die Seite zu setzen ist; denn sie hat nicht bloß große Kriege geführt und Eroberungen gemacht, sondern auch Städte gegründet, Ströme überbrückt, Heerstraßen angelegt, Dämme und Kanäle gebaut und Niniveh und Babylon verstärkt und verschönert. Die hängenden Gärten der Semiramis in Babylon galten als ein Weltwunder. Große Aufschüttungen, die man an vielen Orten Assyriens und Kleinasiens zeigte, führten den Namen Semiramiswälle.

---

1) So machte sie z. B. eine gelehrte Fürstin Daschkow zum Präsidenten der Akademie, gab Bälle mit unwürdigen Verkleidungen.

Viertes Kapitel

Saken, Scythen, Meder, Perser, Zoroaster

Ohne Zweifel verfügten Ninus und seine Nach=
folgerin, wie früher schon der Gründer von Avaris
über ein gewaltiges, wohlgegliedertes und geübtes
Heerwesen. Es ist nicht anzunehmen, daß darin nur
Kuschiten, Syrer, Araber und sonstige Landes=
heimische dienten, es scheint vielmehr, daß die ab=
gehärteten und tapfern Nomaden Innerasiens, Meder,
Perser, Saken u. a., die Mehrzahl bildeten. Strabo
will wissen, daß die kretischen Korybanten — dann
auch wohl die Kureten — Baktrer von Abkunft ge=
wesen seien. Die Kreter waren ausgezeichnete Bogen=
schützen und hatten scythische Bogen.[1] Auch dies
spricht für Verwandtschaft mit den erwähnten
Völkern. Ebenso deutet das in Niniveh und Babylon
gefeierte Sakäenfest, das, wie wir zeigten, auch
der olympischen Festfeier zu Grunde liegt, für An=
wesenheit sakischer Stämme. Daraus erklären sich
auch die Meder, Perser, Armenier, die Hyper=
boreer, die wir in Spanien und Mauretanien finden.

---

1) Diod. 5, 74.

Ammianus sagt, die Perser seien von Abkunft Scythen und daher besonders kriegstüchtig.[1] Wenn das richtig ist, dann gilt dasselbe auch von den Medern, den Baktrern, Sogdianern, Parthern, Sagartiern, selbst den Indern, überhaupt von den Völkern, die man heute als Arier zu bezeichnen pflegt. Die von den Forschern auf diesem Gebiete aufgestellte Lehre von den Ariern bedarf indes einer Berichtigung. Der Name Arier ist viel zu sehr verallgemeinert worden, und Herodot hat Recht, wenn er ihn auf die ältesten Meder beschränkt. Denn die indischen Arier verdanken diesen Namen den Medern, von denen sie zum Teil ausgegangen sind.[2] Das Wort hat, wie wir zeigen werden, gar keinen Bezug auf Rassenunterschied, sondern ist politischen Ursprungs. Der Gegensatz, indem man Arier und Turanier aufgestellt hat, fällt zusammen, wenn man erkannt hat, daß die Turanier durchaus keine Mongolen oder Tataren gewesen, sondern der Sprache nach ebenso gut Arier, wie Meder und Perser, ja sogar ein älteres Volk als jene sind.

Ebenso suchen die Sprachvergleicher noch immer das Urvolk, das die Sprache geredet hat, aus der das Iranische, das Sanskrit, das Griechische u. s. w. geflossen sind. Nun aber liegt offen zu Tage, daß die Vorfahren der Iranier aus den Gegenden am Belurtag, Himavat, dem Oxus und Jaxartes eingewandert waren, und daß die Inder ihre Urheimat jenseits des großen Grenzgebirges am Berge Meru und im Lande Uttarakuru suchten. Welches Volk aber wohnte dort? Es war das in viele Stämme geteilte große Volk der Saken oder asiatischen Scythen, das Volk, das die Griechen Hyperboreer

---

1) Ammian. Marc. 31, 2. — 2) Das kann nachgewiesen werden.

nannten, und deren Land sie als die Urheimat der
Leto, des Apollo und der Artemis betrachteten.

Es würde uns zu weit abführen, wenn wir hier
die zerstreuten sehr zahlreichen Trümmer der Überlieferung sammeln und nachweisen wollten, daß die
in Troas, Lykien und in Griechenland auftretenden
Hyperboreer, die Träger des Dienstes der Pfeilgötter,
von diesen Saken oder Scythen ausgegangen sind,
deren Name massenhaft im hintern Kleinasien und zerstreut in Phrygien, Lydien bis Delos, Samothrake,
Attika vorkommt. Aus den von Herodot gegebnen
Delischen Kunden geht hervor, daß dies Volk der
Hyperboreer tief im innern Asien hauste. Seine
Opfergaben kamen teilweise über das Land der
europäischen Scythen, teils über Sinope nach Delos,
und wenn Apollo sein geliebes Hyperboreervolk besuchen will, wandert er an der Nordküste Kleinasiens
über den Pontus nach Osten. Ein griechischer Dichter
Ananias nennt geradezu die Scythen als das von
ihm besuchte Volk.[1] Ums Jahr 540 v. Chr. lief der
Schwärmer Aristeas von Prokonnesos, um die
frommen und glückseligen Hyperboreer aufzusuchen,
bis zu den Issedonen[2] und Arimaspen, die man in
den Strichen von Kokand und Buchara nahe der
chinesischen Grenze sucht. Also ein „echthellenischer
Gott," wie Otfried Müller und seine Schule annehmen, war Apollo nicht. Sie haben die Masse der
Spuren, die nach Osten führen, gar nicht gekannt
oder aus Barbarenscheu nicht beachtet.

Wie dieser ursprünglich wildfremde Sake zum
obersten Leiter des Hellenentums und zum Ausdrucke
seines Wesens geworden ist, das auseinander zu setzen,
kann hier nicht der Ort sein; aber wenn dies richtig

---

1) Antholog. Lyr. v. Theod. Bergk, S. 175. — 2) Wahrscheinlich
die heutigen Osseten oder Ossethinen, ein Volk mit „arischer" Sprache.

ist, und der ideal schöne Phöbus Apollo aus der
Tartarei stammt, dann kann es auch für Meder,
Perser, Inder keine Schande sein, von den Scythen
abzustammen.

Nach Justinus, der aus Trogus Pompejus ge-
schöpft hat, waren die Scythen ein uraltes, ungeheuer großes Volk, berühmt von Ursprung an
und durch große Thaten ausgezeichnet, Gründer des
baktrischen und parthischen Reiches. Ihm zufolge
bestand zwischen den Scythen und den Ägyptern ein
Streit darüber, welches Volk das ältere von beiden
sei, und er führt die Gründe aus der Beschaffen-
heit der beiderseitigen Erdstriche an, deren sie sich
bedienten, um zu beweisen, daß bei ihnen die ersten
Menschen entstanden sein müßten.[1]) Sie waren stets
unbesiegt geblieben und hatten verschiedene Male
Asien beherrscht, einmal sogar 1500 Jahre lang (?),
bis Ninus die Tributzahlung weigerte. Wenn man
unter diesen Scythen die um 2240 in Babylonien ein-
gebrochenen Meder verstehen darf — und das darf
man —, dann ist die Nachricht nicht ganz verwerflich.
Das von Scythen gestiftete baktrische Reich bestand
damals schon. Denn Ninus und Semiramis kämpften
mit den baktrischen Königen.

Die Meder, Perser, Baktrer und überhaupt die
Arier, sind also nichts andres, als Sakenstämme,
die frühzeitig von jenseits des Oxus und Jaxartes
ausgezogen waren, die höher gesitteten Völker, wie
die östlichen Äthiopen, die Babylonier und Assyrier
unterjocht und sich hier teilweise zur Säßigkeit und
zum Ackerbau bequemt hatten. So wurden sie der
Gesittung gewonnen. Noch in späterer Zeit bestand
das Volk der Perser aus ackerbauenden Stämmen,
wie die Panthaliäer, Derusiäer, Germanier (Kara-

---

1) Just. II, 1, 2. 3.

manen), und Nomaden, wie Daer, Marder, Dro=
piker, Sagartier. [1]) Diese Nomaden waren, ebenso wie
Sogdianer, Parther, Derbikker, an Sitte und Lebens=
art von den eigentlichen Scythen kaum verschieden.

Wenn man diese Sachlage genauer ins Auge
faßt, so kommt Licht in die iranische Überlieferung.
Dem, was der Avesta, der Bundehesch und andre
Zendschriften von der Urzeit des Volkes berichten,
fehlt bloß Zeitbestimmung und Anschluß an die Ge=
schichte Assyriens und Babyloniens, um uns die
schätzbarsten Aufschlüsse zu geben. Man wird bald
sehen, wie man dies erreichen kann. Der Stamm=
vater aller Iranier, Hoschang (Haoschjanha), war
offenbar ein Sakenkönig. Er wohnte am Berge Al=
bordsch (Hara Berezaiti) im Oberlaufe des Jaxartes
am Fuße des Belurdag. Denn die Ardviçura Ana=
hita, die starkströmende, fleckenlose, ist keine andre,
als der von allen asiatischen Scythen göttlich ver=
ehrte Jaxartes, Tanaïs, und der große See Vouru=
kascha, in den er strömt, der Aralsee. Hoschang wollte
Weltbeherrscher werden und über alle Götzendiener
(Daêvas), Menschen, Zauberer, Pairikas (Luftgeister),
Blinde, Lahme gebieten. Zu diesem Ende flehte er
seine Göttin, die Anahita=Tanaïs, an und brachte
ihr als Opfer eine Hekatombe von Rossen, zehn Heka=
tomben von Kühen und ebenso viele an Kleinvieh.
Darnach zog er mit seinem Heere aus und eroberte
Mâzana und Varena, d. i. nach den Erklärern Mazen=
deran und Taberistan, zwei Landschaften am Südrande
des Kaspischen Sees und Teile Mediens. Hoschang
war also der Stifter Mediens, und die Meder
waren der erste Sakenstamm, der in Iran
einwanderte. Sehr wahrscheinlich eroberte er
von da aus nicht lange darauf Babylonien.

---

1) Herod. 1, 125.

Dafür spricht, was von dem nächsten großen
Herrscher nach Hoschang, dem Tahmuraf, berichtet
wird. Er beherrschte, nachdem er die Götzendiener,
die Menschen, Zauberer und Pairikas besiegt hatte,
die siebenteilige Erde und ritt den in ein Pferd verwandelten bösen Geist (Ahriman) 30 Jahre lang um
die beiden Enden der Erde. Während seiner Regierung brachte er die sieben Arten der Schreibkunst,
die Ahriman (ähnlich wie Cham vor der Sündflut)
verborgen hatte, wieder ans Tageslicht, oder wurde
nach andrer Angabe von den Devs in das Geheimnis der dreißig Schriftarten eingeweiht. Sein
Volk lernte unter ihm schreiben. Er herrschte also
über ein schriftkundiges Volk. Welches andre könnte
das füglich gewesen sein, als die Babylonier mit
ihren verschiednen Arten der Keilschrift? Er baute
auch viele Städte, wobei ihm die Devs fronen
mußten, wie die Citadelle von Babel, das Schloß
zu Merv, Baktra u. a. Auch war er ein großer
Jäger, der den Menschen die Jagd lehrte, wilde
Tiere zähmte, Schafe scheren und Kleider aus der
Wolle machen ließ. Dann war er auch ein sehr frommer
Mann und hatte einen sehr weisen Destur (Oberpriester) namens Schidasp, auf dessen Rat er hörte
und alles that. Man kann in ihm also den ersten
der acht medischen Zoroaster vermuten, der nach
Berossos einige Zeit nach der Flut in Babylonien
auftritt. Windischmann erkennt an, daß er in diese
Zeiten gehört. Nach Justinus besiegte Ninus den
König der Baktrer Zoroaster.

Mit dem Auftreten der Meder ging eine große
Veränderung in der chaldäischen Astronomie vor sich.
Nach der Flut regierten noch zwei chaldäische Könige,
Evechios und Chomasbelos. Bis dahin rechneten die
Chaldäer nach Saren, Neren, Sossen; von da ab
nach Jahren. Die Zeit dieser Umgestaltung ist genau

bestimmt. Der Philosoph Kallisthenes schickte von
Babylon, wo Alexander der Große im Jahre 331
v. Chr. einzog, dem Aristoteles nach dessen Auftrage
die Sternbetrachtungen der Chaldäer, die 1903 Jahre,
also bis ins Jahr 2234 zurückreichten. Ohne Zweifel
hatten sie vordem die genaue Länge des Jahres nicht
gekannt, sondern nach Perioden von 60 Tagen (Sossen,
$6 \times 60 = 360$) gerechnet und sich, wenn die Abweichungen zu störend wurden, mit Einschaltungen
beholfen. **Das Jahr von 365 1/4 Tag lernten sie
jedenfalls durch die medischen Magier
kennen** und mögen bald mit ihnen gemeinsame
Sache gemacht haben. Denn diese rechneten ohne
allen Zweifel **den Beginn des neuen Jahres mit
dem Aufgange des Sternes Tistar, d. i. des
Hundsternes.**

Damit hat es folgende Bewandtnis. Um die Zeit
des Aufgangs dieses Gestirns im Hochsommer tritt
nämlich in Vorderasien eine periodische Regenzeit
ein. Vorhergeht, namentlich in den Steppen am Oxus
und Jaxartes, eine schreckliche Dürre. Wohl vier Monate
und länger fällt kein Tropfen Regen; das Erdreich
wird rissig, das Gras der Matten verbrennt, Bäche
und Flüsse trocknen aus, Menschen und Tiere ver-
kommen vor Durst und Ermattung, und bösartige
Seuchen brechen in den Herden und unter den
Menschen aus. Es ist begreiflich, daß man, je größer
die Not wurde, mit immer stärkerer Sehnsucht auf
den Aufgang jenes Sterns und den Beginn der
Regenzeit wartete, und daß die scythischen Magier
alle ihre Zauberkünste aufboten, um den bösen
Geist der Dürre zu bannen und Regen herbeizu-
führen.

Der Geist des Sternes Tistar war es, der, wie
sie glaubten, nach schrecklichem Kampfe den bösen
Geist Verethra, indisch Vritra (Verberger) oder

Apauscha (Wasserfeind) besiegte und den Regen frei machte. Mit Blitz und Donner und einem allgemeinen Aufruhr der Natur brach er los. Nun trat Kühle ein, der Atem wurde leicht, überraschend schnell über= zog sich alles mit Grün, das Vieh hatte reichliche Weide und gesundete, und die Menschen feierten Freudenfeste. Der Stern Tistar war nach ihren ein= fältigen Vorstellungen der Neuschöpfer der Welt, der Tvaschtri (indisch) und als Verethratöter (Verethra= ghna, ind. Vritrahan) der Geist des Sieges und ein großer Nothelfer. Darauf beruhen auch die Vor= stellungen vom Medusentöter Perseus und dem in= dischen Indra. Sie haben ganz denselben Ursprung. Der Bundehesch schildert ausführlich, wie der in ein weißes Roß verwandelte Tistar mit dem roten, esel= gestaltigen Wasserfeinde einen furchtbaren Kampf kämpft und ihn zuletzt besiegt.

Dieser Sieg wurde in einem fünftägigen Freudenfeste gefeiert, das nach dem Auf= gange des Orion und des Sirius bestimmt war und aus Babylon wie aus Niniveh be= zeugt ist. Es hieß das Fest der Sakäen, d. i. das Sakenfest. Daraus geht hervor, daß damals die Meder noch Saken hießen. Das Sternbild des Orion war Sak genannt; es war der an den Himmel ver= setzte wilde Jäger, und der Sirius sein Jagdhund. Das Fest, zugleich zu Ehren der Herabkunft des Feuers vom Himmel begangen, was gleichbedeutend mit der Stiftung der Religion und des Opferdienstes war, wurde in Niniveh mit Schmausereien, Trink= gelagen, Verkleidungen und wilder Ausgelassenheit begangen, namentlich wurde ein Sklave zum Spott= könige erwählt, der mit den königlichen Weibern buhlen durfte, aber nach Ablauf der 5 Tage hin= gerichtet wurde. Die Freiheit dieses Festes war es auch, die Semiramis benutzte, den Ninus zu be=

wegen, ihr 5 Tage lang die Herrschaft abzutreten, wodurch sie seinen Sturz herbeiführte.

———

Das von den Phöniko-Arabern in Ägypten eingeführte Siriusjahr mit seinen 5 Schalttagen ist also medischen Ursprungs und in der Zeit zwischen 2234 und 2150 von ihnen angenommen worden. Da auch die Religion Zarathustras die Lehre von der Neuschaffung der Welt und der Auferstehung der Toten kennt, so ist der Zusammenhang mit der Phönixreligion deutlich gegeben. Daß die olympische Festfeier aus den Lagerspielen entstanden ist, mit denen die Kureten das Sakenfest begingen, ist bereits erwähnt worden.

Statt Sem, Cham und Japhet nennt Moses von Chorene nach der Berosinischen Sibylle drei Brüder, Zerovanes, Titan und Japetos. Da Zerovanes hochmütig und herrschsüchtig verfuhr und überall seine Söhne als Könige einsetzte, empörten sich Titan (Cham) und Japetos wider ihn, und Titan nahm ihm einen Teil seiner Länder weg, doch blieb ihm die Oberherrschaft, da sich Astlicia (Astighig, Göttin Armeniens), die Schwester der drei, ins Mittel legte. Darauf kamen Titan und Japetos überein, die männliche Nachkommenschaft des Zerovanes zu beseitigen, aber Astlicia rettete die von den Frauen neugebornen Knäblein vor den Nachstellungen der zur Wache bestellten Riesen und brachte sie nach Osten an einen Berg, der Göttervereinigung (deorum conjectus) heißt.[1] Diese Geschichte bezieht sich offenbar auf die Herrschaft der Meder in Babylonien, ihren Sturz und die Rettung des medischen Königsgeschlechtes. Denn Zerovanes war nach derselben Nach-

———

[1] Hist. Armen. 1, 5. Das Orontesgebirge als der medische Olymp scheint gemeint zu sein. Darüber später.

richt „das Prinzip der Meder" und ihr oberster
Gott — also Zervane akerene des Avesta, die höchste
Macht, die noch über Ahuramazda steht. Wenn ihn
Berossos für Zoroaster den Magier hielt, so ist dies
ein Irrtum, aber daran so viel wahr, daß beide
derselben Religion angehörten. Die acht Zoroaster
genannten Könige sind sehr auffallend, aber wenn
man mit Martin Haug annimmt, daß Zarathustra
ein Gattungsname und Titel der Oberpriester (Destur)
war, so erklärt sich die Sache einigermaßen. Der
berühmte baktrische Prophet und Religionsstifter
dieses Namens, der viele Jahrhunderte später lebte,
hieß eigentlich Spitama.

Wie das nomadische Volk der medischen Saken
sich zum Ackerbau und zum säßigen Leben bequemte,
ist in der Sage vom gottgeliebten Könige Jima
Ischaêta oder Dschemschid erzählt. Er durchzieht
mit seinem goldnen Stachel die Erde und lehrt
die Menschen die Çpenta Armaiti, die heilige Demut,
d. h. die Erde, verehren, führt Häuser= und Herd=
bau (die Griechen würden sagen: den Dienst der
Demeter und Hestia) ein, ebenso den geordneten
Opferbrauch. So wird die Erde voll von Menschen,
Vieh, Zugtieren, Hunden, Vögeln und hellen Feuern.
Zuletzt macht Jima auf göttlichen Befehl ein riesiges
viereckiges Varem, eine ummauerte, mit Wasser=
leitungen versehene Stadt, und siedelt darin die aller=
besten Männer, Frauen, das beste Vieh, Tiere und
Vögel jeder Art an, zündet heiliges Feuer, baut
Zelte und steinerne Häuser und schafft auch Getreide
hinein. Man kann annehmen, daß hier von der
Gründung Ninivehs die Rede ist, da diese
Stadt als eine Art zum Schutze der Menschen be=
stimmte Festung geschildert wird.

Freilich wird der Zustand dieser Menschen als
ein paradiesischer geschildert. Alle sind hohen Wuchses,

gesunden und starken Leibes; Verwachsene, Krüppel,
Leute mit häßlichen Zähnen giebt es da nicht, auch
giebt es keine Armut, keinen Betrug, keine üble
Nachrede, Tadel und Schimpf. Diese nordische
Menschenart steht also im geraden Gegensatze zu den
Devs, den Zauberern, den Pairikas, den ver=
kommnen und entarteten Menschen, gegen die die
Eroberer und Helden vom Berge Albordsch aus zu
Felde ziehen, die sie schlagen und ausrotten.
Solche Leute aber sind eben die Saken oder Scythen.
Bei ihnen giebt es, wie Justinus sagt, kein größeres
Verbrechen als Diebstahl, Gold und Silber begehren
sie nicht so eifrig, wie die andern Menschen. Sie
leben von Milch und Honig; der Gebrauch der
Wolle zu Kleidern (Tahmuraf lehrte sie das) ist
ihnen unbekannt, obwohl sie fortwährend von Kälte
zu leiden haben; doch benutzen sie die Felle von wilden
Tieren oder Mäusen. Diese Genügsamkeit hat sie
auch Gerechtigkeit gelehrt, da sie nichts Fremdes be=
gehren. Denn wo die Begierde nach Reichtum herrscht,
dort ist auch seine (üppige) Verwendung u. s. w.[1])

Die aus Armut, Bedürfnislosigkeit und Abhär=
tung entspringende Gerechtigkeit, d. h. Ehrlichkeit und
Rechtschaffenheit der Scythen, war bei den Griechen,
die demnach von ihrer eignen Tugend und Sittlich=
keit keine besonders hohen Begriffe hatten, anerkannte
Thatsache und Gegenstand der Bewunderung. Schon
Homer weiß von den über Thrakien hinaus lebenden
rühmlichen armen Stutenmelkern als den gerechtesten
Menschen, und der Scythe Anacharsis, Solons Gast=
freund, machte durch seine unverstellte Offenheit und
seine von gesundem Verstande zeugenden naiven Be=
merkungen das größte Aufsehen in Hellas. Auch
andre loben diese Rechtschaffenheit der Scythen. Die

---

1) Justin 2, 2.

Perfer, ihre Nachkommen, hatten zum Teil diese Tu=
genden bewahrt. Sie hatten den Grundsatz, was zu
thun nicht erlaubt sei, solle auch nicht gesagt werden.
Als das allerschändlichste galt ihnen das Lügen, so=
dann das Schuldenmachen, und zwar deshalb, weil
es zum Lügen verführe.[1] Das Gesetz Zarathustras
verlangt mit besonderm Nachdruck reine Gedanken
und reine Worte von seinen Bekennern. In dieser
Hinsicht sind die heutigen Perfer, die als ein der
Lüge und dem Truge sehr ergebnes und dabei sitten=
loses Volk gelten, von ihren Vorfahren sehr verschieden.

Ähnlich den alten Germanen, deren sittliche
Reinheit uns Tacitus schildert, und den Gothen
und Longobarden, deren Enthaltsamkeit in geschlecht=
lichen Dingen die Verwunderung der entarteten Rö=
mer erweckte, waren auch die Scythen ein Volk, das
die sittliche Reinheit über alles schätzte und die Keusch=
heit bei Mann und Weib als die Grundlage aller
Sittlichkeit und geistiger und leiblicher Gesundheit
betrachtete. Das Gesetz Zarathustras verlangt reine
Männer und reine Frauen, unverdorbne kräftige
Jünglinge und enthaltsame Männer, reine Jung=
frauen und keusche Gattinnen, gesunde Entwicklung
und Schutz der Leibesfrucht bei Mensch und Tier,
damit ein kräftiges, blühendes, langlebiges Geschlecht
heranwachse und das Volk gesund und stark bleibe
und nicht der Entartung verfalle, wie sie bei den
Devs, den Karfestern und Zauberern zu sehen sei,
die der böse Geist Ahriman mit Verkrüppelung, Taub=
heit, Blindheit, Aussatz und allen möglichen Krank=
heiten geschlagen hat. Viele Perfer duldeten keine
weißen Tauben in ihrem Gebiete, angeblich, weil sie
den Aussatz verbreiteten, in Wahrheit wohl, weil sie
der Semiramis und der Aphrodite geweiht waren,

---

1) Herod. 1, 138.

und da sie sich vor der Begattung schnäbeln, als
buhlerisch galten.[1]) Die Absicht der Gesetzgeber, ihr
Volk vor der Lasterhaftigkeit der Babylonier und
Assyrier zu bewahren, liegt klar zu Tage.

Herodot sagt ferner von den Persern: „In einen
Fluß harnen sie weder, noch spucken sie, noch waschen
sie sich die Hände darin, lassen es auch andre nicht
thun und verehren am meisten die Flüsse.“ Am aller=
meisten aber verehrten sie und ihre Vorfahren den
vom Berge Alborsch kommenden landnährenden, kla=
ren Strom Jaxartes. Dieser ist die von den Scythen
verehrte Göttin Tanaïs, die Anâhita ardviçura aller
Iranier, die schönste Tochter Ahuramazdas, die
über alle Reinheit, Jungfräulichkeit, über untadel=
hafte Zeugung, Empfängnis, Mutterschaft, Gebärung,
Kindespflege bei Menschen und Tieren gesetzt ist —
die einzige weibliche Gottheit in Zarathustras Re=
ligion, auch Ahurâni genannt und von den Griechen
als Aphrodite Urania erklärt. Zarathustra hat sie
offenbar sehr veredelt. Die keuschen Göttinnen, wie
Pallas Athene, die verschiednen Formen der Artemis
sind scythisch=hyperboreischen Ursprungs.

Ein weiteres Kennzeichen dieses Volkes ist die
ungemeine Stärke und Rüstigkeit des weiblichen Ge=
schlechts, das Amazonentum und die Frauenherrschaft.
Die Scythinnen waren Jägerinnen, Bogenschützinnen,
Reiterinnen, Kriegerinnen, daran ist kein Zweifel, die
Zeugnisse sind massenhaft vorhanden. Die pontischen
Amazonen waren Sakinnen, die Sarmatinnen, die
Baktrerinnen, selbst persische Prinzessinnen übten alle
männlichen Künste. Jagd= und Kriegsgöttinnen, wie
Artemis, Pallas, Enyo, erklären sich daraus, daß
eben Mädchen auf die Jagd und in den Krieg zogen,
und daß die Bewahrung der Jungfräulichkeit die Be=

---

1) Ael. v. h. 1, 15.

dingung der nötigen Kraft und Frische war. Denn
die Menschen schufen sich einst die Götter nach ihrem
Bilde und nach ihrem Stande. Der Gott der Schmiede
war ein Schmied, der Gott der Kaufleute ein Kauf=
mann, also auch die Göttin von Jägerinnen eine
Jägerin und geradeso ausgerüstet wie diese, auch von
derselben Sinnesart. Wenn ein Sake eine Jungfrau
heiraten will, wird erzählt, besteht er einen Zwei=
kampf mit ihr; wenn sie siegt, führt sie ihn als Ge=
fangnen fort, wird seine Gebieterin und herrscht;
wird sie besiegt, herrscht er.¹) Daher ist von großen
Weiberheeren die Rede. Als Kyros, heißt es, den
Sakenkönig Amorges gefangen genommen hatte, sam=
melte dessen Gemahlin Sparethre ein Heer von 300 000
Männern und 200 000 Weibern und besiegte den
Kyros.²) Wie diesen die Scythenkönigin Tomyris
zuletzt besiegte und erschlug, erzählt Herodot. Ähnlich
hatte eine frühere Sakenkönigin Zarina Krieg gegen
den Meder Kyaxares geführt. Auch der Avesta redet
von Kriegerinnen. Kschathri (Kriegerin) ist ein Ehren=
name der Frauen.³) Die Krieger heißen Kschathrijas,
auch bei den Indern.

Die Scythen oder Saken waren zuerst Jäger⁴)
und dann Nomaden. Sie und ihre Abkömmlinge,
die Meder, Perser, Baktrer, Inder, die nach Troas,
Lykien, Hellas eingewanderten Hyperboreer, waren
alle gewaltige Bogenschützen, wie ihre Götter, die
Strahlenschießer Apollo und Artemis. So z. B. Pan=
daros, Eurytos, Teukros. Ein Scythe Teutaros soll den
jungen Heraklas in dieser Kunst unterrichtet haben.

---

1) Älian. var. hist. 12, 38. Man denke an Gunthers Kampf
mit Brunhilde und an die nordischen Walküren. — 2) Ktes. bei Phot.
Bibl. 38, ed. Bekker. — 3) Windischmann, Zoroastr. Stud. S. 178.
— 4) Stamm sak, deutsch suchen, Sache (eigentlich Prozeß, was man
verfolgt), lat. sequor, gr. ἕπομαι (alt σέκομαι), slav. sok. Sucher,
Entdecker gestohlener Sachen, sagitta, gr. ἑκάτη Pfeil u. a.

Als Nomaden züchteten sie große Herden von Rossen,
Eseln, Rindern, Schafen, Kamelen. Ehe ihre Könige zum
Kriege ausziehen, opfern sie, um sich den Sieg zu sichern,
Hekatomben von Rossen, Rindern, Kleinvieh, auch,
wovon Zarathustra, wie es scheint, mit Absicht nichts
wissen will, von Eseln. Nach Pindar nahm der „Heer=
führer" Perseus am Opfermahle der Hyperboreer teil,
und Apollo ist selbst gegenwärtig, wenn sie ihm eine
Hekatombe von Eseln darbringen.[1] Selbst aus Delphi
ist dies Opfern von Eseln bezeugt. Die Sitte war
scythisch[2] und erklärt sich daraus, daß manche
Stämme, wie z. B. die Sarakoren, die persischen
Karamanen, das in jenen Strichen muntere und kräf=
tige Tier statt des Pferdes auch im Kriege benutz=
ten. Wenn ein Esel zu schwerfällig hierzu erschien,
so opferten ihn die Sarakoren dem Ares.[3]

Die Scythen waren natürlich ein sehr kriegerisches
Volk und bekämpften nicht nur ihre Nachbarn, son=
dern machten, wie Strabo bemerkt, namentlich als
gute Reiter weite Überrennungen, ähnlich den spä=
tern Mongolen und Tataren. Solche Eroberungs=
züge hatte schon Hoschang unternommen, als er vom
Alborsch auszog. Daher die Furcht der alten Welt
vor Gog und Magog. Sie verehrten den Kriegsgott
Ares Enyalios — wohl eine rohe Form des Apollo —
ganz wie später Attila unter dem Bilde des Säbels,
des persischen Akinakes, der Harpe des Perseus[4], und
waren Kopfabschneider.

So verhält es sich also mit den frommen und
gerechten Hyberboreern. Es waren die Saken, aber
auch, im zweiten Jahrtausend v. Chr., die noch wenig
von ihnen unterschiednen Arier, Meder, Perser, Bak=
trer, Inder u. a. Diese Saken sind also das ge=

---

1) Pindar, Pyth. X, 46. — 2) Clem. Alex. Cohortat ad gentes,
S. 29. — 3) Älian. Hist. anim. 12, 34. — 4) Clem. Alex. Protrept. 4, 1.

suchte Urvolk der Sprachvergleichung und
das natürliche Mittelglied, an das sich auf
der andern Seite Slawen, Thraker, Germanen, Kelten anschließen. Die Hyperboreersage ist
nicht auf die Griechen beschränkt, auch die Perser und
Inder kennen sie. Ihnen gelten ihre Vorfahren, die
Artäer oder Artaden, die Männer des ersten Glaubens oder Pischdadier als besonders fromme und rechtschaffne Menschen — man denke an Jimas große Ein-
hegung —, und die Inder schildern die nordische Heimat ihrer Vorfahren in Utturakuru und am Berge
Meru als eine Art Paradies. Die heidnische Sekte
der Mandäer glaubt, daß jenseits des Türkisgebirges
im Norden in der sogenannten Meschunne Kuschta
ihre Vorfahren, besonders fromme Mandäer, wohnen,
und daß diese, wenn einst die Welt ganz verderbt geworden sein wird, wieder daraus hervorkommen werden.
Der Grund davon ist, daß dieses Volk, arm, roh und
hartgewöhnt, wie es war, Pietät besaß und eine große
Verehrung für seine Väter und Vorfahren hatte. Dadurch unterschieden sich die Hyperboreer sehr zu ihrem
Vorteile von den in Unzucht und Laster versunknen
Babyloniern, Assyriern, Kanaanniten und andern
entarteten Völkern.

Fünftes Kapitel

Der assyrische Perseus

Der Beginn des assyrischen Reiches wird offenbar von der Eroberung Babylons als der Hauptstadt des früher mächtigen babylonischen Reiches, d. h. von 1976 v. Chr. an gerechnet. Niniveh, das nach mosaischer Überlieferung Assur erbaut hatte, mag damals bereits bestanden haben. Der Stammbaum der Könige von Atur=Niniveh ist dieser: Belus, Babius, Anebus, Chalus, Arbelus, Ninus, Semiramis, der gleichzeitige derer von Armenien Haik, der im Kampfe gegen Belus fiel, Armenak, Aramais, Amasia, Gelamius, Harma, Aramus und der von Semiramis besiegte und getötete Aräus der Schöne.[1]) Diese Könige regierten offenbar zu der Zeit, wo der Kuschit Nimrod und dann die Meder Babylon inne hatten. Belus (Gott oder Herr) ist ein Name, den auch Menschen, z. B. Nimrod, tragen können. Da des Ninus Stammvater Assur war, so scheint hier dieser, „der höchste im Kreise der Götter,“ gemeint zu sein. Er war, wie wir sahen, ein Kuschit. Nach dem oben ge=

---

1) Moses v. Chorene nach Abydenus. Müller, Hist. graec. fr. IV, S. 285. — Euseb. Chron., S. 36.

sagten ist kein Zweifel, daß Ninus nicht bloß die be=
nachbarten Länder Asiens bekriegt und seiner Macht
unterworfen, sondern sich auch Afrika zu Lande wie
zu Wasser bis an den Ozean unterthänig gemacht,
ferner, daß Semiramis diese kriegerische Thätigkeit
fortgesetzt hat.

Eusebius führt die ersten assyrischen Könige in
folgender Weise auf: Ninos, Semiramis, Zames,
Areios, Aralios, Xerxes, Armamithres u. s. w. Za=
mes war der Bruder der Rhea (Semiramis) und
wahrscheinlich Vormund des in andrer Aufzählung
genannten untauglichen Ninyas. Ihm folgte sein
Sohn Thurras, den er nach dem Planeten Mars
(Areios) genannt hatte, ein gewaltiger Krieger und
Eroberer, der so mächtig und berühmt wurde, daß
ihm die Assyrer als dem Ersten Säulen errichteten
und ihn als Gott anbeteten. „Sie nennen ihn bis
heute auf Persisch(?) Gott Baal, d. i. Ares." Seme=
ronios von Babylon, ein Perser, hatte diese Könige
so angeführt: Ninos (mit Semiramis), Zames, Thur=
ras, Lames, Sardanapallos der Große. „Diesen
brachte Perseus, der Sohn der Danae, um
und nahm die Herrschaft von den Assyriern.
Fortan ihr König nannte er sie nach seinem
Namen Perser." [1]

Eine sehr wichtige Nachricht und ein Schlüssel
zu vielem. Der mythische Perseus war also eine ge=
schichtliche Person, ein König, der die Herrschaft über
das assyrische Reich aus der Hand der Kuschiten an
ein scythisches oder arisches Volk brachte. Zwischen
der Dynastie des Ninus und dem 1273 beginnenden
jüngern Reiche, das mit Sardanapal endete, hat
also in Niniveh eine Herrschaft der Perser be=

---

1) Müller, Hist. graec. fr. III, S. 490 nach dem Chron. Pasch.
S. 38.

standen, die ein mittleres assyrisches Reich
darstellt. Diese persische Herrschaft ist den Arabern
wohl bekannt. Sie behaupten, die alten Assyrier
hätten einst G'aramiquâh geheißen, in Maüssil
(Mossul = Niniveh) geherrscht und seien Iranier ge=
wesen. Auch syrische Quellen kennen einen assyrischen
Stamm der Garmaquoje. Eine persische Stadt Gar=
mak liegt zwischen Jspahan und Nisabur, ebenso in
Chorassan ein Ort G'armaquan. ¹) Der persische, mit
Eseln berittene Stamm der Karamanen, die Herodot
Germanier nennt, und von denen Stadt und Land=
schaft Kirman noch jetzt den Namen führt, gehört auch
hierher. Nun hauste nahe bei Niniveh in dem weiten
Striche zwischen dem Tigris und dem Zagrosgebirge
und andrerseits zwischen den Flüssen Zab und Gyndes
das Volk der Garamäer. Die darin liegenden Städte
Apollonia und Artemita bezeugen den Dienst der hy=
perboreischen Gottheiten. Diese Garamäer sind
also jedenfalls das Volk, das als G'arami=
quâh einst in Niniveh geherrscht hatte und
die nach den Keilschriften von Sanherib un=
terworfenen Kherimi. Plinius hat eine seltsam
klingende Nachricht, die Scythenvölker Innerasiens
würden von den Persern nach dem nächsten Stamme
Saken genannt, von den Alten aber Aramäer. ²)
Das wären also wieder die Garamäer. Sonst gelten
die babylonisch=assyrischen Aramäer als ein semitisches
Volk. Denn Söhne Sems waren Elam (Elymaïs),
Aschur, Arphaxad (in Arrhapachitis), Lud (in Lydien)
und Aram. ³) Da das hebräische Aleph (א) eigent=
ich ein Konsonant ist, so könnte Aram (אֲרָם) auch
durch Gharam wiedergegeben werden. Aramäa be=
deutet also wohl nicht Hochland im Gegensatze zu

---

1) Chwolson, Ssabier II, 410. 414. 606. 693. 697. — 2) Plin.
n. h. 6, 19, vgl. Herodot 7, 64. — 3) 1. B. Mos. 10, 22.

Kenaan (Niederland), sondern war ein neuerer von
der garamäischen Herrschaft hergenommener Gemein=
name für Assyrien=Babylonien.[1]) Möglich, daß die
Garamäer im Laufe der Zeit ganz oder zum Teile die
chaldäische Sprache angenommen hatten. Wie wir
sehen werden, kennt der Avesta Assyrien unter dem
Namen Çairima, in jüngerer Sprache Çalm.

Diese Dynastie, die man bei der wenig verlaß=
baren Angabe der Dauer der einzelnen Regierungen
etwa 1800 bis 1273 v. Chr. ansetzen kann, war also
eine garamäische, scythische oder persische. Der im
taubengeflügelten Rabe erscheinende bogenspannende
und pfeilschießende Gott mit gehörnter Königstiara
ist jedenfalls ihr Abzeichen und schwerlich ein
andrer als der hyperboreïsche Apollo — ein
Wink, wie Scythen nach Vorderasien und Griechenland
mit allen Anzeichen höherer Gesittung kommen konnten.
Ein ganz unbeachteter Mythus erweist sich hier von
großer Bedeutung. Ihm zufolge wohnte einst in Ba=
bylonien ein reicher Herdenbesitzer namens Kleinis
mit seiner Gattin Harpe (Krummsäbel) und seinen
Kindern Lykios, Ortygios, Harpasos und Artemiche.
Er war von Apollo und Artemis geliebt; aber als er
dem Gotte nach hyperboreïscher Sitte Esel opfern
wollte, verbot er es und befahl ihm, dafür Rin=
der, Schafe und Ziegen zu opfern. Er gehorchte,
aber nicht so seine Söhne. Da machte Apollo die
Esel rasend, sodaß sie die ganze Familie anfielen. Aus
Mitleid verwandelten Poseidon, Leto und Artemis sie
alle in Vögel;[2]) das heißt machten sie zu Flüchtlingen.
Lykios geht auf Lykien, von wo die Hyperborer nach
Delos und Attika kamen, Ortygios auf Delos, das

---

1) Aram Naharaïm, d. i. Mesopotamien, ist Tiefland und liegt
demnach bedeutend tiefer als Kanaan mit dem Libanon, dem Gebirge
Juda u. a. — 2) Anton. Lib. fab. 20.

früher Ortygia hieß. Auch Harpasos ist ein medo=
persischer und lykischer Name.

Dem Perseus des Semeronius entspricht der offen=
bar iranische Name Xerxes Balläos, dem ein zweiter,
gleichfalls iranischer, Armamithres, folgt. Dieser ge=
schichtliche König Perseus, das Haupt der garamäi=
schen Dynastie und der mythische Perseus, der an=
gebliche Enkel des Danaerkönigs Akrisios von Argos,
der Sohn der Danae und Anherr des Herakles, sind
zunächst aus einander zu halten, fallen aber, wenn
man näher zusieht, zum größten Teile wieder zusam=
men. Dem Herodot, der seine argivischen Heroen im
Kopfe hatte, sagten die Perser, der genannte sei eben=
sowenig wie seine Vorfahren ein Hellene gewesen, son=
dern ein Assyrier, und sei erst später ein Hellene
geworden. Daß der griechische Perseus, der Gründer
von Mykene, etwa 600 Jahre jünger war als dieser
Assyrier, entging natürlich beiden Teilen. Es gab
also zwei verschiedne Perseus, aber es wird bei näherer
Betrachtung sonnenklar, daß der größte Teil der Ge=
schichten, die die Griechen von dem ihrigen erzähl=
ten, gar nicht diesem angehören, sondern nur
von dem alten assyrischen auf ihn übertragen
sind, mit andern Worten, daß die hellenische
Perseussage assyrischen Ursprungs ist. Denn
wer wird glauben, daß das kleine argivische König=
lein, dessen Gebiet wenige Geviertmeilen umfaßte,
seine Rolle auf einer Weltbühne gespielt habe, die
vom Scythenlande im Norden sich über Assyrien,
Phönizien, Ägypten, Äthiopien bis an die Syrten,
den Atlas und ans Atlantische Meer erstreckte? Wo
bleibt da der angeblich so beschränkte Gesichtskreis
der Griechen in homerischer Zeit, wenn sie alle diese
Länder kannten?

Perseus kam, wie die Perser weiter erzählten, zu Kepheus, dem Sohne des Belos, nach Äthiopien und heiratete dessen Tochter Andromeda. Da Kepheus keine männliche Nachkommenschaft hatte, erbte er dessen Reich. Er hinterließ einen Sohn Perses, den Stammvater der Perser. Diese hatten sich früher Artäer genannt und waren den Hellenen einst unter dem Namen Kephenen bekannt gewesen.[1] Wir haben dies teilweise schon erklärt. Äthiopien ist das kuschitisch=assyrische Reich, Kepheus der Weiberknecht, Andromeda die Männerherrin, die von Semiramis eingeführte Frauenherrschaft, Kephenen die von Kepheus durch Andromeda von einem minder adlichen Vater abstammenden Herrscher und dann ihr ganzes Volk. Wie Hellanikos angab, hatten die Chaldäer vordem Kephenen und ihr Land Kephenia geheißen, nach Kepheus Tode aber seien sie Chaldäer genannt worden.[2] Das ist unrichtig, denn die Chaldäer sind weit älter als die Kephenen. Babylon heißt eine kephenische Stadt.[3] Perseus wurde also dadurch, daß er die Andromeda — d. h. eine Königstochter aus dem Hause der Derketaden — heiratete, selbst ein Kephene. Denn sein Geschlecht nannte sich nach der Mutter der Semiramis die Derketaden. Es währte bis 1273, wo Beletaras, Aufseher der königlichen Gärten, das Geschlecht der Beletaraden stiftete.

Die Assyrier wurden also damals zu Persern umgenannt, und die Perser Kephenen. Artäer, wie diese früher geheißen hatten, soll den Sinn haben, den die Griechen dem Worte Heroen beilegen.[4] Artaden und Artäer bedeutet den Magiern die Gerechten — also die Vorstellung von Frommen, wie die Hyperboreer waren. Eigennamen wie Artabanos, Artaxerxes,

---

1) Herod. 6, 54. 7, 61. — 2) Steph. Byz. v. Χαλδία. — 3) Lykophr. Cassandra v. 834. — 4) Steph. Byz. v. Ἀρταία. Hesych.

Artaphernes, Artavasdes und viele andre erhärten
diesen Sinn. Der Sohn des Perseus, Perses, ist
dann der Stammvater der eigentlichen Perser in der
Landschaft Persis. Wahrscheinlich wurde demnach
diese von einem aus Assyrien kommenden Stamme,
etwa den Karamanen oder Germaniern, die eine Ab=
teilung der Garamäer gewesen sein mögen, bevölkert.
Sie trafen hier auf das schwarze Volk der Äthiopen,
der Kissier, Kossäer, Kuschiten, das von ihnen später
vertrieben wurde. Der Bundehesch redet davon.

Der assyrische Perseus ist der anerkannte
Stammvater der iranischen Könige, des Ky=
ros, Darius, Xerxes und ihrer Nachfolger.
Da man nun durch Unkunde den assyrischen Perseus
für den hellenischen hielt, so wurde auch dieser dafür
angesehen. Nach Xenophon war Kyros ein Perside,
und ebenso werden in delphischen Orakeln Xerxes
und seine Völker Persiden genannt.

Xerxes gab sich selbst den Argivern als Perside
kund.[1] Wenn nun der assyrische Perseus, der Sar=
danapal den Großen vom Throne stieß und die Ke=
phenen nach seinem Namen Perser umnannte, wirk=
lich der Stammvater der persischen Könige war, so
kann er kein andrer sein, als der berühmte Feridun,
in alter Sprache Thraêtaona, von dem nach iranischer
Überlieferung sämtliche Könige der Iranier ent=
stammt sind. Damit aber, wenn es sich bewährt,
ist ein fester Halt für die ohne Chronologie
ganz in der Luft schwebende magische Über=
lieferung gewonnen, und die dunkle, ver=
worrne Geschichte des alten Orients lichtet
sich, weil man nun den Zusammenhang zwi=
schen Assyrien, Persien, Medien erkennt.

---

[1] Herod. 7, 150, 220.

Thraêtaona (Frabaên, Fritun, Feridun) wäre
also Perseus. In der That spricht alles dafür;
denn was von dem einen und was von dem andern
erzählt wird, läßt sich in schönster Weise ausgleichen
und vereinigen. Das halb Geschichtliche und halb
Mythische ist bei beiden ganz ähnlich und daraus
entstanden, daß man diesen gewaltigen Eroberer
und Weltherrscher nach seinem Tode vergottete und
ihm Züge andichtete, die von dem Ungeheuertöter
Verethraghna hergenommen sind. Thraêtaona Per=
seus war ein medischer Fürst vom Stamme des
Hoschang, der sein damals noch ganz scythisch leben=
des Volk von Taberistan ausführte, das assyrische
Reich eroberte und ähnlich einem Dschingiskhan oder
Tamerlan ganz Vorderasien, Syrien, Ägypten, Nord=
afrika mit seinen Reiterscharen überschwemmte und
eine Völkerwanderung herbeiführte, gegen die die
germanische in den Schatten treten muß. Er war ein
Anführer von Hyperboreern und eselopfernden Apollo=
dienern[1]) und wurde ein Eurymedon, ein Weltherr=
scher.[2]) Alle möglichen Völker, Paphlagonen, Assy=
rier, Ägypter, Libyer, Inder u. a. kamen angeblich
zu seiner Hochzeit mit Andromeda.[3]) Das alles ver=
steinernde Medusenhaupt, das der in allen Weiten
seiner Herrschaft umherfliegende Heros vor sich her=
trägt, verkörpert wohl den Schreck, der die Völker vor
dem nahenden Verderben ergriff. „Es erfaßte sie
blasses Entsetzen.“

Des Feridun Vater war Açpian (Athwiano) Pur=
tura, jedenfalls ein Häuptling im Lande der Tapuren
(Taberistan) und vom Geschlechte des Hoschang, Ta=
muraf, Dschemschid, mit denen er auch zusammen=
gebracht wird. Daher heißt auch dieses Geschlecht

---

1) Pind. Pyth. X, 46. Simmias bei Tzetz. Chil. 7, 149. —
2) Apollon. Arg. 4, 1485. — 3) Ovid Met. 5, Anf. fgd.

die Athwianiden. Thraötaona soll drei Söhne gehabt
haben: Airja (Airic), Tuirja (Turc) und Cairima
(Schalm), d. h. nach seinem Tode teilte sich sein Reich,
und drei Königsdynastien gingen aus seinem
Stamme hervor, die Arier oder Franier in Per=
sien und Medien, die Turanier im Scythenlande
und die Garamäer oder G'aramiquah in Assyrien.
„Cairima und seine Nachkommen sind die semitischen
Bewohner Vorderasiens und die Solymer(??). Von
ihnen sagt Bundehesch, daß der Tigris bei ihnen ent=
springe" . . . . . „und die Carm werden mit Arum
(Aram) identifiziert." [1]) Richtiger sagen wir also wohl,
die Cairima sind die Garamäer, die Assyrier, die
Kephenen, die Chaldäer, die Äthiopen von Babylon
und Niniveh. Diese beiden großen Städte waren
durch ihre Priester und Gelehrten ebenso sehr der
Sitz einer höhern Kultur, wie durch ihre Heerlager
und starken Befestigungen der Sitz der Macht. Die
Barbaren lernten hier viele ihnen vordem unbe=
kannte Künste und nahmen zahmere Sitten, zugleich
aber vielfach die Laster der verderbten Unter=
thanen an.

Von Feridun=Perseus stammten die Kö=
nigshäuser der drei Reiche Assyrien, Iran
und Turan ab. Das ist der wahre Sachverhalt.
Denn wir haben, wenn auch vielleicht mehr oder
minder verderbt, im Bundehesch und andern Schriften
der Magier lange Reihen von Herrschern, die von
den drei Söhnen Feriduns abstammten. Dieses sind
die wahren assyrischen Altperser, die Arier oder
Franier und die Turanier. Mit Rassenunter=
schieden haben diese Namen gar nichts zu
thun. Denn die sogenannten Turanier sind weder
Mongolen noch Tataren gewesen, sondern, wenn man

---

1) Windischmann, Zoroastr. Studien, S. 158.

den herrschend gewordnen.Sprachgebrauch gelten läßt,
ebenso gute Arier, wie Perser und Meder, ja sogar
das arische Stammvolk. Das Reich der Turanier
war das Scythenland am Orus und Jarartes und
keineswegs ohne Städte, Gesetze und staatliche Ord=
nung. Es wird sogar eine Hauptstadt der Saken Rôxa=
nake genannt.[1] Wenn später zwischen den Nachkom=
men Feriduns und ihren Reichen bittere Feindschaft
ausbrach, so ist das eine Erscheinung, die sich erklärt,
ohne daß man Gegensätze der Rasse und des Klimas
anzunehmen braucht. Ein scythischer König Baêva=
raspa oder Beverasp (der 10 000 Rosse hat) scheint
den Jraniern und ihren streitbaren Helden besonders
viel Übel zugefügt zu haben. Das ist der böse Zo=
hak (Azhi Dahâka), d. h. der verderbliche Drache.
Unter diesem verstanden sie ursprünglich die glühende
Sonnenhitze des Südens, woran die aus dem Nor=
den kommenden Saken nicht gewohnt waren. Weil
nun Thraêtaona, um sein Volk davor zu schützen,
allerhand Mittel dagegen, Benutzung der kühlen Mor=
genzeit — daher der Hahn sein Lieblingsvogel und
die Verehrung der Eos —, kalte Bäder, besondre
Kleidung und Wohnung u. a. eingeführt hatte, so
hieß es, er habe diesen Lindwurm der Sonnenglut
bekämpft und erschlagen.

Aus den erwähnten Königsreihen ergiebt sich,
daß die Stiftung der Religion des Auramazda durch
den Zarathustra Spitama sehr jung ist. Xanthus der
Lyder mag Recht haben, wenn er diesen Zoroaster
nur 600 Jahre vor dem Zug des Xerxes, also um
1100 v. Chr. setzt. Die Verwirrung ist daraus ent=
standen, daß Zoroaster eine Name war, der schon bei
den ältesten Medern Geltung hatte, und der anschei=
nend jedem Könige zukam, weil er zugleich Ober=

---

1) Nikol Dam. hist. fr.

priester seines Volkes war. Auch der jüngste Zarathustra war von königlichem Geblüte und stammte
aus Thraëtaonas Geschlechte.

Die alten babylonischen und assyrischen Könige,
Nimrod, Ninus, waren Feuerdiener. Nach Hestiäos
hatten die aus der Flut geretteten Priester, also
Noah und die Noachiden, die Heiligtümer des Zeus
Enyalios nach Senaar gebracht.[1]) Dieses ist sehr
wahrscheinlich der Ursprung des Feuerdienstes. Er
hat seinen Ursprung in dem Lande Atropatene am
Kaspischen Meere, wo noch heute in Baku. das von
Naphthaquellen genährte Feuer aus der Erde flammt,
und wohin noch heute Leute aus Persien und Indien
wallfahrten. Zeus Enyalios scheint mir Atar (Feuer)
zu sein, der Abramelech der Babylonier. Der Feuerdienst durchdringt die ganze Religion des Morgen-
landes, weil auf ihn aller Altar- und Opferdienst
und alle häusliche Religion, der Dienst der Hestia, gegründet ist. Das ewige unauslöschliche Feuer brannte
in zahreichen Tempeln, nicht bloß der Iranier, Inder,
Griechen, Römer, sondern auch im Tempel zu Jerusalem, namentlich aber in den Königspalästen. Der
Bestand der Herrschaft war daran geknüpft, und der
König in eigner Person war dabei der Oberpriester,
der, von seinen Magiern umgeben, die Flamme schürte
und opferte.[2])

Wir haben oben gesagt, daß die Stadt Jopolis
oder Jöne in Nordsyrien am Ausflusse des Orontes
gelegen, deren Ansehen später auf das an seine Stelle
tretende Antiochia überging, dem biblischen Javan
entspricht und Mutterstadt einer bis Tartessos reichenden Kolonisation ist. Japetos (Japhet) ist ganz
in der Nähe; denn er, der Vater des hellenischen

---

1) Jof. Antiq. 4, 8. Eufcb. Praepar. ev. 9, 15. —
12 (530).

Feuerzünders Prometheus, gilt als Vater der Anchiale, der Hafenstadt von Tarsos.[1] Jopolis hieß
die Stadt Jône, weil hier die kuhgehörnte Jo, d. h.
die assyrische Astarte, verehrt wurde, die von da mit
dem Feuerzünder Phoroneus nach Argolis kam. Hier
war ein berühmter Feuertempel und Sitz von Magiern. Bei einer großen Überflutung durch den Fluß
Drakon (Orontes) hatten sie um Hilfe gefleht. Da
war ein Ungewitter entstanden und ein Feuerball
vom Himmel gefallen, dessen Feuer sie aufgefangen
und bewahrt hatten. Das Unwetter hörte auf, und
der Fluß trat zurück, Perseus aber, der nach Jopolis
kam, übertrug dieses heilige Feuer durch einen hier
entnommnen Brand in seine Königsburg (zu Niniveh), wo es durch alle Zeiten weiter brannte.[2] Von
diesem Feuer sind alle Feuer der iranischen
und turanischen Königsgeschlechter genommen. Nach einigen heiratete Perseus Astarte, die
Tochter des Belos.[3] Offenbar bezieht sich dies auf
seine Verbindung mit Jopolis. Da nun diese Stadt
ganz unzweifelhaft die Mutterstadt des phoronischen
Argos ist, wo später der Danaerkönig Perseus lebte,
so sieht man, wie es kam, daß auf ihn die Kunden
von dem Assyrier übertragen werden konnten.

Die sogenannten Leukosyrer in Assyrien, Armenien, Kappadokien sind jedenfalls aus den Scythen
hervorgegangen, mit denen Perseus Vorderasien überschwemmt hatte. Daher finden wir im hintern Kleinasien Landschaften mit Namen Scythine, Sakasene.
Die pontischen Amazonen sind Scythinnen oder Sa-

---

1) Steph. Byz. s. v. Ἀγχιάλη. — 2) Malalas, Müller h. gr. fr.
IV, S. 544. — 3) Layard, Niniveh und seine Überreste, S. 413
Anm.

finnen genannt, die drei Stämme der Kappadoken
Lyk-Aonen, Kat-Aonen und Bagad-Aonen
weisen auf ein Stammvolk zurück, das Aonen hieß
und hyperboreïschen Ursprunges war. Denn die
Aonen, die mit den Temmikern und Hyanten von
Lykien her nach Attika und Böotien kamen, waren
nachweislich Apollodiener. Solche waren auch die
Kataonen. Das in ganz Kappadokien berühmte Heiligtum des kataonischen Apollo lag nach Strabo auf
einer baumlosen, von wilden Eseln bevölkerten Hochebene. Demnach dürfte es der Ort gewesen sein, wo
Pindar den „Heerführer" Perseus und Apollo selbst
an den Eselsopfern der Hyperboreer teilnehmen läßt.
Denn Perseus, damals noch ein wilder Scythe, hatte
Kleinasien erobert. Er kämpfte gegen die Isaurier
und Kiliker, besiegte sie und gründete dort, wo er
vom Rosse steigend die Ferse (Tarsos) niedergesetzt,
an der Stelle des Dorfes Andrasos die Stadt Tarsos — d. h. wohl eine sakische Ansiedlung neben den
bereits bestehenden Städten Tarsos und Anchiale;
denn des Perseus Vorgänger Sardanapal der Große
hatte sie erbaut. Tarsos heißt die Seefeste Kilikiens,
und Anchiale war ihre Hafenstadt, die Mutter der
kretischen Kureten. Sie heißt auch Tochter des Japetos und Mutter des Kydnos, des Flusses von Tarsos. In dieser Stadt wurde ein blutiger Apollodienst geübt.

Ferner hatte Perseus an der Stelle des Dorfes
Amandra in Phrygien die Stadt Ikonion gestiftet, die
nach dem von ihm auf einer Säule aufgestellten
Bilde (εἰκών) der Gorgo genannt sein sollte. Überhaupt soll Perseus sein Volk in den Geheimnissen der
Gorgo unterrichtet haben und zuletzt selbst am Anblick von deren Haupte gestorben sein, worauf sein
Sohn und Nachfolger Marros dieses verbrannte und
den Dienst abstellte. Perseus war ein Kopfabschneider.

Die Münzen von Tarsos, Komana, Kabira, Amastris zeigen ihn mit dem Krummsäbel in der Rechten, dem abgeschlagnen Kopfe in der Linken, den Rumpf am Boden liegend. Der bekannte Gaukler Alexander von Abonuteichos in Paphlagonien gab sich, wie Lucian erzählt, für einen Nachkommen des Perseus aus und trug, wenn er im vollen Staate auftrat, dessen Harpe. Das Kopfabschneiden — übrigens auch den homerischen Griechen und noch vor kurzem den Türken, Montenegrinern, Albanesen u. a. nicht unbekannt — war bei den pontischen Gebirgsvölkern, den Chalybern, Mosynöken, recht eigentlich zu Hause. Bei ihrem wilden Kriegstanze, dem Xenophon zusah, hielten sie die Köpfe der erschlagnen Feinde in die Höhe. Ebenso schnitten, wie Strabo berichtet, die mit Eseln berittenen persischen Karamanen dem erlegten Gegner den Kopf ab, verspeisten dessen kleingehackte, mit Mehl bestreute Zunge und übergaben den Kopf selbst dem Häuptlinge.

Von den libyschen Panebern berichtet Nikolaus von Damaskus, daß sie ihren verstorbnen Königen den Kopf abschnitten und ihn, nachdem sie den Rumpf begraben hatten, vergoldet dem Volke zur Verehrung ausstellten. Der Dienst des Gorgokopfes in Ikonium und im ganzen damaligen Reiche ist also kaum zweifelhaft. Der Gebrauch mumifizierter Köpfe, der sogenannten Teraphim, zum Orakelgeben und andern Gaukeleien hängt damit zusammen; man sieht aber, wie recht Ammianus hat, wenn er sagt, die Perser seien vor Alters Scythen gewesen. Offenbar war Kleinasien ursprünglich von dem uralten Volke bewohnt, dessen Zweige die sprachverwandten Phryger und Armenier waren, aber hoch im achtzehnten Jahrhundert v. Chr. wurden sie von den genannten scythisch-persischen Stämmen überschwemmt und unterjocht. Reste davon sind in Assyrien die heutigen Kurden. Auch Phineus in Paphlagonien war ein König der Scythen. Man weiß also

jetzt, woher die in Griechenland auftretenden Hyper=
boreer, auch Saken und Scythen, gekommen sind.[1)]

Perseus tritt auch in Phönizien auf. In Joppe
befreit er angeblich die einem Meeresungeheuer zum
Raube ausgesetzte Andromeda. Joppe, heute Jaffa,
die Hafenstadt von Jerusalem, hatte große Bedeu=
tung für Handel und Seefahrt; die nach Tarschisch
gehenden Schiffe — man erinnere sich der Geschichte
des Propheten Jonas — fuhren von hier aus. In
der Nähe lag eine ummauerte Stadt Kasphin (Kassio=
peia?) mit vermischter Bevölkerung.[2)] Anlaß zu dieser
Sage scheint das Gerippe eines Walfisches gegeben
zu haben, das man in Joppe zeigte, und das M.
Skaurus mit andern Merkwürdigkeiten nach Rom
brachte. Es war vierzig Fuß lang, mit Rippen,
stärker als die eines indischen Elefanten.[3)]

---

1) Die genannten drei ogygischen Stämme der Aonen, Temmiker und
Hyanten führten wohl den gemeinsamen Namen Heltenen, d. i. Helatenen
von Helatos und Hekate, wie Apollo und Artemis in Kleinasien hießen.
— 2) 2. B. Makkab. 12, 14. — 3) Plin. n. h. 9, 4.

Sechstes Kapitel

Perseus in Libyen, Amazonen, Athene, Poseidon im Lande der Atlanten

Diese große Völkerwanderung scythischer Stämme, die hoch ins 18. Jahrhundert v. Chr. fällt, überflutete auch Ägypten und ganz Nordafrika bis ans atlantische Meer und nach Spanien hin. Wir sehen uns genötigt, auf diese bisher ganz unbekannte Thatsache einzugehen, weil sie aufs innigste mit der Frage der Atlanten zusammenhängt, die ohne Aufhellung der ganz dunkeln Geschichte Nordafrikas gar nicht gelöst werden kann. Wenn Ninus, Semiramis und ihre kriegerischen Nach= folger Thurras, Sardanapal nicht bloß über Vorder= asien, sondern auch über Ägypten, Äthiopien und alle Inseln und Küsten des Mittelmeeres bis Spanien hin geboten, und wenn dann Perseus=Feridun den Sarda= napal vom Throne stieß, sich zum Gebieter und sein Volk zum herrschenden machte, so war es eine ganz natür= liche Folge, daß er das assyrische Reich in seinem ganzen Umfange beanspruchte und Länder und Völker, wenn sie etwa Aufstand und Abfall versuchten — damals ein gewöhnliches Vorkommnis beim Tode eines Zwing= herrn — wieder zum Gehorsam zurückführte. Schon

die Heere des Ninus und der Semiramis mochten zum
großen Teile aus den tapfern und abgehärteten Nomaden
des Nordens bestanden haben, etwa ähnlich, wie später
die arabischen Chalifen von Bagdad und Damaskus die
seldschuckischen Türken in ihre Dienste nahmen. Möglicherweise war Perseus, der Sardanapal den Großen
tötete, ein Anführer solcher Söldlinge, und der Übergang der Herrschaft auf die Perser geschah vielleicht
ohne Zuwanderung und eigentliche Eroberungen ähnlich, wie das mit der Herrschaft der Türken geschah.
Das herrschende Volk bildete dann stets den Krieger-

stand und die Kriegerkaste, die Assyrier aber hatten ein
sehr ausgebildetes Heerwesen. Man denke an Kreta,
an Olympia, an die Kureten.

Unter den ninivitischen Denkmälern kommt auch
ein vierflügliger bärtiger Mann mit gehörnter Tiara
vor, der stark ausschreitend oder laufend mit Blitzen in
beiden Händen ein greifenartiges Untier bestreitet.
Das an seiner linken Seite herabhängende Sichel-
schwert macht ihn als Perseus kenntlich, die Beischrift
nennt ihn Ninnip Sandan, den Herrn der Streitbaren,
Vertilger der Empörer, mit gutem Schwerte, Liebling
der Götter, der auf den Winden reitet, der die Donner-

teile der höchsten Götter handhabt, der seinen Schild
über Himmel und Erde breitet und die weite Welt
durchwandert, den Herrn der Schlachten. Da die
Assyrier ihre Herrscher vergotteten, so kann man annehmen, daß dies auch mit Thraêtaona-Perseus geschehen ist, und daß er nach seinem Tode als Schutzgeist
der Kriegerkaste und Schützer des Reiches verehrt
worden ist, der ähnlich, wie der tyrische Herakles
Melkarth, alle Teile seines Reiches durchwandert, den
Kämpfern beisteht, Empörer züchtigt, Unholde bestreitet
und mit seinem Medusenhaupte die Völker erschreckt
und in Gehorsam erhält. Er war der Nothelfer seines
Volkes. Daher hieß er Thraêtaona, d. i. der Trito-
nibe, weil er von Thrita dem Sohne des Çamas,
stammte, der ein großer Arzt gewesen war und ihm
die Mittel gelehrt hatte, den Ažhi Dahâka, die feurige
Schlange der Gluthitze, zu bezwingen. Nach indischer
Kunde ist Traitana ein Dämon, der ein großes Ungeheuer erschlagen hat und die fernsten Regionen des
Himmels durchfliegt.

Traitana bedeutet dasselbe was Thraêtaona.
Perseus war also auch den Indern bekannt. That-
sächlich spukt er heute noch in der Phantasie der
Morgenländer. Sie glauben an einen die Lüfte durch-
fliegenden Geist oder Propheten Chider, der ab und
zu frommen Muselmännern als Helfer in der Not
erscheint. Er hat eine Vorliebe für Quellen und
Haine und heißt wohl deshalb Chider (der Grüne),
weil der Regen alles begrünt.¹) Perseus erzeugt da-

---

1) Der in grüne Gewande gehüllte Chider ist nach einigen der
Schöpfer selbst (der Stern Tistar galt als solcher), nach andern war
er Statthalter des Dhul Karnaim (des Ammon von Theben) und hatte
zu Abrahams Zeiten gelebt. Er ist unsterblich, denn er hat am Quelle
des Lebens getrunken. Er ist Schutzgeist der Wässer, Kräuter und Bäume.
Die Dinkaneger oberhalb Ägyptens nennen ihren höchsten Gott den
Großen Regen.

durch), daß er der Medusa den Kopf abhaut, Blitz
und Regenguß und ist selbst nach griechischer Sage,
die aber aus Libyen stammt, ein Sohn der Danae,
d. h. des dürren Landes, die ihn von Zeus im goldnen
Regen empfangen hat.

Die schöne blonde und rötliche Königin Nitokris
(von 1897—1884 v. Chr.), deren Namen „siegreiche
Athene" bedeutet, ist uns das erste Anzeichen vom
Eindringen nördlicher Völker in Ägypten, das damals offenbar unter assyrischer Herrschaft stand. Da
die saïtische Göttin Neit, die untrennbar mit Phtha-
Hephästos, dem männlichen Prinzip der Schöpfung,
verbunden das weibliche in seiner noch unbefleckten
Lauterkeit darstellt, als ein durchaus friedliches Wesen
erscheint, so liegt es auf der Hand, daß sie nur durch
Gleichstellung und Verschmelzung mit der aus Assyrien
eingewanderten sakischen Anahit zur Kriegsgöttin geworden ist. Athene ist eine assyrische Göttin, Tochter
des Kronos und Mutter der Korybanten, Erfinderin
des Krieges und der Waffen, Tänzerin der Pyrrhiche.[1])

Die Ähnlichkeit, die die Gleichstellung der wilden
blutigen Enyo oder Bellona mit der friedfertigen Stadt-
gottheit von Saïs, der Weberin, Stickerin und Beschützerin jeder edeln Kunstfertigkeit, erlaubte, war die
beiden gemeinsame Jungfräulichkeit. Man kann also
annehmen, daß hier in und um Saïs ein Sakenstamm
angesiedelt gewesen ist und hier städtische Kultur und
Sitte angenommen hat.

Auf diese Weise ist in geschichtlich nachweisbarer
Zeit die Gestalt der angeblich echt hellenischen Pallas
Athene entstanden und von Saïs an den See Tritonis
und von beiden Stellen auf verschiednem Wege ·nach

---

1) Klem. Alex. Protrept. 2, 28. Arnob. adv. gent. 4, 13 Dion.
Halik. 7, 72. Strabo 10, 3.

Griechenland gekommen. Athen ist — das werden wir sehen — ganz unzweifelhaft eine von Saïs ausgegangene Stiftung. Diese Pallas hat also mehrere Stufen durchlaufen, ehe sie zur athenischen Stadtgöttin und zum Ausdruck hellenischer Gesittung geworden ist. Von Hause aus ist sie die scythische Tanaïs-Anâhit, von der wir oben gesprochen haben, keusch als Jungfrau, als Amazone und Kriegerin aber blutig und grausam. Anfangs mit Bogen und Pfeil bewaffnet, hat sie dann in Assyrien Helm, Lanze und Schild angenommen, hierauf in Ägypten sie mit landesheimischen Waffen vertauscht und Spinnen, Weben und Sticken gelernt, auch das Schutzamt über Weber, Schmiede, Zimmerleute, Schiffsbauer, Töpfer, Wagenbauer und andre Handwerker übernommen, weil Saïs ohne Zweifel eine große, sehr gewerbfleißige Stadt und sehr wahrscheinlich der Hauptort aller Betriebsamkeit war, die für die Bedürfnisse des Heerwesens zu sorgen hatte. Nach Angabe des saïtischen Priesters in Platos Timäus hatte die Göttin sowohl den Ägyptern wie den Athenern den Gebrauch von Schild und Speer und andern Waffen gelehrt, und Sanchoniathon will wissen, daß Kronos das Krummschwert und den Speer auf Eingebung der Athene und des Hermes Thot erfunden habe. Mit Recht vermutet auch Herodot, die als Göttin Athene geschmückte Jungfrau, die die Nomaden an der Tritonis zu Zeiten um den See fuhren, möge früher ägyptische Waffen getragen haben, und Schild und Helm mögen aus Ägypten nach Hellas gekommen sein. [1]

Ohne Zweifel war also Athene ursprünglich eine Kriegsgöttin nicht der Männer, sondern die wilde, blutgierige Anführerin saïscher Jungfrauen und Frauen, wie sie noch in späterer Zeit im Stammlande am Oxus und Jaxartes, bei den Massageten, den Sarmaten, und

---

[1] Herod. 4, 180

als pontische Amazonen bezeugt sind. Daß Weiber
unter Umständen sehr tapfere und gefürchtete Krie=
gerinnen sein können, beweisen die noch heute vorhan=
denen Amazonen des Königs von Dahomey an der
Goldküste, deren Mut freilich durch Branntwein ent=
flammt werden soll. Die pontischen Amazonen tranken
Haschisch. Sinope soll den Namen von einer Amazone
Sanape haben, deren Name Hanftrinkerin zu bedeuten
scheint. Die indischen Kschatrijas berauschten sich vor
der Schlacht am Rauschtranke Soma, die sakischen und
ihre Kschathris werden das auch gethan haben. Denn
der berühmte weiße Soma (Haoma), dessen ausgepreßter
Saft als Heilmittel wider alle Übel und als Wunder=
trank galt, wuchs am Berge Albordsch. An der Tri=
tonis im südlichen Tunesien, wo die Pallas Tritonia
zu Hause war, führten noch zu Herodots Zeiten die
Mädchen der Machlyer und Auser Prügelschlachten zu
Ehren der Göttin als Keuschheitsprobe auf. Hier im
fruchtbaren und städtereichen Gebiete, wo die sanft=
gesitteten Atlanten wohnten, drang, wie Diodor be=
richtet, eine Amazonenkönigin ein und unterjochte sie.
Bei den Byaern in Libyen, sagt Nikolaos von Da=
maskus, herrscht ein Mann über die Männer, ein Weib
über die Weiber.

Noch in Griechenland behielten die Dienerinnen
der Pallas Athene längere Zeit ihren amazonischen
Charakter. Plato (im Timäos) will wissen, daß sie einst
wie die Männer in den Krieg gezogen seien, und der
heilige Augustinus berichtet, zu Kekrops Zeiten hätten
die Athenerinnen Stimmrecht wie die Männer gehabt,
als sie aber im Streite zwischen Poseidon und Athene
sich für diese erklärt und mit einer Stimme Mehrheit
gesiegt hätten, sei die Stadt nach ihr genannt worden,
aber die Männer hätten es durchgesetzt, 1. daß keine
Frau mehr stimmen dürfe, 2. daß kein Kind mehr nach
der Mutter genannt werde (also Frauenadel), 3. daß

man nicht mehr von Athenerinnen spräche.[1] Die Stadt Tegea in Arkadien war ein Hauptsitz des Athenedienstes. Hier waren der Drohnenkönig Kepheus, die Königin Perimede, die kühne Jägerin Atalante zu Hause, und die Jungfrauen so keusch, daß sie der Entehrung den Tod vorzogen. Ohne Wissen ihrer im Felde stehenden Männer bewaffneten sich einst die Tegeatinnen, legten sich unter Führung einer Witwe Marpessa in den Hinterhalt, überfielen die Spartiaten, schlugen sie und nahmen ihren König Charillos gefangen.[2] Ebenso schlugen die Argiverinnen unter Anführung der Dichterin Telesilla den Angriff des Kleomenes auf ihre von den Männern entblößte Stadt zurück.[3] Sie stammten von den Danaïden, die die saïtische Athene verehrten, und nach der Danaïs am Nil mit den Söhnen des Ägyptos in offner Schlacht gestritten hatten. Überhaupt lag die Verteidigung der Mauern, wenn die Männer im Felde standen, den Frauen, Kindern und ältern Leuten ob.[4] Man kann nachweisen, daß es den Griechen schwere Mühe gekostet hat, dem weiblichen Geschlechte seine kriegerischen Neigungen abzugewöhnen.[5]

Der wilde, blutgierige Grundcharakter der Pallas tritt noch in Griechenland vielfach hervor; in der Schlacht als Kämpferin, bei der Einnahme und Zerstörung der Städte ist sie wieder die grausame Saïn, die selbst eine Gorgo ist, wie eine Gorgone blickt (Gorgôpis), Gorgonen tötet (Gorgophone) und das Medusenhaupt im Schilde führt. Sie steht also dem Perseus nahe, und dies ist natürlich. Er ist ihr Schützling und opferte ihr, wie alle saïschen und iranischen Helden der

---

1) De civ. Dei 18, 9. — 2) Pauf. 8, 48, 3. — 3) Plut. de virt. mul. s. v. Ἀργ. — 4) Jl. 18, 514. — 5) Ein Mädchen Epipole, Tochter des Trachion aus Karystos auf Euböa, wurde vor Troja vom Heere gesteinigt, weil sie sich in Männertracht unter die Kämpfer gemischt hatte. Ptolem. Heph. 5.

Anahit opfern, ehe sie zum Kampfe mit den Unholden
ausziehen.

Offenbar hatte Ägypten von diesen nordischen
Barbaren schwer gelitten. Denn die braunen Ägypter
hegten einen grimmigen Haß gegen die „roten" Men=
schen und die roten (rehfarbnen) Esel. Der böse Geist
Typhon hatte ihnen Eselgestalt und war rot von Farbe.
Das gemeine Volk mißhandelte bei seinen großen Fest=
versammlungen die roten Menschen und stürzte Esel
von Abhängen herab, ja manche, wie die Busiriten,
Lykopoliten, Abydener, verabscheuten den Schall der
Trompete, weil er Ähnlichkeit mit dem Eselsgeschreie
habe. Das Andenken an diese Zeit hatte sich in
dem grausamen Könige Busiris verkörpert, der das
hochverehrte Osirisgrab in der gleichnamigen Stadt
dadurch entweiht hatte, daß er daran „rote" Men=
schen — also Leute seines Stammes — opferte.
Sehr wahrscheinlich war hier, in der Nähe von Saïs,
ein Sakenstamm angesiedelt, der sich später ägyptisiert
hatte. [1])

Ebenso waren die Bewohner von Chemmis in
Oberägypten ohne Zweifel ägyptisierte Saken oder
Perser. Chemmis oder Panopolis war eine bedeutende
Stadt und hatte eine Neustadt. Seine Bewohner (oder
ein Teil von ihnen) verehrten den Perseus und hatten
ein großes viereckiges, von Palmen umstandnes ihm ge=
weihtes Heiligtum. Sie behaupteten, er stamme aus
ihrer Stadt und erscheine ihnen noch oft genug sowohl
außerhalb als innerhalb des Tempels. Man erkenne
seine Gegenwart an seinem zwei Ellen langen Reiseschuh,
und wenn er erscheine, sei allgemeines Wohlergehen.
Er sei zu ihnen, den Medusenkopf tragend, aus Libyen
gekommen und habe sie als seine Stammgenossen an=

---

1) In der That war der busiritische Nemos, wie auch der be=
nachbarte saïtische, Kriegerland (Herod. 2, 165).

erkannt. Sie feierten ihm zu Ehren auch in ganz hellenischer und unägyptischer Weise gymnische Spiele in allen Kampfarten und setzten Mäntel und Felle als Preise aus. Perseus selbst hatte diese Spiele gestiftet, die offenbar ein Kriegervolk verraten. Auch behaupteten diese Chemmiten, Danaos und Lynkeus (die Ahnherrn des argolischen Perseus), stammten aus ihrer Stadt.[1]) Auch der in Ägypten später heimische Baum Persea war durch Perseus ins Land gekommen.[2])

Es ist also keinem Zweifel unterworfen, daß Ägypten einst von einem scythischen, oder, was gleichbedeutend ist, von einem medopersischen Volke erobert und überschwemmt worden war, auch läßt sich die Zeit, wo dieses der Fall war, annähernd bestimmen. Sie fällt zwischen 1800 und 1756 v. Chr., wo nach einer Zeit ersichtlicher Schwäche der große König Amenemhe Apopis I. in Ägypten den Thron bestieg und den Ansturm der von Assyrien her eingebrochnen Barbaren zum Stillstande brachte. Er bekämpfte und besiegte nach einem Papyrus die Mathai oder Madai, d. h. eben dieses Sakenvolk, das, wie wir bald sehen werden, unter Perseus-Feridun ganz Libyen bis ans Atlantische Meer überrannt hatte. Lepsius bemerkt, daß in dieser Zeit in den Denkmälern teils als Wettkämpfer teils als Diener im Gefolge der Großen hellfarbige, hellhaarige Leute abgebildet seien. Dies sind eben solche Meder.

Diese geschichtlichen Verhältnisse erklären auch die großen Kriege und Eroberungen seines Sohnes Sesostris (Sesurtasen I.), des zweiten Apophis, dem es gelang, Libyen, Arabien und Äthiopien (Meroe) und das ganze assyrische Reich zu erobern und im Kampfe mit den Scythen, seinen Hauptgegnern, bis an den Oxus und Jaxartes, ja, wie es heißt, bis an den Indus

---

1) Herod. 2, 91. — 2) Kallimach. fr. 85 (189). Vergl. Anthol. lyr.

und Ganges vorzudringen. Er ist der Stifter der ägyptischen Weltherrschaft, die bis Menephtes II. 1321 dauerte und dann plötzlich zusammenbrach. Man mag sich eine Vorstellung von dem Zustande der ägyptischen Geschichte und Zeitrechnung machen, wenn man trotz alles Forscheifers den wahren Sesostris nicht hat finden können, und wenn von dem großartigsten Zeitverlaufe der ägyptischen Geschichte kaum eine Spur geblieben war. Wenn Herodot berichtet, daß vor Sesostris Ägypten der Reiterei zugänglich ($\iota\pi\pi\iota\nu\sigma\iota\mu\sigma\varsigma$) gewesen, so sieht man daraus, daß man vor ihm mit Reitervölkern zu thun gehabt, und wenn er dabei sagt, Sesostris habe das Land durch viele Kanäle unzugänglich gemacht, so hängt dies mit der Nilregulierung zusammen, die sein Vater unternommen, und die er selbst noch weitergeführt hatte. [1])

Die Völker des assyrischen Perseus waren Reiter von Rossen, zum Teil auch von Eseln, wie wir gesehen haben. Sie sind also das Volk, das die Pferdezucht nach Afrika gebracht hat. Die Ägyptologen haben die Bemerkung gemacht, daß das Pferd auf ägyptischen Denkmälern der achtzehnten Dynastie zuerst abgebildet erscheine. Das mag sein. Es stimmt ganz gut mit unserm Nachweise, daß die Bekanntschaft der Ägypter mit diesem Tiere einige Zeit früher fällt. Sesostris (von 1740 bis 1692 v. Chr.) sah den Nutzen dieses Tieres für die Kriegsführung wohl ein und war, wie Dikäarchos angiebt, der erste, der Menschen auf Pferde setzte und eine Reiterei schuf. [2]) Wahrscheinlich hat er auch den zweirädrigen Kriegswagen erfunden und eingeführt, der im Poseidons- und Athenedienste eine so große Rolle spielt und bei Assyriern, Persern, Indern, Libyern, Griechen, selbst bei den Galliern lange Zeit im Gebrauche war. Er war der Schöpfer der ägyptischen

---

1) Herod. 2, 108. Diod. 1, 57. — 2) Bei Müller h. gr. fragm. IV, S. 235.

Kriegerkaste, d. h. eines mit erblichem Landbesitze aus=
gestatteten Waffenvolkes, das seinem Lehnsherrn, dem
Pharao, zu Dienste stand und seinem Aufgebote zu
folgen hatte. Die Regulierung des Nils, die damit
begann, daß die Krone alles Land in Beschlag nahm,
es in lauter viereckige Stücke schnitt und an die ver=
knechteten Bauern neu austeilte, ermöglichte ihm diese
Schöpfung. Es gab Priesterland, Kriegerland und
Bauernland.

Sesostris errichtete ein Heerlager von 600 000
Mann Fußvolk, 24 000 Reitern und 27 000 Kriegs=
geschirren,[1]) die vornehmlich ihren Standort in der
riesigen Feste Avaris hatten. Denn er ist der Apapi
des thebanischen Papyrus, der sich meist in Avaris
aufhielt und keinem andern Gott diente, als dem Su=
tech (Ares), d. h. unausgesetzt Krieg führte. Der hohe
Beamte Piramses, der im Jahre 1709 dieses Heerlager
besuchte, hatte neben andern Titeln auch den eines An=
führers der Reiterei und eines Generals der Meder.
Wir haben aus dieser Zeit eine große Anzahl von
Bildern, die das militärische Leben bis ins ein=
zelne darstellen, ebenso Bildsäulen aus Avaris und
Bubastis von Personen mit barbarischem Kopfputze und
ausländischer Tracht, und man kann daraus nur ersehen,
daß dieser König nicht wählerisch war und — was auch
später fortwährend geschah — Fremdlinge in seine Dienste
nahm, dabei vor allem Saken, Perser, Meder: Leute,
die stärker und kriegstüchtiger waren als die unter=
jochten ägyptischen Bauern. Ein großer Teil der
Kriegerkaste ging offenbar aus solchen Ausländern
hervor, die sehr gebieterisch auftraten und das einge=
borne Volk knechteten. Daher der Haß gegen den Ti=
tanen Apopis und Avaris.

---

1) Diod. 1, 54. Im ganzen 651 000 Mann. Nach Tacitus gaben
die Priester von Theben das Heer des Ramses auf 700 000 Mann an.

Wie Pallas Athene, so war auch der mit ihr einst untrennbar verbundne Poseidon ein Sake von Abkunft, dann ein Äthiope, d. h. Assyrier, und wurde dann ein Libyer und zuletzt ein Hellene. Zum Gotte der Seefahrt und des Meeers ist er erst in Libyen geworden und zwar in der Schule der Atlanten. Ursprünglich war er ein Binnenländer, Schützer der Pferdezucht und Kriegsgott der Männer, während Pallas Kriegsgöttin der Weiber war. Daher ihre enge Verbindung. Wir haben gesehen, daß die ältesten Griechen die kuschitischen Assyrier von Niniveh Äthiopen nannten. Sie mußten recht gut, daß dort die frühere Heimat des Poseidon war. Die Äthiopen galten ihnen als ein großes, reiches, gottgeliebtes Volk. Poseidon besucht ihre Opferfeste und nimmt dann seinen Weg über die Solymerberge in Lykien,[1]) auch versetzt er seinen Sohn Eumolpos ins Land der Äthiopen, um ihn in der Weisheit der Nereïde Benthesikyme unterrichten zu lassen.[2]) Ebenso hatte er dort einen heiligen Hain. Perseus hatte daraus die Andromeda geraubt. Auch strafte er das Äthiopenland wegen des Hochmutes der Kassiopeia, die sich den Nereïden an Schönheit gleichzusetzen gewagt hatte.

In der That findet sich im Osten ein Gott, der mit Poseidon große Ähnlichkeit hat. Windischmann hat auf ihn aufmerksam gemacht. Er heißt auf Iranisch Apâm Napâo, im Sanskrit Apâm Napât, was entweder Enkel (nepos) oder Nabel der Gewässer bedeutet. Das letztere ist unstreitig richtig. Wir haben genügende Vorlagen, um ohne Umschweife den Kern aus der Schale zu lösen und den einfachen Sachverhalt darzulegen.[3]) Der Nabel der Gewässer ist nichts andres als das wald= und quellenreiche

---

1) Od. 5, 282. — 2) Apollob. 3, 15, 4. — 3) Windischmann, Zor. Stud., S. 67 fgb.

Orontesgebirge, an dessen Nordhange die Hauptstadt des medischen Reiches Ekbatana liegt. Denn an ihm entspringen vier große Flüsse und gehen in verschiednen Richtungen auseinander, im Osten der Etymandros (Hilmend), der sich in einer Seelache verliert, im Norden der ins Kaspische Meer mündende Amardus, nach Südwesten der dem Tigris zuströmende Gyndes oder Dialus, nach Süden dem vereinigten Tigris-Euphrat zu der Choaspes. Der Orontes war also wirklich der Nabel, d. h. Mittelpunkt der Gewässer. [1]

Die Gegend war ein Paradies und ein Lieblingsaufenthalt aller assyrischen, medischen und persischen Könige; es gab hier Jagdgründe, Gebirgsmatten, Quellen, schattige Lusthaine. Wahrscheinlich war hier der Berg der Göttervereinigung, wohin Astlicia, die Schwester des Zervanes, die Kinder ihres Bruders, d. h. den Stamm der medischen Könige, gerettet hatte. Denn hier am Südhange in der Landschaft Kambabene lag das Paradies von Bagastäna, d. h. Götteraufenthalt, heute Behistun, berühmt durch die Bildwerke und Inschriften, in denen Darius seine Geschichte erzählt. Schon Semiramis soll hier gejagt und ihre Thaten an den Felsenwänden haben darstellen lassen. Nicht weit von hier südlich lag Kankobar mit einem namhaften Tempel der Anâhit, die wahrscheinlich im lautern Strome des Choaspes (Huaspa, der Schönrossige) verehrt wurde. Denn sein Wasser galt für so rein und heilsam, daß die Perserkönige nur von ihm tranken und solches auf Reisen und Zügen stets mit sich führten. Der Anâhita hatten verschiedne iranische Helden an dem „hohen Herrn der Kriegerinnen, dem

1) Daher heißt es, Apãm Napão verteilt die Gewässer in der körperlichen Welt nach Feldern, mit ihm der kräftige Wind, der ins Wasser gelegte Glanz (Segenskraft) und die Schutzgeister der Reinen. Ebd. S. 179.

schimmernden roßreichen Nabel der Gewässer" ge=
opfert.

Das Drontesgebirge heißt Arvand (Alvend), ebenso
aber auch eine Quelle, durch deren Wasser schönere
Pferde erzeugt wurden. Es war also eine Quelle wie
die korinthische Peirene, die askräische Hippokrene, aus
denen das Roß Pegasos entsprang. Auf ninivitischen
Denkmälern sieht man das sich bäumende Flügelroß
abgebildet. Daher heißt Apâm Napâo aurvataçpa, d. h.
Kriegs= oder Rennpferde besitzend. Mit andern Worten:

**die Gegenden an und um dieses
Gebirge waren der Hauptsitz
der Pferdezucht.** Die assyrischen
und später die medischen und per=
sischen Könige besaßen hier ungeheure,
mit großer Sorgfalt unterhaltene Ge=
stüte. Auf den Gefilden von Ekbatana
wurden die berühmten nisäischen Rosse gezüchtet, auf
denen die Könige, Fürsten und Edeln ritten, und mit
denen die heiligen Wagen des Ormuzd und andrer
Gottheiten bespannt waren. Ebensolche Gestüte gab
es in Kambadene an der Südseite des Drontes. Ent=
zückt von der Schönheit der Gegend hatte Semiramis
am Fuße des dem Zeus (Ormuzd) heiligen Berges ein
Paradies von zwölf Stadien Umfang herstellen lassen,
das von einer starken Quelle bewässert war, und an
der geglätteten Felswand von Bagastâna ihre Thaten
verewigen lassen.[1] Alexander der Große, dem man
Wunder von dieser Gegend erzählt hatte, verweilte
hier dreißig Tage lang und fand Gestüte vor, in denen
damals angeblich 60000 Pferde vorhanden waren.
Früher, erzählte man ihm, habe ihre Zahl 100000 be=
tragen.[2]

Von hier ist also Poseidon als Schützer

---

1) Diod. 2, 13. — 2) Ebenda 12, 110.

einer sehr vorgeschrittenen Pferdezucht nach
Ägypten, Libyen und zuletzt nach Griechenland
gekommen. In Nordafrika fand sie einen sehr günstigen
Boden und wurde bald im weitesten Umfange betrieben.
Libyen besaß, wie Polybius bezeugt, die schönsten
Weiden für Rosse, Schafe und Ziegen. Strabo erzählt
von den großen, sorgsam gehegten Gestüten der liby=
schen Fürsten im Tripolitanischen, deren Fohlen man
jährlich auf 100000 Stück berechnete.[1] Auch hatte
Kyrene Überfluß an schönen Pferden. Kallimachos
nennt deshalb sein Vaterland das Schönrossige.[2]
Unter den reichen Geschenken, die die Kyrenäer
Alexander dem Großen bei seinem Hinaufzuge zum
Ammonion brachten, waren auch 300 Kriegsrosse und
fünf prachtvolle Viergespanne.[3] Pindar redet von be=
rittenen Nomaden in der Kyrenaïka,[4] ebenso ritten die
Mauren und ihre Weiber auf Rossen,[5] und noch heute
sind die afrikanischen Pferde, namentlich die aus der
Berberei, berühmt. Auch auf ägyptischen Denkmälern
sieht man Rosse und Gespanne abgebildet. Kar=
thago setzte auf seine Münzen das Roß und die
Dattelpalme.

Libyen hatte einen solchen Pferdereichtum, daß man
nicht zwei oder drei, wie anderwärts, sondern vier Pferde
nebeneinander an den Kriegswagen spannte. Nach
Herodot war diese Sitte am meisten bei den Asbysten
oberhalb Kyrene verbreitet, auch erwähnt er sie bei
den Garamanten, die mit Viergespannen Jagden
auf die Troglodyten anstellten. Noch in Xerxes Heere
erschienen die Libyer mit Kriegswagen und in Leder
bekleidet. Bei den Zaueken am Zaghvan im Tunesischen
trat die Frau als Wagenlenkerin an ihres Mannes

---

1) Strabo 7, 6. — 2) Ebenda. — 3) Diod. 7, 49. — 4) Pyth.
9, 123. — 5) Paus. 8, 43, 3.

Seite, machte also eine Figur wie Pallas Athene neben Diomedes in der Ilias. Wie Poseidon, Athene, Pferdezucht, Viergespann und vieles andre aus Libyen nach Griechenland gekommen, davon später.

Das Vorgebirge Abukir, das die Grenze von Ägypten und Libyen bildete, hieß im Altertume die Warte des Perseus. Ohne Zweifel war er auf seinem Heereszuge hierher gekommen und hatte hier gelagert. Denn im nahen Parätonion erzählte man Alexander dem Großen, daß bereits vor ihm Perseus zum Ammonion hinaufgezogen sei, um das Orakel zu befragen.[1]) Dasselbe hatte Semiramis gethan. Perseus ist dann mit Poseidon und Athene besonders am See des Triton zu Hause, wo die Sage von dem Kampfe mit den Gorgonen, der Enthauptung der Medusa und der Geburt des Pegasus spielt. Wir werden sehen, daß dort der Hauptsitz der seekundigen Atlanten war, und wie durch ihren Einfluß Poseidon ein Schützer der Seefahrt und Gott des Meeres geworden ist. Der Herakles, der mit Persern zu den Hesperiden zog,[2]) war jedenfalls Perseus. Dieser Herakles hatte auch Spanien erobert und mit Medern, Persern und Armeniern besiedelt. Als er „starb," zerstreute sich sein Heer und ging wieder nach Afrika zurück, wo sich einzelne Scharen an verschiednen Stellen festsetzten. Die Maurusier galten für Meder von Abkunft, die Pharusier für Perser.[3])

Hieraus erklären sich die seltsam klingenden Nachrichten, denen zufolge Herakles auf seinem Zuge zu den Hesperiden ins Land der Hyperboreer zu Atlas kam[4]) oder den Oleaster von den Quellen des Istros, d. h. aus Spanien, von den Hyperboreern nach Olympia holte. Denn in der That waren die erwähnten Meder,

---

1) Strabo 17, 1. — 2) Plin. n. h. 5, 8. — 3) Sallust. b. Jug. c. 18. — 4) Apollod. 2, 5, 11.

Perſer, Armenier vom ſelben Stamme, wie die Hyper=
boreer, die ſpäter aus dem innern Aſien kommend den
Apollo= und Artemisdienſt nach Troas, Lykien, Griechen=
land brachten, d. h. Scythen oder Saken.   Der „Heer=
führer“ Perſeus, der im Oſtlande mit Apollo an den
hyperboreïſchen Eſelsopfern teilnahm, hatte ſein Volk
bis an den Atlas geführt. Denn auch dort war er zu
Hauſe¹).

Dieſe Einwanderung war ſo maſſenhaft, daß ſie
bis heutigen Tages erkennbar geblieben iſt. Eine hell=
häutige, blonde, blau= oder grauäugige Menſchenart,
die man in der erſten Verlegenheit für Nachkommen
der Vandalen gehalten hat, tritt hier auffallend unter
der dunkeln und ſchwärzlichen Bevölkerung hervor.
Namentlich in Marokko iſt der blonde Typus häufig.
Man kann etwa ein Drittel blonder Leute rechnen.
Zwei Drittel der Leute aus dem Rif ſind blond
oder kaſtanienbraun, der Reſt braun und der Bevöl=
kerung im ſüdlichen Frankreich ähnlich.   Die Verbern
aus dem Norden und der Mitte Marokkos haben
weſentlich europäiſche Geſichtsbildung, Sitten und Ge=
bräuche. Die reinen Verbern des Atlas im Süden und
die im Zentrum von Marokko wohnenden unabhän=
gigen Bergſtämme um Miknaſa, Mesquinez, im
Dſchebel Zerhun und öſtlich von Fez ſcheinen derſelben
Raſſe anzugehören. Im Hochgebirge des Atlas ſoll
die geſamte Bevölkerung auffallend blond ſein und,
wie ſich ein Scheich ausdrückte, blaue, graue, katzengrüne,
Augen haben²). Auch im Auresgebirge nördlich vom
Tritonſee findet ſich dieſe hellfarbige Menſchenart,
die demnach ohne Zweifel infolge der Heeres=
züge des aſſyriſchen Perſeus hierher ge=
kommen iſt.

1) Ovid Metam. 4, 655 fgd. Serv. ad Aen. 4, 346. Plin. n. h.
5, 1. — 2) Zeitſchr. Globus, 1877, Bd. 31, S. 24 nach Tiſſot, fran=
zöſiſchem Miniſterreſident in Marokko, und Sir Drummond Hay.

Pausanias bemerkt bei Gelegenheit der Erwähnung des Athenebildes im Hephästostempel zu Athen, das blaugraue (γλαυκούς) Augen hatte, daß nach An= gabe der Libyer die Göttin eine Tochter Poseidons und der Tritonis sei, und daß sie wie ihr Vater blau= graue Augen habe.[1]) Diese Götter gehörten also dem genannten hyperboreïschen Volke an. Auch die Ägypter kannten es ganz wohl. Auf den Denkmälern findet sich ein Volk mit Namen Tamehu abgebildet, das weiße Haut, vorwiegend blaue Augen und braunes, blondes, manchmal auch rotes Haar zeigt. „Man glaubte anfangs, sagt Brugsch, an diesen Charakter= zügen eine sehr nördliche Rasse erkennen zu müssen, aber sie gehören nach Libyen.“ Wie die Libyer (Lebu) und Maschawascha tragen sie die hornförmig gedrehte Seitenlocke, die sie als Hörige des Ammon kenntlich macht. Wie konnten sie aber Ta=mehu, d. i. Nordvolk, heißen, wenn sie westlich von Ägyp= ten wohnten? Die Antwort ist darauf gegeben. Es waren eingewanderte Hyperboreer. Da diese blonde helle Rasse zuerst auf Denkmälern aus der Zeit des Amenemhe und Sesostris erscheint, so ist es klar, daß sie früher, also vor 1756, in Afrika eingedrungen ist. Nach oben zu macht die Grenze das Auftreten des Perseus in Niniveh um 1800 v. Chr., wahrscheinlich noch etwas niedriger.

Wenn bereits Ninus Afrika bis zum Atlantischen Meere hin erobert, oder wenn seine nächsten Nachfolger durch den Seezug der Kureten sogar Tartessos in ihre Gewalt gebracht hatten, so ist es sehr begreiflich, daß der Stifter der persischen Dynastie sofort nach dem Sturze der äthiopischen Anstalt machte, das assyrische Reich im alten Umfange zu erhalten, und wenn etwa Empörungen und Abfall stattgefunden hatten, sein

---

1) Pauf. 1, 14, 5.

Ansehn wieder herzustellen. Daher große Heereszüge und Sicherung der Eroberungen durch Ansiedelungen des herrschenden Volkes. In des Eusebius Königsliste entspricht dem Perseus des Semeronius Xerxes Balläos, offenbar, wie auch der folgende: Armamithres, ein medopersischer Name. Xerxes scheint also der echte geschichtliche Name dieses mit mythischen Nebeln umschleierten gewaltigen Königs gewesen zu sein. Auf Iranisch lautet er Kshajarshan.

Drittes Buch

Erstes Kapitel

Die Atlanten den Ägyptern als Tahennu bekannt; Die Lehre von Atlas; Weltsäulen, Tat, der Nordstern

Nach langen Umwegen kommen wir nun zurück auf die Atlanten. Sie waren unumgänglich notwendig, wenn wir zu klaren Vorstellungen von diesen gelangen und die wichtige Rolle verstehen wollen, die sie, obwohl nie von selbständiger politischer Bedeutung, im Mittelmeer und im Atlantischen Ozean gespielt haben. Sie kommen erst deutlich zum Vorscheine, wenn die Dunkelheit, die auf der Geschichte Nordafrikas lagert, so weit gelichtet ist, daß man die einzelnen übereinander liegenden Völkerschichten deutlich unterscheiden und mit den großen Weltbegebenheiten und den Schicksalen der Reiche in Verbindung bringen kann. Natürlich ist dabei die chronologische Frage von äußerster Wichtigkeit. Deshalb haben wir uns Mühe gegeben, sie zu lösen und nach Kräften dem traurigen Zustande abzuhelfen, in dem sich, wie wir gezeigt haben, trotz Kritik und Forschung Geschichte und Zeitrechnung des zweiten Jahrtausends v. Chr. befindet; denn wenn man den Minus statt hoch ins zwanzigste Jahrhundert ins drei-

zehnte und den ägyptischen Phiops, der etwa sein
Zeitgenosse war, statt um 1950 vor 4200 ansetzt, wie
dies geschehen ist, so sind Zeitgenossen um 2800 Jahre
auseinander gerissen, was etwa den Unterschied aus=
macht zwischen unsrer Zeit und der Homers.

Die Ägypter kannten die Atlanten ganz wohl
unter dem Namen Tahennu und verstanden darunter
offenbar alle Westafrikaner von den Grenzen Ägyptens
an bis an den offnen Ozean. Als nach dem Tode des
mächtigen Ramses II., des letzten Königs, der die von
Sestostris gemachten Eroberungen noch einigermaßen zu=
sammengehalten hatte, in dem Jahre der Siriusära 1321
v. Chr. sein schwacher Sohn Menephtha II. den Thron
bestieg, empörten sich zuerst eine Reihe von Völkern,
die wir an der Südküste Kleinasiens suchen, die Turescha
(Tarsier), die Schartana (Schairutinier kennen die Keil=
schriften in Nordsyrien)[1]), die Kavascha oder Aka=
wascha (Kabassier in Kappadozien?), die Leku (Ly=
kaonen, nicht Lykier)[2]) und die Schakalascha, das Volk
von Sagalassos, der Hauptstadt von Pisidien, also
Tarsus, das die Führung übernahm, Kiliker, Kappa=
doken, Pisiden. Wie es scheint, im Einverständnisse
mit ihnen fiel auch Libyen ab. Der König von
Karuna (offenbar Kyrene) zog mit Weibern, Kindern,
einem großen streitbaren Heere der Kairunata, mit
Rossen und Herden und vielen Kostbarkeiten gegen
Ägypten und drang, vom Ammonium herkommend,
bei der Stadt Paari in Fayum ein. Sein Marsch war
gegen Memphis und Heliopolis gerichtet, das von den
Ägyptern in aller Eile befestigt wurde. Die Ein=
dringlinge heerten und hausten furchtbar in den von
ihnen überschwemmten Gegenden; der König aber bot
die Vasallenländer auf, sammelte ein Heer und lieferte

---

1) Vielleicht ein an der Küste angesiedelter Stamm Sarden, Sardo=
nier. Solche Völker gingen nicht selten aus Seeräubern hervor. —
2) Die Lykier sind jüngerer Entstehung.

ihnen eine Schlacht. Der Libyer wurde besiegt und floh in Hast, viele der geschlagnen Maschawascha aber traten in die Dienste des Pharao, der mit reicher Beute im Triumph nach Theben zog, um dem Ammon den Dank für die Rettung des Landes abzutragen. So viel läßt sich aus einer arg verstümmelten Inschrift im Tempel von Medinet-Habu (Theben) entziffern.

Es gab also lange vor der Stiftung Kyrenes durch die Theräer ein Königreich Kyrene.[1]) Die hier, auf andern Denkmälern und in Papyren erwähnten Maschawascha bildeten die libysche Kriegerkaste und hatten ähnliche Einrichtungen wie die ägyptische, d. h. sie hatten Landbesitz und trieben Ackerbau und Viehzucht. Sie züchteten Vieh jeder Gattung, Rosse, Rinder, Schafe u. a. Auf den Abbildungen haben sie ein regelmäßiges Profil, eine etwas gebogene Nase und einen dünnen, spitzgeschnittnen Bart. Der widderhornartige Seitenzopf macht sie als Libyer und Ammonsdiener kenntlich. Wie unsre europäischen Kolonialtruppen tragen sie zum Schutze gegen die Sonne auf dem Kopfe ein Stück Tuch, das auch Nacken und Schultern bedeckt. Sie hatten Streitwagen und Pferde und waren mit Bogen, Pfeilen und Köchern und mit zwei Arten Schwertern, drei und fünf Spannen langen, ausgerüstet. Menephtha II. kämpfte also mit ihnen und schlug sie, ebenso Ramses III. (1230 bis 1212 v. Chr.). Sie verloren 12000 Mann in einer Schlacht. Später — vielleicht auch schon früher — bildeten sie eine besondre Abteilung in der Leibwache des Königs, und Prinzen von Geblüt bekleideten die Würde eines Obersten der Maschawascha.

Brugsch will in ihnen Herodots Maxyer, einen ackerbauenden Stamm im Tunesischen, erkennen, aber

---

1) Schon in vortrojanischer Zeit steht Griechenland mit Kyrene durch die gleichnamige von Apollo dorthin versetzte Hirtin und Löwenjägerin vom Pelion und den libyschen Aristäos in Verbindung.

dies ist wohl ein Irrtum. Sie sind jedenfalls kein ört=
licher Stamm, sondern Kriegsleute von Beruf und ganz
Libyen gemeinschaftlich, wenn auch nach den einzelnen
atlantischen Staaten gesondert. Sie sind die Masiken
oder Amasighs, Amoscharh, wie noch heute die Tua=
regs, die Raubritter der Wüste, heißen, d. h. die Edeln,
Freigebornen.[1]

Nun heißt es in der beregten Inschrift: „Siehe,
der böse, abtrünnige Fürst von Libyen (Lebu), der
Marmaride Batite, kommt aus dem Lande der Ta=
hennu mit dem Heere seiner Knechte." Im Texte steht
marmaruiu batite. Dieser Fürst war also der Vasallen=
könig von Kyrene (Kairuna), der sich empört hatte.
In der Kyrenaïka wohnte der große Stamm der Mar=
mariden, der Vorfahren der heutigen Berbern. Die
griechischen Kyrenäer nannten ihren König Battos, was
demnach ein Titel (Batite) gewesen zu sein scheint, den
sie von den Libyern überkommen hatten. Der theräische
Gründer von Kyrene hieß eigentlich Aristoteles, aber
als er Battos geworden war, welches Wort auf grie=
chisch einen Stammler bedeutet, so erdichtete man eine
Mär, wonach Battos am Halse gelitten und um Hei=
lung zu suchen nach Delphi gekommen sei.[2]

Kyrene lag also in Libyen und im Lande der Ta=
hennu. Dies letzte Wort wird phonetisch geschrieben,
dahinter steht das Zeichen Menschen
(Fig. 1), dann das Deutbild, das den
Himmel mit vier, meistens der Kürze
wegen mit nur drei Stützen vorstellt

Fig. 1

Fig. 2

(Fig. 2). Libyen war also das Land der Himmel=
stützen, und man kann demnach Tahennu getrost mit
Atlanten übersetzen. Der Himmelsträger und die

---

[1] Masiken kennt Ptolemäus bei Tingis (Tanger), Lixos und
südlich von Jôl im heutigen Algier. — [2] Herod. 4, 155.

Himmelsstützen waren den Ägyptern sehr wohl bekannt.[1]) Sie hatten ein hieroglyphisches Bild (Fig. 1), das tat gelesen wird. Nach der herkömmlichen Deutung stellt es den Nilmesser mit Graben vor; dies ist aber irrig. Es stellt die vier Weltsäulen, aber ineinander geschoben vor, weil man sie nebeneinander nicht gut vorstellen konnte.

Die vier Stützen haben auch die Form der Fig. 2. Das Wort Tat bedeutet so viel wie Stillstand, Ruhe, Festigkeit, Unveränderlichkeit, Ewigkeit. So z. B. sagt Thot im Anfange des Totenbuches col. 4: „Ich bin Tat, der Sohn des Tat, ruhend in Tattu, ich bin geboren in Tattu," was man übersetzen kann: „Ich bin der Unveränderliche, Sohn des Unveränderlichen, ruhend in der Unveränderlichkeit" u. s. w. Der Name des Thot-Hermes selbst, Tahuti geschrieben, erklärt sich aus dem Koptischen thouôti, d. i. Säule, weil die Säule das Bild des Festen, Unveränderlichen ist. Tattu war der heilige Name der Stadt Mendes am Ausfluß des mendeischen Nilarmes und diese führte ihn, weil hier die Nilflut zum Stillstande kam. In einer besondern Cäremonie wurde dann (im November) die liegende Säule Tat aufgerichtet zum Zeichen, daß Osiris — d. h. die befruchtende Kraft des Nils als Osirisseele — in die Ruhe eingegangen sei. Man hat Abbildungen dieser Handlung. Ein kleines Bildchen des Tat gehörte mit zu den Amuletten, die man den Mumien an den Hals legte. Nach Tot. K. 155, 1—3 half es dazu, daß der Tote ins Paradies einging: „Nicht wird er zurückgewiesen, gegeben wird ihm Brot und Fleisch, er wird ein Priester an den Altären des Sonnengottes." Man besitzt zahlreiche solch kleine Tat, die aus Gold, Stein, Porzellan, Holz, Wachs gefertigt sind und ohne Zweifel von ihren Besitzern als Amulette getragen wurden.

---

1) Ein Männchen, mit Kopf und erhobenen Armen den Himmel stützend (gelesen ach pe, Himmelsträger), ist Hieroglyphenbild.

Die Vorstellung von vier Säulen, die an den Enden der Erde stehend den Himmel stützen, damit er nicht einfalle, stammt aus der grauesten Vorzeit, wo man sich über die Natur der Dinge noch in großer Unwissenheit befand; sie überlebte aber die Blüte der Wissenschaft und trat bei deren Verfalle wieder hervor. Cosmas Indiopleustes z. B. glaubt wieder daran. Der Himmel ruht wie ein Baldachin auf diesen Säulen. Die Orphiker redeten von der „viersäuligen Welt,"[1]) und als die angeblich schwimmende Insel Delos wieder fest werden sollte, wurde sie auf vier Säulen ge= gründet.[2]) Wenn es in der Odyssee heißt, Atlas kenne alle Tiefen des Meeres und habe (besitze, nicht trage) die langen Säulen, die beiderseits (ἀμφίς) die Erde und den Himmel halten,[3]) so kann man mit Bestimmt= heit annehmen, daß ihrer vier waren. Homer stellt sich also den Atlas noch nicht als Himmelsträger vor; erst Hesiod thut dies. Atlas stützt bei ihm den Himmel mit dem Haupte und den emporgehobnen Händen.[4]) Später ladet ihm Äschylus die Himmelskugel auf,[5]) und so, als ihr Träger war er schon im Giebelfelde des Zeustempels zu Olympia vorgestellt.

Eine merkwürdige Abbildung bei Wilkinson[6]) zeigt uns ein auf dem Zeichen Himmel knieendes Männchen, das, wie bei Hesiod, mit Kopf und beiden Armen den von dem fliegenden Käfer, dem Zeichen des Weltbildners, überragten Tat, d. h. die vier Weltsäulen, trägt. Das Männchen ist demnach Atlas, und diese Vorstellung also den Ägyptern wohlbekannt, ja es scheint, daß sie in ihrer Sprache den Atlas Tat nannten. Denn Tat war auch eine Person. Wenn Thot oben sagte: „Ich bin Tat, Sohn des Tat, geboren in Tattu," so fällt

---

1) Hym. Orph. 1, v. 39. — 2) Pind. fragm. ed. Dissen S. 228. — 3) Od. 1, 52. — 4) Hes. Theog. 507 fgd. — 5) Prometh. v. 348. 427. — 6) Cust. a. manners I, ser. 2, S 253.

er dann dem Begriffe nach mit Tat und folglich auch
mit Atlas zusammen. Die Vorstellung ist dieselbe;
denn Klemens von Alexandrien sagt: „Atlas ist der
leidenlose (ἀπαθής) Pol, kann auch die unbewegliche
Sphäre sein. Vielleicht versteht man am besten die
unbewegte Ewigkeit darunter." Das ist ganz richtig:
denn das Wort A=tlas bedeutet einen nichts Thuenden,
nichts Unternehmenden, [1]) da der Pol, um den sich der
ganze Himmel dreht, der einzige unbeweglich feste
Punkt im Weltall ist. Thot, im höchsten Sinne als
Urheber des unverbrüchlichen Weltgesetzes und der Welt=
ordnung aufgefaßt, konnte also recht gut mit Tat und
Atlas gleichgesetzt werden, ebenso Phtha=Hephästos, der
gewöhnlich mit dem Tat in den Händen vorgestellt
wird. Er ist der Weltwerkmeister. Er konnte also
ebensogut wie Thot=Hermes Tat und Atlas sein. Denn,
wie man hinreichend klar sehen kann, fallen im höchsten,
aber nur den Eingeweihten zugänglichen Verstande die
verschiednen Teilgötter zusammen, und das in Symbolen
und Gleichnissen mancher Art verhüllte Geheimnis ist
der Einheitsglaube. Man verehrte im Tat den Welt=
erhalter oder, wenn man will, die zusammenhaltende
Kraft im Weltall.

Als man später die Entdeckung gemacht hatte, daß
das unablässig sich bewegende Himmelsrund sich um
einen unverrückbaren, durch den Nordstern kennbar ge=
machten Punkt bewege, wurde dieser bei dem lebhaften
Sinne der Urwelt für das im Sinnlichen sich offen=
barende Geistige und Göttliche der Gegenstand des
höchsten Staunens und unbegrenzter Ehrfurcht. Es
gab ein Festes im unaufhörlichen Wandel und Wechsel
der Dinge; am Pole ging ihnen der Gedanke der Ruhe,
des Stillstandes, der Unveränderlichkeit, der Ewigkeit

---

1) Aus α priv. und τλάς Part. praes. von τλῆναι im Sinne
von wagen, unternehmen.

auf. Daher betrachteten ihn die Weisen wohl als Sitz
der Gottheit, als den Ort, wo sich Olam, der geistige
Gott, [1]) der Melech Olam, d. i. König der Ewigkeit,
offenbarte. So wurde der Nordstern die Kiblah der
Betenden und blieb es bei gewissen Sabier= und
Chaldäersekten. Die Araber nennen ihn den Zapfen
der Mühle; man konnte ihn aber auch als Schlußstein
des Himmelsgewölbes betrachten.

Wahrscheinlich nannten die Atlanten diesen Stern
Kiôn ($\varkappa\iota\omega\nu$), d. h. Säule, ein Wort, das in die grie=
chische Sprache übergegangen ist. Es ist der Stern
Kijun, den die Nomaden bei ihrer Wanderung durch
die Wüste verehrten, jedenfalls, weil er ihnen zur
Nachtzeit den Weg wies. Die Araber nennen diesen
Stern, den Movers für den Saturn hält, Kaiwan, die
Ägypter kannten einen Stern Tahen, was so viel
als der bleierne zu bedeuten scheint. [2]) Denn Tahen,
mit dem Deutbilde OOO, ist ein Metall, aus dem der
Alchymist Nub, d. i. Gold, macht, also jedenfalls Blei
(kopt. t'h, ta t'h). Das Blei als schwerstes der Metalle
drückt also hier das Beharrungsvermögen aus. Man
fand also schon damals die Kraft des Zusammenhaltes
in der Schwerkraft. Zur Erklärung dienen die Wörter
taha, tahe feststellen, hemmen, taho ruhen, tahno ver=
hindern, zusammenhalten, dauern, währen, tahuti Fest=
setzer, Gesetzgeber. Ebenso kommt Kijun, Kiôn von
einem Stamme kun כון, der befestigen, festsetzen,
gründen bedeutet. Tahennu hießen also wohl die
Atlanten, weil sie den Stern Tahen verehrten.
Die Säule der Welt war nun die Erdachse, die von
der Erde bis zum Nordsterne und dem Pole reichte,
und deshalb hieß Atlas der Himmelsträger.

---

1) *Οὐλωμὸς ὁ νηοτὸς θεός.* Damasc. de princ. Wolf Anec-
dot. Graec. III, S. 260 nach dem Phönizier Mochos. — 2) Totenb.
c. 136, 26.

Zweites Kapitel

Die Religion der Atlanten

Die Atlanten waren die Priesterschaft der Westafrikaner, die man zum Unterschiede von ihnen mit
Diodor Atlanteer nennen kann, eine Priesterkaste,
ähnlich den ägyptischen Sabiern, den Chaldäern,
den Magiern, den Brahmanen, den Druiden, deren jede
ihre besondre Stärke in diesem oder jenem Zweige der
Wissenschaft hatte. Die Stärke der Atlanten war die
Nautik und die Länderkunde. Sie waren Anhänger
der Religion des Uranos und, wie wir bereits gesehen haben, eine aus dem Morgenlande vertrie-
bene Sekte arabischer und chaldäischer Abkunft. Ein
großer Teil der Geschichten des Sanchoniathon dreht
sich um einen langen, furchtbaren Krieg zwischen Uranos
und Kronos, der mit der gänzlichen Niederlage des
Uranos endete. Kronos ist vor allem der Assyrier.

Nach Eupolemos führten die Babylonier die Erfindung oder Ausbildung der Astronomie auf Enoch,
die Hellenen auf Atlas zurück, dieser aber sei derselbe
wie Enoch.[1] Wir wollen dies letzte nicht behaupten,
aber ein Zusammenhang ist da. Enoch ist der bekannte

---

1) Euseb. Praep. ev. 9, 17.

biblische Patriarch und Vorfahr Noahs, den die Araber
auch Edris oder Idris nennen, ein gerechter und
frommer Mann, der durch seine Sehergabe und Stern=
kunde die Sündflut voraussah und deshalb Bittgänge
anordnete und mit vielen Thränen Bekehrung und
Buße predigte. Wenn Xisuthros, der Archenschiffer,
mit Noah zusammenfällt, so treffen dessen Vorfahren, die
Chaldäerkönige Otiartes, Amempsinos und Edoranchos
auf Lamech, Methusalah und Enoch. Edoranchos
scheint die beiden Bestandteile Edris und Enoch zu
enthalten. Nach Berossos stammte Edoranchos aus
der Bücherstadt Pantibiblis (Sepharvaim). Unter ihm
ging allerdings eine große Veränderung in der Gesetz=
gebung und Wissenschaft vor sich. Denn angeblich
erschien unter ihm wieder einer der ganz rätselhaften
fischgestalteten Anneboten, die aus dem Roten Meere
aufstiegen, und legte das, was der Urgesetzgeber Oannes
nur der Hauptsache nach festgesetzt hatte, im ein=
zelnen aus.

Ohne Zweifel war Enoch ein Gesetzgeber und
Lehrer der Einheit Gottes. Er gehörte mit Seth und
Noah zu den großen Propheten der Sabier, die sich
durch seinen angeblichen Sohn Sabi von ihm ableiteten,
ja er wurde mit dem ägyptischen Thot gleichgestellt.
Er hatte den Unterricht in der Schreibkunst eingeführt
und war der erste gewesen, der sich mit den himm=
lischen Dingen befaßt, den Lauf der Gestirne beobachtet,
Tempel gebaut, den Gottesdienst eingeführt und Bücher
über Medizin und andre irdische und höhere Dinge
verfaßt hatte.[1]

Alle menschliche Ordnung beruht auf astronomischer
Grundlage; denn Religion, gesellschaftliche und staat=
liche Ordnung sind vom Himmel gekommen, von dem

---

[1] Chwolson, Die Ssabier, Bd. 1, S. 246, 787, 825.

sichtbaren wie von dem unsichtbaren. Wenn die
Menschen der Urzeit die Fähigkeit besaßen, die un=
beschreibliche Pracht des nächtlichen Sternenhimmels
zu empfinden und anzustaunen, wenn ihnen dabei der
Gedanke der Unendlichkeit, Ewigkeit und Unveränder=
lichkeit aufging, wenn sie Einheit, Gesetz und Ordnung
im Weltganzen fanden und Gott als seinen Urheber
und höchsten Gesetzgeber erkannten und ihm nach
Kräften dienten, so wird man sagen müssen, daß diese
geistigen Fähigkeiten weit größer und stärker waren,
als die der heutigen Menschen. Denn wer sagte ihnen,
daß es ein All der Dinge gebe, daß es einen Kosmos,
ein geordnetes Ganze bilde, daß es einen Urheber haben
müsse, wer lehrte sie über die glänzenden Lichter, die
man Sterne nennt, nachzudenken, aus der unendlichen
Zahl der Fixsterne die Wandelsterne herauszufinden,
den Lauf der Sonne und des Mondes zu beobachten,
ihre Bahnen und Umläufe zu berechnen und Tage,
Wochen, Monate und Jahre zu bestimmen? Denn
alles dieses konnte ihnen nicht gelehrt, sondern mußte
durch die Kraft des innewohnenden Geistes entdeckt
und gefunden werden.

Die Gebildeten unsrer Zeit, mit Ausnahme der
Astronomen von Fach, kümmern sich wenig um den
nächtlichen Himmel und die Gestirne. Sie begnügen
sich meist mit den formelhaften Kenntnissen, die sie
gut oder schlecht in den Schulen gelernt haben, ohne
sich die Mühe zu geben, den Mondlauf und Mond=
wechsel zu verfolgen und Sterne und Sternbilder
kennen zu lernen. Sie verlassen sich auf die Astro=
nomen und auf den für ein geringes Geld zu erkaufen=
den Kalender. Denn darin steht alles, was dem prak=
tischen Manne zu wissen nötig ist. Dadurch ist man
stumpf geworden. Man begreift nicht mehr, wie auf
dem Kalender, d. h. auf der gesetzlich bestimmten Zeit=
einteilung, unsre gesamte gesellschaftliche Ordnung be=

ruht, staatliche wie kirchliche. Im Altertume war
staatliche und religiöse Ordnung ein und dasselbe, und
die letzte die stärkere und ältere; die aber den
Himmel beobachteten, den Lauf der Gestirne verstanden
und nach der himmlischen Ordnung die irdische zu
bestimmen wußten, waren die Weisen, die Gelehrten,
die Priester, die Gesetzgeber. Daher war die Stern=
kunde überall die Hauptwissenschaft der alten Priester=
schaften, und die Kenntnis des Kalenders eine ihrer
Hauptaufgaben; die Chaldäer aber sind die älteste,
und sie sind die Lehrer aller übrigen gewesen, der
Ägypter, Atlanten, Magier, Brahmanen, Druiden,
der Hebräer, der Griechen; von Chaldäa aus ist auch
der Gottesglaube und alle wahre Religion ausgegangen.
Abraham war ein Chaldäer.

In jenen alten Zeiten war es eine Notwendig=
keit für jedermann, sich um den Himmel zu bekümmern
und ihn unausgesetzt zu beobachten. Der Mond mit
seinem regelmäßig wechselnden Ansehn war der Haupt=
ratgeber in der Zeitteilung, und der synodische Mond=
monat das älteste Jahr. Denn die genaue Länge des
Sonnenjahres kannte man nicht und konnte nur aus
dem wechselnden Stande der Sonne, der Verlängerung
und Verkürzung der Tage, dem Wechsel der Jahres=
zeiten erraten, wie lang es ungefähr sei. Während
dieses Jahreslaufes war man darauf angewiesen, die
Auf= und Niedergänge bestimmter Sterne zu beachten,
weil diese die stets neu eintretenden Vorgänge in der
Natur anzeigten und bestimmten, welche Arbeit und
welches Geschäft nun vorzunehmen sei.

Der Jäger, der Fischer, der Hirt, der Seefahrer,
der Ackerbauer, der Palmenzüchter u. a. richteten sich
nach den ihnen bekannten Sternen, und zugleich war
der nächtliche Himmel die Uhr, nach der sie die Zeiten
der Nacht bestimmen konnten. Aus Hesiods Werken
und Tagen kann man recht deutlich ersehen, wie der

griechische Landmann die gesamten Arbeiten und
Geschäfte des Jahres nach den Auf= und Niedergängen
der Gestirne bestimmte. Zeus hatte sie am Himmel
kennbar gemacht. Genau so machen es noch heute
die polnischen Bauern, und die Wilden der Südsee
machen die ungeheuersten Seereisen, indem sie sich ohne
Kompaß dabei nach den Gestirnen richten.

In der That war einst kein Wissen verbreiteter
und volkstümlicher, als die Sternkunde. Die Menschen
lebten vertraut mit dem Himmel, von dem sie nicht
nur ihre höchsten Eingebungen, sondern auch Rat und
Anleitung in den irdischen Dingen empfingen. Na=
türlich verehrte jeder Stand und Beruf vornehmlich
den Stern, der ihm zunächst nützlich war, am meisten;
er liebte ihn und betrachtete ihn als seinen Freund
und Schützer, und so entstand der Sterndienst. Denn
daß die Sterne Himmelskörper seien, wußte man
nicht; auf diesen Gedanken kam man erst später und
auf Umwegen. Man erkannte nur, daß Sonne, Mond
und Sterne Gewalt über Entstehen und Vergehen und
alle irdischen und menschlichen Dinge hätten, und hielt
sie deshalb für große Mächte .und, wie Äschylus sagt,
Dynasten, Könige, Götter, Geister, Engel, Diener des
Allerhöchsten. Denn darüber, was sie eigentlich seien,
entstand Streit und Uneinigkeit. Daraus erklären sich
die großen Religionskriege, die sich um den Turm von
Babel drehen. Es entstand Streit über die Bestim=
mung der Zeit, über die zu treffenden gesellschaftlichen
Einrichtungen, über die Gottesverehrung; es traten
Irrlehrer auf, die Gott und die Freiheit leugneten
und den Schicksalsglauben und das Gesetz der Not=
wendigkeit predigten, woraus dann die assyrische
Menschenanbetung, die allgemeine Despotie, der Sonnen=
dienst und die Anbetung der Naturgötter hervorging.
Tenn die Grundrichtungen des Geistes, die heute die
Menschheit zerklüsten, und der Streit zwischen Glauben

und Wissen waren schon damals vorhanden. Es giebt hierin keinen Fortschritt, nur die Verbrämung und der Ausputz ist heutzutage reicher.

Die Chaldäer waren die ersten, die den Gedanken des Alls der Dinge faßten und ein Weltsystem aufstellten, das im Grunde kein andres ist als das Ptolemäische. Sie dachten sich das Weltall bestehend aus acht Himmeln, d. i. acht hohlen Kugeln, aus dem höchsten, dem Firsternhimmel, und sieben darin befangnen, immer kleiner werdenden Planetenkreisen oder Sphären. Der Firsternhimmel, das Empyreum, war den Gläubigen der Sitz des Allerhöchsten und der seligen Geister, die bewegende Kraft der Planeten aber schrieben sie dem in jeder Sphäre waltenden Geiste, Gotte oder Engel zu. Die Vorstellungen, was ein Gott, ein Geist, ein Engel sei, waren damals noch schwankend. Diese oder jene Sekte hielt die Planeten für abgefallne Geister, die, weil sie von der himmlischen Ordnung abweichend aus ihren Sphären getreten seien, irre gehen müßten, bis wieder eine große Ausgleichung einträte.

Dies war die Religion der Achtheit, die des babylonischen Turmes, die wir in Berytos und in Hermopolis wiederfinden. Der berühmte Turm, der vom Blitze getroffen und eingestürzt 42 Menschenalter wüste lag, bis ihn Nebukadnezar um 600 v. Chr. wieder herstellte und seiner Bestimmung zurückgab, war wohl das erste Bauwerk, in dem der architektonische Gedanke zum Ausdrucke kam. Denn auch die Architektonik ist vom Himmel gekommen. Die Ägypter und jedenfalls auch die Chaldäer hatten die Lehre, daß zwischen den himmlischen und den irdischen Dingen eine Sympathie stattfinde, und daß die irdischen nur niedere Abbilder der höhern, himmlischen seien.

So war denn dieser Turm ein Abbild des Weltalls, und jede seiner sieben Stufen einem Planetengotte

oder Planetenengel geweiht, auf dem siebenten Aufsatze
aber stand das Heiligtum des „Achten," d. h. des
höchsten Gottes. Er war ein Tempel und zugleich
die hohe Schule der Chaldäer, worin ihre Weisen
lehrten und ihre Schüler zu immer höhern Klassen und
zuletzt zur Höchsten aufstiegen.

Der Turm galt als ein Werk menschlichen Hochmutes. Denn er ging nicht von den rechtgläubigen
Anhängern der Religion Enochs und Noahs, sondern
von den Chamiten aus. 42 Menschenalter, nach chaldäischer Annahme jedes zu vierzig Jahren gerechnet,
ergeben etwa 1680 Jahre vor Nebukadnezar. Darnach
fiele der Bau des Turmes oder seine Zerstörung um
2280 v. Chr., genau in die Zeit, wo sich nach sichern
Angaben der Kuschit Kudur Nanchundi Babylons
und andrer Städte bemächtigte und als Gottesver-
ächter schaltete. Dieser König scheint also wirklich
der biblische Nimrod zu sein, dem man in der That
den Bau des Turmes zugeschrieben hat. Eusebius
berichtet nach ungenannten Schriftstellern, daß Belos,
einer der einst in Babylonien heimischen, später wegen
ihrer Ruchlosigkeit von Gott ausgerotteten Giganten,
als er in Babylon hauste, den Turm gebaut und
darin gewohnt habe, weshalb er der Turm des Belos
heiße. Auch Abraham, ein großer Sternkundiger,
stamme von diesen Giganten ab.[1]) Belos bedeutet
Herr und Nimrod, Ninus und andre Herrscher können
so genannt werden.

Als der Turm ausgebaut war und es sich darum
handelte, welcher Gott auf seiner Höhe als der höchste
Gebieter verehrt werden sollte, entstand große Zwietracht unter den verschiednen Gemeinschaften und
Sekten, da jede ihre besondre Auffassung zur herrschenden machen wollte, und eine große Spaltung trat im

---

1) Praep. ev. 9, 19.

ganzen Reiche ein. Man griff zur Gewalt, und bald
siegte diese, dann jene Sekte und bemächtigte sich des
Turmes bis zur Spitze hinauf. Es trat eine allgemeine
Verwirrung der Meinungen, eine Sprachverwirrung
ein, und infolgedessen ein allgemeiner Krieg im ganzen
Reiche, der zu Auswanderungen nach allen Seiten
hin führte. Das ist die große Völkerzerstreuung.
Zuletzt wurden die Chamiten, nachdem man ihren Gott
von der Höhe herabgestürzt hatte, zur Auswanderung
genötigt. Sie waren Anhänger der Religion Noahs,
aber hatten sie mit Götzendienst, Naturdienst, Zauberei
und Gaukelei gefälscht. Die Wanderscharen waren
von chaldäischen Priestern geführt, die nach der Flut
aus Armenien nach Senaar gekommen waren und den
Feuerdienst mit sich gebracht hatten[1].

Die in Ägypten eingefallenen Phöniko=Araber
waren Mizräer, also Chamiten und als solche Noa=
chiden. Sie waren, wie es bei Dionysios dem Perie=
geten heißt, vom edeln Blute der Chaldäer und hatten
die Lehre des Einen Gottes. Der große Gesetzgeber
der ersten Pyramidenzeit, Pflegesohn des Snefru und
seiner Gemahlin, war kein Ägypter, sondern ein
Fremdling asiatischen Stammes und jedenfalls ein
Chaldäer. Denn er stiftete später die Stadt Groß=
hermopolis und führte darin einen Dienst ein, der
unzweifelhaft der des Turmes von Babel ist. Aus
Sanchoniathon geht hervor, daß der Kultus von Berytos
in Phönizien und von Hermopolis gleichen Ursprung
hatte. Denn von den Aleten und Titanen, die wir als
die zuwandernden Phöniko=Araber nachgewiesen haben,
stammten zwei Brüder Misor und Sydyk, von Misor
Taaut, „den die Ägypter Thôt, die Alexandrier Thôyt,
die Hellenen Hermes genannt haben, von Sydyk (d. i.

---

[1] Hestiäos bei Jos. Antiq. 4, 3. Euseb. Praep. ev. IX, 15.

der Gerechte, hebr. Zadok) aber Dioskuren oder
Kabiren oder Korybanten oder Samothrafen."[1] D. h.
die Religion von Berytos hatte Ähnlichkeit mit den
Kulten von Kreta und Samothrafe.

Die Stadt Berytos, das heutige Beirut, lag
etwa fünf deutsche Meilen nördlich von Sidon auf
einer Landspitze am Fuße des Libanon. Sie wurde
also von den Phöniko=Arabern eingenommen, die sich
hier jedenfalls, wie das Herodot von allen Phönikern
erzählt, bald auf die Seefahrt verlegten und dazu
ihre Sternkunde verwendeten. Berytos war der Sitz
einer Priesterschaft, die sich zum Teil von Aiôn
(Olam?), dem Stammvater der Eingebornen, ab=
leitete[2] und aus sieben Kabiren unter ihrem Ober=
haupte Esmun, d. h. dem Achten, der auch als
Asklepios erklärt wurde, bestand. „Der Asklepios in
Berytos, sagt Damascius, ist kein Hellene, auch kein
Ägypter, sondern ein eingeborner Phöniker. Denn
dem Sadyk (Sydyk Sanchoniathons) wurden Söhne
geboren, die sie für Dioskuren und Kabiren erklären.
Als Achter zu diesen wurde Esmunos geboren, den
man als Asklepios erklärt."[3] Priester sind sie, weil
es heißt, daß sie, die Kabiren und ihr Oberhaupt, auf
Befehl des Thot alle alten Geschichten aufgezeichnet
hätten. Ein solcher berytischer Priester war Sancho=
niathon, ein Zeitgenosse des hebräischen Hohenpriesters
Hierombalos, Priesters des Gottes Jeuo. Man er=
kennt in ihm den Richter Gideon, der als Jarubbaal
sich das Ephod anmaßte. Sanchoniathon teilt uns
eben diese in rätselhafter Sprache verfaßten Auf=
zeichnungen der Kabiren mit. Diese Priesterschaft

---

1) Sanchon. fragm. ed. Orelli, S. 22. — 2) Ebenda S. 38 ist
zu lesen πρῶτος τῶν ἀπ᾽ Αἰῶνος (statt αἰῶνος) γεγονότων
Φοινίκων. Denn (S. 14) Aion und Protogonos waren die Ur=
menschen Kanaans, die „die Nahrung von den Bäumen" (die Dattel=
palmenzucht?) erfanden. — 3) Damasc. ap. Phot. Sanchon. Orelli, S. 39.

war also nach dem himmlischen Vorbilde organisiert. Sie traten als Engel oder, wenn man will, als Götter auf.

Der ägyptische Taaut, Gründer von Hermopolis, war ein Sohn Misors, Bruders von Sydyk, von dem Esmun und die Kabiren stammten. Die letztern hatten auch erzählt, daß Kronos nach Süden gezogen und dem Taaut ganz Ägypten zum Königreiche gegeben hätten. Berytos in Phönizien und Hermopolis in Ägypten hatten also dieselbe Religion und standen in Kultusverbindung, die Religion aber war die der Achtheit. Esmun ist Hebräisch ha-schmuni, schmuni der Achte, und Hermopolis heißt deshalb auf Arabisch Aschmunain oder Oschmunain, die beiden Schmun, wahrscheinlich, weil es eine Doppelstadt war. In altägyptischer Sprache hieß es sesennu, Acht, und wurde mit acht $\equiv$ $\equiv$ Strichen in zwei Reihen geschrieben. Dies be- $\equiv$ $\equiv$ deutete Kosmos, vollkommene Weltordnung, Vollkommenheit, im musikalischen Sinne die Oktave als Grundverhältnis aller Harmonie. Das war noch den ägyptischen Christen bekannt. Denn Klemens von Alexandrien giebt an, die Achtheit (Ogdoas) könne erklärt werden „als der geistige ($\nu o \eta \tau \delta s$) Kosmos oder als der allumfassende, gestaltlose, unsichtbare Gott,"[1] und an einer andern Stelle sagt er: „Wen Christus wiedergebiert zum Leben, der wird in die Achtheit versetzt.[2] Ein Volk, dessen Name die acht Striche hinter sich hat, ist nicht zu übersetzen mit Achtvolk, sondern geordnetes, gesittetes, zivilisiertes Volk, Völker, wie die „neun Bogen," d. h. die zum Kriegsdienste verpflichteten Bewohner der Vasallenländer waren.

Auf dieser Grundlage beruht die Lehre vom

1) Strom. V, c. 6, § 37. — 2) Fragm. 80.

Kosmos als der Staats= und Gesellschaftsordnung,
die man für hellenisch, ja im besondern für dorisch
erklärt hat, die aber ihrem Ursprunge nach chaldäisch,
dann phönizisch, ägyptisch, atlantisch und auch ira=
nisch und indisch, ja sogar chinesisch ist. Bei den
Griechen ist sie im Kulte des Kadmos (Kosmos) und
der Harmonia ausgesprochen und phönizischen Ur=
sprungs. Kadmos ist Hermes, und Hermes ist Thot.
Hermes mit seiner Lyra ist der Spieler der Welt=
harmonie. Denn wie der architektonische, ist auch
der musikalische Gedanke, wie überhaupt alles, was
Maß, Zahl, Verhältnis, Rechnung heißt, vom Himmel
herabgekommen. In der irdischen Natur und ihren
Kräften, Bewegungen, ihren Gebilden und Geschöpfen
ist zwar auch Zahl, Maß, Verhältnis, Rhythmus
erkennbar, aber verdunkelt nur im allgemeinen und
nicht streng mathematisch. Um die irdischen und
menschlichen Dinge genau zu regeln und zu bestimmen,
bedarf es des mathematischen Maßes, und dieses
offenbart sich nur im Sternenlaufe und in der Zeit=
messung. Die gesamte Maß= und Rechenkunst, das
Zahlensystem, die Teilung der Zeit in Perioden,
Jahre, Monate, Tage, Stunden, Minuten, Sekun=
den, die Längen= und Hohlmaße u. s. w. beruhen hierauf
und sind chaldäischen Ursprungs; die Feldmessung
(Geometrie) ist dagegen eine ägyptische, aber doch
auf chaldäischer Grundlage beruhende Erfindung, die
infolge der von Amenemhe Möris unternommenen und
von Sesostris weiter geführten Nilregulierung auf
dem Wege der Erfahrung gemacht wurde.

Die Musik ist die Kunst, die die im Weltall
verborgne, aber auf Erden durch Mißklang jeder
Art übertäubte und getrübte Harmonie und über=
sinnliche Schönheit zur Wahrnehmung bringt, die
Seele dadurch entzückt und zum Göttlichen empor=
hebt. Auch sie beruht auf der Achtheit und hat einen

himmlischen Ursprung. Nach dieser Lehre stellt man
sich das Weltall vor als eine siebenseitige Laute oder
Lyra, auf der der mit abwechselnden Namen genannte
Schöpfer seine ewigen Melodien spielt, oder
die sieben Sphären bringen in ihrem Umschwunge jede
einen Klang hervor, der harmonisch mit dem der
andern zusammenklingt, oder die Geister und Engel
der einzelnen singen Lobgesang dem Allerhöchsten.
Die älteste wirkliche Musik war die priesterliche, die
Tempelmusik und ungemein einfach, aber feierlich
ernst. Als schönstes Loblied auf die Gottheit galt
den Ägyptern das Absingen der Tonleiter auf=
steigend und absteigend mit den untergelegten sieben
Vokalen, die sie annahmen. Sie dachten dabei jeden=
falls an das Auf= und Niedersteigen der Engel auf
der Himmelstreppe, wie das Jakob zu Bethel im
Traume sah. Daß Thot=Hermes als Schläger der
Weltharmonie angesehen wurde, beweist eine Stelle
im Totenbuche (c. 15, 27), wo der Verstorbne sagt:
„Ich schaue den Phönix (Hor, Licht) von Angesicht,
die Laute des Thot in seinen Händen." Zu Hermo=
polis wurden in der That die sieben Lobpreiser ver=
ehrt. Pythagoras hat die Lehre von der Harmonie
der Sphären in Griechenland unters Volk gebracht,
aber sie war schon früher als Geheimnis im Hermes=
und dann im Apollodienste vorhanden. Man kannte
den Dreiklang und die Oktave, auf denen alle hellenische
Musik beruhte. Auch das Cäremonialwesen, das
würdige Benehmen der Priester, Könige, der Anstand
in Gang und Haltung, der Tanz, die militärische
Schulung, die richtige, schöne Aussprache des Wortes,
der gehaltene Gesang, die Architektonik und Kunst
in jedem Sinne gingen aus dieser Grundanschauung
hervor.

Die Religion von Hermopolis war also wie die
von Heliopolis und Berytos chaldäischen Ursprungs.

Auch hier die Vermischung des Göttlichen mit dem
Menschlichen wie im ganzen Systeme. Thot, „der
Herr der Achtheit," ist im höchsten Sinne der Schöpfer
und Weltgesetzgeber selbst, und im niedern der mensch=
liche Stifter der Stadt, Gesetzgeber und jedenfalls
erster Oberpriester, „der zweite Thot." Wie wir gesehen
haben, ist diese Stadt zwischen 2150 und 2120 v. Chr.
gestiftet worden. Nach den Inschriften im Kupfer=
lande auf der Halbinsel Sinaï war der Dienst des
Thot von Hermopolis zur Zeit der Pyramidenkönige
vorhanden, und das im Kapitel 64 des Totenbuches
mitgeteilte Orakel des Königs Mykerinus war nach
der Beischrift am Ende von Sesennu (Hermopolis),
ausgegangen. Zum Abbilde des Thot hatte der
Einführer des Dienstes den Vogel Ibis gewählt,
offenbar wegen seines regelmäßigen, mathematisch
gemessenen Schrittes und seines würdigen Benehmens,
wie man es von den Priestern verlangte. Man hat
Fabeln darüber, die das erhärten. Unter dem „un=
sterblichen Ibis" von Hermopolis ist sehr wahrschein=
lich der dortige Oberpriester zu verstehen, der vielleicht
der höchste des Landes war. Die ganze ägyptische
Hierarchie war in dieser Art maskiert.[1)]

Der Stufenturm war hierogly=
phisches Bild oder wird der Kürze
wegen halb dargestellt. Im sieb=
zehnten Kapitel des Totenbuches, in dem sozu=
sagen der Katechismus der Religion gegeben wird,
heißt es gleich am Anfange: „Der Gott des Äthermeeres
steht auf der achtstufigen Treppe, er hat hinabge=
worfen die Söhne des Frevels von der achtstufigen
Treppe." Das wäre also der babylonische Turm.

---

1) Über Groß=Hermopolis habe ich ausführlich gehandelt im
Rheinischen Museum 1867, S. 517—543: „Die ältesten Zeiten der
ägyptischen Geschichte."

Von ihm ist offenbar auch im Kapitel 108, das die Überschrift führt: „Spruch, welchen wissen die Störche (Geister, Priester) des Ostens," und von dem heiligen Berge handelt, die Rede. „Es ist ein Berg (Turm) im Stammlande des Himmels, furchtbar (?) sein Anblick, das Maß 370 (Ellen) in seiner Länge (Höhe?), 140 Ellen in seiner Breite (□ Grundfläche?), und der Gedemütigte (der Gott der Chamiten) war im Osten auf dem Berge, der sein Tempel war, und eine Schlange (ist jetzt) auf seinem Berge, Flammenhaucher heißt sie. Sie lebt (wird leben) so lange wie die Sonne," d. i. der gegenwärtigen Aeon. Dann heißt es, der Sonnengott werde sie kopfüber herab= stürzen, und Typhon (Suti) alles ausspeien, was er verschluckt habe. Zuletzt ist von einer Versöhnung die Rede. „Der Geheimgott (Tom von Heliopolis) ist der Gedemütigte, Verknechtete (sbak)." Er war Herr des Stammlandes.

Wir haben es also unzweifelhaft mit Chamiten zu thun und können sehen, wie sie auf eine Rückkehr in die alte Heimat und auf die Wiedereinsetzung ihres Gottes hofften. In den Mysterien, in der niedern Weihe (Totenbuch, Kapitel 93—109) und in der höhern (Kapitel 129—137) wird durch einen stellvertretenden Nachen symbolisch die Fahrt dargestellt, die der Osi= rianer nach dem Paradiese im Lande Aanuru macht. Es ist das Schiff oder die Arche, worin der Gott von Heliopolis Tom oder Tera zur Neugeburt der Welt im Osten fährt, und somit der Ausdruck und das Bild der Phönixreligion; denn in diesem Schiffe, das Kapitel 134 als große Arche dargestellt wird, fahren alle Götter, Patriarchen und frommen und gerechten Menschen mit dem Phönix, der durch sie allezeit mit dem bösen Geiste (Apopis) kämpft und die Ruchlosen, die in Tiere, Antilopen, Fische, ver= wandelt werden, herauswirft (Kapitel 134, 2, 3).

Kapitel 99 von Zeile 6 an werden neunzehn Teile dieses Schiffes genannt und beschrieben, Kiel, Rumpf, Ruder, Segel, Kajüte, Mast, Anker u. s. w. Jeder hat seine mystische Bedeutung und seinen symbolischen Namen. Dies zeigt, daß man einen tiefern Sinn damit verband und nicht bloß ganz sinnlich und oberfläch= lich glaubte, die Sonne und Gestirne führen am Himmel in Schiffen.

Kapitel 93 zeigt das Bild, wie der Myste vor dem Kahne steht, in dem ein Zuchtmeister (Mann mit Geißel) sitzt, und wie er offenbar eingenommen sein will. Der Text darunter beginnt: „O dieser Phallus des Sonnengottes .... befleckt ist er mit Schmutz. Er stellt vor die geheimen Dinge der Entartung in den Zeitaltern des Baba (Bebon oder Babys=Typhon); mein Sieg hilft zu Siegen, meine Wunderkraft zu Wunderkräften. Es giebt ein Schiff für mich, es giebt eine Rettung nach Osten."

Der Zusammenhang dieses Sonnenschiffes mit der Arche Noahs liegt doch klar zu Tage. Abraham nannte seine Religion ein Zelt, Isaak eine Hütte, Jakob ein Haus, Noah also wohl die seine ein Schiff. Die Chamiten waren demnach Noachiden, aber eine irrgläubige Sekte, die den reinen Gottesglauben durch Zauberei, Tierdienst, astrologischen Aberglauben ver= unstaltete, weshalb der Stifter des ägyptischen Cha= mitentums Menâwesch (Mneves) von den Arabern mit Recht als Stifter des Götzendienstes angesehen wurde.

Im selben Kapitel wird weiterhin über die Ver= flechtung der beiden Hörner oder Spitzen, d. h. über die beiden Gegensätze, Extreme von Gut und Böse, geredet, die in der Welt verbun= den sind. Unter diesem Bilde werden dem Mysten alle Schändlichkeiten im Jubel der Ruchlosen kund gethan. Dann heißt es: „Der Gott Tom ist ein Enterbter.

Seitdem traure ich, seitdem schiffe ich nach
Osten, seitdem ist Jubel der Ruchlosen über
mich, seitdem geschieht Kränkung (Schneidung)
an mir. Wehe, gethan werden alle bösen Dinge
an mir im Festjubel der Ruchlosen" u. s. w.
Die Ruchlosen sind wohl die siegreichen Semiten in
Babylonien.   Zur Erklärung dienen Stellen im erwähnten Kapitel vom heiligen Berge und vom Sturze
der darauf hausenden Schlange. „Zurück kehrt deine
Seele zum Erze (dem ehernen Firmamente) . . . . zu
deiner Burg; gerecht fährst du im Schiffe; doch fern
ist noch der Tag dem Blicke deiner Augen,
verhüllt dein Haupt . . . . Der Gott Tom ist der
Erniedrigte, der Herr des Stammlandes; Hathor
redet (beim Eintritt der Welterneuung) mit Isis."

Die Chamiten waren demnach als besiegte und verfolgte Sekte ausgewandert und hofften auf spätere
Wiedereroberung Babyloniens und Wiedereinsetzung
ihres Gottes in die alten Ehren. Diese Rückkehr ins
Vaterland, die Wiederherstellung des Osirisreiches
und die Neugeburt der Welt waren Dinge, die sie
zusammenbrachten.

Drittes Kapitel

Phönizisch-chaldäische Herkunft der Atlanten; bildloser Kult; ihre Steinbauten in Afrika, Gallien und Britannien

Die Atlanten waren also eine nach Westen verschlagne Chaldäersekte. Man kann noch erkennen, wie sie mit Phönizien und Ägypten zusammenhängen, doch gehörten sie einer andern Sekte, der Religion des Uranos, an. Nach Sanchoniathon stammte Atlas aus dem nördlichen Phönizien, wo Berytos und Byblos liegen. Er war ein Sohn des Uranos (Beelsamin, Herr der Himmel) und der Ge (des Landes Phönizien?) und Bruder des Ilos oder Kronos, des Baitylos und des Dagon, des Fischgottes von Askalon. Ganz einfältigerweise werden Uranos und Ge hier zu Menschen gemacht und ersterer ein Sohn des Eljon (was Hypsistos, Höchster bedeutet) genannt, der mit seinem Weibe Beruth in der Gegend von Byblos wohnte, und der einen Autochthon oder Epigeios (Erdensohn) zeugte, den man später Uranos nannte. Wenn es dann heißt, Eljon sei auf der Jagd durch wilde Tiere umgekommen, so sieht man, daß er mit dem in Byblos verehrten, von Aphrodite betrauerten Adonis (Adoni, mein Herr) zusammenfallen soll; es ist aber klar, daß dieser Eljon, wenn er mit dem El Eljon, deffen Priefter Melchifedek den Abraham in feine Gemeinfchaft aufnahm, zufam= mengebracht werden foll, von dem kanaanitifchen Adonis ganz getrennt werden muß. Um hier alles klar zu machen, find die Vorlagen zu dürftig. Auch hier han= delt es fich um Sekten und Sektenftreitigkeiten. El Eljon, Uranos nnd Esmun von Berytos fallen als Namen eines und desfelben Höchften zufammen.

Kronos, der fich gegen Uranos empört, ift doch wohl der affyrifche Reichsgott, und wenn es heißt, er habe um feine Behaufung eine Mauer gebaut und als erfte Stadt in Phönizien Byblos geftiftet, fo kann man an Ninus, an die Gründung von Niniveh und die Eroberung Phöniziens denken. Die Affyrier nahmen es ein und befiedelten es. Die „geliebte Genoffin" des Uranos, die in diefem Kriege gefangen genommen wurde, ift offenbar die Ge, d. h. das Land Phönizien. Kronos gab fie dem Dagon zur Ehe, d. h. den Aska= loniern zur Herrfchaft. „Darauf heißt es, warf Kronos feinen leiblichen Bruder Atlas, weil er ihn im Ver= dacht hatte, auf den Rat des Hermes (Thot von Ägypten) in die Tiefe der Erde und vergrub ihn." Unter Atlas ift offenbar eine den Anhängern des Kronos feindliche Sekte zu verftehen, die durch Ver= bannung und Überführung in den fernen Weften un= fchädlich gemacht werden follte. Weften und Unterwelt war Ägyptern und Phöniziern Ein Wort (Amenti, Ereb).

Atlas ift ein Wefen wie der ägyptifche Thot, in dem Menfchliches und Göttliches zufammenfließt. Als Menfch betrachtet ift er ein fternkundiger Weifer, Pro= phet der Religion des Uranos und Stammvater der Priefterfchaft der Atlanten, die all ihre Weisheit auf ihn zurückführte. Dionyfios von Laerte ftellt ihn mit dem Phönizier Ochos, dem Thraker Zamolxis, den Magiern, den Chaldäern, den indifchen Gymnofophiften,

den Druiden als Urhebern der Philosophie in eine
Reihe,[1]) und Plutarch weiß von Sophisten aus der
Schule des Atlas, denen Herakles seine Weisheit ver-
danke.[2]) Dem Diodor zufolge war er, wie bei Sanchoniathon, ein Sohn des Uranos und Bruder des Kronos,
der, als nach dem Tode Hyperions (Sanchoniathons
Eljon?) dessen Söhne das Erbe teilten, die am Okeanos
gelegnen Gegenden zum Anteile erhielt. Er war ein
großer Sternkundiger und brachte zuerst die Lehre von
der Kugelgestalt (τὸν σφαιρικὸν λόγον) auf.[3]) Mit
Recht wird er daher ein libyscher Astronom und Mathematiker genannt.[4]) Er hatte angeblich zuerst ein Schiff
gezimmert und das Meer befahren.[5]) Man sieht daraus,
daß man auf ihn die Kunst des Schiffbaues und die astronomische Nautik, die Steuermannskunst, zurückführte.

Dies bringt ihn wieder in Zusammenhang mit
den Kabiren von Berytos, die als Seefahrtsgötter,
Dioskuren, Kabiren oder Samothraken erklärt werden.
Auch von ihnen heißt es, daß sie das Schiff erfunden, und
daß zur Zeit, wo Kronos den Atlas unter die Erde
vergrub, ihre Nachkommen Flöße und Fahrzeuge gebaut
hätten, ausgeschifft seien, und nachdem sie am Berge
Kasios (in Nordsyrien) Schiffbruch gelitten, zum Danke
für die Rettung dort einen Tempel gestiftet hätten[6]).
Da Dardanos, der Stifter des samothrakischen Kabiren-
dienstes, durch seine Mutter Elektra ein Atlantide war, so
ist Zusammenhang da. Wir werden das noch genauer
sehen. Nach griechischer Überlieferung war Atlas ein
Sohn des Japetos und Bruder des Prometheus, was
beides auf die assyrischen Haupthäfenplätze Anchiale-
Tarsos und Jopolis-Jone zurückweist und auf andre Weise
seinen noachidischen Ursprung erhärtet. Seine Gattin

---

1) Diog. Laert. Proem. c. 1. — 2) Plut. de El ap. Delphos 5.
Serv. Aen. 1, 745. — 3) Diod. 3, 55. 57. — 4) Plin. n. h. 7, 57.
Atlas Libyae filius. Serv. ad Aen. 8, 124. Tzetz. Lykophr. 873.
5) Clem. Aleg. Strom. I, 16. — 6) Sanchon. ed. Orell. S. 28.

Pleione und seine Töchter, die Plejaden, haben Bezug auf die Seefahrt. Pleione mag die Wissenschaft der Nautik bedeuten, die Plejaden sind das Gestirn, nach deffen Auf= und Niedergange die zur Seefahrt geeignete Zeit bestimmt wurde.

Dem Homer ist die auf einer Insel im Nabel (also dem Mittelpunkte) des Meeres wohnende Kalypso „die Tochter des verberblich gesinnten Atlas, der alle Tiefen des gesamten Meeres kennt und die langen Säulen hält (hat, besitzt), die die Erde und den Himmel beiderseits halten.“[1]) Hier tragen also die vier Säulen den Himmel, nicht Atlas. Man erinnere sich an das, was wir oben über den Tat gesagt haben. Weshalb Atlas bösgesinnt genannt wird, soll später besprochen werden, im übrigen ist er auch hier ein weiser Mann. Er kennt, wie der weise Meergreis, der ägyptische Proteus, ein Unterthan Poseidons, alle Tiefen des Meeres, d. h. wohl mehr die wagerechten, als die senkrechten, d. h. er beschifft die fernsten Meere und hat eine große Kenntnis der entferntesten Länder und Erdstriche. Den vier Weltsäulen, die durch die Lehre von der Kugelgestalt ihre Geltung verloren, gab man eine symbolische Bedeutung. „Der Phryger (sic) Atlas hat dem naturkundigen ($\varphi v \sigma \iota x \acute{o}\varsigma$) Herakles die Säulen der Welt übertragen“. Darunter ist nach Hero= doros die Erkenntnis der höhern Dinge zu verstehen.[2]) Vielleicht hatten die Atlanten ihre Weisheit in vier Ab= teilungen gebracht, die sie die Säulen der Welt nannten.

Es gab eine atlantische Weisheit, die, wie Reste und Spuren beweisen, in zahlreichen Büchern nieder= gelegt und den Ägyptern und Phöniziern teilweise zu= gänglich war. Bei dem Gastmahle, das bei Virgil Dido zu Ehren des Äneas giebt, unterhält ein Sänger Jopas die Gesellschaft mit gelehrten Dingen. Er singt zur

---

1) Od. 1, 52. — 2) Clem. Alex. Strom. I, 15, § 73.

Harfe, „was der gewaltige Atlas gelehrt, der Luna
Irrfahrten, des Sonnengottes Abenteuer, den Ursprung
der Menschen und Tiere, des Regens und des Feuers,
dann vom Arkturus, den Hyaden, den Trionen und
warum Tage und Nächte bald kürzer bald länger
werden."[1) Hier haben wir Kosmogonie, Astronomie,
Physik u. s. w. und die Grundzüge einer Gelehrsamkeit,
wie wir sie ganz ähnlich bei den Ägyptern, Chaldäern,
Magiern, Indern, Druiden finden, einer Gelehrsamkeit,
die sich vornehmlich in den Dienst der Seefahrt stellte
und alles, was zu ihr gehört, wie Schiffbau, Steuer-
kunde, Witterungskunde u. s. w., in Gesetz und Regel
brachte. Eine solche wissenschaftliche Behandlung des
Seewesens setzt einen hohen Grad von Kultur, städtische
Gesittung, starke Bevölkerung, Gewerbfleiß und Handel
voraus. Denn die weiten Seefahrten und die Länderkunde, deretwegen die Atlanten berühmt waren, mußten
doch einen greifbaren Zweck und Nutzen haben. Handel
trieben sie. Dafür bürgt der Name des Hermes, der
ein Enkel des Atlas heißt und in seinem ganzen Wesen
und den verschiednen Seiten seines Charakters auf ein
sehr thätiges und in allen Kniffen und Ränken des
Gelderwerbes erfahrenes Handelsvolk zurückweist.

Die Atlanten waren also, um die Sprache der
Vorzeit zu reden, Söhne des Atlas und Jünger seiner
Weisheit, Sternkundige, Mathematiker, Lehrer des
Schiffsbaues, der Steuermannskunst, Wetterkundige und
Wetterpropheten, und da ihre Wissenschaft in jenen
alten Zeiten mit vielem Aberglauben verbunden war,
auch Wetterzauberer, Sturmbeschwörer, Priester der
Seegötter u. a. Wir werden später davon genauer
handeln. Kurzum, die Atlanten waren eine gelehrte
Priesterschaft und Priesterkaste, ähnlich der ägyptischen
und dieser wohl bekannt. Es gab (durch drei storch-

---

1) Virgil Aen. 1, 730 fgb.

artige Vögel dargestellt [1]), „Geister" von Helio=
polis (Geister der Palmenverjüngung, Phönix=
diener), Geister des Ostens im Stammlande
(die Chaldäer) und Geister des Westens (Atlanten), auch
einen heiligen Berg des Westens (den Atlas?). Was wir
durch Plato von den Atlanten erfahren, stammt aus
ägyptischer Quelle. Es gab also unstreitig, wie es ein
Gesetz des Thot, des Zoroaster, des Manus gab, so
auch ein Gesetz des Atlas, in dem die Atlanten lebten,
ein Gesetz, durch das ihr ganzes Leben geregelt wurde.

Alle diese alten, aus gemeinsamer Quelle hervor=
gegangnen Gesetzgebungen, die mosaische inbegriffen,
legen der menschlichen Willkür, den Trieben und
Leidenschaften den strengsten Zaum an und sind so
ascetisch wie ein Mönchsorden, nur mit dem Unter=
schiede, daß sie auch den Ehestand und die Kinder=
erziehung ihren Regeln unterwerfen. Speise, Trank,
Kleidung, geschlechtlicher Umgang, Betragen und die
gesamte Lebensart stehen unter dem Gesetze, das
größte körperliche und geistige Reinheit, Frömmigkeit
und Tugendhaftigkeit verlangt und als Belohnung
zunächst auch leibliche Gesundheit und ein langes Leben
verspricht. Der Gerechte lebt nach chaldäischer wie
nach ägyptischer Lehre 120 Jahre. Alle diese Priester=
schaften sind Makrobier, Langlebende, von denen man
Wunder erzählt. Dies war die Wirkung ihrer Ent=
haltsamkeit, Mäßigkeit, Leidenschaftslosigkeit.

Solche Leute waren auch die Atlanten. Die an
der Tritonis im Biledulscherid, einem schönen, an
Städten reichen Lande, wohnenden Atlanteer waren
nach Diodor äußerst sanftmütige und unkriegerische

---

1) Störche sind fromme gottesfürchtige Söhne, weil nach ägyp=
tischer Meinung die Störche ihre greisen Eltern pflegen. Pythagoras,
der vieles aus Ägypten geholt hat, brauchte den Ausdruck $\pi\epsilon\lambda\alpha\rho\gamma\tilde{\alpha}\nu$,
d. i. störchen. Es sollte sanftes, väterliches Ermahnen ausdrücken.

Leute.[1]) So schildert sie auch Plato im Kritias. „Durch
viele Geschlechter hindurch waren sie, solange das Gött=
liche in ihnen lebendig blieb, den (ihren) Gesetzen ge=
horsam, fromm und gottesfürchtig. Sie lebten friedlich
unter einander und ertrugen die sie treffenden Schick=
sale mit Sanftmut und Besonnenheit. Denn um der
Tugend willen achteten sie alle irdischen Dinge für gering
und betrachteten ihren Reichtum an Gold und andrer
Habe eher als eine Last. Sie berauschten sich nicht in
übermütiger Laune in Wein, sondern lebten nüchtern;
denn sie sahen ein, daß, wenn alle tugendhaft sind und
freundschaftlich zusammenhalten, Reichtum und Wohl=
stand von selbst wachsen, wenn man aber absichtlich
darnach trachtet, von selber zu Grunde gehen. Bei
solcher Gesinnung und weil die göttliche Natur in ihnen
lebendig blieb, gediehen alle ihre Dinge, und sie wurden
reich und mächtig; als sie aber von Gott abfielen und
die sterbliche Natur in ihnen die Oberhand gewann,
wurden sie lasterhaft, und Gott vertilgte sie.“ Also eine
Sündflut, wie die noachische! — Eine alte Geschichte!

Unzweifelhaft waren also die Atlanten eine Priester=
schaft. Von ihrer innern Organisation, ihren besondern
Lehren u. a. wird uns fast nichts mitgeteilt, aber
manches läßt sich erraten. Sie hatten die Religion
des Uranos, die älteste von allen, also die, die den
höchsten Anspruch hat, für die altchaldäische, für die
Religion Enochs und Noahs zu gelten oder, wenn
Sektenbildung vorliegt, aus ihr zunächst hervorgegangen
zu sein. Wir haben in der That gesehen, daß Enoch
und Atlas von manchen für eine und dieselbe Person
gehalten wurden. Ohne Zweifel hatten sie die viel=
bezeugte Lehre von den acht Himmeln, und ihr Gott

1) Diod. 3, 54.

Beelsamin kann also nicht von Esmun, Eljon, dem
höchsten Thot verschieden gewesen sein. Sie waren
Sesennu, Achtheiter, und demnach, was freilich sehr
verdunkelt worden, Einheitsgläubige. Da ihre Kiblah
der Nordstern war, in dem sie eine Offenbarung des
Ewigen und Unveränderlichen sahen, so muß ihr Kult
vornehmlich ein nächtlicher gewesen sein. Denn der
Dienst des Kronos beruht mehr auf Sonnenverehrung
und ist eine Tagesreligion, der des Zeus=Ammon sinkt
in die Atmosphäre herab. Den sieben Planetenhimmeln
waren ohne Zweifel die sieben Kabiren vorgesetzt.

Durch Gottesfurcht und Gastfreundlichkeit aus=
gezeichnet, sagt Diodor, führten sie ihre ganze Gesittung
auf den Gott Uranos zurück. Er hatte bei ihnen
geherrscht, die zerstreut lebenden Menschen in der Um=
hegung einer Stadt (eines Staates) gesammelt, die dazu
Willigen der Zuchtlosigkeit und der viehischen Lebens=
art entwöhnt, auch den Gebrauch der zahmen Früchte
und viele andre nützliche Dinge gelehrt. Sodann hatte
er den größten Teil der bewohnten Erde, namentlich
die Gegenden im Westen und Norden hinzugewonnen.[1]
Bei den nördlichen Gegenden hat man offenbar an
Westeuropa, an Spanien, Gallien, Italien, selbst Eng=
land zu denken; denn dorthin gingen zunächst die
Fahrten der Atlanten.

Wie Herodot berichtet, wurde von ihnen gesagt,
sie äßen nichts Lebendiges und sähen keine Träume.[2]
Jenes erklärt sich aus den strengen Speisegesetzen,
die sie wie alle diese asketischen Priesterschaften zu be=
obachten hatten. Sie waren demnach strenge Vege=
tarianer. Die Poseidonspriester zu Leptis im Tripoli=
tanischen, die man zu den Atlanten rechnen darf, aßen
kein Meergeschöpf,[3] die zu Megara, wohin Lelex aus

---

1) Diod. 3, 56. — 2) Herod. 4, 184. Ammian. Marc. 15, 3. —
3) Plut. de sollert. an. Ebenda Sympos. 9, 8.

Ägypten oder Libyen gekommen war, enthielten sich, wie die Ägypter, des Genusses der Fische. Bei Homer erscheinen solche trotz der Nähe des fischwimmelnden Hellespontes nie auf dem Tische der Heroen. Die Ägypter, die später den Dichter lasen, erklärten ihn deshalb für einen Landsmann. Es ist immerhin möglich, daß hier ein religiöses Gebot vorlag. Denn manche Heroen, z. B. Nestor, waren vom Geschlechte Poseidons. Wir werden auch später nachweisen können, daß die Atlanten mit den Ägyptern, den Pythagoräern u. a. darin übereinstimmten, daß sie keine Bohnen aßen.

Daß die Atlanten nicht geträumt haben sollten, wie andre Menschen träumen, ist schwer glaublich, auch ist es nicht wahrscheinlich, daß sie etwa das Traumdeuten verboten hatten; vielmehr hat wohl der Spruch einen andern Sinn. Wenn die Atlanten sagten: „Wir sehen keine Träume," so meinten sie wohl: wir sehen die nüchterne Wirklichkeit, wo andre Träume haben, d. h. an Fabeln vom Totenreiche im Westen, vom Elysium, von der Herrschaft des Kronos auf den Inseln der Seligen glauben. Es gab hier keinen Himmelsträger Atlas, keine Gärten der Hesperiden, keine die goldnen Äpfel hütenden Drachen u. a. Die Bewohner von Gades, von Tingis, von Lixos hatten den offnen Ozean vor sich und befuhren die Küsten Afrikas und Europas weithin, standen in täglicher Verbindung mit den kanarischen und kapverdischen Inseln, ja kannten vielleicht — was eben unsre Frage ist — Teile des westlichen Festlandes. Da sie überall nur wirkliche und natürliche Dinge fanden, so konnten sie sich über die Bewohner des Ostens lustig machen und sagen: „Wir sehen keine Träume." Jedenfalls waren ihre Kenntnisse von den Ländern im Westen, die sie nach den bei solchen Priestergelehrten herrschenden Grundsätzen geheim hielten, sehr bedeutend, und da sie Astronomen und Mathematiker waren, so können sie Entdeckungen gemacht haben, die viele Jahrhunderte hindurch der Welt verborgen blieben, z. B. die erwähnte Lehre von der Kugelgestalt der Erde. Sie sind also die Väter der Erd=, Länder= und Völkerkunde.

—

Über etwas kann man sich wundern, nämlich daß ein so hochgesittetes, frommes und gottesfürchtiges Volk nicht ähnlich wie die Ägypter Spuren seines Daseins in Tempelbauten hinterlassen hat. Tempel im ägyptischen Stile gebaut besaß das Ammonion, und auch die Garamanten in der großen Oase Fesan, bis wohin der Apollodienst von Kreta aus vorgedrungen war, besaßen Tempel,[1] aber bei den Atlanten finden wir von solchen keine Spur der Erwähnung. Was man von Tempelresten in Westafrika kennt, geht nicht über die karthagische Zeit hinaus. Der Grund dieser Erscheinung kann nur der sein, daß die Atlanten mit Absicht keine Tempel bauten, weil sie es ähnlich wie die alten Germanen für ungeziemend erachteten, das unendliche, allumfassende göttliche Sein in Wände einzuschließen. Es muß das ein gesetzliches Verbot der Religion des Uranos gewesen sein, und dieses ist begreiflich, weil das nächtliche sternenbesäte Himmelsgewölbe mit dem Nordsterne, der ihnen die Gebetrichtung angab, ihr größter und schönster Tempel war. Sie hielten ihren Gottesdienst also wahrscheinlich zur Nachtzeit im freien Felde, auf Anhöhen und Bergen, wo man die unendliche Pracht des Himmels frei überschauen und den majestätischen Wandel der Sterne und Sternbilder um den Pol anstaunen konnte. Mit dieser Religion des Uranos hängen wohl

---

[1] Herodian bei C. Müller, hist. gr. fr. IV, S. 295.

auch die spätern Hypäthraltempel zusammen. Man ließ wenigstens die Decke offen und den Ausblick auf den Himmel frei.

So erklärt sich auch, wie das lange, hohe westafrikanische Gebirge den Namen Atlas erhielt. Ohne Zweifel ist darunter ursprünglich nicht die ganze Kette, sondern nur ein besonders hoher und auffallender Berg zu verstehen, in dem man eine der vier Weltsäulen finden wollte, und den man deshalb dem Atlas weihte. Dieser Berg, eine Kultusstätte höchster Bedeutung, war es, den man als Säule der Welt und als Träger des Himmels betrachtete. Der Atlas hieß nach Strabo und Plinius in der Landessprache Dyris, nach dem nubischen Geographen Daran, nach Martianus Capella Adiris oder Addiris (Ha-dyri), und Maximus von Tyrus giebt ausdrücklich an, daß die Libyer ihn unter diesem Namen göttlich verehrt hätten.[1] Herodot beschreibt, wie man von Ägypten aus über das Land der Nasamonen, Garamanten, Ataranten (in Tuat, Tidikelt) durch die Wüste reisend zuletzt an den Atlas komme. Er ist ihm ein enger (nicht umfangreicher), rings abgerundeter Berg, sehr hoch und stets mit Wolken umhüllt, sodaß man seinen Gipfel nicht sehen könne. Die Eingebornen, die von ihm Atlanten hießen, hielten ihn für die Säule des Himmels.[2] Apollodor läßt den Atlas — was oben erklärt worden ist — im Lande der Hyperboreer stehen. Bei Homer ist Atlas noch der weise Mann, der im Besitze der vier Weltsäulen ist, Hesiod läßt ihn den Himmel mit dem Haupte und den erhobnen Händen stützen, und erst Äschylus halst ihm die Himmelskugel auf.[3] Auch in einer Metope zu Olympia ist er sie tragend dargestellt.

1) Max. Thr. 8, 7. — 2) Herod. 4, 184. — 3) Hesiod. Theog. v. 517. Äsch. Prom. v. 348. Statt χίον' ist mit Petitus zu lesen χίων'. Ebenda 427. Lies dort nach Od. 11, 598 statt κραταιόν

Obgleich nun die Atlanten keine Tempel bauten, so haben sie doch Spuren ihres geschichtlichen Daseins hinterlassen, die besser, als es Tempel vermöchten, beweisen können, von welcher Bedeutung sie für die Kultur des Westlandes gewesen sind, und wie weit ihre Macht und ihr Einfluß gereicht hat. Wir meinen damit die bisher den Altertumsforschern ganz rätselhaft gebliebnen massenhaften Steinbauten, die sich unter dem Namen von Kromlechs, Dolmen und Menhirs ganz gleicher Weise in Nordafrika, in Frankreich und in England finden. Sie sind unstreitig atlantischen Ursprungs, denn sie erklären sich aus dieser Religion. Das Wunder der Atlanten war das große Geheimnis des Zusammenhaltes der Welt, der Festigkeit und Dauer der Dinge, und dieses Geheimnis fanden sie im Steine und in der Steinsäule ausgedrückt. Das Volk, dem die Atlanten zunächst angehörten, war zudem ein arabisches, die Araber aber waren Steinverehrer von Haus aus, wie die Scythen Verehrer des Säbels, die Perser der Flüsse.[1] Ihre Götzen, Hobal u. a., wurden in rohen Steinen angebetet, und noch jetzt genießt der vom Himmel gefallne Stein in der Kaaba zu Mekka bei den Muhammedanern die höchste Verehrung. Stein- und Säulenverehrung, Denkmale aus rohen Steinen finden sich massenhaft im ganzen Orient, bei Assyriern, Phöniziern, Israeliten, die sich zum Teile bis auf diesen Tag erhalten haben. Nach Sanchoniathon hatte Uranos auch Baitylien, d. h. beseelte Steine erfunden, was man auf diesen Steindienst deuten kann. Beth-El bedeutet Haus eines Gottes. Die Baitylien brauchen also nicht bloß Meteorsteine gewesen zu sein. Sie

---

κρατεῖν, und alles ist in Ordnung. G. Hermann, der noch ein γὰν einschiebt, packt dem Atlas sonderbarerweise außer dem Himmel noch die Erde auf den Rücken. Wie ist das möglich, wenn er doch auf der Erde steht? — 1) Klem. Alex. Protrept. 4, 1.

waren die natürliche Vorstufe des Bilderdienstes, der
erst begann, als man das Bildhauen und Bildschnitzen
erfunden hatte.

Eine Kultusstätte der Atlanten, die als Muster
gelten kann, findet sich südlich von Tripolis auf der
von Herodot als höchst anmutig geschilderten Charitenhöhe (Dschebel Gurian) in dem überaus fruchtbaren
Lande am Kinyps. Sie ist durch Barth bekannt geworden. Die Landschaft Tarhona, worin sie liegt,
wird sowohl im Osten wie im Westen von einem schön
abgerundeten Berge begrenzt. Sie sind beide die höchsten
der Gegend und führen beide den Namen Dschebel
Messid, d. i. heiliger Berg. Auf dem westlichen zieht
sich eine regelmäßige Reihe von Pfeilern in die Höhe
und bezeichnet wahrscheinlich die einst zum Gipfel füh-

rende heilige Straße. Nordöstlich davon liegt die fruchtbare Thalebne Lekem oder Elkem, die, nach den zahlreichen Ruinen von Quaderbauten zu urteilen, ebenso
wie die benachbarte Ebne Madher, einst gut angebaut
und stark bevölkert war. Hier liegt am Fuße eines
mit Quadersteinen befestigten Hügels eine viereckige,

ringsum mit einer Vorstufe versehene Steinplatte, und
darauf erheben sich in geringem Abstande von einander
zwei etwa zehn Fuß hohe, oben von einem dritten
Steine quer überdeckte viereckige steinerne Pfeiler. Eine
Anzahl größerer viereckiger Steine von weißem Kalk,
einer darunter mit einer tiefen Rinne, vielleicht der
Opferstein, liegt in der Nähe.

Zwei durch einen drüber liegenden dritten ver=
bundne Steine sind das einfachste architektonische Ele=
ment — ein Bild des Zusammenhaltes und der Festig=
keit durch die Schwerkraft. Diese beiden Säulen waren
wohl die beiden großen Kabiren, die Dioskuren von
Samothrake und Berytos, die man verschieden deutete
als Uranos und Gaia, als Tag und Nacht, vielleicht
auch als Kadmos und Harmonia. Diesen letzten Namen
trug der alles haltende Schlußstein im Gewölbe. Das
Bild der Dioskuren zu Sparta waren zwei durch ein
drittes zusammengefügte Hölzer,[1]) und ähnlich war
das Bild des Jupiter Tigillus in Rom. Tigillum ist
der verbindende Querriegel.

Die erwähnten Steindenkmale beginnen östlich
von Tripolis und reichen bis an den Ozean. Am zahl=
reichsten finden sie sich auf der Hochebne zwischen
Guelma (Helma) und Konstantine, der alten Numiden=
hauptstadt Cirta. Ihre Oberfläche ist meilenweit damit
besät. General Faidherbe fand bei Rokaia, drei Stunden
von Helma, an 3000 Dolmen und 100 Grotten, bei
Mazela 2000 Dolmen. Solche finden sich auch am
Kap Karia, bei Sigrussa, Dschelfa, auf der Hochebne
Beni Messib bei Algier. Im Westen von Algier finden
sich keine, dagegen giebt es welche in Marokko bei
Feß, in der Provinz Sus, bei Tanger. Diese Dolmen
liegen fast alle in wohlbewässerten Flußthälern. Man
findet dabei rohes, ungebranntes und halbgebranntes

---

1) Plut. de amore frat. c. 1.

Töpfergeschirr, Ohrringe, kupferne Zieraten, Schnallen, eiserne Geräte.

In Frankreich hat man, ohne damit zu Ende zu sein, über 2550 solcher Dolmen gezählt.[1]) Die ganz überwiegende Mehrzahl davon findet sich westlich von einer Linie, die östlich der Rhone entlang, dann westlich an der Saone hinauf in der Richtung auf Brüssel zu führt. Östlich davon kommen sie nur sehr vereinzelt vor. Am reichsten ist die Bretagne daran. Im Departement Finisterre zählt man an 500, in Morbihan an 250, sodann im Departement Lot 500, in Aveyron östlich der mittlern Garonne (bei Cahors) 125, nordwestlich davon in Dordogne 100. In den östlichen und nordöstlichen Departements sinkt ihre Zahl unter zehn, ja bis auf zwei und eins. Auch in den Küstenstrichen westlich der Rhone finden sich Dolmen, z. B. im Departement Gar 32, im Hérault 4, in den Ostpyrenäen 12. Offenbar sind sie auf ein seefahrendes, vom Meere her kommendes Volk zurückzuführen. Denn sie finden sich vornehmlich auf Inseln, an den nördlichen und westlichen Küsten von der Mündung der Orne bis zur Mündung der Gironde, namentlich auf Vorgebirgen und Vorsprüngen des Landes und in der Nähe schiffbarer Flüsse. Ohne Dolmen ist das ganze rechte Ufer der obern Loire, der Unterlauf der Seine und (was merkwürdig ist) der Lauf der Rhone, selten sind sie in der Mitte Frankreichs. Bertrand hält die Dolmen und die bedeckten Pfeilergänge für Gräber; es mag darunter solche geben, aber im ganzen hatte es damit eine andre Bewandtnis. Diese Bauten hingen vielmehr mit der atlantischen Gelehrsamkeit zusammen.

[1) Alex. Bertrand, sur la distribution des dolmens sur la surface de la France. Revue Archéologique 1861, S. 144 fgd. mit Karte.

Was England betrifft, so wurde auch dieses von den Atlanten besucht. Unter allen ihren Steinbauten nimmt das verfallene Denkmal von Stonehenge bei Salisbury in Südengland die erste Stelle ein.

Wir werden solche Steinbauten auch im Peloponnes, in Epirus und Illyrien nachweisen.

Viertes Kapitel

Das Hauptland der Atlanten an der Tritonis;
Hundertstadt, Gades, Tingis, Liros Atlantenstädte.
Das atlantische Gemeinwesen, atlantischer Ursprung
der keltischen Druiden

Die Religion des Uranos und die Priesterschaft
der Atlanten war also von den Grenzen Ägyptens
bis an die Gestade des Atlantischen Meeres verbreitet —
eine immerhin noch rätselhafte Erscheinung, wenn man
die ungeheure Ausdehnung dieser Gebiete bei so großer
Gleichförmigkeit der religiösen Einrichtungen in An=
schlag bringt. Wir haben, wie gesagt, zwischen At=
lanten, d. h. der Priesterkaste, und Atlanteern, den
unter ihrem Einflusse stehenden Völkern, unterschieden
und wollen nun sehen, ob sich etwas Näheres darüber
sagen läßt. Nach den oben besprochnen Inschriften
von Medinet=Habu kam der abtrünnige König von
Kyrene aus dem Lande der Tahennu, d. i. der At=
lanten; also gehörte bereits die Marmarika dazu und
dann alles, was dahinter liegt, zunächst die Gegenden
an den Syrten. Wie aus einer vortrefflichen, aber
durch Unwissenheit entstellten Nachricht bei Diodor her=

vorgeht,[1]) war das Land an und um den Tritonsee,
also das südliche Tunesien oder das Palmenland Bile=
ul=dscherid, ein Hauptland der Atlanteer. Sie waren
sehr sanfte, wohlgesittete Leute und wohnten in vielen
großen Städten, auch auf einer vor der Mündung des
Triton gelegnen Insel, die Diodor Kerne nennt, die
aber in Wahrheit keine andre sein kann, als die wirk=
lich dort auf Sicilien zu liegende Insel Kyraunis
oder Kerynia, das heutige Kerkenah. Die Ähnlich=
keit dieses Namens mit dem der kleinen im Rio do
Uro liegenden karthagischen Handelsfaktorei Kerne —
bekannt aus der Fahrt des Hanno — hat den Schrift=
steller veranlaßt, diesen See in das fernste Westafrika
zu verlegen, wodurch natürlich die ganze Nachricht in
ein falsches Licht gerückt worden ist.

Über dieses Land an der Tritonis werden wir
noch vieles zu sagen haben. Es war so reich an
Städten, daß man deren hundert zählte, weshalb es den
Namen Hekatompolis geführt zu haben scheint, darunter
namhafte See= und Handelsstädte. Hier gab es also
Atlanten, und alles war vorhanden, was Schiffahrt
und Handel begünstigen kann. Die Ureinwohner waren
ohne Zweifel libysche Nomaden, vornehmlich Schaf=
und Ziegenhirten. Denn Libyen galt allgemein als
Mutterland der Schafe und der Schafzucht. Herakles
hatte sie von da nach Europa gebracht. Die hier in
großem Umfange betriebne Zucht der Dattelpalme
weist auf eine phöniko=arabische Einwanderung hin,
die in die von uns nachgewiesenen Zeiten fällt. Auf
sie muß man die Städtegründungen, die Schiffahrt, den
Handel und die wissenschaftliche Thätigkeit der Atlanten
zurückführen. Hier war vor allem Poseidon zu Hause,
hier hatte die Geburt der Pallas Athene stattgefunden,
hier hausten die Gorgonen, und hier hatte Perseus der

---

[1]) Diod. 3, 53, 54.

Medusa den Kopf abgeschlagen und den Pegasos und Chrysaor zum Vorscheine gebracht.

Nun erzählt Diodor, wie in dieses Land der fried= lichen Atlanteer ein wildes Amazonenvolk eingebrochen sei und sich der Herrschaft bemächtigt habe. Er ver= wirrt wieder die Sache dadurch, daß er ihre Königin ohne weiteres Myrina nennt und diese libyschen Ama= zonen mit den kleinasiatischen unterschiedslos zusammen= wirft. Da er sie dabei ins fernste Westafrika versetzt, so wird ein Unsinn daraus, der der sonst sehr zu be= achtenden Nachricht schadet. Nach dem, was wir oben über das ganz unbestreitbare Amazonentum der Athene= dienerinnen gesagt haben, kann ein solches Amazonenvolk gar nicht befremden. Es gehörte zu den Heeren des assy= rischen Perseus, die, wie wir sahen, noch völlig die Sitten der wilden Saken und Sakinnen hatten. Wir werden sehen, daß auch andre diese libyschen Amazonen kannten.

Nach der so berichtigten Erzählung setzte sich die Amazonenkönigin mit ihrem Heere auf einer großen Insel der Tritonis fest. Die Insel, die angeblich He= spera hieß, hatte eine Anzahl Städte, darunter eine heilige, der Mene (Mondgöttin) geweiht, die von fisch= essenden Äthiopen bewohnt war, und nährte große Herden von Schafen und Ziegen, von deren Milch die Bewohner lebten. Die Getreidefrucht kannten sie nicht. Auf dieser Insel fanden auch große Feueraus= strömungen statt — auf Kerynia erwähnt Herodot Naphthaquellen —, und man fand kostbare Steine, Anthraker, Sardier und Smaragden. Die Amazonen unterwarfen sich die Städte der Insel mit Ausnahme der heiligen, der sie wohl aus religiösem Bedenken Schonung zugestanden, und gründeten innerhalb der Tritonis eine große Stadt, die nach ihrer Lage Cher= sonesos hieß. Von dieser Insel aus befriegten sie nun

die umwohnenden Völker und zuerst die Städte der
Atlanteer. Ohne Schiffe hätten sie das nicht gekonnt,
Schiffe aber müssen sie gehabt haben, weil sie bald
durch die damals noch offne Mündung des Triton
einen Seezug gegen die gleichfalls von Atlanten be=
wohnte Insel Kerynia unternahmen: Sie schlugen die
Keryneer in einer Schlacht, drangen mit den Flüchtigen
in deren Stadt ein und bemächtigten sich ihrer. Um
Furcht und Schrecken zu verbreiten, schlachteten sie die
jüngern Männer ab und verkauften Weiber und Kinder
als Sklaven. Auf dieses boten die erschreckten Atlanteer
des Festlandes Unterwerfung an und übergaben nach
gemachtem Vertrage ihre Städte, worauf die Königin
sich mild erwies und Freundschaft mit ihnen schloß.
Zum Danke dafür brachten sie kostbare Geschenke und
erwiesen ihr alle erdenklichen Ehren.

Vielleicht ist unter dieser Königin Pallas Athene
selbst zu verstehen, die noch bei Äschylos die Libyer
am Triton im Kriege anführt und nach Herodot da=
selbst die hochverehrte Göttin war, der zu Ehren sich
die Mädchen der Machlyer und Auser blutige Prügel=
schlachten lieferten. Es ist also in dieser Erzählung
von der Eroberung des Landes der Atlanteer durch
Perseus und seine Völker die Rede, eine Eroberung,
die nach den oben gegebnen Vorlagen um 1800 v. Chr.
fallen müßte. Aber auch über eine zeitweise regierende
menschliche Königin braucht man sich nicht übermäßig
zu verwundern. Als die Muhammedaner hier einfielen,
herrschte über die Berbern eine Königin Damia bent
Tabeta ben Nesob, die zugleich Prophetin (Kahina) und,
wie es heißt, mosaischen Glaubens war. Sie setzte
ihnen tapfern Widerstand entgegen.

Wie wir später sehen werden, war der gegenwärtig
bis auf vier Schotts oder Salzlachen eingetrocknete
See Tritonis gegen fünfzig Meilen lang und ent=

sprechend breit. Demnach konnte er sehr große Inseln enthalten, die hinlänglich Raum für einige Städte und bedeutende Viehzucht boten; auch konnte eine solche unnahbare Insel sehr wohl einem erobernd eingedrungnen Volke zum Stützpunkte der Macht und zum Ausfallsorte dienen, wenn es Schiffe und Flotten zu bauen verstand. Noch Herodot kennt in diesem See eine Insel Phla, auf die die Lakedämonier ein Anrecht zu haben glaubten.

. Dieses Land des Atlanteer war den Ägyptern wohl bekannt. Unter den neun Bogen, d. h. unter den neun zur Kriegshilfe verpflichteten Nebenländern, wird an fünfter Stelle angeführt „das geordnete Volk der Tahennu (Zeichen Himmelstützen). So heißt das Land der Napit.“[1]) Zur Erklärung bietet sich hier der Name der Stadt Nepte, die heute Nefta heißt und auf einer der Bänke liegt, die die heutigen Seen trennen, also ohne Zweifel einst auf einer Insel gelegen war. Mit Recht sucht Movers hier die biblischen Naphtuchim, die als Söhne Mizrajims bezeichnet sind,[2]) und führt zu gleicher Zeit den noch gegenwärtig dort hausenden Berberstamm der Naphzâwah an. Wann und von welchem Könige dieses Land erobert worden ist, und wie der saïtische Pallasdienst mit dem tritonischen und dem athenischen zusammenhängt, auch wie von da eine umfangreiche Kolonisierung fast aller Teile des Mittelmeeres und namentlich Griechenlands, Kretas und des Archipelagus ausgegangen ist, wird später dargelegt werden.

In seinem neunten Jahre unternahm König Ramses III., der einzige seefahrende Pharao, der deshalb kein andrer sein kann, als Herodots und Diodors gleichfalls seefahrender König Proteus, einen Seezug nach Westen, der bis in die Gegend von Karthago ging und

---

1) Zeitschrift für ägyptische Sprache und Altertum 1865, S. 28. —
2) 1. B. Mos. 10, 13.

von da, wie es scheint, an Sicilien, Italien und Epirus
vorbei nach Ägypten zurückkehrte. Dieser König re=
gierte nach ganz verlaßbaren Angaben von 1232 bis
1212 v. Chr.,[1]) unternahm also diesen Zug um 1224.
Man kann dies aus dem Verzeichnis der besiegten
Stämme und Städte ersehen. Da sind Pakata,
Aizaru, Uilu, d. h. die von Ptolemäus in der Mar=
marika erwähnten Stämme der Bakater, Aizaren und
Obilen; da sind ferner Karuna (Kyrene) und die
Kairunata (Kyrenäer), die Seri oder Seli, d. i.
Psyllen, denen die Stadt Makomada Selorum ange=
hörte, Kalumakoma und Sarumeski hängen wohl
damit zusammen. Aburuta und Kaburu sind offen=
bar Abrotonon (Sabrata) und Gaphara, Hafenorte
im Tripolitanischen, letzteres mit Argonautensage vom
Kreter Kaphauros. Alkana ist vielleicht die oben erwähnte
Gegend Elkem im Guriangebirge, Ausi sind Herodots
Ausen an der Tritonis, Ruschba, Charubu, Tar=
schacha, Karkatascha die Hafenorte Ruspai bei Klein
Leptis, Kurabis oder Kurobis bei Klupea, Turza bei
Hadrumentum und Karthago, das also bereits damals
diesen Namen (phönizisch Kartchabascha, d. i. Neustadt,)
gehabt hätte. Nach Movers hieß das vordidonische
Karthago Kombe. Schakanasa, Italu, Kuschapai,
Tatana können auf Sikanien, wie Sicilien früher hieß,
die Italer im spätern Bruttium, Kassope auf Korcyra
und Dodona gedeutet werden. Also lauter bekannte
Orte, die sich demnach als uralt erweisen.

Daß es dann im nördlichen Tunesien und in Al=
gerien Atlanten gegeben, kann also nicht bezweifelt
werden, ebensowenig, daß es hier zahlreiche Städte und

---

1) Ein angeblicher Sesostris kam nach Drosius (1, 14) 480 Jahre
vor Roms Erbauung, also 1234 oder 1232 zur Regierung, ein König
Neilos nach Dikäarchos 436 Jahre vor der ersten Olympiade, also 1212.
Um 1230 beginnt die zwanzigste Dynastie, deren Haupt kein andrer als
Ramses III. gewesen sein kann.

Handelsplätze gab, wie etwa Tunes, Utika, Ikosium (Algier), Jól u. a. Dahinter lag das Land der Phutäer, das heutige Marokko. Phut war ein Bruder Mizrajims und Kanaans, und die Phutäer Araber von Abkunft, wie die Eroberer Kanaans und Ägyptens. Die An= und Umwohner des Atlas waren also, wie auch Herodot angiebt, recht eigentlich Atlanten. Als Sitze der Seekunde kommen hier vor allem Tingis und Gades in Spanien in Betracht, sodann weiter hinab an der Küste Lixos.

Die Stadt Lixos, das heutige Larache oder El Arisch am Web Glug scheint ägyptischer Stiftung zu sein, und ein Lixos, Sohn des Ägyptos und der Danaïde Kaliadne, als ihr Stifter gegolten zu haben. Die Stadt muß von großer Bedeutung gewesen sein; denn die Griechen berichteten von ihr und einem Flusse dieses Namens Wunderdinge und behaupteten, sie sei einst sehr mächtig und größer als Karthago gewesen.[1] Plinius spricht mit Geringschätzung davon als Lügen, da die Römer minder wunderbares davon berichtet hätten; allein was beweist der Verfall einer Stadt gegen ihre frühere Blüte? was hätten die Griechen für Gründe, Lixos übermäßig zu erheben, wenn sie nicht von Phöniziern, Karthagern, Gaditanern derartige Kunden überkommen hätten? Lixos war allem Anscheine nach die Hauptstadt eines weiten Gebietes und die Mutterstadt vieler andern, die darin und darüber hinaus lagen. Als die Phönizier von Tyrus einige Zeit vor 1100 v. Chr. diese Gegenden in Beschlag nahmen, war Lixos die erste Kolonie, die sie anlegten oder, genauer gesagt, die Hauptstadt des Gebietes, die sie besetzten und neu belebten. Strabo spricht von 300 tyrischen Niederlassungen, die vom Kaufhafen (bei N'bat am Ausflusse des Salas) der Küste entlang

---

[1] Plin. n. h. 5, 1.

lagen, aber nach Karthagos Falle von den benachbarten
Pharufiern und Nigriten zerftört wurden.[1]) Man kann
annehmen, daß die meiften diefer Niederlaffungen von
den Atlanten herrührten und von den Phöniziern
nach dem Verfalle jener nur neu belebt worden find.
Denn die Phönizier waren hier wie in ganz Weftafrika
nur die Nachtreter der Atlanten. Ihr Ruf als fee=
kundiges Volk ift ungemein übertrieben worden, eben
weil der Ruhm der Atlanten verfchollen war. Sie
wurden erft von etwa 1200 v. Chr. ab im Weften
thätig und fpäter mächtig, wobei fie, wie man fehen
kann, überall in die Fußftapfen der Atlanten traten
und dadurch emporkamen, daß fie in Bundesfreund=
fchaft mit den Stiftern des Numidenreiches traten.
Obgleich die Atlanten mit Phönizien, namentlich mit
den Berytiern in Verbindung ftanden, fo waren diefe
doch, wahrfcheinlich durch abfichtlichen Ausfchluß,
in den weftlichen Gewäffern fo fremd geworden, daß
fie, vom Orakel aufgefordert, die Säulen des Herakles
aufzufuchen, erft auf der dritten Fahrt ans Ziel ge=
langten und dann Gadeira ftifteten, d. i. in Befitz
nahmen und befiedelten.[2])

Auch nach Lixos verfetzte man einen Garten der
Hefperiden, den apfelhütenden Drachen, die Burg des
Antäos und feinen Kampf mit Herakles. Polybius,
der nach Karthagos Zerftörung von Scipio Ämilianus
mit einer Flotte abgefandt wurde, die Weftküften
Afrikas zu befahren, befuchte Lixos. Die Stadt, nach
feiner Rechnung 112 000 Schritt von den Säulen ent=
fernt, lag an einer Bucht mit ftarker Meeresftrömung,
davor eine niedrige Infel, auf der fich ein von Oleaftern
umftandner Altar des Herakles befand.[3]) Nach Angabe
von Nafamonen, die behaupteten, bis an den Ozean
gekommen zu fein — wahrfcheinlich Kaufleute aus der

---

1) Strabo 17, 3. — 2) Ebenda 1, 5. — 3) Plin. n. h. 5, 1.

Oase Udschila (Augila) —, waren das Volk, das Herodot Atlanten nennt, die Lixiten (Lixiten). Sie wohnten als die letzten Libyer auf den Atlas zu; sie säten kein Getreide, sondern lebten von den wilden Weinstöcken[1]) und vielleicht auch wohl noch von andern Dingen.

War Lixos die Hauptstadt dieses Gebietes gewesen, so begreift man, daß seine Unterthanen, also auch die zahlreichen Nomaden, Lixiten hießen. Solche Lixiten waren auch die, die Hanno (500 v. Chr.) am Flusse Lixos, d. h. dem Wed Dra, den kanarischen Inseln gegenüber antraf. Sie waren Nomaden. Landein= wärts von ihnen hausten wilde Äthiopen (Neger) in einem Lande voll hoher Gebirge (dem hohen Atlas) und reißender Tiere. Die Lixiten waren ein höher ge= sittetes Volk. Denn Hanno hielt sich einige Zeit bei ihnen auf und zog Erkundigungen über die weiter südlich gelegnen Striche ein, nahm auch Dolmetscher von ihnen mit. Sie müssen also die punische Sprache verstanden und Seefahrt betrieben haben. Denn bis zum Senegal und Gambia war ihnen die Küste be= kannt; die Dolmetscher nannten die eine Bucht das Westhorn (am Kap Blanc), eine andre das Südhorn.

---

1) Pauf. 1, 33, 4.

Fünftes Kapitel

Der atlantische Staatenbund — Iberer, Kolcher, Kelten —
Eroberung ihres Landes; Zusammenhang der Atlanten
und Druiden

Aus allem dem, was wir hier beigebracht haben,
läßt sich erkennen, daß Nordafrika im zweiten Jahrtausende v. Chr. ein sehr fortgeschrittnes Land war
und in Bezug auf Kultur wenig hinter Ägypten,
Assyrien und Babylonien zurückstand. Die Beschaffen-
heit des Landes, seine vielen Wüsten, Steppen und Gebirge brachten es mit sich, daß in ihnen sich Roheit
und Barbarei erhielt, und daß die Ureinwohner, die
nomadischen Berberstämme, weiten Spielraum für ihre
Wanderungen hatten, doch waren auch sie nicht ohne
alle Gesittung. Eigentliche Barbaren blieben nur die in
den Bergen hausenden Neger und sonstigen Wilden;
auch gab es Räuber der Wüste, die, wie die heutigen
Tuareks, die Karawanen angriffen und plünderten.
Daneben aber hatte man schöne Striche mit reichem
Weidelande und gutem Ackerboden. Die in zahlreichen
Städten wohnenden Küstenbewohner nährten sich vom
Fischfange und vom Handel, indem sie die reichen

Naturerzeugnisse des Innern über See verführten. Die großen Welthändel, die Notwendigkeit, Krieg mit Feinden oder Empörern zu führen, Besatzungen hier- und dorthin zu verlegen, widerspenstige Stämme durch Übersiedlung in die Ferne unschädlich zu machen, gaben Anlaß zu hoher Ausbildung des Seewesens.

In der Nautik bestand also die Stärke der Atlanten. Ihre Hauptsitze sind demnach offenbar vornehmlich in den Seestädten zu suchen. Sie lebten dort wohl in größern Gemeinschaften beisammen, lagen ihrem Studium ob, trieben Astronomie und Wetterkunde, leiteten den Schiffbau und unterrichteten die Steuerleute.

In politischer Hinsicht haben die Atlanten offenbar keine Rolle gespielt, weil Westafrika zuerst unter assyrischer, dann unter ägyptischer Oberhoheit stand, aber doch haben sie großen Einfluß geübt, da sie die Hauptstützen der Seeherrschaft dieser Völker waren. Die Atlanten hatten Könige, d. h. es gab eine Anzahl kleinerer Reiche, die sich zur Religion des Uranos und Atlas bekannten und auf ihrem Grunde mit einander verbündet waren.

Plato giebt im Kritias auf Grund eines Buches, das dieser Kritias von seinen Vorfahren ererbt haben wollte, und das angeblich aus dem Atlantischen ins Ägyptische und daraus von Solon, der es mitgebracht hatte, ins Griechische übersetzt worden war, eine Schilderung der ungeheuern im Westmeere liegenden Insel Atlantis, die aber in keiner Weise auf Amerika, dagegen sehr gut auf die afrikanische Atlantis paßt. Ist dies der Fall, dann wird die Nachricht wertvoll. Darnach stammten die Atlanten von Poseidon und Atlas und hatten zehn Könige aus Poseidons Geschlechte, auch gab es eine Hauptstadt mit einem Zentralheiligtum dieses Gottes, an dem sie ihre Landtage und Opferfeste abhielten. Es lag auf einer Insel. In diesem Lande gab es Elefanten und, wie die Königs-

namen Eumelos, Euippe, Elasippos beweisen, auch
Schafe und Rosse, was durchaus nur auf Libyen paßt.
Das Volk der Atlanten hatte Tempel, Schiffswerften
u. a. und besaß einen fabelhaften Reichtum. Zehn
verbündete Könige, ein Zentralheiligtum, gemeinsame
Feste und Landtage sind ganz im Stile jener Staats=
bildungen, die den Griechen als Amphiktionien bekannt
sind, und lassen sich wohl hören, es fragt sich nur, wo
wir das genannte Heiligtum des Poseidon zu suchen
haben. Auf ein solches werden wir auch durch andre
Spuren geführt. Alles weist auf das Hauptland der
Atlanten an der kleinen Syrte und auf die einst in der
Tritonis gelegne große Insel hin. Denn hier war an=
nähernd die Mitte der weiten Gebiete, wo sich die
Könige von Kyrene mit denen von Tingis, Lixos u. a.
begegnen konnten, hier der Hauptsitz des Poseidons=
dienstes, hier, wie wir sehen werden, eine Orakelstätte,
von der, wie später von Delphi, Kolonien über das
ganze Mittelmeer ausgesandt worden sind.

Könige hatten die Atlanten. Der gegen Ägypten
zu Felde ziehende Batite von Kyrene war einer von
ihnen. Es gab aber ihrer noch andre. Nach Älians
Angabe erzählten die Anwohner des offnen Ozeans,
die frühern Könige der Atlantis hätten als Abzeichen
ihrer Würde nach Art der Widderhörner gedrehte
Zöpfe und ebenso die Königinnen eine in dieser Weise
gedrehte Seitenlocke getragen.[1] Wie die ägyptischen
Bildwerke zeigen, ist dies in der That das Abzeichen
aller libyschen Stämme, der Maschawascha, der Lebu,
der Tamehu, auch der ägyptischen Prinzen, d. h. das
Abzeichen der Diener des Zeus Ammon, dessen uraltes
Heiligtum in der Oase Siwah demnach die Oberhoheit
über ganz Libyen und von der achtzehnten Dynastie
ab auch über Ägypten übte. Dieses in ganz Vorder=

---

1) Älian. h. an. 15, 2.

asien und selbst in Europa berühmte Orakel war offen=
bar von libyschen Schafhirten gestiftet worden und
einst im Besitze der Nasamonen oder Mesamonen
(d. h. der Söhne Ammons) gewesen, bis es unter
assyrische, dann unter ägyptische Oberhoheit geriet und
den Herrschern dazu diente, die unterworfnen Stämme
und Völker durch seine Weisungen friedlich zu leiten und
in Gehorsam zu erhalten. So war eine geistige Ein=
heit über ganz Nordafrika hergestellt, in die sich auch
die eingewanderten Araber, Ägypter, Atlanten und
zuletzt sogar die Griechen von Kyrene eingliederten.

Offenbar wurde Ammon auch als Uranos und Atlas
verehrt. Denn es giebt Abbildungen, wo der widder=
köpfige Gott neben den Widderhörnern auf dem Kopfe
die beiderseits wagrecht auslaufenden Hörner der ägyp=
tischen Ziegenart und darüber die vier Weltsäulen,
dann zu beiden Seiten davon eine sich bäumende
Uräusschlange (bedeutet unannahbare Heiligkeit) trägt. [1])
Diese Religion war also im Grunde Einheitsglaube
und deshalb eine Weltreligion, wie die vorhergehenden
des Uranos und Kronos.

So viel kann man sehen, daß schon im zweiten Jahr=
tausende v. Chr. das Seewesen im Osten wie im Westen
auf einer hohen Stufe der Ausbildung stand, daß auf
dem Mittelmeere und außerhalb desselben die lebhafteste
Thätigkeit herrschte, und daß man imstande war, große
Seezüge zu unternehmen, Kolonien in ferne Gegenden
auszuführen und ganze Stämme von einem Ende des
Meeres an das andre zu versetzen. Um ihre Seeherr=
schaft aufrecht zu erhalten, bedurften die assyrischen und
ägyptischen Könige zahlreicher Heere, die an den ge=
eignetsten Stellen angesiedelt waren oder Standlager
und Festungen besetzt hielten, um die Eingebornen in

---

[1]) Die Bockshörner sind die des mendesischen Bockes (bantat),
der in Mendes, der Stadt der Weltsäulen (tattu), verehrt wurde.

Zucht zu halten, den Handel zu schützen, den Seeraub
zu unterdrücken, Empörer zu züchtigen. Diese Heere
bestanden, wie später bei den Karthagern, aus den verschiedensten Stämmen und oft aus den in Dienst ge-
nommenen und mehr oder minder zugedrillten Eingebornen. Aus solchen Soldatenbanden sind später namhafte Völker geworden, wie Kureten, Arkader, Önotrer,
Italer, Karer, Leleger, Maziken, Sikuler, Jolaer; auch
die Hellenen sind hieraus hervorgegangen.

Der Zug der Völkerbewegung ging damals nicht
bloß von Osten nach Westen, sondern auch umgekehrt,
und eine Forschung und Kritik, die nur den phönizischen Seehandel im Kopfe hat, muß vieles unver-
ständlich finden. Es sind Völkerteile aus Spanien und
Libyen bis an den Kaukasus versetzt worden. Geryones,
der Heros der spanischen Rinderzucht, ist mit dieser bis
nach Sizilien, Sardinien, Epirus gekommen. Zu
Agyrion auf Sizilien (westlich vom Ätna) befand sich,
angeblich von Herakles gestiftet, ein Gehege des Geryones und ein Tempel des Jolaos;[1] auf Sardinien
war die Stadt Nora von Norax, einem Sohne des
Hermes und der Erytheia, Tochter des Geryones, also
von Gades aus, gestiftet worden.[2] Nach Hekatäos
hatte Geryones gar nicht in Jberien geherrscht, sondern
war König der Amphilocher bei Ambrakia gewesen.[3]
Die Gegend war reich an Weiden und schönen Rindern.
Nach Herrn von Hahn, der über die Albanesen geschrieben hat, behaupten noch die heutigen Epiroten,
spanischen Ursprungs zu sein; Amphilocher werden aber
auch im Lande der Kallaiker (Galicier) im nördlichen
Spanien erwähnt.[4] Die Rinderzucht ist überhaupt
das Kennzeichen der iberischen Stämme. Der im
Hellespont sässige rinderzüchtende Stamm der Bebryker

---

1) Diod. 4, 24. — 2) Pauf. 10, 17, 4. — 3) Archian. Anal. 2, 16, 5.
— 4) Justin. 44, 3. Strabo 3, 4.

stammt ohne Zweifel von dem gleichnamigen Volke an den Pyrenäen. Das Mittelglied bilden die troischen Kolonien in Westsizilien (Eryx, Motye, Entella, Elyma, Ägestha), wo auch die Namen Butes (Rinderhirt) und Amykos auftauchen. Die Bebryker werden ein Stamm der aus Spanien nach Sizilien übersiedelten Sikaner gewesen sein. Akragas, der Stifter von Agrigent, Sohn des Zeus und der Okeanide Asterope (auch Atlantide), war allem Anscheine nach auch ein Sikaner.[1])

Wie das in Iberien stehende Kolonialheer des Herakles aus Medern, Persern, Armeniern, Mingreliern[2]) bestand, so gab es in Kolchis und Umgegend Iberer und ein Iberien,[3]) wahrscheinlich eine Ansiedlung spanischer Kriegsleute im assyrischen Dienste. Denn Iberos hatte angeblich den Helm erfunden. Die Kolcher, denen das im Archipelagos auftretende Priestergeschlecht der Heliaden, die gleichfalls Sternkundige und Nautiker waren, angehört, erweisen sich nicht minder als ein Seefahrervolk. Seine Kolonien lassen sich über den Archipelagos und Korinth bis ins Adriatische Meer verfolgen. Sie standen ohne Zweifel unter assyrischem Einflusse. Wie namentlich ihr Helios- und Hekatedienst beweist, war ihr Hauptstamm scythischen Ursprungs und den Persern, Leukosyrern und Tauroscythen verwandt, aber es gab fremde Ansiedlungen im Lande des Äetes, der Kirke, der Medea und des Perses. Entweder hatte Sesostris, als er Assyrien eroberte, Ägypter hier angesiedelt, oder ein assyrischer König hatte solche hierher verpflanzt. Herodot fand

---

1) Steph. Byz. s. v. — 2) Μεργαλία Mingrellen, Μεργαλία eine Stadt im Lande der Bastuler (Movers Phön. II, 2, 630). Manrali (Ptol.) ein Volk in Mauretanien. — 3) Strabo bezeugt ihre Übersiedelung von Westen nach Osten. Vgl. die Iberer im Westen und Osten. S. J. W. Hoffmann, Leipzig, 1838. Dionys Perieg. v. 697. Eustath. in h. loc. u. s. w. Tsilis, heute Tiflis, war ihre Hauptstadt.

Leinweber hier, deren Lebensart und Sprache der ägyp=
tischen ähnlich war; Leinweber gab es außer Ägyptern
und Kolchern nicht. Merkwürdigerweise nannten die
Griechen die aus Kolchis eingeführte Leinwand die far=
donische.[1] Es ist also möglich, daß es hier auch
Sarden gab; denn Ligner, d. i. Ligurer, sind bezeugt,
Kytäa heißt eine ligustische Stadt und Libystiner ein
den Kolchern benachbartes Volk.[2] Im Heere des
Xerxes waren Mariandyner, Syrer (um Sinope)
und Ligner unter demselben Anführer vereint. Auch
libysche Einflüsse lassen sich aus Namen wie Libyssa,
Byzantion u. a. erkennen. Letztere Stadt war wohl
von Byzanten aus Byzakion (Tunesien) gestiftet.[3] Wie
stark die libyschen Einwanderungen in Griechenland
sind, wird später erörtert werden.

Sizilien, Sardinien, Korsika, die Balearen, die
Südküste Spaniens und Frankreichs, ebenso Italien
standen unter dem Einflusse der atlantischen Schiffahrt,
namentlich wurde Sardinien mit libyschen Schafhirten
bevölkert, die ein höchst bedürfnisloses und rohes Leben
führten. Die Sardolibyer glichen darin genau den
Kyklopen Homers und sind demnach wohl dessen
Muster gewesen. Als Libyer heißen sie mit Recht Söhne
Poseidons. Daß die Atlanten einmal in Iberien und im
Keltenlande geherrscht haben, erweist schon die mythische
Formel, nach der Iberos und Keltos Söhne der At=
lantide Asterope waren. Auch die Atlastochter Kalypso

---

1) Herod. 2, 105. — 2) Eine Stadt Libyssa an einem Flusse
Libyssos, vor der das Orakel des Ammon den Hannibal gewarnt
hatte, lag am Eingange des Hellespontes. — 3) Dies ist um so wahr=
scheinlicher, als Byzantien ein Hauptsitz Poseidons und Hauptfangort
der aus der Propontis in den Pontus und umgekehrt in ungeheuern
Scharen ziehenden Thunfische war. Plin. n. h. 9, 20. Auch die
Megareer, die sich späterhin hier festsetzten, standen durch Poseidon und
Lelex mit Libyen in enger Verbindung.

und ihre im Mittelpunkte des Meeres liegende Insel
deutet auf Kolonien. Von den merkwürdigen Stein-
denkmälern, die Gallien und Britannien mit Nordafrika
gemein hat, haben wir gesprochen. Sie sind nicht
keltischen, sondern atlantischen Ursprungs, aber sie bilden
offenbar das Band, das das keltische Druiden-
tum mit den Atlanten verbindet. Nichts ist auffallender, als die Ähnlichkeit, die das Druidentum mit
den Priesterkasten Ägyptens, Babyloniens, Persiens,
Indiens hat; das Auffallende aber schwindet, nachdem
wir die Atlanten als Priesterkaste nachgewiesen haben.
Sie bilden das Mittelglied zwischen Chaldäern
und Ägyptern einerseits und den Druiden andrerseits;
diese sind offenbar ein Ableger der Atlanten. So
kommt Einheit in die Sache, und der Forschung öffnet
sich ein neues weites Feld. Es handelt sich hier um
die Ursprünge der europäischen Gesittung.

Da die Atlanten friedfertige Priester und Gelehrte
waren, so konnten sie nur im Nachtrabe der Eroberung
durch Waffengewalt in diese Länder kommen und
dort ihren Einfluß geltend machen. Diese Eroberung
wird natürlich dem Herakles zugeschrieben, demselben,
der von Kreta aus das Land des Geryones eroberte
und dann dessen Rinder, wie es heißt, an den Küsten
Spaniens, des Keltenlandes, Liguriens, Italiens hin-
trieb. Dies deutet, wie gesagt, auf eine Straße, auf
der fortwährend spanische Rinder unter militärischem
Schutze nach Osten getrieben wurden, wo ihre Rasse
im höchsten Ansehen stand. Auf dieser Straße kam es
zu Kämpfen mit Wegelagerern. So kämpfte Herakles
an den Pyrenäen mit Kyknos, dem Sohne des Ares
und der Pyrene;[1]) dann hatte er mit der rinder-
stehlenden Keltine zu schaffen, bezwang sie und zeugte
mit ihr den Keltos.[2]) Dann war ihm das unerschrockne

---

[1] Apollod. 2, 5, 11. — 2) Parthen. Erot. 30.

Heer der Liguer entgegengetreten und er hatte nach
hartem Kampfe nur dadurch den Sieg gewonnen, daß
ihm Zeus mit einem Steinregen zu Hilfe kam. Zum
Beweise dafür zeigte man zwischen der Rhonemündung
und Massilia etwas landeinwärts eine mit unzähligen,
etwa faustgroßen Kieseln bedeckte Ebne. Dann machten
ihm die Alpenstämme den Weg über das Gebirge
streitig. Damals erschlug er die Poseidoniden Albion
und Derkynos oder Alebion und Bergion oder den
Ligys und legte die Straße über die Grajischen Alpen
an. Auf der Stätte Roms schlug er dann den Rinder-
dieb Kakus, bei Kumä die Giganten, legte am Avernus
die herakleische Straße an, tötete den Lakinios und
Kroton und setzte dann nach Epirus über, wo wir
oben den Geryones und spanische Rinderzucht fanden.

Hieraus ist ersichtlich, wie dieser Herakles ins
Keltenland kam. Mit großen Heeren einbrechend, hatte
er es nach harten Kämpfen erobert und Zucht und
Gesetz eingeführt, auch die bis dahin geübte Tötung
der Fremden beseitigt. Um sich die Herrschaft zu
sichern, gründete er in der Mitte des Landes die große,
später wieder barbarisch gewordne Stadt Alesia, die
Mutter aller keltischen Städte. Mit einer trotzigen
Amazone, die bis dahin alle Freier abgewiesen hatte,
zeugte er den Galates, Stammvater der Galater.[1]
Alesia (heute Alise), später eine Stadt der Mandubier im
Gebiete der obern Seine, thronte auf einer steilen, durch
zwei im Nordwesten sich vereinigende Flüsse noch mehr
geschützten Höhe, war mit starken Mauern umgeben
und hatte eine noch höher gelegne Burg. Hier
hatten die Gallier ihre Penaten, hier war das letzte
Bollwerk ihrer Freiheit und Unabhängigkeit, hierher
floh der geschlagne Vercingetorix. Als Cäsar nach
längerer Belagerung dieses Troja gebrochen, war das

---

[1] Diod. 4, 19.

Volk des Druidentums auch geistig entwaffnet, und
Cäsar feierte einen seiner glänzendsten Triumphe.

Entspricht Herakles dem Kriegerstande, so ent=
spricht Atlas dem der Priester. Herakles gilt als Schüler
des Atlas. Wenn man annimmt, daß Alesia nach
seiner Stiftung ein Hochsitz der Atlanten wurde, und
wenn man es am Ende seiner Geschichte als vornehmsten
Druidensitz findet, so ist das Band zwischen Atlanten
und Druiden gegeben und man hat nun weitere For=
schungen nach dem Zusammenhange beider anzustellen.
Die Lage von Alesia auf dem Sattel der verschiednen
Flußgebiete läßt nicht undeutlich eine Herrschaft über
ganz Gallien und die Stiftung eines Reiches erkennen,
die nicht unter 1800 v. Chr. herabgesetzt werden kann.
Offenbar war diese Eroberung vom Rhonethale herauf
erfolgt. Sie fällt in das assyrische Zeitalter.

So ist denn die Sittigung der Kelten auf Assyrier
und Atlanten zurückzuführen, und der keltische Mer=
kurius Teutates, auf den die Druiden ihre gesamte
Weisheit zurückführten, erweist sich dann als gleich mit
dem atlantischen Hermes, der wieder aufs engste mit
dem ägyptischen Hermes Thot oder Tahuti zusammen=
hängt. Selbst der Name scheint derselbe zu sein. Auch
einen Herakles kannten die Kelten unter dem Namen
Ogmios. Ebenso verehrten die Germanen einen Mer=
kurius, d. h. Gesetzgeber und Stifter der Priesterschaft
der Ansen oder Asen, nämlich Wodan oder Odin.[1]
Es ist die Frage, ob ihre Gesittung von Westen oder
von Osten gekommen ist. Mir scheint vieles dafür zu
sprechen, daß sie von Westen her durch eingewanderte

---

1) Grimms Meinung, wonach man in Wodan den Merkurius ge=
funden, weil er wie dieser mit Hut und Wünschelrute dargestellt wurde,
ist oberflächlich; die Sache liegt tiefer. Wodan war, wie man noch
im Norden wohl wußte, gar kein Gott, sondern der ins Geheimnis ge=
hüllte Oberpriester der Asenreligion; ähnlich waren die eigentlichen
Asen Priester.

Druiden gekommen ist. Dann hängt auch der Wodans=
dienst mit den Atlanten zusammen. Wir finden in
Germanien die Irmensul, d. h. die Weltsäule (generalis
columna), und einen ohne Tempel und Bilder geübten
Dienst im heiligen Haine der Semnonen, der nach
Tacitus die Mutterstätte aller Germanen war. Auch
hatten sie, wie man namentlich aus der Völuspa ersieht,
die Lehre von der Neugeburt der Welt.

Sechstes Kapitel

Griechenlands älteste Verbindungen mit den überseeischen
Ländern, sein Seewesen; die Fabelgeographie
der Odyssee

Das Land, worin uns die Atlanten und ihre
sittigende Wirksamkeit am kennbarsten entgegentritt,
ist Griechenland. Wir sagen damit wahrscheinlich
etwas ganz Neues, das einige Verwunderung hervor=
rufen dürfte, aber wir sagen es, weil wir Klarheit
lieben und ohne viel Umschweife zum Ziele kommen
wollen. Denn wie die Dinge liegen, ist gerade das
griechische Altertum trotz der Unmasse von Überliefe=
rungen, die wir haben, dunkler als jedes andre, und
das sogenannte mythische Zeitalter vom trojanischen
Kriege aufwärts ein unverdaulicher Bissen und ein
gordischer Knoten, an dem man unaufhörlich genestelt
hat und noch nestelt, ohne ihn lösen zu können. Schon
über die Natur der sogenannten Mythen ist man durch=
aus im unklaren. Die beständige Vermischung des
Göttlichen mit dem Menschlichen ist ein Rätsel, weil
man bisher nicht die Mittel gefunden hat, diese Art
Sprache zu entziffern und beides auf verständliche
Weise zu scheiden. Waren diese mehr oder minder

berühmten Göttersöhne und Heroen wirkliche Menschen,
oder sind sie, wie manche meinen, heruntergekommne
Sonnen=, Mond=, Wolkengottheiten u. dgl., oder gar
bloße Dichtererfindungen? Dabei die wunderbare Ge=
schichte von der deukalionischen Flut, die, wenn das
Wasser wirklich bis nahe an den Gipfel des Parnasses
gereicht hätte, nicht bloß alle Menschen in Griechen=
land, sondern auch in Kleinasien, Italien u. s. w. er=
säuft haben würde, während wir doch gleich nach dieser
Flut alle möglichen Stämme, Kureten, Leleger, Pe=
lasger und alles von Menschen wimmelnd wieder=
finden. Dazu kommt, daß dieser Wust von Überliefe=
rungen sehr verschiedner Natur durch keine irgendwie
verlaßbare Zeitrechnung gebändigt wird.

Die einfachste Erwägung der Sachlage spricht
dafür, daß die kleine, vielgezackte Halbinsel, die sozu=
sagen mit allen fünf Fingern ins Meer hinauslangt
und mit ihren tiefen Busen allen von dorther kommen=
den Fremden freundliche Aufnahme bietet, seit uralten
Zeiten in den allgemeinen Weltverkehr gezogen wor=
den ist. Allen Seefahrern, die von Syrien, Phönizien,
Cypern nach Westen steuerten, lag sie im Anlaufe.
Wie sollte sie da von fremden Einflüssen unberührt
geblieben sein? In der That meldet die mythische Ge=
schichte von Einwanderern, von dem Ägypter Kekrops,
dem Phönizier Kadmos, dem Lyder Pelops und noch
vielen andern minder bekannten; auch haben die Griechen
selbst daran geglaubt und sind, wie jeder Vorurteilslose
leicht einsehen kann, weit davon entfernt gewesen, sich
für ein autochthonisches, unvermischtes Rassenvolk an=
zusehen, ja die Meldungen von Eingewanderten sind
überwiegend an Zahl, und hie und da (z. B. bei Athen)
läßt sich die behauptete Autochthonie als eine sehr durch=
sichtige Erfindung nachweisen. Dann wimmeln die
kleinen Stämme und Banden, die man vielfach zu Völ=
kern aufgebauscht hat, so buntscheckig durcheinander, die

Götterdienste sind so zahlreich und verschieden, Sitten
und Gebräuche der einzelnen Orte so abweichend von
einander, daß das Ganze mehr den Eindruck eines
Zusammenflusses verschiedenartigster Völkerbruchstücke
und eines Mosaiks macht, als den eines naturge-
mäßen Aufwuchses; ja gerade dieser Zusammenfluß
einander ursprünglich fremder Elemente, der Ausgleichung verlangte und viel Reibung und geistige
Thätigkeit erzeugte, ist als Haupturfache der reichen
Entwicklung des Hellenentums und seiner spätern Über-
legenheit zu betrachten.

Früher, als man, abgesehen von den biblischen
Geschichten, von der Geschichte der Babylonier, Assyrier,
Ägypter, Phönizier u. a., blutwenig wußte, auch sich
wenig darum kümmerte, dachte man kaum daran, die
griechischen Überlieferungen zu dem Zwecke zu durch-
forschen, darin Anknüpfungspunkte an jene Völker zu
ermitteln und so vielleicht das griechische Altertum
in Fluß zu bringen. Man erfreute sich an dichterisch
klingenden Erzählungen und Götterfabeln, deutete
daran, so gut man es eben verstand, und glaubte,
was man für glaubhaft hielt, bis man in neuerer Zeit
den Begriff der geschichtlichen Kritik fand und ihn auch
hier anwandte. Das, was man Kritik nennt, ist aber
vorwiegend Verstandesthätigkeit; sie geht vom Zweifel
aus und arbeitet mit möglichster Vorsicht, aber sie ist
von ihrem subjektiven Standpunkte und ihren Voraussetzungen abhängig. Wenn diese unrichtig sind, kommt
sie zu unrichtigen Ergebnissen, und wenn der kritische
Forscher einer lebendigen und schöpferischen Phantasie
ermangelt, die ihm ferner liegende Möglichkeiten der
Erklärung zeigt, so muß er in einen falschen Ge-
dankengang und zuletzt auf den Sand geraten. Dies
ist auch hier der Fall.

Wenn das älteste Griechenland mit den namhaftesten Völkern seiner Zeit in Verbindung treten oder

darin stehen sollte, so war das nur durch die Seefahrt
möglich, und die Vielfältigkeit und Stärke dieser Ver=
bindungen hing ganz von der Ausbildung und dem
Stande des Seewesens ab. Daß die Phönizier in
jenen Zeiten darin sehr fortgeschritten waren, giebt
alle Welt zu, aber bisher hat man nur Handel und
Gewerbe im Sinne gehabt und an Assyrien, Ägypten,
Libyen, an Kriegsflotten, Seezüge und Seeherrschaften
gar nicht gedacht, obwohl sie deutlich bezeugt sind.
Wir haben davon gesprochen. So konnten also
Fremde nach Griechenland kommen, aber es ist die
Frage, ob die Griechen auch so leicht in die Fremde
kommen konnten, und hierbei ist die Kritik stutzig ge=
worden. Namhafte Gelehrte haben gefunden, daß
die Schiffahrt der Griechen noch zu Homers Zeiten,
also etwa 900 bis 1000 Jahre v. Chr., äußerst mittel=
mäßig, und daß ihre damalige Länderkunde ungemein
beschränkt gewesen sei. Die Schuld daran trägt Odys=
seus mit der Erzählung seiner merkwürdigen Irr=
fahrten, die er den staunenden Phäaken zum besten
giebt. Denn es ist klar, daß die Griechen, wenn sie das
Westmeer mit Kyklopen, Lästrygonen, Sirenen und
andern Wunderdingen bevölkert glaubten, weder von
Italien, Tyrrhenien, Sizilien, Sardinien, geschweige
denn vom Keltenlande, Iberien, den Säulen des
Herakles etwas gewußt haben können. Waren sie
aber so unbekannt im Westen, wie sollten sie viel
bekannter im Osten und Süden gewesen sein? Das
sind die Folgerungen, die sich aus dieser Art von
Homerkritik ergeben. Wären diese Wundergeschichten
nicht, so würde man aus den homerischen Gedichten
selbst und aus den noch weit ältern Sagenkreisen
die der Dichter sehr wohl kennt, wie der Danaersage,
der Perseussage, den Kureten= und Pelasgersagen u. a.,
gerade das Gegenteil schließen, nämlich, daß die
Griechen das Mittelmeer seit uralten Zeiten

im ganzen Umfange kannten, und daß in der
trojanischen Zeit ihr Seewesen auf einer
hohen Stufe der Ausbildung stand. Waren
sie nicht ein poseidonisches Volk, zogen sie nicht mit
1100 Schiffen, die außer der Bemannung Pferde und
Wagengeschirre trugen, vor Ilion, plünderten und
raubten taphische und kretische Seeräuber nicht in
Phönizien und Ägypten, gelangte Menelaos nicht zu
Sidoniern, Erembern, Libyern und in Ägypten bis
Theben hinauf? Nicht Unkenntnis des Heimweges
war es, die ihn zwang, so lange in der Fremde zu
bleiben, sondern die Gewaltherrschaft des Ägisthos.

Auf solcher Voraussetzung vor allem beruht der
Kreis der Vorstellungen, den sich der lange Zeit maß=
gebende Begründer einer hellenistischen Theorie, der
gelehrte und feinsinnige Otfried Müller, vom Griechen=
tum gebildet hat. Bei ihm kam die von Winkelmann
und Heyne überlieferte Begeisterung für antike Kunst
und Poesie hinzu, die ihn namentlich in den Zeiten
des griechischen Freiheitkampfes dazu führte, alles
mit dem günstigsten Auge und im verklärenden Lichte
zu sehen. So wurden ihm die Griechen das unüber=
treffliche Mustervolk schlechthin, und unter den Grie=
chen wieder die Dorier der reinste Ausdruck dieser
Vollkommenheit. Ihm wurde alles echt hellenisch,
und was hellenisch war, durfte nicht mit der profanen
Welt und den gleichzeitigen Barbarenvölkern, die
man sehr geringschätzig beurteilte, in Verbindung ge=
bracht werden, weil dies eine Entwürdigung schien.
Die Hellenen durften ihnen so gut wie nichts ver=
danken, und ihre edle Gesittung mußte ziemlich wun=
derbarerweise aus dem Boden Griechenlands selbst
hervorgegangen sein. Da es nun durch die Odyssee
bewiesen schien, daß es mit dem Seewesen der Grie=
chen nicht gerade glänzend bestellt war, so kam zu
seiner Barbarenscheu auch die Wasserscheu hinzu, und

16*

so wurde es für ihn Grundsatz, alle Überlieferungen,
die von Einwanderungen redeten, zu leugnen und
kritisch zu vernichten. Wenn sich die Schiffahrt in einem
solchen Zustande der Kindlichkeit befand, wie konnte
der Ägypter Kekrops nach Attika kommen und Athen
eine Stiftung der Saïten sein, wie Kadmos aus Phö=
nizien, wie konnte Jason auf der Argo durch den
unwirtlichen Pontus Eurinus nach Kolchis gelangen?
Das war unmöglich. O. Müller meint, die Fahrt
sei ursprünglich nur bis zum Propontis gegangen,
und dort seien die genannten Örtlichkeiten zu suchen.
Nur die Danaer machen ihm Bedenken. Ihre ägypto=
libyssche Herkunft ist zu dick da, aber etwas Aufklären=
des weiß er darüber nicht zu sagen und so läßt er
die Sache auf sich beruhen. Ebenso giebt er sich später
bei Gelegenheit der hellenischen Besiedlung von Kyrene
alle erdenkliche Mühe, zu beweisen, daß die Griechen
in älterer Zeit von Libyen gar nichts gewußt hätten,
und daß man noch im siebenten Jahrhundert v. Chr.
den Weg dahin gar nicht gekannt habe.[1]

Kurz gesagt, er hat Griechenland, das von Natur
eher die Barbarei als die Gesittung begünstigt und

---

1) „Die Griechen stellten sich, sagen die Kritiker, nach Odyssee 3, 320
das Meer zwischen Griechenland und Libyen so breit vor, daß es die Vögel
nicht in einem Jahre überfliegen könnten." Unsinn! Denn dann müßte
schlecht gerechnet das Meer 10—20 000 Meilen breit gewesen sein, und
dann würden die Griechen schwerlich gewußt haben, daß jenseits ein
Land Libyen liege; wenn sie das aber wußten, und wenn Vögel dorthin
flogen und wiederkehrten, so kann es nur sehr mäßig breit gewesen sein.
Denn ein ganzes Jahr lang zu fliegen vermag kein Vogel. Der alte red=
selige Nestor sagt an der betreffenden Stelle nur, Menelaos sei durch den
Sturm so weit verschlagen worden und in ein Land gekommen, von
wo selbst große Vögel nicht im selben Jahre ($\alpha\dot{v}\tau\acute{o}\varepsilon\tau\varepsilon\varsigma$) zurückkehren
— d. h. wo sie überwintern, weil sie sich vor dem langen Fluge scheuen
Daß Kraniche, Störche u. a. Vögel übers Meer nach Afrika flogen,
wußte Homer und alle Welt, weil man es alljährlich sah, um aber
dorthin zu Schiffe zu gelangen, brauchte man, wie aus Homer, den
Kyprien und jüngern Nachrichten hervorgeht, nur einige Tage.

solche neben hoher Ausbildung auf einigen wenigen
Stellen durch alle Zeit in aller Frische bewahrt hat,
zu einem Wunderlande gemacht und es auf den
Isolierstuhl gesetzt. So hat er ein kleines, niedliches
Griechenländchen geschaffen, wie es für den Geschmack
von Archäologen, für Kunstfreunde und Dichter seine
besondern Reize hat, wie es aber vor der rauhen
Wirklichkeit der Geschichte nicht bestehen kann. Auch
haben die neuern Funde und Entdeckungen diese
ganze auf Ästhetik gegründete Theorie des Hellenismus
wankend gemacht. Man muß barbarische, d. h.
ägyptische, assyrische, lydische Einflüsse in Griechen=
land zugestehen. Wir gehen einen Schritt weiter und
machen uns anheischig, den Beweis zu führen — der
eigentlich schon geführt ist —, daß die ganze Ge=
sittung Griechenlands überseeischen Ursprungs und
erst von assyrischen, dann von ägypto=libyschen Ein=
wandrern eingeführt worden ist. Die hellenische
Vielgötterei namentlich ist kein natürliches Erzeugnis
des griechischen Bodens und kann es nicht sein, son=
dern findet ihre Erklärung darin, daß sich alle mög=
lichen Stämme des Ostens, Nordens und Westens
hier zusammengefunden und ihre Götter mitgebracht
hatten. Natürlich mußten sie, um Platz zu haben,
zusammenrücken und sich mit einander vertragen
lernen, was nur durch gesetzliche Maßnahmen herbei=
geführt werden konnte. Hieraus ging die starke Ver=
menschlichung dieser eingebildeten Wesen hervor. Der
griechische Olymp ist eine ganz künstliche Schöpfung.

Es ist ein Irrtum, wenn man glaubt, diese helle=
nischen Götter seien etwas den Griechen eigentüm=
liches gewesen; im Gegenteil die verschiedensten Völker
im Osten wie im Westen haben Götter gehabt, die
desselben Ursprungs und meist eine ältere Form
jener waren; auch haben das die Griechen selbst
anerkannt und zugestanden. Was den griechischen

Hermes, Dionysos, Apollo, die griechische Artemis,
Athene u. a. von den ausländischen unterschied, war
nur die Mache, die Zurichtung, die diese Wesen
genauer umschrieben und feiner ausgearbeitet, auch
vielfach ihren Dienst menschlicher gestaltet hatte, ob=
gleich er beim Lichte betrachtet noch viel Rohes und
Barbarisches behielt. Diese ästhetische Schule sieht
das freilich nicht. So hängt Griechenland nach allen
Seiten hin mit der Außenwelt zusammen und ist
durch tausende von Fäden mit ihr verbunden. Wer
sie, wie O. Müller, abschneiden will, muß in große
Verlegenheiten geraten und zu verfänglichen Mitteln
greifen. Die nächste Folge ist die Entwertung aller
alten Kunden und Überlieferungen, die über Homer
hinausreichen, und dann die Notwendigkeit des Besser=
wissens, die dazu führt, die Alten durch kluge oder
dumme Einfälle zu hofmeistern und ihnen Augen,
Ohren und Nase abzustreiten, was man dann Kritik
nennt. Eine falsche Ansicht vom Wesen des Mythus
und der „epischen Poesie" kommt hinzu, worüber
vieles zu sagen wäre.

Auf Grund der Irrfahrten des Odysseus haben
die gelehrten Geographen jene gänzliche Unbekannt=
schaft der ältern Griechen mit dem Westen und die
Unbehilflichkeit ihres Seewesens, die das kleine
Völkchen in die engsten Kreise bannt, zum Dogma
erhoben und dann eine Geschichte aufgestellt, wie
schrittweise und sehr allmählich das Westland immer
bekannter geworden wäre. Das ist eine vollständige
Täuschung. Wenn man auf diesem Standpunkte steht,
muß man den in uralte Zeiten fallenden Seezug des
kretischen Herakles nach Tartessos, die Verbreitung
arkadischer und epirotischer Völker (der Önotrer,
Daunier, Japygen u. a.) nach Italien, die Stiftung
von Sagunt durch Zakynthier, die attische und böo=
tische Auswanderung unter Jolaos nach Sardinien,

den großen Heereszug des Minos nach Sikanien, die
kretischen Kolonien auf Sizilien und in Apulien und
vieles andre leugnen und sich in eine Unmasse von
leeren Deutungen verirren. Es ist eine Thorheit, zu
glauben, daß die Griechen zu Homers Zeiten nichts
von den schiffberühmten Tyrrhenern gewußt hätten,
die bald nach dem trojanischen Kriege in einzelnen
Banden in Griechenland erschienen und aus Attika
vertrieben einen jahrhundertelang gefürchteten See-
räuberstaat auf Lemnos und Samothrake stifteten.

Wenn diese Deutungsweise auf Grund von
Dichterstellen richtig wäre, dann könnte man aus dem
Nibelungenliede beweisen, daß die Deutschen im dreizehnten Jahrhundert zur Not Dänemark, aber nicht
Norwegen, Schweden, England gekannt und dafür an
ein fabelhaftes Isenland und Nibelungenland geglaubt hätten — oder aus Shakespeare, daß die
Engländer seiner Zeit noch nichts von Amerika gewußt hätten und nur bis zu den Bermuden gekommen
wären. Denn in der That erwähnt er Amerika nir-
gends und spricht nur einmal (im Sturm) von den
umtosten Bermuden. Wenn Hesiod die Tyrrhener
zum erstenmale erwähnt, so beweist das gar nicht,
daß sie erst kurz vorher den Griechen bekannt geworden, und so verhält es sich mit der ganzen weitern
Kritik. Wenn die Phokäer die ersten waren, die
Handelsverbindungen mit Tartessos anknüpften, so
folgt daraus wieder nicht, daß die Griechen nichts
von Spanien gewußt hätten. Wie lange ist es her,
daß wir mit Japan solche Verbindungen angeknüpft
haben? Folgt aber daraus, daß Japan uns früher unbekannt gewesen sei?

Der wahre Alp, der Geschichte und Erdkunde
des höhern Altertums bedrückt, ist der bisher uner-
schütterte Glaube der kritischen Forscher an die merk-

würdigen Erzählungen, die Odysseus am Hofe der
Phäaken von seinen Irrfahrten im Westmeere zum
besten giebt. Nach ihr scheint es, daß dieses den Grie=
chen jener Zeit gänzlich unbekannt gewesen wäre, ja
daß sie selbst von Italien und Sizilien nichts gewußt
hätten. Man hat daraus eine gänzliche Unwissenheit
in dieser Hinsicht und eine Kläglichkeit des griechischen
Seewesens gefolgert, die mit dem Geiste des Volkes
und den Verhältnissen ihres Landes in schreiendem
Widerspruche steht, ja einzelne Gelehrte haben diese
Dinge den homerischen Texten zum Trotze bis ins
Ungereimte übertrieben.[1] Die Thatsache ist die,
daß weder Odysseus noch irgend ein andrer
in dem damaligen Mittelmeere, wie wir es
kennen gelernt haben, irrfahren konnte. Denn
ringsum war, einzelne öde Striche und wilde Küsten
abgerechnet, zivilisiertes Land, überall gab es Häfen,
Hafenstädte, Handel und Gewerbe, und noch sind wir
imstande, eine ganze Reihe von Städten an den libyschen
wie an den europäischen Küsten und auf den Inseln
namhaft zu machen, die damals bereits bestanden,
ja wir haben es bereits gethan. Wie konnte Odysseus
da irrfahren, wenn das Meer von Kauffahrern —
unter Umständen von Seeräubern — durchkreuzt war
und jede Tagesfahrt ihn in einen sichern Hafen
brachte? Schon manche der alten Geographen haben
dies eingesehen und angenommen, daß Odysseus gar
nicht im Mittelmeere, sondern im offnen Ozeane
umhergeirrt sei. Man nannte diese Lehre Exokea=
nismos.

---

*) Schömann findet z. B. eine Fahrt nach Ägypten undenkbar.
Hat der Mann geträumt? Kretische Seeräuber fahren in vier bis fünf
Tagen bis an die Nilmündungen, Odysseus will als echter Levantiner
jahrelang in Ägypten gebettelt und sich mit einem phönizischen Schurken
umhergetrieben haben, Menelaos kommt mit Helena bis Theben in
Oberägypten.

Sehen wir uns die Geschichte etwas genauer an. Offenbar ist die Odyssee nichts mehr und nichts weniger als das, was wir heute einen Roman nennen, und zwar in diesem Teile ein Seefahrerroman. Ist sie aber das, so sieht jeder Verständige ein, daß es gar nicht die Aufgabe des Dichters sein konnte, seine neugierigen und wohl meist leichtgläubigen Zuhörer mit der Geographie des Westlandes bekannt zu machen, sondern daß ihm weit mehr daran liegen mußte, sie angenehm zu unterhalten und durch Wundermären in Erstaunen zu setzen. Wenn Seefahrer und weitgereiste Kaufleute unter ihnen waren, so können sie füglich nur gelacht und sich über die Gläubigkeit des Volkes lustig gemacht haben. Der Dichter, der sein Handwerk verstand, nahm ihnen das schwerlich übel. Denn Homer war, wie wir das bald sehen werden, ein Spaßvogel.

Die Geschichten von den Kyklopen, Sirenen, den Lästrygonen, der Fahrt in die Unterwelt u. s. w. hängen ganz von der Glaubwürdigkeit des Odysseus ab; mit dieser aber ist es im höchsten Grade übel bestellt. Denn mit der unschuldigsten Miene von der Welt hat es der Dichter darauf angelegt, ihn abgesehen von seinen guten Eigenschaften des Heldenmutes, der Ausdauer, der Beredsamkeit als vollendeten Lügner und Schwindler hinzustellen. Daß die gelehrte Kritik vor lauter Scharfsinn dies nicht herausgebracht hat, ist merkwürdig. Die Spitzbüberei liegt ihm im Blute. Durch seinen Urgroßvater Kephalos, den Stifter des Inselvolkes der Kephalenen, stammt er aus Thorikos in Attika und weiterhin aus Syrien, und andrerseits ist er durch seine Mutter Antikleia Enkel des größten Schurken seiner Zeit, des am Parnasse wohnenden Autolykos, der als Meineidschwörer, Räuber und Einbruchsdieb

berüchtigt war.¹) Von diesem stammte auch des
Odysseus Vetter Sinon, durch dessen listige Anschläge
Troja genommen wurde. Jenem machte es kein
Bedenken, nach Ephyra (in Elis) zu gehen, um Pfeil=
gift von Jlos dem Mermeriden zu kaufen, dieser aber
machte sich ein Gewissen daraus, ihm solches zu
geben.²) Mit vergifteten Pfeilen zu schießen, galt
demnach damals für einen Frevel; aber das kümmerte
den Odysseus nicht. Schlau und durchtrieben, wie
ein Phönizier, besitzt er die Kunst der Verstellung und
ist allen Sätteln gerecht; den landstreichenden Bettler
spielt er vortrefflich und wartet jedesmal sofort mit
einer Schwindelgeschichte auf, die nichts weniger als
fürstlichen Stolz und Selbstachtung verrät. Dem
Eumäos giebt er sich als Kreter aus, der von Troja
zurückgekehrt, mit Seeräubern nach Ägypten gefahren
sei, um zu heeren und zu plündern. Im Kampfe mit
den Ägyptern gefangen, aber von ihrem Anführer
geschont, hatte er sich dann jahrelang im Lande um=
hergetrieben, um Geld (Habe) zusammenzubetteln,
hierauf sei er mit einem phönizischen Wucherer und
Schurken nach dessen Heimat gegangen, habe mit ihm
ein Schiff befrachtet, das nach Libyen bestimmt war,
der Schurke habe ihn als Sklaven verkaufen wollen,
und er sei nur durch einen Schiffbruch westlich von
Kreta gerettet und mit den Wogen kämpfend nach
Epirus getrieben worden. Dieselbe Geschichte, aber
mit ganz anderm Ausgange, erzählt er dem Antinous.³)
Von den Phäaken im Schlafe nach Ithaka gebracht
und mit seinen Geschenken ausgesetzt, bedient er nach
seinem Erwachen die ihm in Jünglingsgestalt nahende
Athene sofort mit einer Lügengeschichte, worauf sie
im Scherze sagt: „Schlau und verschmitzt müßte

---

1) Od. 19, 394. — 2) Ebenda 1, 259. 2, 328. — 3) Ebenda 14,
245 fgb. 17, 425.

der sein, der dich in Ränken jeder Art über-
träfe, und stünde dir ein Gott entgegen.
Schändlicher, Vielgewandter, Erzgauner
(δόλων ἆτ'), so solltest du also selbst in der
Heimat nicht von Schwindeleien und Lügen-
erfindungen abstehen, an denen du deine
Freude hast.[1]) Auch seiner Gemahlin schwindelt er
als Bettler unerkannt eine solche Geschichte vor.
Denn „er wußte, wie es dort heißt, viel Lügen-
haftes zu sagen, dem Wahren ähnlich."[2])
Odysseus ist also Lügner und Schwindler von Fach.
Warum sollten also die den Phäaken erzählten langen
Geschichten nicht auch leere Erdichtungen sein, warum
sollte der sich unschuldig stellende Dichter nicht mit
uns wie mit seinen damaligen Zuhörern ein scherz-
haftes Spiel treiben? Er legt, wohlgemerkt, dem
Odysseus diese Geschichten nur in den Mund und
sagt mit keinem Worte, daß er das alles wirklich
erlebt habe, läßt uns also volle Freiheit, ihm zu glauben oder nicht zu glauben. Wir dürfen wieder nicht
vergessen, daß wir es mit einem Romane zu thun
haben.

Die Völker jener Zeit müssen reich und in blühenden Zuständen gewesen sein. Denn es war Sitte,
Fremdlinge von Stande, nachdem man sie bewirtet
hatte, mit kostbaren Geschenken zu entlassen. Leute, die
ihr Geschäft verstanden und sich durch Benehmen und
Erzählungen angenehm zu machen wußten, konnten
davon reich werden. So brachte Menelaos, der sich
mit Helena in Ägypten, Phönizien, Sidon, Libyen
umhergetrieben und überall seine Gastfreunde mit den
Geschichten von Troja unterhalten hatte, viel Gold und
Silber nach Hause. Odysseus war auch hierin Meister
und trieb das Bettlergeschäft (ἀγυρτάζειν) mit Kunst.

---

1) Od. 13, 291 fgd. — 2) Ebenda 19, 203.

Als Bettler unerkannt seiner Gemahlin Hoffnung auf
die Heimkehr des Gatten machend, sagt er von sich:
„Er führte viele und schöne Kostbarkeiten mit
sich, die er im Volke erbeten."[1]) Dann sei er bei
den Phäaken gewesen und reich beschenkt worden; sie
hätten ihn heimsenden wollen, es habe ihm aber ge=
winnbringender (κέρδιον) geschienen, Schätze zu=
sammenfechtend vieles Land zu durchwandern. Denn
Odysseus wisse so viele Erwerbslisten (κέρδεα), daß
es kein andrer darin mit ihm aufnehmen könne.

Mit welcher naiven Unverschämtheit Odysseus zu
betteln verstand, zeigt folgende Stelle: „Erlauchtester
Alkinoos, sagt er, ob ihr mich bestimmtet,
hier ein ganzes Jahr zu bleiben, oder ob
ihr mich mit schönen Geschenken bald heim=
schicktet, ich wäre mit beiden zufrieden. Auch
wäre es vorteilhafter, wenn ich mit vollerer
Hand in der Heimat ankäme; ich würde höher
geachtet im Volke und beliebter bei den
Leuten auf Ithaka sein."[2]) Wir glauben das.

Die höchste Gunst der Königin Arete erwirbt er
sich dadurch, daß er gegen das Ende seiner Erzählung
eine Menge Heldenfrauen aus der Unterwelt herauf
zaubert und so dem weiblichen Geschlechte
eine Huldigung darbringt. „Phäaken, ruft sie
entzückt aus, wie deucht euch dieser Mann zu
sein an Gestalt, Größe und verständigem
Sinne. Das ist mein Gast und jeder Ehre
wert. Dränget ihn nicht zur Abfahrt, noch
verkürzet seine Geschenke; denn mit Huld
der Götter habt ihr große Schätze in den
Gemächern liegen."[3]) Hier haben wir einen der
erwähnten Kniffe. Die Geschichte von den Heroïnen
war auf die Königin gemünzt.

---

1) Od. 19, 272. -- 2) Ebenda 11, 335. — 3) Ebenda 362 fgd.

Um nicht aus der Rolle zu fallen, mußte der Dichter den König Alkinoos als gläubigen Tölpel hinstellen, und er thut es mit offenbarer Ironie und Schalkheit. „Wahrlich, Odysseus, sagt er, nach dem Ansehn vermuteten wir gleich keinen Schwindler und listigen Schelm in dir, wie so viele, überall hin zerstreut, die Erde nährt, die sich Lügen erdenken, daß man darüber erblinden möchte. Was du erzählt, hat richtigen Schick und trefflichen Sinn. Kundig, wie ein Sänger, hast du die Ge= schichten erzählt.“ Als Mann von Fach wußte Homer am besten, wie es mit der Wahrhaftigkeit der Sänger bestellt war. Er hielt nicht viel davon, und Hesiod auch nicht.[1] Alkinoos kannte den seltenen Vogel nicht, aber Athene kannte ihn. Der Dichter macht sich dabei offenbar über die Leichtgläubigkeit seiner Zuhörer lustig. Mit einem Worte, die Er= zählungen von diesen Irrfahrten haben für die wirk= liche Geographie kaum einen höhern Wert, als die Reisen des Seemanns Sindbad in 1001 Nacht, die Fahrten des Kapitäns Lemuel Gulliver, den der witzige Swift nach Liliput, Brobdignag, zu den Men= schenpferden u. s. w. gelangen läßt, oder jede beliebige Robinsonade. Gescheite Leute haben dies schon im Altertum eingesehen. Es ist Zeit, daß dies auch unsre so gründliche Kritik einsieht.

Wenn man dies erkannt hat, so findet man bald, daß es den Dichter Mühe gekostet hat, seine bessern Kenntnisse vom Westlande zu verstecken, ohne daß ihm dies immer gelungen wäre. Denn bisweilen verschnappt er sich. Alles, was zwischen dem Lande der Lotophagen an der kleinen Syrte und der An= kunft des Helden in Scheria liegt, ist freie Dichter=

---

[1] Jl. 20, 248. Theog. V. 27.

erfindung, zusammengebraut aus Seemannsfabeln,
volksläufigen Mären von fremden Ländern, Ent-
lehnungen aus andern Gedichten u. s. w., wobei der
Sänger bisweilen ganz leichtfertig verfahren ist. So
zaubert er die kolchische Kirke ins Westmeer und läßt
unmittelbar vor der Unterwelt die Häuser
und Tanzplätze der Eos und die Aufgänge
des Helios sich befinden, die doch offenbar in den
fernsten Osten gehören (12, 3). Einige geographische
Brocken schwimmen in dieser Fabelsuppe. Die Kyklopen führen ein Leben, wie etwa die Sardolibyer,
das Nebelland der Kimmerier im fernen Westen kann
auf Britannien und die Kymri gedeutet werden, von
denen möglicherweise die östlichen Kimmerier ausgegangen waren. Die Lästrygonen, bei denen die
Nächte so kurz sind, daß der austreibende Hirt den
eintreibenden anruft, verraten Kunde vom hohen
Norden, die Scylla und Charybdis in der Meerenge
von Messina sind geschildert, wie etwa lügenhafte
Matrosen von ihnen erzählen mochten. Die Geschichte
vom Äolos und seinen zwölf Söhnen und zwölf
Töchtern (den Winden der Windrose) und seinen in
einen Sack gesteckten Winden läuft auf Seemanns-
aberglauben hinaus. Im Norden galten einst die
Lappländer als große Zauberer, und die Seeleute
kauften ihnen Wind ab. Die Plankten (Irrfelsen),
die ins Schwarze Meer gehören, hat er wohl einer
Argonautik entlehnt.

Die Karten, die man von den Irrfahrten des
Odysseus entworfen hat, beruhen auf Selbsttäuschung.
Es läßt sich zeigen, daß wenn man Ernst damit macht,
man auf völligen Unsinn kommt. Nach Od. 1, 50
liegt die Insel der Kalypso da, wo der Nabel des
(kreisrund, wie ein Schild gedachten) Meeres ist. In
diesem Meere liegt nun das Land der Lästrygonen,
das man etwa unter dem Breitengrade von Peters-

burg und Stockholm zu suchen hätte, folglich würde
die Insel der Kalypso etwa auf das nördliche Frank=
reich zu liegen kommen, dabei aber liegt sie wieder
im fernen Westen nahe der Unterwelt am Okeanos
bei den Tanzplätzen der Eos und den Sonnenauf=
gängen. Wie Odysseus auf geradem Wege von da,
ohne an Sizilien und Unteritalien anzustoßen, nach
Scheria kommen kann, ist merkwürdig, ebenso wunder=
bar ist es, wie er, ohne die Scylla und Charybdis
zu passieren, von der Insel Äolia nach Ithaka und
von da wieder zurückkommen kann, da ihm hier jeden=
falls Unteritalien im Wege lag. Offenbar hatte der
Dichter von der Straße von Messina und ihren Ge=
fahren gehört, hatte aber keine rechte Vorstellung von
ihrer Lage. Die wirklichen Phääken — und solche
hat es gegeben — würden dem Odysseus solche
Schwindeleien nicht geglaubt haben. Denn sie waren
nach des Dichters eignem Zeugnis die ausgezeichnetsten
Seefahrer, die weite Reisen machten und viele fremde
Länder kannten. Scheria ist ganz ohne Zweifel Korfu
und eine Insel,[1]) und wenn ihre Bewohner Seefahrten
machten, so mußten sie nach der ganzen Lage ihres
Landes gerade jene Meere und Länder besuchen, in
denen Odysseus umhergeirrt sein wollte. Überhaupt
ist es eine eigne Sache mit diesen Phääken, deren
Stadt der Dichter als große, reiche See= und Handels=
stadt schildert und sie dabei von allem Verkehr von der
Außenwelt abschließt. Woher stammt ihr Reichtum,
wenn sie nicht Gewerbfleiß haben, keinen Handel treiben
und keinen offnen Markt halten, keine Fremden in ihrer
Stadt sehen und, wenn sich einer zu ihnen verirrt, ihn
wieder fortschicken? Lebten sie denn von Luft? Offen=
bar hat der Dichter dies erfunden, um den Odysseus

---

1) Die Kritiker, die einem Urkritiker nachlassend behaupten,
Homer kenne keine Insel Scheria, haben sich den Text nicht angesehen.
Nausikaa sagt (6, 204): „Wir wohnen abseits im vielbrandenden Meere."

als einen recht seltenen Vogel erscheinen zu lassen.
Ein weiterer Kunstgriff ist es, daß er ihn schlafend
nach Ithaka bringen läßt. Als er erwacht, kommt
ihm alles wie ein Traum vor, und diesen Eindruck
empfängt auch der Anhörer der Geschichte. Man
kann von den Irrfahrten des Odysseus denken, wie
man will. Es ist möglich und sogar wahrscheinlich,
daß die Griechen jener Zeit das Westmeer wenig
gekannt und befahren haben, vielleicht, weil die in
Westafrika mächtigen tyrischen Phönizier sie von ihren
Gewässern ausschlossen; aber daß sie Italien, Tyrrhenien, Sizilien, Sardinien, Korsika nicht gekannt
haben sollten, ist nicht glaublich, da wir ältere Kunden haben, die von Städten und Völkern in diesen
Gegenden wissen. Homer erwähnt die Sikeler, Temesa
im spätern Bruttium, Sikanien, sagt, daß Ithaka den
Leuten im Westen, also in Unteritalien, wohl bekannt
sei.[1] Sollte er nichts von Önotrien, Japygien,
Daunien u. s. w. gehört haben? Mit einem Worte,
um den Roman von den Irrfahrten des Odysseus
durchzuführen, mußte er seine bessern Kenntnisse von
dem Westlande verstecken.

---

1) Od. 13, 241.

Siebentes Kapitel

Das Land an der Tritonis

Von einer gewissen Zeit war das Land an der Tritonis ein Nebenland Ägyptens und gehörte zu den sogenannten Neun Bogen. In einer Aufzeichnung dieser heißt es an fünfter Stelle: „Das geordnete Volk der Tahennu (Atlanten). So heißt das Land der Napit. Sie leben vom Regenwasser."[1]) Der Name Napit erklärt sich aus dem der Stadt Nepte, heute Nafta oder Nefta, die damals noch auf einer Insel des Tritonsees gelegen haben muß. Movers sucht hier die biblischen Naphtuchim, Söhne Mizrajims. Noch heute haust hier der Berberstamm der Naffawah. Nach Diodor wohnten hier die Atlanteer, ein sanftes und gesittetes Volk in Städten, und auch auf der nahen Insel Kerynia befand sich eine befestigte Stadt der Atlanteer.

Das Land war, einzelne wüste Striche abgerechnet, außerordentlich schön und fruchtbar und erfreute sich eines herrlichen Klimas. Es ist mild, selten durch Regengüsse getrübt, das Meer der kleinen Syrte meist ruhig, für kleine Fahrzeuge höchst angenehm zu be-

---

1) Zeitschrift für ägyptische Sprache 1865, S. 28.

fahren und von fabelhaftem Fischreichtume. Das
Land — Bileduldscherid (Palmenland) genannt — ist
ein Palmengarten, der Pflanzenwuchs in den Oasen
tropisch. In den zahlreichen Oasen wachsen außer
den Dattelpalmen Ölbäume, Orangen=, Citronen=,

Mandel=, Maulbeer=, Johannesbrotbäume, Weinstöcke,
der libysche Lotos,[1]) Krapp und andre Farbekräuter,
kurz es ist hier und in der Nähe das Land der Loto=
phagen, dessen süße Speise den Gefährten des Odysseus
so sehr behagte, daß sie der Heimat vergaßen und
nicht mehr von dannen wollten.

_____

1) Der ägyptische Lotos war eine Wasserlilie mit dickem, mark=
haltigem Stengel, daraus man Brote machte, der libysche ein beeren=
tragender Strauch, eine Art Zizyphus oder Jujube. Aus den pflau=
menartigen Beeren machte man einen süßen Brei und eine Art Wein.

Gegenwärtig ist der große Landsee Tritonis nicht mehr vorhanden. An seiner Statt findet man vier Schotts oder Salzlachen, zunächst dem Meere den Schott Kebir, dahinter die Schotts Gharnis, Hadschilah, Melghigh (Melrir). Die im See gelegnen Inseln haben sich infolge steter Austrocknung vergrößert und sind so zu trennenden Landengen geworden, doch läßt sich der frühere Umfang des Sees noch wohl erkennen. Er reichte einst von der tiefsten Einbuchtung der kleinen Syrte bis tief nach Algerien hinein und war an fünfzig Meilen lang und verhältnismäßig breit, sodaß er sehr bedeutende Inseln einschließen konnte. Auf einer solchen setzten sich die erobernd eingedrungnen Amazonen fest und machten von da durch die damals noch vorhandne Mündung einen Seezug gegen die Insel Kyraunis.[1]) Denn durch die ganze Länge des Sees floß der im Westen einmündende, von Süden her aus der Hochebene Ahaggar kommende große Fluß Triton, heute Igharghar genannt, und mündete in der Bucht von Gabes.

Man kann die fortschreitende Austrocknung schon in den Angaben der Alten verfolgen. Jason geriet nach Herodots Erzählung mit seinem Schiffe unabsichtlich in den See und konnte, weil er voller Untiefen und Sandbänke war, erst den Ausgang finden, als ihm der Gott Triton zu Hilfe kam.[2]) Äschylus weiß, daß Pallas an der Durchfahrt des Triton geboren war,[3]) und auch Pindar kennt diese Verbindung mit dem Meere.[4]) Noch Pausanias will wissen, daß der Fluß Triton aus dem See Tritonis ins libysche Meer mündet,[5]) und Ptolemäus setzt diese Mündung ganz richtig zwischen den Städten Makomades und Takape an, kennt aber bereits statt des einen großen

1) Diod. 3, 53. — 2) Herod. 4, 179. — 3) Äsch. Eumen. v. 261. — 4) Pind. Pyth 4, 36. — 5) Paus. 9, 33, 5.

Sees drei kleine: Tritonitis, Pallas und Libye.[1]
Gegenwärtig ist diese Durchfahrt versandet und zu-
geschwemmt. Wenn der französische Genieoffizier
Roudaire seinen Plan, die trennende Sandbarre zu
durchstechen und durch Einlaß des Meeres das teilweise zu Wüste gewordne Land kulturfähiger zu
machen, zur Ausführung gelangte, so würde die alte
Tritonis wieder hergestellt werden.

Sehr schön und fruchtbar war auch das an-
grenzende Gebiet am Kinyps, der bei Groß-Leptis
mündend auf einem fünf Meilen landeinwärts gelegnen nicht sehr hohen, aber waldbedeckten Gebirge,
das Herodot die Charitenhöhe, Ptolemäus Girigiri
nennt, entspringt. Heutzutage führt es den Namen
Dschebel Gurian. Der höchste Berg darin, allem Anscheine nach ein erloschener Vulkan, ist der 2800 Fuß
hohe Tekut südlich von Tripolis. Hier befinden sich die
fruchtbaren Thalebnen von Madher und Elkem und
die von uns oben beschriebne atlantische Opferstätte.
Nach Herodot machte das Land eine Ausnahme von
der vorwaltenden afrikanischen Dürre, der Boden
war schwarz und schwer und von zahlreichen Bächen
bewässert, die Hitze war weder zu sengend, noch der
Regen zu häufig und zu zerstörend. Der Ackerbau
stand hinter keinem andern, ausgenommen Babylonien,
zurück. Man erntete hier dreihundertfältige Frucht.[2]
Auch gab es große Olivenwaldungen und Weiden für
Rosse, Schafe, Rinder, Ziegen.

In karthagischer Zeit bildete das südliche Tunesien
die Provinz Emporia, so genannt von den hier liegenden Handelstädten. Auf ihn warf Massinissa nach
dem zweiten punischen Kriege begehrliche Blicke, da
er, wie Polybius sagt, die Menge der um die kleine

----

1) Ptol. 5, 3 § 12, § 19. — 2) Herod. 4, 175.

Syrte herumliegenden Städte, die Schönheit des Landes und die Größe der daraus kommenden Einkünfte fah.[1]) Polybius weist auch den Timäos zurecht, der Libyen als ein ganz wüstes Land geschildert hatte, und sagt, es sei teilweise reich an Ackerboden und Weidegründen und habe einen Überfluß von Rossen, Rindern, Schafen, Ziegen, wie kein zweites Land der bewohnten Erde.[2]) Auch hier gab es ackerbautreibende Stämme, z. B. die Maxyer, die westlich von den Aufen auf der Nordseite des Sees nach Algerien hinein wohnten. Im nahen Byzakium nördlich von den Aufen am Südhange des Auresgebirges erntete man das hundertste Korn. Wenn also Herodot den Demeterdienst und die Thesmophorien durch die Danaïden aus Libyen kommen läßt, so ist dies durchaus nicht abgeschmackt. In Argos verehrte man eine Demeter Libyssa. Libyscher Getreidebau war also dort nicht unbekannt.

Auch in römischer Zeit blühte das Land und war, wie die zahlreichen Ruinen beweisen, mit wohlgebauten Städten bedeckt. Die Städte Neapolis, Horrea Coelia, Hadrumetum und vor allem Tysdrus lagen hier und trieben Handel über See. Strabo erwähnt im Winkel der Syrte ein sehr großes Emporium — wohl Gabes-Takape — und verschiedne kleine Städte. In heutiger Zeit ist durch Überhandnehmen der Wüste, Austrocknung des Sees und islamitische Sorglosigkeit das Land nicht mehr, was es früher war, aber immerhin noch bedeutend durch seine zahlreichen fruchtbaren Oasen und seine Naturerzeugnisse. Der Haupthafen ist die Stadt Ephax oder Spakes mit etwa 10 12 000 Einwohnern. Hier wohnen die großen Handelsherren des Gebietes von

1) Polyb. 32, 2.   2) Ebenda 12, 3.

Tripolis bis Algier hin. Man führt hier Datteln,
Gartenerzeugnisse, Öl, Schwämme u. a. aus. Andre
Hafenorte sind das stattliche Monastir, dann minder
bedeutend Media, Nebel, Hammamat, Susa. Im
Binnenlande liegt die heilige Stadt Kairvan, wie
Ifrikija seit alter Zeit ein Sitz muhammedanischer Ge-
lehrsamkeit.

Eine sehr verdächtige Kunde will von einer hier
gelegnen Riesenstadt Hekatompylos (die Hundert-
thorige) wissen, die Herakles, nach langer beschwer-
licher Wüstenwanderung wieder auf fruchtbares Gebiet gelangt, hier gegründet habe. Hanno soll sie
nach dem ersten punischen Kriege durch Belagerung
gewonnen und nach Empfangnahme von 3000 Gei-
seln mit ihrem Gebiete den Puniern unterworfen
haben.[1] Aber wie konnte, fragt man sich, eine solche
Riesenstadt, die größer als Karthago gewesen sein
müßte, in heller geschichtlicher Zeit unbekannt bestehen
und spurlos verschwinden? Offenbar waltet hier ein
Mißverständnis ob. Die echte Kunde sprach nicht
von einer Stadt Hekatompylos, sondern von der
Hekatompolis, dem Gebiete der hundert Städte
an der Tritonis. Denn so viele gab es nach alter
Sage hier. Der Seegeist Triton verhieß dem im
Innern des Gewässers verirrten Jason, wenn einer
seiner Nachkommen den bei ihm verborgnen Dreifuß
abholen werde, so sei es ihm beschieden, hundert hellenische Städte um den See herum zu stiften, d. h. schon
vorhandne zu besetzen. Nach Nonnos kam gar Kadmos
mit Harmonia hierher und ins Tripolitanische, unterwarf die Eingebornen und baute hundert ummauerte
Städte.[2] Von einer Insel Phla im erwähnten See
weiß Herodot, daß die Lacedämonier ein Anrecht auf
ihre Besiedelung zu haben glaubten; auch machte der

---

1) Diod. fragm. libr. 24, 1 — 2) Nonn. Dionys. 13, 63.

Heraklide Dorieus, des Leonidas Bruder, einige Zeit
vor 500 v. Chr. den Versuch, sich mit Heimatslosen
am Kinyps festzusetzen, wurde aber von den Karthagern vertrieben.

Wie wir sehen werden, standen die Gegenden
an der Syrte mit Messenien, Lakonien, Elis in ur-
alter Seeverbindung; denn die gerade Straße vom
Kap Malea oder Kap Tänaron führte nach diesem
Teile Libyens. Odysseus wurde bei der Umsegelung
von Malea durch einen Sturm nach der Lotophagen-
küste verschlagen, und ebenso war das Schiff des
Phöniziers, mit dem er angeblich in Handelsge-
schäften nach Libyen fahren wollte, dorthin gebunden.
Denn es segelte von Rhodos her nordwärts von
Kreta darüber hinaus, bis es der Sturm überfiel.
Die Phönizier von Kythera trieben auf der Insel
Lotophagitis (Dscherba) Purpurschneckenfang und
Purpurfärberei, und die Vorfahren der Gründer von
Kyrene, von Abkunft Atlantiden und Jasoniden, saßen
längere Zeit am Kap Tänaron. Sie glaubten erbliche
Ansprüche auf das Land an der Tritonis zu haben.

Die Ureinwohner dieser Striche waren jedenfalls
libysche Nomaden, vor allem Schafhirten, die ein
höchst einfaches, anspruchloses Leben führten. Sie
lebten, wie schon Homer weiß, von Milch und Käse und
waren ein sehr starkes und gesundes Geschlecht, hatten
aber dabei ganz rohe und zum Teil viehische Sitten.
Sie waren allgesamt Nasamonen oder Mesamonen,
d. h. Söhne und Unterthanen des widderköpfigen
Zeus Ammon, der von seinem Orakelstuhle in der
Oase Siwah einst ganz Nordafrika beherrschte, sie
folgten in Einfalt seinen Weisungen und trugen als
Abzeichen seinen gekrümmten Seitenzopf. Die erste
Erwähnung der Libyer geschieht in der ersten memphitischen Dynastie Manethos, die, wie wir gezeigt
haben, der ersten thinitischen gleichzeitig war. Sie waren

damals bereits den Ägyptern unterworfen. Denn sie versuchten unter Necherophes, dem ersten Könige der Memphiten (um 2350 v. Chr.), abzufallen, wurden aber durch eine ungewöhnliche Vergrößerung des Mondes davon abgeschreckt.

Wie wir gesehen haben, ging ein Teil der von den Joktaniden aus Südarabien vertriebnen Amale= kiten, Thamuditen, Aaditen über Ägypten weiter nach Westen und stiftete dort unter den Nomaden verschiedne Herrschaften, namentlich an der Syrten. Da nun das Bilebuldscherid das Hauptpalmen= land Afrikas war und noch ist, so können wir nicht zweifeln, daß auch hier diese Araber die kunstmäßige Pflege der Dattelpalme eingeführt und jene großen Palmenwälder und Palmengärten angelegt haben, die zum Teil noch heute erhalten sind. Sie waren demnach das Volk, in dem die Priesterschaft der Atlanten wurzelt, und die nach diesen genannten Atlanteer; sie haben die ersten Städte gegründet, auch bald Schiffahrt und Handel betrieben, der sie reich und mächtig machte. Der Vater „der Libye" war Munantos oder Monausch ben Mas= nausch, d. h. Menáwesch ben Menkáwesch, der große Gesetzgeber der Pyramidenzeit. Während der Pyra= midenzeit mag Libyen zu Ägypten gehört haben. Der Herakles, der die Hekatompolis stiftete, kam von Ägypten her, doch mögen diese zahlreichen Städte in verschiednen Zeiten gestiftet und zu solcher Menge herangewachsen sein. Als Gründungen des Herakles werden insbesondre genannt Kapsa, eine befestigte Stadt und später Schatzkammer des Jugurtha, in der heutigen Oase Gassah nördlich vom See gelegen, so= dann Akelle [1] — wahrscheinlich Achulla, Seestadt südlich von Thapsus.

---

1) Polyb. 1, 73. Sallust. Iug. 89.

Wenn Ninus (von etwa 1976 ab), wie es hieß, die machtlosen Völker Libyens bis zum äußersten Westen hin unterwarf, so muß man annehmen, daß er die Herrschaft Ägyptens in diesen Gegenden gestürzt hat. Dies ist höchst wahrscheinlich, da in dieselben Zeiten die Anlegung von Kreta als einer zur Beherrschung des Mittelmeeres angelegten Militärkolonie, die Stiftung des Kuretenlagers von Olympia, die Kolonisierung Arkadiens durch die Lykaoniden und die Eroberung von Tartessos = Erytheia durch den kretisch=assyrischen Herakles u. s. w. fällt. Damit begann die Herrschaft des Kronos. Auch Semiramis machte oder ließ Feldzüge gegen Ägypten, das afrikanische Äthiopien und Libyen machen. In diese Zeit fällt die Verbannung des Atlas durch Kronos, d. h. die Überführung einer dem Kronosdienste feindlichen Chaldäersekte, aus der die Atlanten hervorgingen, nach Westafrika, ebenso die Anlegung assyrischer Kolonien in den Gegenden um Karthago. Wir haben gesehen, wie die Atlanten mit den Priesterschaften von Berytos in Phönizien und Groß=Hermopolis in Ägypten zusammenhangen. Es waren Anhänger der im Osten gestürzten Religion des Uranos, der die alte chaldäische Lehre von den acht Himmeln und der Weltharmonie zu Grunde lag. Sie verehrten Gott als den „Achten" und führten ihre Weisheit auf den Atlas oder Thot zurück, den manche, wie wir sahen, für den Urvater Enoch hielten.

Also bereits um 2000 v. Chr. war das Mittelmeer in seinem ganzen Umfange bekannt und viel befahren. Die Phönizier von Berytos, Tyros, Sidon machten, wie Herodot berichtet, bald nach ihrer Einwanderung vom Roten Meere weite Fahrten nach Westen und führten babylonische und assyrische Waren aus. Man trieb also bereits den Handel in fortgeschrittner Weise; aber man betrieb nicht bloß

Handel. Ninus, Semiramis und ihre Nachfolger
hatten Kriegsflotten, auch Werften und Häfen, wie
z. B. Tarsos-Anchiale, wo sie vor Anker lagen, und
von wo sie, wenn es not that, nach Kreta und
weiterhin fahren konnten, um Küstenstriche zu unter=
werfen, Länder zu erobern, Aufständische zu züchtigen.
Die an den Küsten und auf den Inseln des
Mittelmeeres hervortretende älteste Gesit=
tung ist hauptsächlich auf die Kolonieheere
der Assyrier und dann der Ägypter zurück=
zuführen. Denn überall tritt das Vorhandensein
eines wohlgeordneten Heerwesens zu Tage. Avaris
in Ägypten, Niniveh, Kreta, die Ebne von Olympia,
Tartessos und viele andre uns unbekannte Orte waren
Heerlager, in denen unausgesetzte Waffenübung und
strenge militärische Zucht waltete. Aus diesen
Heereseinrichtungen sind die Kriegerkasten
der Assyrier, Meder, Perser, Inder, der
Ägypter, Libyer, Kelten, auch das hellenische
Heroentum hervorgegangen. Die Krieger waren
Leute des Königs und nach den Priestern der erste
Stand im Staate, ihre Anführer Feudalherren, ähn=
lich den mittelalterlichen. Der Kriegerstand war ein
Waffenadel, mit Landbesitz ausgestattet und dem
Herrscher zum Lehndienste verpflichtet. Auch nahm
man Soldtruppen in Dienste, und ganze Völkerschaften,
die sich durch kriegerische Tüchtigkeit auszeichneten,
wurden, wie das noch heute geschieht, angeworben und
militärisch geschult.

Da der Priesterstand überall im Besitze der Ge=
lehrsamkeit und der Wissenschaft war, so hatte er
auch auf die Organisation des Heerwesens großen
Einfluß. Die militärische Zucht und Ordnung fand
in der priesterlichen ihr Vorbild. Der ägyptische
Thot hatte das Krummschwert und die Bewaffnung
erfunden und die Anhänger des Kronos, die Elohim,

durch Zaubersprüche zum Kampfe begeistert. Es gab Einweihungen und Mysterien für Krieger, worin sie gegen die Schrecken der Schlacht und die Todesfurcht fest gemacht wurden. Eine solche war die kretische Heraklesweihe.[1])

Hieraus erklärt sich auch die große Rolle, die die Priesterschaft der Atlanten im Seewesen spielt. Sie waren die gelehrten Techniker und Angeber des Schiffbaues und vermöge ihrer astronomischen Kenntnisse die Lehrer der Steuerleute, die, wenn sie zur Nachtzeit fuhren,[2]) auf die Kenntnis des Polarsternes und andrer Gestirne angewiesen waren und auch Wind, Wettervorzeichen, Seestrudel u. a. wohl zu beachten hatten. Demnach gehörte auch die Witterungs= kunde und die Kenntnis der Windrose zur atlantischen Weisheit, ebenso die Handelswissenschaft. Denn Hermes, ihr Inhaber und Hüter, war der Enkel und Schüler des Atlas. Er war der Gildengott und Meister des Standes der Keryken oder Herolde, d. h. der öffentlichen Ausrufer, Waren= ankündiger, der Botschaftausrichter, Briefschreiber (sic) und Briefträger, der Dolmetscher, der Makler, Unterhändler, Vertragmacher, der Rechtsbeistände bei Streitigkeiten, der Kaufleute, der Polizeidiener und Büttel — ein kastenartig geschlossener Stand rede= gewandter, gedächtniskräftiger, vielfach durchtriebner, verschmitzter und betrügerischer Leute.

---

1) Die von Assyrien bis Spanien hin zerstreut gefundnen Skarabäen sind Kriegeramulette. Die Mitglieder der ägyptischen Kriegerkaste trugen Siegelringe mit den eingegrabnen Zeichen eines Skarabäus, dem Sinn= bilde der Tapferkeit, weil es hieß, daß es nur männliche Skarabäen gebe, keine weiblichen. — 2) Die Behauptung, daß die Alten nicht ge= wagt hätten, zur Nachtzeit zu fahren, entstammt wieder der kritischen Schlafsucht. Die phönizischen Kaufleute, die auf Syra den Eumäos mit seiner Wärterin geraubt haben, fahren ohne Aufhör sechs Tage und sechs Nächte, bis sie nach Ithaka gelangen (Od. 15, 476). Dies nur das eine Beispiel.

Die Keryken der Tempel, die beim Opfer Bei=
stand leisteten, beim Anfang des Gottesdienstes Stille
geboten, die göttlichen Befehle und bei Festzeiten den
Gottesfrieden verkündeten, standen höher, ebenso die
Herolde der Könige; sie waren ihre persönlichen
Diener, Vertrauensleute, Träger der Befehle, Diplo=
maten, d. i. Unterhändler und Abschließer von Waffen=
stillständen, Verträgen und Frieden. Sie kannten das
dabei zu beobachtende Ritual und standen als Unter=
händler unter dem Schutze des Völkerrechtes. Als
„heilige Männer" waren sie unverletzlich. Der Tod=
schlag eines Heroldes zog den Bann aufs Haupt des
Thäters und seiner Gemeinde. Die Herolde der
Städte waren Polizeidiener, Büttel, Boten der Stadt=
verwaltung, Regler des Marktverkehrs, Versteigerer,
die Straßenpolizei, in den See= und Handelsstädten
Börsenbeamte und Börsendiener. Als Turnlehrer
und Aufseher der Paläftren standen sie mit dem Heer=
wesen in Verbindung. Denn Turnen und Ringen
war Vorübung zum Waffendienste. Um das Wesen
eines solchen Gottes zu verstehen, muß man seine
Verehrer und ihre gesellschaftliche Stellung kennen.

Hieraus geht hervor, daß die Atlanteer
in ausgesprochenster Weise Handelsvölker
waren, und zwar nicht bloß die an den Syrten,
sondern auch die noch mehr westlichen und die am
offnen Ozean, wie die Tingitaner, die Gaditaner,
die Lixiten. Wenn sich atlantische Steindenkmale in
Britannien, im westlichen und nördlichen Gallien
finden, so müssen sie Spanien umschifft haben und
lange vor den Phöniziern in die nördlichen Meere
eingedrungen sein. Dem Seehandel entsprach offen=
bar auch ein ausgebreiteter Landhandel. Wir werden
bald zeigen, daß die poseidonische Seeherrschaft ganz
unter der Leitung der Atlanten stand, und daß nament=
lich der eifrig betriebne Thunfischfang sie an alle

Inseln und Küsten des Mittelmeeres von den Säulen des Herakles an bis hinein ins Schwarze Meer führte. Wir werden auch zeigen, daß sie an namhaften See= plätzen förmliche Schulen hatten, in denen Schiffbau= kunst, nautische Astronomie und Wetterkunde, Schrift, Messen, Zählen und Rechnen gelehrt wurde.

Hiernach ist es begreiflich, wenn die Länder= und Völkerkunde große Fortschritte machte und die geogra= phische Wissenschaft erfunden wurde. Atlas kannte alle Tiefen des Meeres und war Lehrer des Herakles und des Hermes, d. h. des fahrenden Kriegers und des Kaufmanns. Beide bedurften der Wegweisung.

Der sehr achtbare Herold des Odysseus Eurybates war ein vollständiger Neger, „hohl in den Schul= tern, schwarzhäutig, ein Wollenkopf.“[1] Da das Amt im Geschlechte erbte, so gehörten die Herolde alle einer bestimmten Rasse an. Homer, der auch den troischen Herold Dolon häßlich von Ansehn nennt,[2] muß doch solche Leute gekannt haben. Man konnte also noch in spätern Zeiten den Söhnen des Atlantiden Hermes ihre afrikanische Abstammung ansehen.

---

1) Od. 19, 245. $o\dot{v}\lambda o\varkappa\acute{\alpha}\varrho\eta\nu o\varsigma$. — 2) Il. 10, 316.

Achtes Kapitel

Pallas Athene zu Saïs und am Triton; Perseus und
Medusa

Der Name der Königin Nitokris — siegreiche
Athene — und ihre offenbar arische Abkunft ließen
vermuten, daß die Verschmelzung der amazonischen
Kriegsgöttin mit der friedlichen, kunstfertigen Göttin
von Saïs schon um 1900 v. Chr. und vor der Wan=
derung der Perseusvölker geschehen war. Solche
mögen schon mit den Heeren des Ninus und der
Semiramis nach Afrika gekommen sein.

Die Pallas Athene, wie wir sie am Triton, in
Griechenland und sonstwo finden, ist durchaus die
Neit, die Stadtgöttin von Saïs. Sie hatte dort
einen berühmten Tempel und sagte von sich in einer
Inschrift: „Ich bin alles, was war, ist und sein wird,
und meinen Schleier hat niemand aufgedeckt. Die
Frucht, die ich geboren, ist Helios" — ein durchaus
mystisches Wesen, der verborgne Urgrund aller Dinge,
das reine, unbefleckte weibliche Prinzip, das mit dem
männlichen, Phtha=Hephästos, im All verbunden ist.
Ohne Zweifel ist Pallas von Saïs aus an den Triton
gekommen, und zwar infolge der Eroberung Libyens.

Auf den ägyptischen Denkmälern werden Libyer (Lebu)
dargestellt — ein bräunliches Volk, in Röcke oder Män=
tel von Pantherfell gekleidet, spitzbärtig, mit Ammons=
locke und zwei Straußenfedern auf dem Kopfe. Dabei
tragen sie auf Arme und Beine mit blauer
Farbe tättowiert das Zeichen der saïtischen
Neit, das wahrscheinlich ein Weberschiffchen mit
abgeschnittnen Fäden darstellen soll. Die es tragen,
werden dadurch als Leibeigne des Tempels von Saïs
bezeichnet. Denn es war Gebrauch bei den Ägyptern,
durch eingestochne Marken Menschen als Tempelgut
zu bezeichnen.[1]) Wenn nun Pausanias sagt, die An=
wohner der Tritonis seien überhaupt der Athene
heilig,[2]) so kann man daraus abnehmen, daß auch
sie dieses Abzeichen trugen, und daß ihr Land dem
Tempel von Saïs unterthan und zinspflichtig war.

Zu Herodots Zeiten wohnten um die Tritonis
zwei Nomadenstämme, die Machlyer und die Ausen,
erstere im Süden vom Lotophagenlande an der Küste
bis westlich an den Triton (Igharghar) in dem Ge=
biete, das heute teilweise die Naſſâwah einnehmen,
also in dem etwa hundert Meilen breiten Striche
zwischen Tripolis und Tuggurt, während die Ausen
in dem Lande zwischen Sfakes und Biskra hausten.
Der Ausfluß des Triton bei Gabes machte die Grenze
zwischen beiden. Die Machlyer ließen als Abzeichen
ihres Stammes die Haare hinten lang wachsen, schoren
also den Vorderkopf, die Auser machten es umgekehrt,
beide aber verehrten, wie die übrigen Libyer, Sonne
und Mond, im besondern aber den Poseidon, die
Athene und den Triton.[3]) Da die letzten drei mit dem
Perseusvolke eingewandert waren, so waren die Mach=
lyer und Auser entweder libysch gewordne Arier oder

---

1) Herod. 2, 113. *ἱερὰ στίγματα*. — 2) Pauſ. 2, 21, 7. —
3) Herod. 4, 183.

hatten die Reste dieser in sich aufgenommen. Noch
heute findet sich im Auresgebirge nördlich der Tritonis die erwähnte hellfarbige und hellhaarige Menschenart.

Die beiden genannten Stämme feierten alljährlich
ein großes Fest zu Ehren der Athene, wohl ihr Geburtsfest. Dabei stellten sie ihr schönstes Mädchen
als Abbild der Göttin mit einem korinthischen Helme
und einer hellenischen Rüstung geschmückt auf einen
Wagen und zogen so mit ihr um den See, eine Fahrt,
die bei seinem großen Umfange wohl mehr als einen
Monat lang gedauert haben muß. Herodot macht die
verständige Bemerkung, daß die Jungfrau früher wahrscheinlich ägyptische Rüstung getragen habe. Hierauf
stellten sich ihre beiderseitigen Mädchen, mit Stöcken
und Steinen gerüstet, einander in Schlachtordnung
gegenüber und lieferten sich zu Ehren der Göttin eine
Schlacht. Es war eine Keuschheitsprobe. Von den
im Kampfe fallenden glaubte man, daß sie keine rechten
Jungfrauen mehr gewesen. Wir haben also hier un-
verfälschtes Amazonentum im Pallasdienste, wie wir
es auch noch in Griechenland, namentlich Athen,
Tegea, Argos in Resten vorfanden.[1]) Von einem
namhaften Heiligtume der genannten Götter weiß
Herodot nichts; aber es muß einst ein solches gegeben
haben. Denn Lutatius erwähnt einen Athenetempel,
in dem Poseidon der Gorgo Medusa beigewohnt
haben sollte,[2]) und Nonnus redet von Grundmauern
der hier gebornen Mene.[3]) Alles spricht dafür, daß
man es auf der von der Amazonenkönigin besetzten
großen Insel der Tritonis zu suchen hat, auf der es
eine heilige Stadt der Mene gab. Hier dürfte die

---

1) Athene als Bundesgenossin des libyschen Dionysos im Kampfe
gegen Kronos führt ein Amazonenheer an. Diod. 3, 71. — 2) Lutat.
fab. IV, 20. Mythogr. Vatic. I, 131. II, 113. — 3) Nonn. Dionys. 13, 369.

ganze Religion, Perseus, Triton, Poseidon, Amphi=
trite, Athene, die Gorgonen u. a. vereinigt gewesen
sein.

Wie der Dienst des Atlas, so steht auch der der
Neit=Athene mit dem des Ammonions in Verbindung.
Am Tempel zu Saïs wurde als heiliges Tier ein
weibliches Schaf gehalten und Neit selbst als weib=
liche Seite des Ammon bisweilen mit dem Kopfe
dieses Tieres dargestellt. Auch erscheint der Widder
als Zier am Helme der hellenischen Pallas.

Eine barbarische, aus Libyen oder Ägypten —
geschweige denn aus dem Scythenlande — stammende
Pallas Athene paßt den strengen Hellenisten natür=
lich nicht in den Kram, und man hat daher den ehr=
lichen Herodot übel angelassen, daß er die echt
hellenischen Gottheiten Athene und Poseidon von der
Sahara her ableiten will; indes ist Herodot ganz im
Rechte. Denn schon vor ihm weiß der Athener
Äschylos mit Bestimmtheit, daß seine Stadtgöttin
in Libyen am Triton geboren ist, und daß sie dort
ihre Völker siegreich zum Streite anführt.[1]) Wenn
sie also schon Homer Tritogeneia nennt, so bedeutet
das wirklich die am Triton geborne, und nicht die
Hauptgeborne, wie manche Grammatiker, im Wort
Triton Haupt erfindend, vermeinten; Otfried Müller
aber, der den echten Triton in dem kleinen Bache
dieses Namens bei Haliartos in Böotien finden will
und dort die Göttin wie durch ein Wunder erscheinen
läßt, ist vollständig übersichtig für die großen geschicht=
lichen Verhältnisse, die hier zu Grunde liegen. Er
hat keinen Begriff, was dazu gehört, eine Gestalt
wie die der Pallas Athene zu schaffen, die mindestens
durch drei Mittelstufen hindurch gegangen ist, ehe sie

---

1) Äsch. Eumen. 292. Der Triton heißt γενέϑλιος πόρος,
was sich auf seinen Ausfluß bezieht.

zum Ausdrucke griechischer Kunstfertigkeit und Weis=
heit wurde.

Die Thatsache ist die: Pallas Athene ist für
Griechenland ägypto=libysch, d. h. in einer Zeit dahin
gekommen, wo Libyen, Griechenland, beide zum ägyp=
tischen Reiche gehörten, und der Pallasdienst in Grie=
chenland sowohl von Saïs wie von der Tritonis her
Eingang fand. Wann dies geschah und unter welchen
Umständen, werden wir später erörtern. Athen war
einfach eine Tochterstadt von Saïs, und ebenso war
die Athene von Lerna auf dem Berge Pontinos, die
Danaos dahin gebracht hatte, die saïtische.[1] Wenn
König Amasis der Saït hellenischen Pallastempeln,
wie dem auf Rhodos, in Kyrene, reiche Weihgeschenke
sandte,[2] so geht daraus hervor, daß an dem ägyp=
tischen Ursprunge dieser Religion kein Zweifel war.

Nach andern Orten kam der Athenedienst vom
Triton, und da man überall das Geburtsfest der
Göttin beging, wanderte der Name Triton mit. Man
gab ihn verschiednen Flüssen und Bächen, jedenfalls,
weil Tritonwasser rituelle Bedeutung hatte. Die
tritonischen Nymphen mochten die Neugeborne damit
gewaschen haben. So gab es auf Kreta westlich von
Knossos ein Flüßchen Triton und daran einen Athene=
tempel. Auch hier sollte die Göttin geboren sein.[3]
Dann hieß ein in die Kopaïs mündender Bach bei
Haliartos Triton. Die Athene von Alalkomene hatte
hier einen ausgezeichneten Dienst. Die Umwohner
behaupteten, hier sei die Geburt der Göttin geschehen,
tritonische Nymphen hatten sie aufgezogen.[4] Der
Dienst scheint athenischen Ursprungs. Auch auf
Rhodos war angeblich Athene geboren. Rhode, die
Schwester des Triton, hatte hier den Helios geheiratet

---

1) Pauf. 2, 36, 7. – 2) Herob. 2, a. E. — 3) Diod. 5, 70, 72.
— 4) Pauf. 9, 33, 5 Plut. frag. 9, 6.

und die Göttin den Heliaden zur Pflege übergeben. Zu Pheneos in Arkadien, dem Hauptsitze der Atlanten, wie wir zeigen werden, wurde Athene Tritonia mit dem Roßposeidon auf der Burg verehrt.[1]) Zu Aliphera in Arkadien gab es eine Quelle Tritonis mit Sagen von der Geburt und Erziehung der hier hochverehrten Göttin, deren riesiges Bild auf einem hohen, rings abschüssigen Hügel stand.[2])

Aus der achäischen Stadt Tritäa wird eine gleichnamige Athenepriesterin und Tochter des Triton erwähnt.[3]) Auch zu Kyzikos an der Propontis finden wir eine Athene Tritonia oder Jasonia, die indes wohl jüngern Ursprungs ist.

Herodot macht sehr verständige Bemerkungen über den libyschen Ursprung des Athenedienstes. Er sagt, die Tracht der griechischen Athenebilder, namentlich der uralten Palladien, sei libysche Frauentracht. Die Libyerinnen kleideten sich nämlich in Leder und würfen mit Röte gefärbte Ziegenfelle in Form der Ägiden darüber; nur seien die Troddeln daran nicht Schlangen, sondern Riemen.[4]) Das Kraut, mit dem man noch heute gegerbtes Leder rot färbt, heißt Dschebry, auch kennt man den Krapp. Das berühmte troische Palladion stammte in der That vom Triton und war nach Ilion durch Dardanos aus Arkadien, genauer vom Samikon her gekommen,[5]) wo die Atlantide und Libyerin Elektra ihren Sitz hatte. Das Bild war drei Ellen hoch, stehend, die Beine an einander geschlossen, in der Rechten den Speer, in der Linken Spindel und Rocken haltend,[6]) und vielleicht ein Abbild des Urbildes auf der Insel der Tritonis, von wo andre auch nach

---

1) Pauf. 8, 14, 4. — 2) Ebenda 8, 26, 4. Polyb. 8, 74. — 3) Pauf. 7, 22, 5. 6. — 4) Herod. 4, 188. Auch die Libyer in Xerxes Heere trugen Lederkoller. Ebenda 7, 71. — 5) Schol. Eurip. Orest. 1129. Dion. Halif. 1, 69. — 6) Apollod. 2, 12, 3.

andern Orten gekommen sein können. Athen, Argos,
Siris in Unteritalien, Luceria, Lavinium, Rom stritten
sich um das echte Palladium. Es war Gebrauch, von
berühmten Tempelbildern Nachbildungen zu machen.

Dann leitet Herodot die Ololyge im Tempel-
dienste aus Libyen ab. Die Griechinnen hatten nämlich
die Sitte, bei verschiednen Gelegenheiten mit gellender
Stimme gesangartig den Ruf Ololoi ertönen zu lassen.
Es war, ebenso wie der angeblich von Athene bei
ihrer Geburt ausgestoßene Schlachtruf Alala, ein
frenetischer Ausbruch der innern Erregung. Die bitt-
flehenden Troerinnen brachen, nachdem ihre Priesterin
Theano dem Palladium den von ihnen gewirkten
Teppich dargebracht hatten, in die Ololyge aus; ebenso
ololygten Nestors Frau und Töchter beim Niederfallen
des dem Poseidon geopferten Stieres, ferner die
Frauen und Töchter der Krissäer beim Einzuge des
Apollo, die Schaffnerin Eurykleia beim Anblicke der
erschlagnen Freier der Penelope, sodann Klytämnestra
beim Erblicken des von Troja her kommenden Feuer-
zeichens. Die Nymphen der Artemis stoßen bei der
Jagd durchdringende Ololygen aus, ebenso die Frauen
bei der Geburt eines Kindes oder auch aus Langer-
weile, wenn sie unter Paukenlärm häusliche Opfer
feiern; auch am Ende von Gesängen. Aristophanes
läßt selbst die Götter im Olymp vor Lust ololygen.
Nun sagt Herodot, daß die Libyerinnen die Ololyge
sehr häufig gebrauchten und mit Anstand. Dies ist
heute noch der Fall in Nordafrika; die Frauen stoßen
dort bei jeder Gelegenheit in Lust oder Trauer ein
laut gellendes Lulululu aus. Bei den Araberinnen
lautet dieses Geschrei Lililili und wird Zagrûta oder
Zalgûta genannt. Auch in Italien kannte man das
ululare. Die Albanesinnen und Serbinnen haben, wie
wir uns erinnern gelesen zu haben, noch heute ähnliche
Ausrufe; möglicherweise auch die Griechinnen.

Auch die Sitte, vier Pferde neben einander zu
spannen, leitet Herodot aus Libyen ab. Poseidon
und Athene sind Roßgötter und fahren auf dem vier=
spännigen Streitwagen in die Schlacht. In Griechen=
land wird die Einführung des Viergespanns der arka=
bischen Athene Koria, dem athenischen Poseidoniden
Halirrhothios oder dem Erechtheus beigelegt, aber es ist
klar, daß dieser Gebrauch ganz allgemein war und
durch ägypto=libysche Kriegsleute nach Griechenland
gekommen ist. Sie haben von der See her das Land
erobert, Burgen angelegt, Städte mit Besatzungen
versehen und vor allem das Lager von Olympia in
Besitz genommen. Zeus — d. h. Ammon — hatte mit
Kronos gerungen, ihn besiegt, vertrieben und nun die
Spiele eingeführt.[1]) An die Stelle der Kureten, die das
Sakäenfest nur mit Wettläufen gefeiert hatten, waren
die Leleger — dies ist der richtige Name der Ägypto=
Libyer — getreten und begingen als Diener des Po=
seidon und der Athene dasselbe Fest mit Wettfahrten
vierspänniger Geschirre. Wann und unter welchen
Umständen der Übergang dieses Heerlagers aus der
Hand der Kureten in die der Leleger geschehen und
wie es sich am Ende aufgelöst hat, wird später be=
sprochen werden. Daß die olympischen Spiele einen
militärischen Ursprung hatten, wußten die Alten ganz
gut. So blieb hier das libysche Viergespann im Ge=
brauche. Die Tethrippotrophen, Viergespannhalter,
Leute wie Miltiades und sein Geschlecht, Tyrannen
wie Kypselos, Periander, die Könige von Kyrene,
Syrakus u. a. bildeten den hohen Adel der Hellenen.

Das Land am Triton ist also äußerst wichtig in
Bezug auf die Vorgeschichte Griechenlands. Triton,
der Fluß= und Seegeist, gehörte zu den staatlich an=
erkannten Gottheiten der Karthager und wird mit Po=

---

1) Polyb. 7, 9, 2. — 2) Paus. 5, 7, 4.

ſeidon und andern Göttern in dem Eide genannt,
der den Vertrag zwiſchen ihnen und Macedonien be=
kräftigte. Ohne Zweifel hatte er einen Kult. Die
Geſchichte, wonach er auftauchend dem in die Tritonis
verirrten Jaſon erſchien und ihm zum Danke für den
für Delphi beſtimmten Dreifuß den Ausweg zeigte,
läßt vermuten, daß er etwa auf einer der im See
liegenden Inſeln ein Orakel hatte, und zwar dann
offenbar im Dienſte des Poſeidon. Auch der ägyp=
tiſche Orakelgeber Proteus war ein Unterthan Po=
ſeidons. Dem Argonauten Euphemos, dem Stamm=
vater des Gründers von Kyrene, der längere Zeit am
Tänaron gewohnt hatte, war Triton in Geſtalt des Eu=
rypylos gleichfalls erſchienen und hatte ihm die ein An=
recht auf Libyen gebende Erdſcholle geſchenkt.[1] Eury=
pylos war ein Sohn des Poſeidon und einer At=
lantide aus Böotien, der ſchon vor der vom Pelion
entrückten Kyrene in Libyen geweſen war.

Wir haben gezeigt, daß der aſſyriſche Perſeus
als Stammvater aller iraniſchen Könige Thraëtaona
(Feridun) hieß, daß dies einen Tritoniden bedeutet,
und daß Trita ein göttlicher Arzt, auch daß Traitana
als ein im Weſten umherfliegender Luftgeiſt ſelbſt
den Indern bekannt war. Perſeus und Triton ſtehen
alſo hier an den Syrten in ähnlicher Verbindung.

Wie das Flügelroß Pegaſus, ſo iſt
auch ein Triton auf den niniviti=
ſchen Denkmälern abgebildet. Man
ſieht mitten in einem See einen
bärtigen, mit der gehörnten Tiara
gekrönten Mann, deſſen Unterleib
nach hinten zu in einen Fiſch ausläuft, mitten unter
den Fiſchen umherſchwimmen[2] — ein See= und

---

1) Herod. 4, 179. Pind. Pyth. 4, 1. — 2) Layard, Niniveh und
ſeine Überreſte Fig. 88.

Waffergeift, wie Cannes und die fischgeftalteten
Anneboten der Babylonier. Mit ihnen scheint auch
Perseus=Thraëtaona in Verbindung zu stehen. Denn
er ist aus dem Geschlechte des Athwja, indisch Aptja.
ein Name, in dem das Wort apa (aqua) stecken dürfte.
Perseus selbst steht mit Fischverehrung in Verbindung.
Im Erythräischen Meere, das angeblich von Erythras,
einem Sohne des Perseus, den Namen hatte,[1]) lebte
ein großer, sehr starker und dreister Raubfisch, eine
Art Labrax oder Seewolf, den die anwohnenden
Araber ganz wie die Hellenen Perseus nannten.
Älian beschreibt ihn genau.[2]) Auch Philefios kennt
den Fisch des Perseus und nennt ihn einen Sohn
der Aphrodite.[3])

Auf der kleinen kykladischen Insel Seriphos süd=
östlich von Argolis wohnte ein Fischervölkchen, das
den Perseus ausnehmend verehrt zu haben scheint.
Seine Heroen Diktys (Netzwerfer) und Polydektes
(Vielfänger) hatten der Sage nach den Kasten, worin
Akrisios die Danae mit ihrem Söhnchen ins Meer gewor=
fen hatte, aufgefischt und beide freundlich aufgenommen.
Perseus war hier bei Polydektes erzogen worden.
Eine kleine schwarze Krabbe, Meergrille genannt, weil
sie beim Anfassen einen zirpenden Ton von sich gab,
galt als sein Spielzeug und als heilig. Die Seriphier
aßen sie nicht und ließen sie, wenn eine ins Netz
gegangen, frei; tot gefangene begruben sie mit Weh=

---

1) Perses, der Persien stiftete, ein Sohn des Perseus. Siehe oben.
— 2) Älian. hist. an. 3, 29. Er beschreibt ihn genau. — 3) Philef.
c. 94. Die Tyrtenstädte prägten auf ihre Münzen einen Bock mit Fisch=
schwanz. Auf dem Tierkreise von Tendera ist dies das Bild des Stein=
bocks (capricornus), auf babylonischen Cylindern das Zeichen eines
Sternbildes, das den Namen Nebukadnezar führt. Die Inder haben
eine Antilope mit Fischschwanz, Zeichen des Gottes Kama und Makara
geheißen.

flagen.[1]) Auch waren auf Seriphos die Frösche
stumm, zur Strafe dafür, daß sie den müde an einem
Teiche eingeschlummerten Perseus gestört hätten.[2])
Ob Perseus der alte assyrische oder der weit jüngere
Danaerkönig ist, bleibt sich vorläufig gleich, da die
argolische Sage beide vermischt und sie wohl ver=
mischen konnte, weil die Danaer Ägypto=Libyer waren
und den Assyrier von Ägypten und Libyen aus zum
Stammvater hatten.[3])

Diese mit dem Perseusdienste in Verbindung
stehende Fischverehrung hat ohne Zweifel einen baby=
lonisch=assyrischen Ursprung. Denn die Babylonier
leiteten all ihre Weisheit von einem Fischmenschen
Oannes ab, der nachts aus dem erythräischen Meere
aufsteigend ihnen die ältesten Gesetze gegeben hatte,
und dem eine Anzahl ähnlicher Mischwesen, Annedoten
genannt, gefolgt war. Dies deutet auf eine am
genannten Meere heimische Orakelgebung. Auf nini=
vitischen Denkmälern sieht man bärtige Gestalten mit
Tiara abgebildet, deren Gesicht und Vorderleib aus
einem über den Hinterkopf bis zu den Waden herab=
reichenden Fische hervortritt, und die offenbar Opfer=
priester vorstellen. Auch bedeutet der Name Ninus
(nin, hebr. nun) Fisch, und Nineveh wahrscheinlich
Fischort. Man kennt ferner den Fischgott der Phi=
lister Dagon und die über die Fruchtbarkeit der
Fische gesetzte Göttin Adergatis oder Derketo, die
Mutter der Semiramis. Seegötter, wie Triton,
Glaukos, Proteus, sind poseidonische Orakelgeber.
Zwischen Perseus und Triton besteht jedenfalls ein
enger Zusammenhang.

Das Land am Triton ist auch der Schauplatz
der Enthauptung der Medusa durch Perseus und der
Geburt des Pegasos und Chrysaor. Denn nach

---

1) Älian, ebenda 13, 26. — 2) Ebenda 3, 37. — 3) Herod. 2, 91.

Hesiod geschah das Ereignis im Mutterlande der Lämmer und an den Quellen des Okeanos.[1] Perseus mit seinem Krummschwerte ist hier ganz derselbe Thraêtaona, der in Iran und Susiana den Dämon der Gluthitze, den schrecklichen Drachen Azhi Dahâka, erlegt, der Verethraghna (Behram), der am Oxus und Jaxartes mit dem Wasserfeinde kämpft und ihn tötet, der Indra Vritrahan, nur in einer durch die Örtlichkeit gebotnen andern Auffassung. Es handelt sich hier um Regenzauber. Die Gorgo Medusa, deren grasser Blick alles in Stein verwandelt, ist die un= erbittlich brennende afrikanische Sonne. Sie hat auf weichem Wiesengrunde mit Poseidon gebuhlt und ist von ihm schwanger geworden, kann aber nicht ge= bären; da haut ihr der Nothelfer Perseus den Kopf ab, und dem Halse entstürzen Pegasos, der rauschende Regenguß, und Chrysaor (Goldenschwert). — „der dem Vater Zeus Donner und Blitz trägt." — Das plötzliche Losbrechen starker Gewitter und Regengüsse machte also auch hier der langen Zeit der Dürre ein Ende, und auch hier wird man ein den Sakäen ent= sprechendes Fest gefeiert haben. Auch die Libyer ver= ehrten den Hundstern als Regenbringer. Dies geht aus ägyptischer Kunde und aus den griechischen Sagen von Aristäos und Aktäon, die auf der Insel Kos und am Pelion spielen, hervor. Der Dienst des Aristäos stammt aus der Kyrenaïka, wo er Landesgott war, und von wo weitgehende Einflüsse nicht nur auf Griechenland, sondern auch auf Sizilien, Sardinien und Thrakien nachweisbar sind.

Medusa ist also, wie der Wasserfeind Vritra oder Apauscha, ein den Regen zurückhaltendes Luftgespenst, wie die iranischen Pairikas (Peris), eine Lubia, d. h. ein weiblicher Luftgeist, als der sie im albanesischen Perseus=

1) Hes. Theog. 270 fgd.

mythus erscheint. Auf dem arabischen Himmelsglobus
heißt das Medusenhaupt El Ghul. Die Ghulen der
Araber, aus 1001 Nacht bekannt, sind abscheuliche weib=
liche Nachtgespenster. Perseus, der ihr mit seinem Säbel
den Kopf abhaut, ist noch der richtige rohe Sale, wie wir
ihn namentlich in Kleinasien kennen gelernt haben,
und das Medusenhaupt, das er vor sich herträgt, das
Entsetzen sowohl der vor dem Unheile bangen Völker,
wie der in der Schlacht ringenden Krieger, wenn sie
es zu erblicken wähnen. Athene trägt es auf ihrer
Ägis oder ihrem Schilde. Denn im Kampfe ist sie
selbst eine Gorgo und wildblickende scythische Enyo,
blutig und erbarmungslos.

Langwährende Sonnenglut und damit verbundne
Verdichtung der Luft erzeugen jene Erscheinung, die
man nach der sizilischen Stadt Morgantium Fata (die
Fee) Morgana nennt. Sie gaukelt dem verschmach=
tenden Wüstenwandrer blaue Seen, Palmenhaine,
nahe Städte u. a. vor, während dahinter alles Stein
und Öde ist. Diese Erscheinung, die Diodor wohl=
erkennbar beschreibt und auch richtig auf Verdichtung
der Luft zurückführt, war an den Syrten so häufig,
daß die Eingebornen davon gar kein Aufhebens
machten.[1]) Diese Luftspiegelungen führt man im
Morgenlande auf die Peris zurück, die Magyaren
in der Pußta schreiben sie der Fee Delibab, die Alba=
nesen der Lubia zu. So erklärt sich die Bedeutung
der Medusa, die vordem sehr schön gewesen sein
sollte, noch genauer. Die Namen der beiden andern
Gorgonen Euryale und Stheino scheinen weites Um=
herirren und Anstrengung, Entkräftung zu bedeuten
und auf die Schrecken der Sahara Bezug zu haben.
Alle drei waren Töchter des Phorkys und der Keto,
eines Paares, das nur Ungeheuer zeugt, und wohnten

Diod. 3, 51.

nach Hesiod jenseits des berühmten Okeanos ganz am Ende vor der Nacht bei den hellstimmigen Hesperiden. Medusa war sterblich, die beiden andern unsterblich und nie alternd. [1])

Auch die griechische Feldmusik stammte aus Libyen, wo man aus dem Holze des Lotos helltönende Pfeifen oder Flöten — die Lotosnachtigallen — machte.[2]) Die libyschen Nomaden, namentlich ein gewisser Seirites, hatten nach einigen diese Pfeife erfunden,[3]) nach andern Athene selbst; aber sie hatte sie weggeworfen, worauf sie der Satyr Marsias (Seirites) aufgehoben hatte. Pindar dichtet, Athene habe nach der Enthauptung der Medusa auf ihrer Pfeife das Zischen der Schlangen ihres Hauptes und das Heulen und Wimmern ihrer Schwestern nachgeahmt und so den Kriegsmarsch erfunden. Ihr Diener Danaos brachte Pfeifer und Flötenspiel mit nach Argos und stiftete Wettkämpfe darin. Argiver und Spartiaten — die Spartiaten ließen ihre Pfeifer auch aus Argos kommen — rückten mit Flötenspiel ins Feld. Auch der Ölbaum und seine Pflege ist mit dem Athenedienste von den Syrten her nach Attika und an andre Orte gekommen.

Von Ägypten aus bis an die Tritonis galt das Land als der Kultur gewonnen. Nach Herodot waren alle gefährlichen Raubtiere ausgerottet, aber hinter diesem See fing die Wildnis an. Es gab hier gebirgige und waldreiche Gegenden, die von reißenden Tieren und Ungeheuern wimmelten, und worin auch wilde Männer und Weiber — in die Berge gejagte Ureinwohner? — lebten. Der Karthager Prokles bestätigt namentlich das letzte, und noch heute leidet Tunesien durch die Einfälle wilder Gebirgs-

---

1) Hes. Theog. 274 fgb. — 2) Λωτινοὶ αὐλοί, λωτινοὶ — Λίβυσσαι ἀηδόνες. Hesych. s. v. Theophr. hist. plant. 4, 3. Plin. n. h. 13, 12. — 3) Athen. 14, 9 (618). Seirim im Hebräisch-Punischen sind zottige Bocksgeister, Ziegenhirten.

stämme. Man sprach auch hier von Gorgonen in der Vielzahl und wollte wilde Weiber darunter verstehen. Angeblich hatte Perseus gegen sie gekämpft, und Herakles sie schließlich ausgerottet. Da indes Athene selbst Gorgo und Gorgopis heißt, so kann man unter Gorgonen ihre wilden Amazonen verstehen. Was die mit jenen verwandten Gräen betrifft, so glaube ich, daß sie der Urheimat des Volkes, dem äußersten Nordosten, angehören. Ihr Name bedeutet die Greisinnen. Sie sind nach Hesiod grau von Geburt, nach Äschylus schwanengestaltig, d. h. schneeweiß. Sie wohnen in sonnenloser Nacht, haben nur ein Auge — den Anblick des unermeßlichen Schneefeldes? — und einen Zahn — die scharfe Kälte? Auch sie sind Phorkyden und werden von Perseus getötet. Hesiod nennt ihrer zwei, Pephredo und Enyo, andre drei.

Der griechische Perseusmythus ist also vornehmlich assyrischen Ursprungs. Er reicht von den Schneefeldern im Norden des Scythenlandes über ganz Vorderasien bis an die äußersten Grenzen Afrikas.

Viertes Buch

Erſtes Kapitel

Poſeidon als Roßgott. Heſoſtris-Apophis

Daß Poſeidon kein echt helleniſcher, ſondern ein
barbariſcher Gott ſei, geben ſelbſt ſtrenge Helleniſten,
wie z. B. Gerhard, zu, ſagen aber nicht, wo er eigent=
lich hergekommen ſei. An Libyen wagen ſie gar nicht zu
denken, weil dieſes nach Otfried Müllers Meinung
den älteſten Griechen ganz unbekannt und überdies
ein wüſtes, finſtres Barbarenland war, von dem aus
unmöglich Kultureinflüſſe nach Griechenland kommen
konnten. Man hatte nur die Wüſte, die Sahara, im
Kopfe. Nun ſagt uns Herodot, die Auſen und Mach=
lyer an der Tritonis verehrten inſonderheit den Po=
ſeidon, die Athene und den Triton, ſie machten ab=
weichend von den Griechen die Athene zur Tochter
des Poſeidon und der Tritonis. Dann ſagt er weiter,
die Pelasger hätten den Poſeidon von den Libyern
überkommen; denn dieſe beſäßen ihn von allem An=
fange an eigentümlich und verehrten ihn von jeher,
die Ägypter hätten ſeinen Dienſt nicht.[1]) Auch hier

1) Herod. 2, 50. Die Ägypter kannten ihn indes. In ihrer
Sprache hieß er Moſele (Μωσηλὲ). Tſch. Chiliad. IX, hiſt. 259,
S. 830. Vgl. μῶ Waſſer, Μωϋσης.

ist Herodot wieder im vollen Rechte. Wenn die gelehrten Forscher sich die alten Stammsagen der Poseidoniden genauer angesehen hätten, so würden sie gefunden haben, daß fast alle mittelbar oder unmittelbar nach Libyen zurückweisen. Poseidon ist der Herr und Gebieter Libyens im weitesten Sinne des Wortes, die aus Libyen stammenden Leleger und Danaer verehren ihn als Stammvater, die Könige der Atlanten als ihren Ahnherrn, er erzeugte mit der Libye den Agenor und Belos, mit der Lysinnassa den Busiris, mit der Ge den Antäos. Auch an den europäischen Küsten und auf den westlichen Inseln hatte Poseidon Söhne, wie z. B. Alebion und Derkynos in Ligurien, den Butes auf Sizilien, die Kyklopen. Denn es gab libysche Kolonien daselbst.

Mit dem Meere hatte Poseidon ursprünglich nichts zu thun, denn er war, wie wir gezeigt haben, von Haus aus ein binnenländischer Gott, ein Schützer der Pferdezucht vom Gebirge Orontes in Medien und infolge dessen ein von den assyrischen und medischen Königen verehrter Gott, ein Herr und Anführer von Reitern und Wagenkämpfern. Mit Athene bildet er ein eng verbundnes Paar; wo er ist, da ist auch sie, und umgekehrt, und wenn später an verschiednen Orten Griechenlands eine Scheidung eingetreten ist, so hat dies seine geschichtlichen, später zu erörternden Gründe. Beide sind Kriegsgottheiten, er der Herr der Männer, sie die Herrin der Kriegerinnen, beide zusammengehörig als Führer und Leiter eines sehr ausgebildeten Heerwesens, das in Assyrien entstanden, in Ägypten und Libyen weiter ausgebildet worden und von da nicht nur nach Griechenland, sondern auch nach andern Ländern gekommen ist. Der medopersische, weiterhin sakische Ursprung der Poseidons- und Athenediener ist unzweifelhaft durch die Einführung des Pferdes und der Pferdezucht gegeben. Als Eroberer eingedrungen, waren die Saben das herrschende Volk in Libyen und in ihrer Eigenschaft als Waffenleute eben nichts andres, als die libysche Kriegerkaste und Maziken.

Aus uralten Heroennamen, wie Xanthippos, Leukippos, Leukippe', Melanippos, Chrysippos u. a., geht hervor, daß man schon damals fuchsfarbne Rosse, Schimmel, Rappen, Schecken u. a. hatte, daß also das Roß nicht als Wildling, sondern als verfeinertes Kulturtier vom Orontes gekommen war, wo schon Ninus und Semiramis, Thurras, Sardanapal der Große, Perseus riesige Gestüte auf den Nisäischen Feldern bei Ekbatana und in Kambadene gehabt hatten. Dort war das Roß Aurvataspa aus der Quelle Arvand entsprungen, an der Tritonis sprang der Pegasos zu Tage, in Griechenland entflog er der Quelle Peirene zu Korinth, der Hippokrene zu Askra. Auch dort hatte man große Gestüte, wie z. B. in dem Hippoboton bei Argos, in den Thalgründen von Pheneos, am Onkäon in Arkadien, zu Kolonos bei Athen, an verschiednen Orten Thessaliens. Gewisse Rosse, wie Areion, Skyphios, waren berühmt; die des Achilleus waren am Okeonos gezeugt,[1]) also durch Roßhandel aus Libyen gekommen. Man kannte also besonders edle Pferde, edle Rassen und hielt auf Stammbaum. Die zahlreichen griechischen Namen, worin das Wort Hippos vorkommt, wie Hippokrates, Hippokorystes, Philippos, Xanthippos, Leukippos u. a. entsprechen ganz den medopersischen, worin Aspa vorkommt, wie Aspadates, Prexaspes, Paevaraçpa u. s. w. Denn ἵππος, mundartlich ἵκκος, lateinisch equus und iranisch açpa, Sanskrit açva ist dasselbe Wort. Es erhärtet den engen Zusammenhang zwischen Persien, Libyen und Griechenland und zeigt uns, wie schon

1) Jl. 16, 149—151.

im grauen Altertum sich die Vorstellung des Adels
und der Vornehmheit an das Roß als Kriegstier
knüpfte.

Die Pferdezucht war ein Vorrecht der Fürsten
und Großen, und die Gestüte standen demnach unter
der Obhut des Poseidon Hippios und der Athene
Hippia. Poseidon hatte die verschiedensten örtlichen
Beinamen, wie Damaios (Zähmer, Bereiter, Einfah=
rer), Hipparchos, Hippagetes (Roßanführer), Hippios
Anax (Roßfürst). Denn seine Söhne, die Poseido=
niden, waren Fürsten, Roßzüchter, Wagenkämpfer,
erfahren in allen Künsten der ritterlichen Roßwissen=
schaft (ἱπποσύνη), die in der Schlacht, wie in den
Wettrennen ein weites Feld der Bethätigung fand.
Der Wagenlenker war der vornehmste Therapont und
Lehnsmann des Fürsten, dem er an die Seite trat.
Berühmte Heroen waren die Wagenlenker des Pelops,
Myrtilos, Killas, Syhäros und so, wie man aus der
Ilias ersieht, viele andre. Man hatte Rennbahnen
und stehende Wettrennfeste. Das größte davon war das
im ehemaligen Kuretenlager bei Olympia. Nament=
lich war es Sitte, gestorbne Könige und gefallne
Helden durch solche Wettrennen zu ehren. Als ältester
derselben wird der arkadische Azan genannt, dann
Pelias, Amarynkeus, Glaukos, Pelops, Opheltes,
Androgeos, Patroklos u. a. Aus den Schilderungen
Homers von den Leichenspielen des Patroklos ersieht
man, daß es dabei ähnlich herging, wie bei unsern
Wettrennen.

Die Frauen und Töchter dieser Fürsten und Edeln
waren die Dienerinnen der Pallas. Ihre vorwiegend
kriegerischen, von Kampf, Roß, Lanze, Bogen u. s. w.
hergenommnen Namen[1]) allein zeigen, daß die Frauen,

---

1) Z. B. Andromache, Leukippe, Xanthippe, Melanippe, Euaichme,
Phyraichme, Toxikrate u. a.

wie ausdrücklich behauptet wird, früher in den Krieg
gezogen, geritten und auf dem Streitwagen gefahren
sind, die Lanze geworfen und Pfeile geschossen haben,
mit einem Worte, daß sie Amazonen gewesen sind; aber
sie hatten unter ägyptischem Einflusse mildere Sitten
angenommen und verstanden zu spinnen, zu weben
und zu sticken. In den Zeiten der Not, wenn die
Männer ins Feld rückten, war ihnen die Verteidigung
der Stadtmauern und der Burg anvertraut; daher
Athene an vielen Orten Burgschützerin, die Eule
zu Athen Sinnbild der nächtlichen Wachsamkeit.

Jeder Fürst und Häuptling hatte seine Gefolgs-
leute, die Theraponten hießen und ihm mit Leib und
Seele ergeben waren. Die ummauerten Städte und
Akropolen waren die Festungen der Zeit, und der
Anax mit seinen Theraponten und deren Familien
die Besatzung darin. Wie das im Heerlager von
Avaris, in Niniveh, auf Kreta u. a. der Fall war,
führten die Krieger ein gemeinschaftliches Leben,
hatten gemeinschaftliche Wohnungen (was man heute
Kasernen, Baracken nennt), gemeinsame Speisehäuser
(Syssitien), Ringschulen (Paläftren), Exerzierplätze.[1]
Wo wir Syssitien oder Phiditien (Sparmahle, Me-
nage) finden, bei den Arkadern, den Önotrern, zu
Megara, Korinth auf Kreta, zu Sparta, bei den Epi-
zephyrischen Lokrern, auf Lipara u. a., haben wir es

---

1) Manche Städte führen bei Homer den Namen εὐρύχορος,
d. h. wohl mit einem geräumigen Tanzplatz (χορός) versehen, Tanzen
und Exerzieren fiel in griechischer Auffassung nahe zusammen. Denn
das Marschieren und alle taktischen Bewegungen, das Schwenken, das
Inreihensetzen, die Entwicklungen, die Handhabung von Schild, Lanze,
Schwert erfolgten alle nach Rhythmus und unter Umständen mit Gesang,
wenn die ganze Schar den Prylis oder die Pyrrhiche tanzte. Die assyrischen Kureten waren namentlich Waffentänzer und ebenso später die
Kreter. Selbst Götter, wie Zeus und Athene, tanzen den Prylis. Die
Ägypter und Libyer scheinen sich weniger damit befaßt zu haben. Noch
heutzutage sollen die arabischen Soldaten geschickte Waffentänzer sein.

mit den Resten ehemaligen Soldatenlebens zu thun. Denn der Stand der Politen ist aus den frühern Stadtbesatzungen hervorgegangen. Die Palästra, in der die heranwachsende männliche Jugend zu ihrem Soldatenberufe vorbereitet wurde, stand unter dem Schutze des Hermes; d. h. die Turnlehrer gehörten dem Stande der Keryken an. Um die Glieder zu schmeidigen und das Anpacken zu erschweren, rieben sie die Knaben mit Öl ein (daher Pädotriben genannt). Dies war eine Gabe der libyschen Athene.

Herodot hat also vollkommen Recht gehabt, wenn er den Poseidon- und Athenedienst in pelasgischer Zeit aus Libyen und namentlich von der Tritonis her nach Griechenland kommen läßt. Denn was er behauptet, war gar nicht seine neue Entdeckung, sondern alte bekannte Thatsache. Die Anschauung, daß Griechenland seine eigentümliche, hohe Kultur fast ganz aus sich selbst und in Abgeschiedenheit von der übrigen Welt entwickelt habe, beruht auf gänzlicher Verkennung menschlicher Verhältnisse und auf irrigen Voraussetzungen. Schafft man die Schwindeleien des Odysseus beiseite, so zerrinnt der Trug, und man sieht, daß breite gebahnte Straßen nicht nur nach Libyen, sondern auch nach Ägypten, Assyrien und weiter hinführen. Ein so ausgebildetes Militärwesen, wie wir es hier nachgewiesen haben, kann doch unmöglich auf dem magern und unwirtbaren Boden der kleinen Halbinsel entstanden sein. Wo waren hier die natürlichen Bedingungen dazu gegeben? Diese stolzen „Roßpeitscher" und „Stachler der Rosse" waren in Flotten übers Meer gekommen und mit ihnen tapfre Heerleute und als natürliche Klientel des Waffenadels Tektonen, Zimmerer, Wagenbauer, Geschirrmacher, Waffenschmiede, Schildmacher, Lanzenschäfter, Bogner, Pfeilschifter. Sie hatten Städte angelegt,

mit Mauern umgeben und Bergfestungen erbaut, wie
man es in einem eroberten Lande zu thun pflegt.

Wir sehen auch, daß das Land am Triton von
einer gewissen Zeit ab ein Nebenland Ägyptens war,
daß also diese ursprünglich atlantische, dann assy=
rische Stiftung in die Hände der Pharaonen ge=
kommen sein muß. Der Zusammenhang des trito=
nischen Athenedienstes mit dem saïtischen stellt dies
außer Zweifel; die libyschen Nomaden, bis an den
Triton hin, waren Leibeigne der saïtischen Göttin,
das Land der Napit oder Tahennu ein Nebenland
Ägyptens. Der Herakles, der die hundert Städte um die
Tritonis gestiftet, war allem Anscheine nach vornehm=
lich der ägyptische. Er hatte zwischen dem Nil und
hier tüchtig aufgeräumt, die feindlichen Riesen Busiris
und Antäos erschlagen, das Land entwildert und von
reißenden Tieren gereinigt. Er hatte, wie ein ägyp=
tischer Priester rühmte, die ganze Erde in Landstriche
und Provinzen geteilt, ihre Felder mit der Schnur
vermessen, Kanäle gezogen, Gesetze gegeben, Städte
gegründet und nach ihren Gegenden benannt, Ver=
träge, Frieden und Übereinkünfte geschlossen, dabei
aber auch die Natur und Eigenschaften der Pflanzen
erforscht, Zahlen und Rechnungen erdacht, Geo=
metrie, Astronomie, Astrologie, Musik und Grammatik
erfunden und gelehrt.[1]) Nach Diodor hatte er einen
großen Teil der bewohnten Erde unterworfen und
die nach ihm genannten Säulen gesetzt.[2]) Wie wir
sahen, besaß der ägyptische Herakles zu Gades einen
Altar. Was diesem beigelegt wird, kommt jedenfalls
den großen Erobererkönigen, an erster Stelle dem
Sesostris zu, manches davon dem Thot=Hermes, der

---

1) Cyrill. Alexandr. adv. Julian. l. I, S. 80. — 2) Diob. 1, 24.
S. 78. Nach Philostratus hatte er auch Indien erobert. Vit. Apoll. 2, 30.

auch als Lehrmeister des Sesostris in der Gesetz=
gebung erwähnt wird.

In der That hat Sesostris, oder Sesoosis, wie
ihn Diodor nennt, Arabien und Libyen erobert, und
zwar als ganz junger Mann noch zu Lebzeiten seines
Vaters, der, wie wir sahen, von 1756 bis 1740 regierte,
also kurze Zeit vor dessen Ableben. Dieser, Ame=
nemhe I., der (als Möris) das später von seinem
Sohne fortgeführte riesige Werk der neuen Einteilung
des zum Krongute gemachten Landes und einer all=
gemeinen Stromregulierung in Angriff nahm, war
ein sehr thatkräftiger Herrscher und Krieger. Er
wurde, wie wir sagen können, Erfinder der Kadetten=
häuser. Um nämlich seinem zur kriegerischen Lauf=
bahn bestimmten Sohne einen tüchtigen Stamm von
Anführern und treuen Genossen zu bilden, ließ er
alle mit diesem am gleichen Tage gebornen Knaben
aufsuchen und in einer reich ausgestatteten Anstalt
zugleich mit ihm erziehen. Was uns Diodor davon
berichtet, zeigt die vollkommenste Überein=
stimmung mit dem, was uns über die Er=
ziehung der Kreter und Spartaner und über=
haupt der Griechen berichtet wird. Möglichste
Abhärtung, Ertragung von Mühseligkeiten, Hunger,
Durst, Frost, Gewaltmärsche, Ringen, Turnen, Fech=
ten waren die Mittel, um diesen Zweck zu erreichen.
Das wäre also die Schule, aus der, abgesehen von
der assyrischen, das oben geschilderte Kriegswesen
hervorgegangen. Sesostris wurde ein großer mili=
tärischer Organisator und der Schöpfer der ägyp=
tischen Kriegerkaste. Wie ausgebildet das Kriegswesen
damals war, zeigen die zahlreichen Abbildungen von
Szenen aus dem militärischen Leben jener Zeit.

Wenn Sesostris Libyen angriff, so hatte er es
mit dem Perseusvolke und demnach mit assyrischen
Kriegern zu thun, die nicht lange vorher dort ein=

gedrungen waren. Man kann annehmen, daß er sie
nach ihrer Ergebung für seinen Vater in Gehorsam
nahm und sie dem ägyptischen Heerwesen hinzufügte.
Gleich nach seiner Thronbesteigung hatte er, wie
Justinus berichtet, mit den damals in Asien mäch=
tigen Scythen einen Kampf zu bestehen. Wir haben
oben gesehen, daß damals in Assyrien eine sakische —
medopersische — Dynastie herrschte, und daß nach
Perseus=Thraêtaonas Tode das Reich in drei Teile,
in Assyrien, Iranien und Turanien, zerfallen war.
Ein Scythenkönig Tanaus brachte ihm anfangs eine
Schlappe bei, aber die Sümpfe verhinderten seine
Reiterscharen am Eindringen in Ägypten, das Se=
sostris im Zusammenhange mit der Nilregulierung
durch zahlreiche Kanäle unzugänglich machte. Seine
Hauptfeinde waren diese Scythen; er verfolgte sie
bis an den Tanaïs, machte sich ganz Asien unter=
than und soll sogar den Ganges überschritten haben.
Wenn das der Fall ist, dann hatte Sesostris
das assyrische Reich gestürzt und mit allen
oder den meisten auswärtigen Besitzungen in
seine Gewalt gebracht. In der That umfaßte
sein Reich Libyen, Arabien, Äthiopien, Medien, Per=
sien, Baktrien, Scythien, Syrien, Armenien, Kappa=
dozien und ganz Kleinasien. Diese Eroberungen soll
er innerhalb neun Jahren gemacht haben.[1] Seine
Feldzüge würden also zwischen 1740 und 1731
v. Chr. fallen.

Auch Seezüge machte Sesostris. Er hatte Kriegs=
schiffe auf dem Roten Meere, die seinen Landmarsch
an den Küsten hin bis Indien begleiteten, und ebenso
Flotten auf dem Mittelmeere, da ihm ja die Seemacht
der Phönizier und der Libyer zu Gebote stand. So
eroberte er, wie Diodor weiter erzählt, auch die

---

[1] Diod. 1, 66.

meisten Kykladen, ging nach Europa hinüber und durchzog ganz Thrakien, erlitt aber, weil ihm die Lebensmittel ausgingen, große Verluste und machte infolge dessen hier Halt. Da nun Griechenland unter dem Namen Hanebu zu den Neben= ländern Ägyptens gehört, und vieles andre bestätigend hinzukommt, so ist kein Zweifel, daß es damals mit von Sesostris erobert worden ist, und da damals auch das kurz vorher unterworfne Libyen zum ägyptischen Reiche gehörte, so versteht man, wie nach Griechenland z. B. der Athenedienst eben so wohl von Libyen wie von Ägypten herkom= men, und wie Griechenland von Libyen her so viele Einflüsse erfahren konnte. Die ägypto= libysche Zeit war zugleich die pelasgische und während dieser, die von etwa 1730 bis 1300 dauerte, Griechen= land ein ägypto=libysches Kolonialland. Vordem war es assyrisch gewesen.

Im Anfange dieser Zeit wurde Argos gegründet, nach dem arkadischen Lykosura die älteste Stadt Grie= chenlands. Inachos, der angebliche Vater des Pho= roneus, galt manchen für einen ägyptischen Zu= wanderer.[1]) Wir haben schon oben gesagt: Argos ist eine Kolonie von Jone oder Jopolis in Nord= syrien, und das Stiftungsfeuer, das Phoroneus in Argolis anzündete, und um das er die zerstreuten Ureinwohner sammelte, stammt aus dem dortigen berühmten Feuertempel, dem auch der assyrische Per= seus sein Feuer entnommen hatte. Hier waren auch Japetos, der biblische Javan, und Prometheus zu Hause, und von hier war die kuhköpfige Jo=Astarte nach Argos gekommen. Die Argiver und ihre Nach=

---

1) Schol. Eurip. Orest. 920.

barn, die Tegeaten, hatten daher bleibende Verbin=
dungen mit diesen Gegenden und einen lebhaften
Zug dahin. Aspendos in Pamphylien, Kurion auf
Kypros, Mallos, Mopfueſtia und Mopſukrene in
Kilikien waren argiviſche Stiftungen. Auch die ſpä=
tern Jopoliten gaben ſich für Argiver aus: Triptol=
lemos ſei mit ſolchen hierher gekommen, habe Tarſos
und Jopolis geſtiftet und ſeinen Sohn Gordys nach
Gordyene geſchickt, wo er den Ackerbau eingeführt
habe. Seleukos Nikator ſiedelte die Jopoliten nach
dem neugeſtifteten Antiochia über, wo man fortfuhr,
den Triptolemos zu verehren und ihm Feſte zu feiern.[1]
Gordyene iſt das Land der aus Xenophons Rück=
zuge bekannten Karduchen, der heutigen Kurden, im
Oberlaufe des Tigris nördlich von Niniveh. Nun
wird man ſchwerlich glauben, daß dieſe Gegenden,
die recht eigentlich im Bereiche Jimas liegen, der in
der Urzeit den Ackerbau erfunden und verbreitet
hatte, dieſen aus Griechenland erhalten haben, ſon=
dern man wird eher den umgekehrten Weg anneh=
men. Vielleicht iſt gar Jima hier in Triptolemos
umgedeutet worden. Anſiedler aus Nordſyrien mögen
zuerſt in Lerna bei Argos, dann in Ägialeia und
weiterhin die unter dem Schutze der Städte geſam=
melten Urbewohner im Feldbau unterrichtet haben,
der ſich dann in immer weitern Kreiſen ausbreitete.
So entſtand das Volk der Pelasger.[2] Vielleicht iſt
Lachiſch bei Niniveh, das Xenophon bei ſeinem Vor=
übermarſche in Ruinen fand und Lariſſa nennt, die

---

1) Strabo 16, 1. 2. — 2) Die herkömmlichen Ableitungen dieſes
Wortes ſind ungenügend. Wie mir ſcheint, iſt Πελασγός zunächſt
aus Πελασι-κός zu erklären, von einem verloren gegangnen Worte
πέλασις, d. i. Annäherung, Umgegend einer Stadt, wo ſich Autochthonen anſiedeln, um Ackerbau zu treiben, alſo von πέλας nahe.
πελάζω ſich nähern. Vgl. πελάτης, ein Zuzügler, ein Feld-
arbeiter.

Mutterstadt der argolischen Larissa und so vieler andern. Es muß doch seinen Grund haben, daß die Pelasger mit solcher Vorliebe ihren Städten diesen Namen gaben.

Merkwürdigerweise stammelt eine schier erstorbne argolische Sage aus dieser Zeit von einem ägyptischen Könige Epaphos. Jo, von Zeus schwanger, hatte ihn, aus Argolis flüchtig, nach langem Umherirren am Nil geboren; darauf verbargen ihn die Kureten auf Verlangen der Hera, bis ihn Jo in Syrien (in Jopolis?) wiederfand. Er vermählte sich mit der Memphis, der Tochter des Nils, oder auch mit der assyrischen Kassiopeia, erbaute Memphis(?) und hatte eine Tochter Libya, von der Libyen genannt ist.[1] Ein Sohn dieser Libya und des Poseidon war Lelex, der aus Ägypten nach Megara kam und dort König wurde.[2] Eine andre Tochter des Epaphos war Lysiamassa, von Poseidon Mutter des Busiris.[3] Der Name Epaphos kommt also in Ägypten, Syrien, Libyen, Griechenland vor, und wenn Epaphos wirklich ein ägyptischer König war, so muß er zu diesen Ländern in gewissem Bezuge gestanden haben. Er ist Vater der Libye, das kann heißen, er hat Libyen erobert und zu einem Tochterlande Ägyptens gemacht. Somit hätte er dasselbe gethan, was Sesostris gethan hat, und würde demnach mit ihm zusammenfallen. Nun erinnern wir uns des obigen Nachweises, daß Sesostris den Beinamen A'pophis führte. Sollte Epaphos nun nicht dasselbe Wort sein? Auf koptisch lautet es epoph, ephoph, was dem Griechischen ganz nahe kommt, und bedeutet Gigant, Titan, Riese. Als

---

1) Apollod. 2, 1, 3. 4. 5, 11. Vgl. Herod. 3, 27. 28, der Epaphos ungehörig mit dem Apis zusammenbringt. — 2) Pauſ. 3, 1, 1. 4, 4, 1, 2. Apollod. 3, 10, 3. — 3) Ebenda 2, 5, 11.

solcher wurde aber Sesostris angesehen. Man fabelte,
er sei vier Ellen vier Spannen groß gewesen, so groß,
wie seine von ihm als Siegesdenkmale in fernen
Ländern gesetzten Bildsäulen. Dabei war er so stolz
und hochmütig, daß er beim Einzuge in eine Stadt
oder ein Heiligtum seinen Wagen von besiegten
Königen und Fürsten ziehen ließ.[1]) Es ist ganz begreiflich, wenn der große Eroberer dem Volke, namentlich den Heerleuten, mehr unter diesem Beinamen bekannt wurde, als unter seinem eigentlichen Königs-
namen.[2])

Wenn die Namen Sesostris, Apophis,
Epaphos wirklich auf eine Person zusammenfallen, dann ist, wie man sieht, der Schlußstein für die Wiederherstellung der gerade
hier grauenhaft entstellten ägyptischen Geschichte und der Schlüssel zur pelasgisch-
griechischen gegeben. Die Zeitrechnung ist ge-
sichert. Man wird die Gründung von Argos, Megara, Hermione, Epidauros, Ägialeia u. a., die alle
ziemlich zur selben Zeit und jedenfalls infolge der
Eroberung durch Sesostris angelegt wurden, um
1730 v. Chr. ansetzen. Damit ist die ganze Sache in
einen festen Rahmen gebracht, und das, was als
mythisch und ganz haltlos erschien, nimmt ein ge-
schichtliches Gepräge an. Es zeigt sich, daß die sogenannten Mythen durchaus nicht bloße Erzeugnisse
des unbewußt dichtenden Volksgeistes oder Dichter-
erfindung sind, sondern daß ihnen Sinn und Absicht
zu Grunde liegt. Viele sind Merkformeln einer Zeit,
die ihre Erinnerungen im lebendigen Gedächtnisse zu

---

1) Diod. 1, 55, 58. — 2) Ja, es ist glaublich, daß er und sein
Vater sich selbst diesen Namen (im Sinne von Ares, Schrecken der Welt)
beilegten, wie denn z. B. auch Ramses II. sich einen Sohn des Set
(Typhon) nannte. Man findet die Formen Ἄποπις, Ἄπωπις,
Ἀπῶφις, äg. Apapi.

erhalten gewohnt war, und haben urkundliche Be=
deutung.

Griechenland ist also kein den natürlichen Be=
bingungen entrücktes Wunderland, und seine Gesittung
kein durch generatio aequivoca entstandnes Bodener=
zeugnis, sondern die Frucht großer geschichtlicher
Strömungen und Weltereignisse. Griechenland war
in der Zeit des Ninus und seiner Nachfolger assy=
risches Besitztum, durch Sesostris wurde es dem
ägyptischen Weltreiche angefügt. Das lelegisch=
pelasgische Griechenland ist eine Stiftung
dieses Königs; die aus Libyen kommenden
Poseidons= und Athenediener sind regelrechte
ägypto=libysche Kriegsleute und Zugehörige
zu der von Sesostris erst jüngst geschaffenen
Kriegerkaste. Es sind Leleger, die, wie der nach
Megara kommende Lelex, von Poseidon, Libya und
Epaphos abstammen. Auch die argolischen Danaer,
„Trabanten des Ares," gehören dazu. Nach Äschylos
bitten Danaos und seine Töchter, die er als sonnen=
verbrannte Mohrenfräulein schildert, um Aufnahme
in Argos auf Grund ihrer Abstammung von Jo und
Epaphos.

Man kann mit Bestimmtheit annehmen, daß der
Eroberung von Griechenland die von Kreta voraus=
gegangen war.[1] Denn die Kureteninsel war der Sitz
und Schlüssel der assyrischen Seeherrschaft und die
Vormauer für die Kykladen und das Festland, wenn
es von Ägypten oder Libyen her angegriffen wurde.
Wir fanden oben die Kureten als Hüter und Schützer
des Epaphos. Die Eroberung des assyrischen Reiches
war gleichbedeutend mit dem Sturze der Weltherr=
schaft des Kronos und der Einsetzung des Zeus in

---

1) Kreta wurde ägyptisch. Denn die Kaphthorim (Kreter) waren
Söhne Mizrajims. 1. Buch Mosis 10, 13, 14.

sie. Wie schon gesagt, ist dieser Zeus nicht der hellenische, sondern der ägypto-libysche, der Gott des Amasis von Theben, der den schwachen Sohn des Sesostris besiegte und die Oberherrschaft an das Oberland brachte. Damit wurde sein Gott, der widderköpfige Ammon Chnum, der oberste Reichsgott und sein Mutterheiligtum in der Oase Siwah das Orakel der ganzen Welt. Er ist der Dhulkarnaim (der Herr mit den zwei Hörnern), der große Welt-herrscher der arabischen Sage. Semiramis (wenn nicht schon Ninus), Perseus, die Könige Ägyptens, Sesostris, Amoses, die Thutmosen befragten ihn, und Alexander ließ sich von ihm die Weihe zur Welt-eroberung geben. Auch dieser Religion lag der Ein-heitsglaube zu Grunde. Amun (der Verborgne) war nach Verschmelzung mit der Religion von Heliopolis auch Ra, d. h. der Phönixgott, und wie wir sahen, auch Tat, Atlas, Uranos. Durch die Leleger kam er nach Messenien, Elis, Lakonien, wo man seit ur-alter Zeit das Ammonium zu beschicken pflegte, eben-so nach Olympia, wo Ammon, Here Ammonia und Hermes Parammon verehrt wurden,[1] auch, wie Herodot berichtet, nach Dodona.[2] Die pelasgische Zeusreligion, also auch die olympische, mag dadurch eine höhere Ausbildung und innere Vertiefung er-fahren haben.

Amoses, das Haupt der Ammonkönige seit 1666 v. Chr., schaffte überall in Ägypten, namentlich erwähnt, in Heliopolis und in Eleithyia (El Kāb) die Menschenopfer ab und ersetzte sie durch unblutige Scheinopfer. Dies war ein neues Gesetz, das füglich nur von der Gottheit, hier vom Orakel des Ammon, ausgehen konnte und eine allgemeine für das ganze Reich giltige Maßregel. Der Kronosdienst mit seinen

---

1) Paus. 5, 15, 7. — 2) Herob. 2, 54.

grausamen Kinderopfern wurde also abgeschafft.
Kronos mußte überall weichen, aus Assyrien, aus
Kreta, aus Lykien, aus Athen, aus Olympia und
nach Westen fliehen. Rhea trennte sich zunächst auf
Kreta von ihm, und die Kureten, früher seine Diener,
traten in die Gefolgschaft des Epaphos. Sie wurden
dann Hüter und Schützer des neugebornen Zeuskindes,
das Rhea vor den Gelüsten ihres bisherigen Gatten
zu verbergen bemüht war. Kekrops, der Gründer von
Athen, ein Ägypto=Libyer, opferte nur Kuchen und
Gebäck. Er erbaute dem Kronos, der mit Rhea unter
der Akropolis ein Heiligtum hatte und durch alle
Zeiten am zwölften Hekatombäon festlich geehrt wurde,
einen Altar. [1]) Auch in Olympia, wo er einen Tempel
gehabt hatte, wurden ihm zur Zeit der Frühlingsgleiche
von den eleischen Basilern auf dem Kronoshügel Be=
sänftigungsopfer dargebracht.[2]) Zeus hatte hier mit
ihm gerungen und ihn besiegt, d. h. es hatten blutige
Kämpfe zwischen Kureten und Lelegern um den Besitz
des Lagers stattgefunden.

Kronos floh nach dem Westen, nach Italien,
Sizilien und weiterhin, wo sich die Reste der assyrischen
Herrschaft noch länger behaupteten.[3]) Merkwürdiger=
weise sah man später die Zeit der Herrschaft des
Kronos als das goldne Zeitalter an, wo die Menschen in Unschuld, Glück und Wohlstand gelebt hatten,
und machte ihn zum Herrscher der abgeschiednen
Heroen. Er regiert auf den Inseln der Seligen
draußen im Ozean. Wir kommen darauf zurück,
wenn wir von der Insel Atlantis handeln werden.
Andre versetzten den gestürzten Kronos mit den
übrigen Titanen in den Tartaros. Offenbar ging
diese Auffassung von der siegreichen Partei, die ver=

---

1) Macrob. Sat. 1, 10. Pauf. 1, 18, 7. — 2) Pauf. 5, 7, 4.
6, 20, 1. Dionyf. Hal. 1, 34. — 3) Diod. 5, 66. Cic. N. D. 3, 17.

schönernde von den Besiegten aus, die die Erinnerung an die Zeiten ihres Ruhmes und Glanzes bewahrten, Saturnus und Ops bedeutet Sättigung und Wohl= stand, denselben Sinn hat Kronos, das statt Kornos steht, und Rheia, d. h. Behagen, leichtes Leben.[1]) Man hat an das Sakäenfest, an die Kronien und Saturnalien zu denken.

---

1) *Κόρνος* von *κορέννυμι*, sättigen, *κόρος* Sattheit, über= mut. Zu ʽΡείη vergleiche ῥεῖα ζῆν, von den Göttern im Olymp gesagt, ῥηΐδιος, ῥᾴδιος, ῥαστώνη, skr. rai, lat. res, Habe, Wohl= stand. Kronos ist zunächst der Sättiger, d. i. der Brotherr seiner Leute, der Kureten. Als sie Gefolgsleute des Zeus wurden, ging Rhea mit ihnen über.

Zweites Kapitel

Poseidon als Meergott; Thunfischfang;
Libysche Kolonien in Griechenland und auf den Inseln;
die Danaïden

Poseidon, der binnenländische Roßgott, ist dadurch zum Gotte des Meeres und zum Seeherrscher geworden, daß sein Volk an den Syrten mit den schiffberühmten Atlanten zusammentraf und so das Seewesen kennen lernte. So wurde er aus einem Reiter zu Lande ein Wogenreiter und fuhr mit seinem libyschen Viergespann von Seepferden über das Meer. Denn die Schiffe sind die Rosse des Meeres.[1]) Die Sachsen und Normannen faßten die Sache ganz ähnlich auf, und noch heute sagen die Engländer: „das Schiff reitet." Man sah das Schiff für ein Pferd an. Unter den ninivitischen Denkmälern ist ein von vier Männern gerudertes, mit Mastbaum und Mastkorb versehenes Schiff zu sehen, dessen Vorderteil in einen Roßkopf ausläuft.[2]) Einen solchen trugen auch die gabitanischen „Pferde," eine Art kleinerer Fahrzeuge, auf denen man

---

1) Od. 4, 708. — 2) Layard, Niniveh und seine Überreste, Fig. 64.

bis an den Fluß Lixos in Mauretanien auf den Fischfang fuhr. Als der von Kleopatra, der Witwe Euer-
getes II., ausgesandte Indienfahrer Eudoxos von Kyzikos an der äthiopischen Küste Schiffstrümmer und
darunter einen Pferdekopf fand, schloß er daraus, daß
das gescheiterte Schiff ein gabitanisches gewesen sei,
das demnach Afrika umsegelt hätte. [1]

Poseidon wurde in erster Reihe dadurch zum See-
gotte, daß sich Leute seines Volkes an dem von den
Syrten aus betriebnen Thunfischfange beteiligten. Dies
brachte seinen Dienst an die verschiedensten Küsten.
Denn dieser große Fisch streicht zur Zeit seiner Begattung in ungeheuern Herden daran hin. Die Gaditaner fuhren sogar, wie wir schon erwähnt haben, bis
zu den Sargassowiesen im offnen Ozean, um Thunfische
zu stechen. Nach Strabos Angabe strich er besonders
stark an den spanischen Küsten hin und mästete sich
dort von den ins Meer fallenden Eicheln der großen
Eichenwaldungen. Man kann diesen Fischfang von
den Syrten, Sizilien, Italien bis Griechenland und in
das Schwarze Meer hinein verfolgen. Gedörrtes Thun-
fischfleisch war ein Hauptnahrungsmittel des Volkes
und eine gesuchte Handelsware. Man lauerte der Ankunft seiner Scharen an besonders geeigneten Stellen,
an Vorgebirgen, an Meerengen, den sogenannten Thynno-
skopeien (Thunfischwarten) auf. Es ging dort zu,
wie beim Walfisch- oder Heringsfange. Schiffe ver-
sammelten sich dort in Masse, und wenn die Fische
ankamen, entstand ein schreckliches Gemetzel. Schon
Homer kennt das massenhafte Stechen der Fische. [2]

Dieser Fischfang begann mit dem Aufgange der
Plejaden und dauerte bis zum Untergange des Arkturus, d. h. etwa von Anfang Juni bis zur Herbst-
gleiche, [3] fiel also mit dem Sommer zusammen in

1) Strabo 2, 8 — 2) Od. 10, 124. — 3) Plin. n h. 9, 20.

eine Zeit, wenn das Meer meist ruhig und fahrbar war. Die Plejaden im Sternbilde des Stiers gaben also das Zeichen zur Eröffnung der Seefahrt, und zwar ist dieses Gesetz offenbar atlantischen Ursprungs. Denn die Plejaden, die Schiffersterne, gelten als Töchter des Atlas und der Pleione. Schon Hesiod nennt sie die Atlasgebornen.[1) „Wenn die Plejaden, sagt er dann, vor der grimmigen Stärke des Orion fliehend in das neblige Meer sinken, dann rasen die Stürme aller möglichen Winde, und dann soll man nicht länger Schiffe auf dem finstern Meere haben."[2]

Das Gerät der Thunfischfänger war, wie heute noch überall im Mittelmeere, eine große dreizackige Gabel.[3] Nach der Sage rüsteten die Telchinen damit den Poseidon aus. Sie waren Poseidonspriester und, wie wir sehen werden, Atlanten. So wurde also Poseidon Schutzherr der Thunfischfänger und gelangte durch sie zuerst namentlich an die zahlreichen Thunfischwarten, wo sich seine Verehrer in großer Anzahl zu versammeln pflegten. So konnten sich leicht stehende Niederlassungen bilden. Man errichtete dort zuerst Altäre, später Tempel des Meerbeherrschers. Denn die Fischer opferten ihm den ersten gefangnen Thunfisch und nannten dieses Opfer Thynnaion.[4] Aus diesem Grunde treten die Namen Posidion, Poseidonion, Poseidonia, Potidäa, Päftum vornehmlich an Vorgebirgen auf, und Seestädte entstehen daselbst. So bei Rhegion, in Lukanien, Epirus, bei Megara, in Thessalien, auf Tenos, Chios, Samos, bei Milet, in Bithynien. Der ganze Peloponnes galt als ein Hauptsitz Poseidons, und alle seine Küsten waren mit seinen Heiligtümern umsäumt. Denn der Fischfang war für seine Bewohner von höchster Bedeutung. Als einst

---

1) Op. et d. v. 383. — 2) Ebenda 619. — 3) Ἰχθυβόλος μηχανή. Äsch. Sept. 142. — 4) Athen. 7, 60.

die Korkyräer in großer Not waren, zeigte ein Stier,
der sich von der Herde trennend ans Meer gelaufen
war, durch lautes Brüllen das Nahen der Fische an,
und sie machten einen sehr reichen Fang, opferten den
Stier dem Poseidon und schickten einen reichen Zehnten
nach Delphi und Olympia.[1]) Die Kosten der Opfer
am Tempel des Apollo Kynnaios in Attika wurden
vom Ertrage des Thunfischfanges bei Halä Araphe-
nides bestritten.[2]) Die Thunfischfänger waren also die
nächsten Klienten des Poseidon nach den Rossezüchtern
und Rittern. So hatte er denn zwei ganz verschiedne
Ämter. Er war, wie der alte attische Hymnendichter
Pamphos sang, Geber der Rosse und hochschnäbligen
Schiffe.[3]) Nach dem homerischen Hymnus hatten ihm
die Götter die doppelte Ehre zugewiesen, Bändiger der
Rosse zu sein und Retter der Schiffe.[4])

Auch Pallas Athene steht mit dem atlantischen
Seewesen in Verbindung. Atlas hatte angeblich das
Schiff erfunden. Sie lernte ihm diese Kunst ab und
wurde die Schutzherrin der Schiffzimmerer. Nach ihren
Eingebungen hatte Danaos den Fünfzigruderer erbaut,
auf dem er nach Griechenland fuhr, ebenso Jason die
Argo, und Harmonides in Troja die Schiffe des Paris.[5])
Auch die Taucher und Taucherinnen standen unter
ihrem Schutze. Daher hieß sie zu Megara selbst
Aithyia (Tauchervogel), weil sie nach der Sage, in
einen solchen verwandelt, den Kekrops unter ihren
Flügeln nach Megara gebracht hatte.[6]) Man glaubte,
daß nur reine Jungfrauen Taucherinnen sein könnten.
Eine solche z. B. war Kyana, die Tochter des Skyllis
von Skione (auf Chalkidike), die tauchend mit ihrem
Vater die Ankertaue der unterm Pelion liegenden

1) Pauf. 10, 9, 2. — 2) Phot. Lexic. S. 198. — 3) Pauf. 7, 31, 9.
— 4) Hym. Hom. XXII, 4. — 5) Il. 5, 60. — 6) Hef. s. v.
Ἐυδαφθυιą.

Perserschiffe gekapt und dafür mit ihrem Vater in Delphi amphiktyonische Ehren erlangt hatte.[1])

Zu Hermione in Argolis, wo Poseidon und Athene verbunden waren, fanden Wettkämpfe im Tauchen statt,[2]) vor allem berühmt aber waren die delischen Taucher. Vor Artemis und Apollo hatte Poseidon dort geherrscht und Glaukos ein Orakel gehabt. Man tauchte, um Purpurmuscheln, Schwämme und andres zu suchen.

Griechenland ist in der angegebenen Zeit in regelrechter Weise von Libyen, namentlich von der kleinen Syrte aus, kolonisiert und besiedelt worden, die Hauptmasse der Leute aber, die von dort herkamen, bestand nicht aus Negern, Libyern, Berbern, sondern gehörte einem Volke an, das von Haus aus eine „arische,“ der persischen und griechischen verwandte Sprache redete. Ganz Nordafrika war, wie wir sahen, im Besitze der Tamahu oder Hyperboreer. Warum könnte also die griechische Sprache wenigstens zum bedeutenden Teile nicht aus Afrika gekommen sein? Vorläufig betrachten wir die Frage nach dem Ursprunge der griechischen Sprache als offen. Stammt sie mehr von den Autochthonen oder den Pelasgern oder den Legern? Eine gemischte Sprache ist sie jedenfalls.

Es versteht sich von selbst, daß diese Kolonisierung nicht formlos, sondern, ähnlich wie später die hellenische, von einem bestimmten Mittelpunkte ausgegangen und durch Orakelweisungen geleitet worden ist. Wir haben uns also nach einem Mutterheiligtum umzusehen. Dieses findet sich. Triton war, wie wir sahen, im Besitze eines Dreifußes und demnach offenbar ein Orakelgeist, wie der lakonische Nereus, der delische Glaukos, der ägyptische Proteus. Dieses Orakel gehörte jedenfalls zu dem großen Stamm=

---

1) Pauf. 10, 19, 1. — 2) Ebenda 2, 35, 1. Vgl. 2, 34, 10.

heiligtume des Poseidon, das auf der Insel
der Tritonis zu suchen ist.

Wie Diodor erzählt, gab es in den Gegenden am
Triton einen heiligen Ort, der Omphalos, der Nabel
hieß, und dabei ein omphalisches Feld. Er hatte an=
geblich seinen Namen davon, daß das von den Kureten
fortgeführte Zeuskind hier die Nabelschnur verloren
hatte. [1] Omphalos bedeutet Mittelpunkt. Das Orontes=
gebirge hieß der Nabel der Gewässer (apâm napât),
weil vier Flüsse auf ihm entsprangen und nach ent=
gegengesetzten Richtungen abflossen; die Insel der
Kalypso lag im Nabel des Meeres, in Delphi war der
Erdennabel sichtbar zu erblicken. Wo könnte man
den genannten Omphalos füglicher suchen, als
auf der mitten in der Tritonis liegenden Insel,
die der Vereinigungspunkt der ganzen atlan=
tischen Gemeinschaft war? Die Stadt Nepte,
Nesta, ägyptisch Napit, hat also allen Anspruch
darauf, als der zweite Apâm napât zu gelten. [2] Mög=
licherweise hat Homer von hier seine Insel der Atlas=
tochter Kalypso (die Verborgne) entlehnt und aus dem
Nabel des Sees einen Nabel des Meeres gemacht.
Magier werden sich hier mit Atlanten zum Orakelgeben
verbunden haben. Wie wir sehen werden, war das
älteste, in der Flut untergegangne Delphi eine gemein=
same Stiftung von Atlanten und assyrischen Feuer=
zündern, hatte Poseidonsdienst, und libysche Sibyllen
weissagten hier. Wahrscheinlich war also der Dreifuß,
auf dem sie saßen, vom Erdennabel der Tritonis ge=
kommen, nicht, wie Herodot erzählt, ein für Delphi
bestimmter Dreifuß von Jason dem Triton überlassen

---

1) Diod. 5, 70. — 2) Man könnte denken, daß auch Neptu=
nus, Neptunnus mit Nepte u. s. w. zusammenhänge; doch zweifle
ich. In der umbrischen Tafel von Iguvium findet sich eine Land=
plage nepitu erwähnt, die vielleicht Überschwemmung (vgl. νίπτω)
bedeutet.

worden. Solche Umkehrungen des wahren Sachver-
haltes haben die Hellenen mehrfach gemacht.

Überseeische Kolonien führte der delphische Apollo
in Gestalt eines Delphins aus und wurde daher als
Delphinios verehrt. Da nun Apollo in Delphi an die
Stelle Poseidons getreten war, so kann man ganz sicher
annehmen, daß früher der letztere Delphinios und
Kolonieführer gewesen war; denn er hatte mit der
See zu thun, Apollo von Haus aus nicht. Wegführende
Tiere, Rinder (z. B. des Kadmos, des Jlos), Wölfe,
Schlangen u. a. haben in den Orakelweisungen ihre
bestimmte Rolle. Ein buntgeflecter, einer Pelamys
(Art Thunfisch) ähnlicher Fisch (Gasterodeus ductor)
wurde von den Seeleuten hoch verehrt, weil er die
Schiffe in großer Zahl begleitete, ihnen vorausschwamm
und sie in den Hafen führte. Er hieß daher Pompilos
(Führer) und heiliger Fisch und war dem Poseidon
geweiht. Man tötete ihn weder, noch aß man sein
Fleisch. Er galt für sehr hitzig in der Begattung,
wie wahrscheinlich auch der oben erwähnte Fisch Perseus als Sohn der Aphrodite. Poseidon hatte nach
kretischer Sage das Seewesen und die Flottenzüge erfunden und eingeführt. Kronos hatte ihm diese Befugnis eingeräumt.[1]

Libysche Kolonien in Europa werden bezeugt.
Einer merkwürdigen Nachricht zufolge gab es einst in
Libyen sehr tapfere und starke Amazonen, die die Um-
wohner besiegten und das damals sehr mächtige Volk
der Atlanten unterwarfen, auch nach Europa über-
setzten und viele Städte gründeten.[2] Diese
Nachricht stimmt also mit der von Diodor über die
Eroberung des Landes an der Tritonis durch eine
Amazonenkönigin überein. Die Amazonen sind offenbar
die Dienerinnen der Pallas Athene. Wir können ihnen

---

1) Diod. 5, 69. — 2) Müll. hist. gr. fr. II, S. 9 nach Schol.
Apoll. Rhod. II, 965.

Namen geben. Es sind darunter die Danaïden zu
verstehen, die ja nach dem Gedichte Danaïs den Söhnen
des Ägyptus am Nil in geordneter Schlachtreihe gegenüber getreten waren, und die auch als gute Läuferinnen
— als Läufer gelten alle Libyer — gerühmt werden.
In Wahrheit sind diese Töchter des Danaos
von Libyen aus gestiftete Städte.

Das erste, wenn man eine menschliche Ansiedlung
gründen will, ist, daß man für Wasser sorgt, namentlich
in wasserarmen Ländern, wie in Afrika und zum Teil
auch in Griechenland, eine wichtige Sache. Man baut
sich also an einem Bache, einer Quelle an, und wo
solche nicht vorhanden sind, muß man Quellen zu er-
öffnen suchen oder Brunnen graben. Da Libyen ein
wasserarmes Land ist, so hatte man dort diese Künste
erfunden und ausgebildet, namentlich stellte sich, als
man die Pferdezucht einführte, das Bedürfnis guten
und reinen Trinkwassers heraus, weil dieses, wie man
glaubte, die Rosse veredelte. Am Orontes waren die
allerbesten aus der Quelle Arvand gekommen, und so
war Pegasos in Griechenland aus verschiednen berühmten Brunnen entsprungen oder hatte Quellen mit
seinem Hufe aus der Erde geschlagen. Denn Tiere,
wie Kamele, Wildesel, Wildschafe, und so auch Pferde,
haben eine feine Witterung für das Wasser, und die
Wüstenwandrer verlassen sich unter Umständen auf
ihren Instinkt. Das Orakel des Ammon war an der
Stelle gegründet worden, wo ein auf Bitten des ver-
schmachtenden Dionysos oder Herakles von Zeus ge-
sandter Widder einen Quell aus der Erde aufgewühlt
hatte.[1]

So wurde Poseidon denn auch als Quellensucher,
Quellenfinder und Brunnengräber verehrt und hat

[1] Serv. ad. Aen. 4, 196. Lutat. Stat. Theb. 3, S. 421.

davon wahrscheinlich seinen Namen.[1]) Es kamen Fälle
vor, wo man aus Wassermangel oder bei Versiegung
der Quellen (z. B. nach Erdbeben) ganze Orte verlassen
mußte; namentlich war es nötig, daß die Burgfesten
für den Fall einer Belagerung an Trinkwasser keinen
Mangel hätten. Das Abschneiden des Wassers war im
amphiktyonischen Gesetze streng verpönt. Akrokorinth
besaß die herrliche Quelle Peirene, eine Danaïde, mit
Sagen von Poseidon, Athene, Pegasos, Bellerophontes.
Auch die Kadmeia von Theben hatte eine gute Wasser=
leitung, aber zu Athen hatte Poseidon seine Kunst
umsonst versucht. Der Stoß mit dem Dreizack hatte
nur Salzwasser zum Vorschein gebracht. Das Wunder
war jederzeit im Erechtheion zu schauen.

Ein besonders wasserarmes Land war Argolis.
Das „vieldurstige Argos" ist aus Homer und der
kyklischen Thebais bekannt. Poseidon hatte die leicht
versiegenden Flüßchen Inachos, Asterion und Kephissos
mit Wasserlosigkeit gestraft. Nach Strabo lag aber
nur die Stadt Argos auf einer wasserarmen Stelle,
das übrige Land sei, weil unterirdisch hohl, wohl be=
wässert. Das mag für die spätern Zeiten gelten und
die Folge davon sein, daß, wie es in einem alten
Gedichte hieß, die Danaïden das wasserlose Argos
wasserreich gemacht hatten.[2]) In der That hatte
Argos in geschichtlicher Zeit eine ganze Anzahl der
trefflichsten Brunnen, darunter vier heilig gehaltene.
Man begreift, wie die Danaïdensage gerade hier so
stark in den Vordergrund treten konnte. Unter Danae,

---

1) Von πότος Trank, Πόταμος Fluß. Die Formen des
Namens sind: Hom. Ποσειδάων, ion. Ποσειδέων, att. Ποσει-
δῶν, böot. Ποτειδάων, Ποσιδαίων, äol Ποτιδάν, Ποτιδᾶς,
Ποτίδας, Ποσιδάν, Ποσειδάν, ark. Ποσοιδάν. Die Urform
scheint zu sein: Ποτοιδάων, vielleicht entstanden aus Ποτο-
Fιδάων, potum videns, providens. Vgl. H. L. Ahrens Philolog.
1865, 1. — 2) Strabo 1, 2. 8, 6.

der Mutter des Perseus, der Zeus, die Mauern ihres
Kerkers durchbrechend, im goldnen Regen genaht war,
ist wohl das Land Argolis zu verstehen. Denn Danaos
bedeutet „dürr, trocken.“ Auch Libyen ist eine Danae
und Danaos, der Verehrer des Poseidon und der
Athene, der Mann, der das Brunnengraben erfunden
hatte. Danava, Söhne der Danu, sind den Indern
böse Geister der Dürre und der Finsternis und stehen
im Zusammenhange mit dem von Behram oder Indra
bekämpften Wasserfeinde. Sie berühren sich darnach
auch mit der Perseussage.

Eine sehr wichtige ägypto=libysche Gründung war
Nauplia, die Hafenstadt von Argos, Tirynth, Mykenä,
die ihren Namen vom Schiffbaue und von der Schiff=
ausrüstung hat. Pausanias hält ihre Bewohner für
Ägypter von der Einwanderung des Danaos;[1]) allein
die Stadt ist jedenfalls älter, als die Ankunft der
Tanaer, und fällt schon in die Zeiten des Phoroneus
und Epaphos. Sie verdankte ihre Entstehung einer
Quelle von drei Strudeln, die Poseidon hier mit seinem
Dreizack aus dem Felsen geschlagen hatte. Sie wurde
Amymone (die Untadlige) genannt und galt als Da=
naide und Geliebte Poseidons. Ohne Zweifel war
Nauplia ein Sitz atlantischer Weisheit und einer
uralten Seemannsschule, wo man nautische Astronomie
lehrte, Steuerleute ausbildete und Handelswissenschaft
betrieb. Denn Nauplios, Sohn des Poseidon und der
Amymone, angeblicher Gründer von Nauplia, galt als
berühmter Seemann und Entdecker eines der Bären=
gestirne, und Palamedes, Bruder des Oiax (Steuer=
mann) und Nausimedon (Schiffsherrscher), der vor Troja
verräterisch getötet wurde, als ein Sohn dieses Nau=
plios, d. h. er war ein Nauplier. Der Stifter der
Stadt, wenn er überhaupt Nauplios geheißen hat, war

---

1) Pauf. 4, 35, 2. *Ναυπλία* entstanden aus *Ναυ-ὁπλία.*

mehrere Jahrhunderte älter. Palamedes hatte, wie es
heißt, Wage, Maß, Rechenbrett, Würfel, Wurfscheibe,
die Buchstaben, auch die Leuchttürme und das Aus-
stellen von Schildwachen erfunden;[1] richtiger gesagt,
er war in den zu Nauplia gelehrten Dingen erfahren.
Auch hatte er, wie es heißt, eine Tochter Libya, mit
der Hermes den Libys zeugte,[2] d. h. die Nauplier
trieben Handel mit Libyen. Daher die Demeter Libyssa
in Argos. Die Gründer von Nauplia gehörten wahrscheinlich dem Stamme der Halier (Fischer) an, der
früher in Argolis gewohnt hatte, aber von hier an
die Küste von Hermione auswanderte — „meerarbei-
tende Leute," wie Strabo sagt, die Wettspiele im Tauchen
und Rudern übten.[3] Man verehrte hier Poseidon
und Athene. Das Fischervölkchen auf Seriphos mit
seinen Sagen von Perseus steht wohl mit diesen Haliern
in Verbindung. Noch heute sind die Bewohner der
Insel Hydra an dieser Küste die besten griechischen
Seeleute und vom Freiheitskriege her berühmt.

Die Danaïden Trite, Pyrene und Bebryke gehören dem Westen an. Trite erinnert an den Triton,
Pyrene ist die Stadt am Südostende der Pyrenäen,
von der das ganze Gebirge den Namen hat, bekannt
durch Sagen vom rindertreibenden Herakles. Die Bebryker sind sodann ein in der Nähe wohnender iberischer
Stamm, der wahrscheinlich mit den Sikanern nach
Sizilien und von da durch die troischen Kolonien am
Eryx nach der Propontis gelangte. Von ihrer Ahn-
frau, der Danaïde Bebryke, hatten sie ägyptische Weisheit gelernt.[4]

Auf Kreta finden wir eine Nymphe Danaïs —
wohl eine Danaïde Krete —, von Apollo Mutter der

---

1) E. Jakobi, Handwb. der gr. u. röm. Mythol. s. v. Palamedes
S. 690. — 2) Hyg. fab. 160. — 3) Strabo 8, 6. — 4) Eustath. ad
Dionys. Perieg. 805.

Korybanten,[1]) und zugleich Poseidon, Athene Tritonia,
Telchinea und alles, was libysche Einflüsse kennzeichnet.
Auf dieser wichtigen Insel, dem Vollwerke der kuretischen
und später der minoïschen Seeherrschaft, war Poseidon
ganz am Orte. Die überaus seekundigen Kreter schrieben
ihm die Erfindung der Flottenzüge zu. Wir haben
schon bemerkt, daß der assyrische Kronos hier dem
ägypto-libyschen Zeus gewichen, und daß die Kureten in
den Dienst des Epaphos getreten waren.

Mit der Besiedlung von Kreta steht die von Rhodos
in naher Verbindung. Rhode war eine Tochter Po-
seidons und der Amphitrite, oder Rhodos eine Tochter
des Poseidon und der Halia,[2]) oder Rhodia eine
Danaïde. Die Städte Lindos, Jalysos, Kameiros
hatten ihre Namen von drei Danaïden, die angeblich
auf der Flucht ihres Vaters hier gestorben waren.[3])
Zu Jalysos war ein berühmter Poseidonstempel,[4]) zu
Lindos ein noch berühmterer Tempel der Athene, dessen
Dienst mit dem von Athen um den Vorrang stritt.
Kekrops hatte seiner Göttin mit Feuer geopfert, in
Lindos brachte man ihr feuerlose Opfer.[5]) Sie war der
Sage nach hier geboren, war mit Alala ans Licht ge-
sprungen und hatte Gold regnen lassen.[6]) Amasis er-
kannte sie als seine saïtische Göttin an und machte ihr
große Geschenke.

Von dem Quell Peirene auf Akrokorinth haben
wir bereits gesprochen. Sie war eine Danaïde und
diese also gleichbedeutend mit Korinth. Die beiden
Hafenstädte Kenchreä und Lechäon waren angeblich von
Kenchreios und Lechäos, Söhnen des Poseidon und der
Peirene, gegründet. Wieder haben wir hier den Poseidon,

1) Plut. Parall. Gr. et R. 83. — 2) Apollod. 1, 4, 6. Schol.
Pind. Ol. 7, 24. — 3) Diod. 5, 55. 4) Ebenda 58. — 5) Ebenda 56.
- 6) Pind. Ol. 7, 65.

die Athene, den Pegasos, den an die Stelle des Perseus
getretenen Bellerophontes, die Atlantide Merope. Auch
in Mittelgriechenland finden wir Danaïden. Orcho=
menos, Stifter der gleichnamigen Stadt in Böotien,
Stammvater der Minyer, war ein Sohn des Zeus und
der Danaïde Isione,[1]) Dryops, der Stammvater der
Dryoper am Parnassos, ein Sohn des Flusses Sper=
cheios und der Danaïde Polydora. Die von Hyginus
aufgeführten Danaïden Athamantis, Pyranthe,
Myrmidone, Antheleia, Keläno sind zu suchen
auf dem Athamantischen Felde, in der Stadt Pyrasos
bei Jolkos, in Anthela an den Thermopylen und in
Delphi.

Auf der andern Seite des korinthischen Meerbusens
war Helike in Achaia eine Hauptstätte des Poseidons=
dienstes. Hierher gehört also die Danaïde Helike.
Da Olenos, der Gründer der Nachbarstadt Olenos, ein
Sohn des Zeus und der Danaïde Anaxithea heißt,
so gehört diese hierher.[2]) Pharis, der Pharä in
Messenien — oder auch Pharä in Achaia mit atlan=
tischem Hermesdienste — gründete, heißt ein Sohn des
Hermes und der Danaïde Philodameia.[3]) In Paträ
(Patras) hatte der Belide Ägyptos, der angeblich ent=
setzt über die Unthat der Danaïden aus Argos hierher
geflohen war, ein Heiligtum.[4]) Später fand hier der
Serapisdienst Aufnahme. Nach Elis gehört die Da=
naïde — auch Atlantide — Elektra. Ihr Sitz war
die Stadt Samos und das berühmte Triphylische Hei=
ligtum des Poseidon, das Samikon. Eurythoe als
Danaïde, angeblich Gemahlin des Atlantiden Önomaos,
gehört nach Olympia. Im Lelegerlande Lakonien, wo
die Atlantide Taygete heimisch ist, finden wir die Da=

---

1) Schol. Apoll. Rhod. I, 230. Schol. ad Lycophr. 873. —
2) St. B. s. v. Ὤλενος. — 3) Pauf. 4, 30, 2. — 4) Ebenda 7,
21, 6.

naïden Euroto, vom Eurotas genannt, und Side,
Namen eines Städtchens am Vorgebirge Malea. [1])

Es ist also klar, unter Danaïden sind libysche
Kolonien zu verstehen, Kolonien, die über den
ganzen Raum von Spanien bis nach Kleinasien hin
zerstreut sind, woraus man auf die Macht und Aus=
dehnung der atlantischen Seefahrt und die Blüte des
Landes an den Syrten schließen mag. Gewiß hat es
solcher Danaïden noch weit mehr gegeben. Wir könnten
ihre Zahl ohne Gefahr noch sehr vermehren. Denn
überall, wo die Namen Poseidon, Athene, Triton u. s. w.
auftauchen, ist libyscher Ursprung ohne Zweifel. Die
echten Danaïden sind als Nymphen der Quellen und
Brunnen zu betrachten, deren Eröffnung der Anlage
einer Ortschaft vorausging. Denn die Versorgung mit
Wasser war die Hauptsache, und die Nymphen hatten
einen Opferdienst. Daher Brunnennamen wie Amy=
mone, Physadeia, Kynadra in Argos, Hypereia, Messeis,
Arethusa u. a.; daher diese Nymphen Geliebte Posei=
dons und Mütter von Stadtgründern. Poseidon stand,
wie wir sahen, schon in seiner Urheimat mit den Quellen
und Quellnymphen, den Närjas, in Verbindung. Aus
ihnen sind dann in Libyen die Nereïden geworden.

Die Söhne des Ägyptos hatten ursprünglich Bezug
auf die Verbreitung ägyptischer Macht. Man sieht
das noch aus einzelnen Namen, wie Lixos, Argios,
Antipaphos (auf Kypros), Kisseus (in Macedonien),
Imbros, Hermos (Lydien), Istros, Arbelos (Ar=
bela in Assyrien). Ohne Zweifel lagen hier Verzeich=
nisse von Kolonien oder Militärstationen vor. Denn
die Ägypter behaupteten, ihr Land habe in alten
Zeiten eine Unmasse von Kolonien in die verschiedensten
Teile der bewohnten Erde geschickt; die Könige (man

[1] St. V. 3, 22, 9.

denke an Sesostris, Thutmoses III., Sethos, Ramses II.)
seien sehr mächtig und das Land übervölkert gewesen.
Aus den Aufzeichnungen sei ersichtlich, daß es 18000
Städte und namhafte Dörfer gehabt habe.[1]) Herodot
rechnet zu Amasis Zeiten gar 20000.[2])

Wenn dem Freiermorde, was kaum anders denkbar
ist, etwas Thatsächliches zu Grunde liegt, so war das
ein Ereignis, das vom fernsten Westafrika bis in den
fernen Osten reichte und demnach mit dem Sturze der
ägyptischen Weltherrschaft gleichbedeutend ist. Libyen
und die libyschen Kolonien empörten sich gegen die
ägyptische Oberherrschaft und töteten oder vertrieben
die ägyptischen Statthalter und Besatzungen — ein Ereignis, das durch die Empörung der Libyer und durch den
Zusammenbruch des Weltreiches unter Menephthes II.
vollkommen beglaubigt wird. Die Sage wurde in Argolis örtlich, weil sich hier ein Rest ägyptischer Herrschaft erhielt. Die aus Ägypten vertriebnen Danaer
brachten sie mit. Darüber später genauer.

Die pelasgisch=lelegische Zeit reicht also
von etwa 1730 bis 1321 und ist die Zeit der
ägyptischen Oberherrschaft, wo Griechenland —
das Land der Hanebu — eine Besitzung der Pharaonen
war und allen Einflüssen von Süden, Osten und Westen
offen stand. Argos war die politische Hauptstadt, und
Phoroneus und die Phoroniden[3]) ohne Zweifel ägyptische Unterkönige. In Argos kommen von Anfang an
syrische und libysche Einflüsse zusammen. Der an die
Namen Japetos, Prometheus, Phoroneus geknüpfte
Feuerdienst kam, wie wir sahen, aus Jopolis und
weiterher, ebenso der Ackerbau. Lerna bei Nauplia ist
die Mutterstätte des Demeterdienstes und des Pelasger=

---

1) Diod. 1, 29, 31. — 2) Herod. 2, 177. — 3) Solche gab es
vereinzelt noch in späterer Zeit, als ihre Herrschaft von den Danaern
gestürzt war.

tums; beide verbreiteten sich von da nach dem nahen Arkadien, dann nach Ägialeia ins Thal des Asopos, dann nach Böotien und weiterhin nach Thessalien. Man kann dies ziemlich genau verfolgen. Die Pelasger sind zum Ackerbau und zur Säßigkeit bekehrte Ureinwohner, Verehrer des Zeus, der Here, der Demeter, des Hades, der Persephone; die Leleger Verehrer der tritonischen Götter, des Zeus Ammon, des Atlas, Hermes, des Poseidon, der Athene, des Triton, Nereus, der Nereïden, Okeaniden, des Glaukos u. a., Seeleute, Krieger, Pferde- und Schafzüchter, Ölgärtner, Städtegründer, Burgen- bauer, Handelsleute, Handwerker u. a., jedenfalls das höher zivilisierte Volk. Deshalb ist es auch im höchsten Maße wahrscheinlich, daß ihnen die griechische Sprache angehört und nicht den Pelasgern. Herodot würde also auch hierin Recht haben, wenn er diesen eine bar- barische Sprache zuschreibt. Beide Rassen haben sich indes zeitig vermischt. Dann sind auch, als sich das neue aus Kureten und Lelegern gebildete Kriegsvolk der Helenen ausbreitete, die Pelasger massenhaft ver- trieben worden.

In Messenien und Lakonien, Landschaften, die den aus Libyen kommenden Einwanderern im ersten An- laufe lagen, hat es nie Pelasger gegeben. Sie waren Länder der Leleger und standen mit Libyen in ununter- brochner Verbindung. Lakonien hieß nach dem angeblich ersten Könige Lelegia,[1]) und die ältesten Städte Lake- dämon, Sparta, Amykle, Therapne, Thalamä, Gytheion sind voll von libyschen Erinnerungen. Die Lakedä- monier befragten seit alten Zeiten vor allem das am- monische Orakel,[2]) und Ammon hatte zu Sparta und zu Gytheion, wo der Meergreis Nereus und die Ne- reïden den Seeleuten orakelten, ihre Heiligtümer. Im Tempel der Athene Chalkioikos waren die Geburt der

---

1) Pauf. 3, 1, 1. 4, 1, 1. — 2) Ebenda 9, 16, 1.

Athene, Perseus, Poseidon und Amphitrite: am Throne
des amykläischen Apollo, Atlas die Atlantiden, Taygete
und Alkyone, jene von Poseidon, diese von Zeus geraubt, sodann Tritonen, Echidna, Typhos dargestellt.[1]
Auch Pasiphae, die Göttin des Traumorakels von
Thalamä, galt als Atlantide.[2] Die Vorfahren der
Gründer von Kyrene saßen einst am Taygetos. Ebenso
hatten die Lakedämonier ein Orakel, das ihnen den
Besitz der Insel Phla in der Tritonis verhieß. Hieraus
erklärt sich auch der Versuch des Herakliden Dorieus
(um 520 v. Chr.), sich am Kinyps im Tripolitanischen
festzusetzen. Jason mit seinem Dreifuß, dem Triton
die Gründung von hundert hellenischen Städten in
seinem Lande verhieß, kam vom Vorgebirge Malea her,
und auch Odysseus wurde bei dessen Umseglung durch
den Sturm ins Land der Lotophagen verschlagen, wo
die Phönizier von Kythera auf der Insel Meninx
(Dscherba) Schneckenfischerei und Purpurfärberei betrieben.

1) Pauf. 3, 18, 7. — 2) Plut. vit. Agidis 9.

Drittes Kapitel

Die Atlanten in Griechenland — Atlas, Pleione, die Pleiaden, Hermes, Maia

Nach hellenischer Sage war Atlas Gemahl der Okeanide Pleione und Vater von sieben Pleiaden Maia, Elektra, Sterope, Taygete, Merope, Keläno, Alkyone. Auch die Griechen setzten ihn also mit der Seefahrt in Verbindung. Wenn wir im Rechten sind, müßte er nach Griechenland aus Libyen durch die Leleger in Verbindung mit dem Poseidonsdienste gekommen sein. Dies ist, wie wir sehen können, in der That der Fall gewesen. Er ist dahin gekommen, weil mit der lelegischen Einwanderung auch atlantische Priester kamen und sich an verschiednen Orten niederließen. Sie lassen sich namhaft machen. Denn die oben genannten Pleiaden, die als Sterne am Himmel den Poseidonsdienern den Anfang und das Ende der zur Seefahrt und zum Fischfange geeigneten Zeit anzeigten, entsprechen auf Erden ebensovielen Städten und Landschaften, in denen sich atlantische Weisheit heimisch machte.

Maia ist Pheneos in Arkadien, Elektra Samikon, Sterope Elis mit Olympia, Taygete

Lakonien, Merope Korinth, Keläno Delphi,
Alkyone Böotien. Man kann das durch die ört=
lichen Sagen erweisen. Denn es gingen aus diesen
Orten Heroen und Heroengeschlechter hervor, die sich
von diesen Töchtern des Atlas ableiteten und demnach
ohne Zweifel von atlantischen Priestern abstammten.
Sehr richtig sagt daher Diodor, diese Atlantiden, d. h.
die Pleiaden, hätten, mit Göttern und Heroen vermählt,
ganz ausgezeichnete Söhne geboren, die Stifter von
Völkern und Gründer von Städten geworden seien;
viele der ältesten Heroen, nicht bloß bei den Hellenen,
sondern auch bei manchen Barbaren, führten ihr Ge=
schlecht auf Atlantiden zurück. Sie seien außerordent=
lich klug und verständig gewesen.[1] Man kann auch
sehen, wie die spätere hellenische Kolonisierung Libyens,
die Stiftung von Kyrene, die Versuche, sich an den
Syrten festzusetzen, von Atlantiden ausgingen, die
Erbansprüche an das Land ihrer Väter zu haben
glaubten.

Unter den sieben Pleiaden sind also sieben
Priestersitze zu verstehen, deren Bereich den
Peloponnes und Teile von Mittelgriechenland
umfaßte. Offenbar ist System in der Sache, und die
astronomische Grundlage ist unverkennbar. Die heilige
Zahl Sieben, die in Babylonien, Ägypten, im Juden=
tume, ja auch im Christentume und im Islam eine so
große Rolle spielt, tritt auch hier hervor und verbürgt
die Lehre von den sieben Planeten und den sieben
Himmeln. Wir haben in Griechenland außer den sieben
Pleiaden sieben Heliaden, sieben poseidonische Bundes=
staaten zu Kalauria, sieben Minyerstädte in Elis, sieben
Joladengeschlechter in Thespiä, sieben Archageten in
Platäa, sieben Flecken auf der Insel Thera; Amphion,
durch seine Mutter Antiope ein Atlantide, erfand die

---

[1] Diod. 3, 60.

siebensaitige Lyra und erbaute die siebenthorige Thebe — ein Bild des siebengegürteten Olympus.[1]

Die älteste und vornehmste Pleiade Maia, d. i. die Mutter, ist, wie wir sehen werden, die in einem Kesselthale Arkadiens westlich am Fuße des Kyllenegebirges gelegne Stadt Pheneos. Maia hatte den Hermes in einer Höhle der Kyllene geboren. Deshalb heißt er der kyllenische. Man kann mit Bestimmtheit annehmen, daß dieser mächtige Berg, der höchste des nördlichen Peloponneses, als Säule des Himmels betrachtet und dem Atlas geweiht war. So war Atlas der Herrscher eines Reiches der Atlanten.

Diese hatten also die poseidonische Halbinsel ihrem Stammvater Atlas und dem Schiffergestirn geweiht und ihre Sitze den einzelnen Pleiaden untergestellt. Denn nach ihrer Lehre übten die Sterne Einfluß nicht nur auf das Schicksal der Menschen, sondern auch der Länder und der Städte. Das Abendland stand unter dem Einflusse des Hesperos, das Morgenland unter dem des Phosphoros, astronomische Kenntnisse aber und Kalenderweisheit regelten damals alle menschlichen Verhältnisse, nicht bloß die Seefahrt. Wir sehen aus Hesiods Tagen und Werken, wie der griechische Land=mann ganz vom Himmel abhing und sich in allen seinen Arbeiten von den Auf= und Niedergängen der Sterne bestimmen ließ. Er mußte sie also kennen. Von wem hatte er das gelernt? Doch wohl von Atlas. Die Atlanten waren also hierin die Lehrer der Pe=lasger gewesen. Sternkunde war damals die volks=tümlichste Wissenschaft und die Grundlage aller Kultur, die griechische Astronomie aber und der griechische Himmelsglobus, wie wir ihn jetzt noch der Hauptsache nach haben, ist seinem Ursprunge nach unmittelbar

---

[1] Nonn. Dion. 5, 73.

weder chaldäisch noch ägyptisch, sondern atlantisch.
Sternbilder, wie Kepheus, Andromeda, Perseus, das
Medusenhaupt, der Widder des Ammon u. a. be=
weisen das.

————————

Atlas erwählte sich zum Königssitze die feste Burg
der Halbinsel Arkadien, das Land der Lykaoniden,
deren Auftreten der assyrisch=kuretischen Zeit angehört.
Ihr Ausgangspunkt war Lykosura, die älteste Stadt
Griechenlands und ohne Zweifel eine Gründung der
weiter unten am Alpheios lagernden Kureten. Hier
befand sich ein Heiligtum des Zeus, der mit Kindes=
opfern, also mit den Bräuchen des Kronosdienstes
verehrt wurde, ja vielleicht nur aus Kronos umgedeutet
worden ist. Die arkadischen Städtchen, durch Zu=
sammenziehung der umliegenden Weiler entstanden,
nannten Söhne Lykaons als Gründer. Wahrscheinlich
waren die über Kreta gekommnen Zuwanderer von
dem leukosyrischen Stamme der Lykaonen in Kappa=
dozien. Gehörig geübt, stellten auch die rohen, aber
tapfern Ureinwohner tüchtige Soldaten für das Lager
am Alpheios. So konnte der idäische Herakles „von
Arkadiens Firnen und vielgewundnen Winkeln“ aus
nach Istrien[1]) und ebenso übers Meer nach Epirus,
Önotrien, Latium, Spanien ziehen und Söhne Lykaons
ansiedeln.

Die Arkader waren so schon in vorhellenischer und
vorpelasgischer Zeit ein Soldatenvolk. Sie hatten,
wie Ephoros glaubt, ein Lager= und Soldatenleben
geführt, auch viele andre zum gleichen Leben veranlaßt.
Daher die Syssitien, der gemeinsame Tisch bei ihnen
und ihren Ansiedlern, den Önotrern, daher spät noch
ihr Auftreten als Soldkrieger, ähnlich wie die Karer.
An militärischer Zucht und Ordnung standen manche

————————

1) Pind. Ol. 3, 46.

ihrer Städte kaum den Spartanern und Kretern nach); namentlich galten die Mantineer neben diesen, den italischen Lokrern und Athenern als die zuchtgewohn= testen aller Hellenen. Mantineia war nach Polybius die älteste Stadt Arkadiens,[1] und ihre Bewohner übten, wie Ephoros berichtet, zunächst den andern Ar= kadern vorzüglich die kriegerischen Künste. Eine alter= tümliche Kriegstracht und Rüstung hieß die mantineische. Dameas von Mantineia, ein berühmter Waffenmeister, hatte den Kampf in Regeln gebracht.[2] Ihr Geſetz= geber Nikodoros zur Zeit des peloponnesischen Krieges war ein ehemaliger Faustkämpfer.[3] Seitdem ihr König Echemos den Einfall des Hylles abgeschlagen, hatten die Mantineer das Vorrecht, beim gemeinsamen Ausmarsche der Peloponnesier den rechten Flügel zu bilden. Ebenso tapfer waren die Tegeaten und selbst ihre Weiber, und wenn die Dorier von Sparta ihr Staatswesen nach dem Muster des kretischen ganz sol= datisch gestalteten, so haben jedenfalls die von den Ar= kadern mehrfach erlittenen Niederlagen dazu den Haupt= anstoß gegeben.

Das Soldatenvolk war das herrschende im Lande und bildete den Stand der Politen, der über die unter= worfenen Hirten und Feldbauern gebot, wie die Spar= taner über die Heloten, die Kreter über die Mnoïten. Diese bildeten in Kriegszeiten einen Landsturm — die 30000 Prospelaten —, der nach Xenophons Zeugnisse noch in den Zeiten des peloponnesischen Krieges auf= zog, wie die Krieger der Urzeit, in Wolfs= und Ziegen= felle gekleidet, ohne Rüstung, mit Keulen und Prügeln versehen. Es waren die Ureinwohner, jedenfalls ein ziegenhütender Stamm, der einst seinen Pan in Bocks= gestalt verehrt hatte. Nach Polybius war die musische

---

1) Polyb. 2, 56.   2) Athen. 4, 41 (154). — 3) Älian var. hist. 2, 23.

Jugenderziehung in Arkadien älter, als in jedem andern Lande, und blieb bis in die jüngsten Zeiten
herab im Gebrauche. Denn die rauhe Natur Arkadiens begünstigte Roheit und Unmenschlichkeit. Manche
Gemeinden, wie z. B. die Kynäthen, begingen schreckliche Frevel. Die Politen und ihre Gesetzgeber trach-
teten daher mit aller Anstrengung darnach, diese übeln
Einflüsse durch höhere Bildung abzuwehren.[1]

Nachdem das Kuretenlager am Alpheios vielleicht
nach harten Kämpfen in den Besitz der Ägypto-Libyer
übergegangen war, wurde auch Arkadien von ihnen entweder erobert oder durch Vertrag gewonnen. So wanderten Leleger ein, erbauten neue Burgen und Städte und
brachten Poseidons- und Athenedienst, sowie das Viergespann, die Wettfahrten, Pferde- und Schafzucht mit.
Die kuretischen Lykaonen verschmolzen mit den Lelegern zu einem neuen Waffenvolke, das dann später im
Anfange der hellenischen Zeit von einem neuen Zuchtmeister und Gesetzgeber den Namen Arkader annahm.
Denn es handelt sich hier gar nicht um Völker im weitern Sinne, sondern um militärische Organisationen, die
durch Machtgebot zu stande kommen und umgestaltet
werden. Dies gilt auch von den Hellenen, deren Zusammenhang mit dem ägyptischen Kriegerstande noch
Herodot erkannte.

Zur selben Zeit kamen libysche Atlanten nach
Griechenland als Priesterstand, stifteten die erwähnten
Sitze und machten Pheneos in Arkadien zu ihrer
Hauptstadt. Obgleich wir keine bestimmten Nachrichten
darüber haben, geht dieses doch aus dem folgenden

---

1) Polyb. reliq. 6, 43. — Ein arkadischer König Chorikos hatte
zwei Söhne Plexippos (Roßpeitscher) und Enatos und eine Tochter
Palästra, die Hermes liebte. Die Söhne waren Ringer und Wettkämpfer, die Spiele anstellten. Wegen eines Frevels, den sie an
Hermes begingen, verwandelte Zeus den Chorikos in einen Wein-
schlauch. Serv. ad Virg. 8, 138.

unleugbar hervor. Die Akropolis von Pheneos lag
auf einer rings abschüssigen Felsenhöhe und enthielt
die Heiligtümer des Poseidon und der Athene Tri=
tonia, war also vom Triton aus gestiftet worden.
Auf den Wiesengründen der Umgegend weideten
zahlreiche Pferde. Atlas selbst war hier gewesen,
und Zeus hatte in einer Grotte der Kyllene mit
Maia den Hermes gezeugt. Diesen verehrten die
Pheneaten ganz ausnehmend und hielten ihn, was
von großer Wichtigkeit ist, für denselben Gott,
wie den ägyptischen Thot. Denn nach ihrer
Sage stammte dieser aus Pheneos. Er war
nach der Erschlagung des Argos an den Nil ausge=
wandert und hatte dort dem Volke seine Gesetze ge=
geben.[1]) Dieselbe Geschichte, wie die von dem aus
Argos stammenden ägyptischen Könige Epaphos.
Das Umgekehrte ist richtig. Die Gesetze der libyschen
Atlanten beruhten, wie wir sahen, wenigstens teil=
weise auf denen des ägyptischen Thot, und folglich
auch die der griechischen. Der ägyptische Hermes
war so zum atlantischen, und der atlantische
zum griechischen geworden.

Jedenfalls hatte Atlas in Pheneos, wie das von
Tanagra berichtet wird, Astronomie und Weltkunde
betrieben, und wie die ägyptischen Priester, die
Pythagoreer u. a., keine Bohnen aßen, so auch die
Atlanten; denn Demeter hatte nach ihrer Ankunft
den Pheneaten die verschiedensten Getreide= und
Hülsenfrüchte gegeben, nur keine Bohnen.[2]) Pheneos
hatte übrigens ein echt atlantisches Steindenk=
mal, genannt Petroma, bei dem die Pheneaten die
höchsten Eide schwuren. Es waren zwei hohe (wohl
durch einen dritten) aneinander gefügte Steine,[3])
also ähnlich dem der Opferstätte von Tarhona u. a.

---

1) Cic. de nat. deor. 3, 12. — 2) Pauf. 8, 15, 1. — 3) Ebenda.

Es stand in der Nähe des Tempels der Eleusinischen Demeter, und man bewahrte dabei deren Ritualien. Auch die Danaïdenstadt Pharä in Achaia südlich von Paträ, wo ein bärtiger Hermes verehrt wurde und Orakel gab, befand sich ein offenbar atlantischer Steinbau. Neben einem Teiche mit heiligen Fischen standen dreißig viereckig behauene Steine. Die Pharäer verehrten sie und nannten jeden einzelnen mit einem Gottesnamen[1]) — ein Wink, wie diese Steinbauten mit der atlantischen Religion und Gelehrsamkeit in Verbindung standen. Überhaupt waren Steinsäulen die ältesten Götterbilder der Griechen.[2])

Pheneos war, wie andre atlantische und poseidonisch = telchinische Priesterstädte, Sikyon, Delphi, Dodona, Delos, Samothrake, Rhodos u. a., in einer großen Wasserflut untergegangen. Es gab demnach hier keine Atlanten mehr, weil sie ausgerottet und vertrieben worden waren. Zu den dabei gestürzten Göttern gehörte in erster Reihe der betrüglich und lügenhaft gewordne Hermes. Es ist kein Zweifel, daß er hier ein berühmtes Orakel gehabt, und daß Pheneos in atlantischer Zeit eine ähnliche Stellung eingenommen hat, wie in hellenischer Delphi mit seinem Orakel des Apollo. Dies geht aus folgendem hervor. Wie dieser in Delphi, so hatte der kyllenische Hermes in Pheneos die Lyra geführt und wie der ägyptische Thot die Weltharmonie geschlagen, nach der sich die ganze gesellschaftliche Ordnung bewegte. Dann hatte er mit Apollo um ihren Besitz gestritten und war von ihm angeblich im Wettstreite zu Olympia besiegt worden. Apollo hatte ihm zugleich mit der Lyra

---

1) Paus. 7, 22, 2. — 2) Clem. Alex. protrept. S. 29. Aus solchen Steinpfeilern (κίονες) gingen zunächst die Hermen hervor.

die Befugniß der Weissagung genommen und
ihm nur das Wahrsagen aus Losen und
einige Winkelorakel gegönnt.[1]) Später hatten
sie sich wieder versöhnt. Sie besaßen in Olympia
einen gemeinsamen Altar, angeblich, weil der eine
die Lyra, der andre die Kithara erfunden hatte, dabei
war der Altar der Homonoia (Eintracht).[2])

In der That hat der aus dem fernen Osten ein=
gewanderte Apollodienst schwere Kämpfe zu bestehen
gehabt, ehe es ihm gelang, den delphischen Stuhl
dauernd zu behaupten. Pelops mit seiner Schwester
Niobe und ihrem Gatten Amphion war ein Anhänger
des Hermesdienstes und ein Feind des Apollo, denn er
war, weil er durch seinen Vater Tantalos von der At=
lantide Euroto aus Lakonien stammte, ein Atlantide
und folglich Anhänger des Hermes. Seine Huld hatte
beide, Tantalos und Pelops, unermeßlich reich gemacht
und dem Pelops auch den von Zeus verliehenen
Königsstab eingehändigt.[3]) Pelops erbaute dem Her=
mes den ersten Tempel — jedenfalls den zu Pheneos.
Denn dort lag darin sein Wagenlenker Myrtilos be=
stattet. Dieser war ein Sohn des Hermes.[4]) Als ferner
Herakles, von Geburt Danaïde, Kadmeione und Pe=
lopide, im Zorn, daß die Pythia ihn von dem
Morde des Iphitos nicht freisprechen wollte, den
Dreifuß aufhob, wollte er ihn nach Pheneos tragen,[5])
also das Orakel des Hermes wieder herstellen.
Man sieht hieraus, daß ein Mann mit der Würde
eines Herakles die Befugniß hatte, Orakel zu stiften
und zu rücken. Als der Amphitryonide den Dreifuß
erhob, rief die Pythia mit Bestürzung: „Das ist ein
andrer Herakles, der Tirynthier, nicht (mehr) der

— —

1) Pauf. 5, 7, 4. 9, 80, 1. Hom. hymn. In Merc. 457. —
2) Pauf. 7, 14. 6. — 3) Il. 2, 103. Pauf. 9, 40, 6 u. a. — 4) Ebenda
6, 14, 7. Vgl. 6, 20, 8. — 5) Plut. de ser. num. vind. c. 12.

Kanober." Man sieht daraus, daß Griechenland
mit seiner Theokratie früher unter dem Gebote des ägyptischen Herakles von Kanobos
(Seestadt bei Alexandrien) gestanden hatte. Herodot kennt den dortigen Herakles und seinen Tempel. [1])

Das in seinem rings von Bergen eingeschlossenen,
durch große Kunst entwässerten Thale liegende, ver-
einsamte und vergessene Pheneos ist also einst
der Hochsitz der aus Libyen eingewanderten
Atlanten und die Maia, d. h. Mutter und
Pflegamme der übrigen Atlantenstädte gewesen. Hier finden wir alles beisammen, Uranos,
Atlas, Hermes, Poseidon, Athene, ein echt atlantisches
Steindenkmal, ein volkleitendes Orakel, von dem Pelasger und Leleger einst Gesetz und Weisung empfingen,
hier war der Hauptsitz ihrer Gelehrsamkeit. Später
war Arkadien unter dem Einflusse seines Himmels
vielfach in Barbarei versunken, aber selbst Otfried
Müller muß zugestehen, daß Spuren früherer höherer
Gesittung vorhanden sind.

Wenn man fragt, wo die Atlanten hingekommen
sind, so antworten Sagen darauf, die von einer allgemeinen Ertränkung, Ausrottung oder Vertreibung
der entarteten, zu Gauklern und Betrügern gewordnen
Priester wissen. Eine allgemeine Flut und eine Anzahl
örtlicher, die übrigens mit dieser zusammenfallen,
schwemmen überall die Priestersitze der Telchinen
hinweg. Dieselbe Flut hatte auch Arkadien verheert
und war die Ursache gewesen, daß Dardanos, der
Sohn der Atlantide Elektra, nach Samothrake und
an den Hellespont auswanderte. Er war ein At-

---

1) Er lag noch zu dessen Zeit am Strande unfern der kanobischen
Nilmündung und war ein Asyl für entlaufene Sklaven, die man mit
einem Stempel als Tempelgut zeichnete und vielleicht zum Flottendienst
verwandte. Herod. 2, 113. Pauf. 10, 13, 4.

lant und im Besitze der kabirischen Geheimreligion.
Wir können annehmen, die Atlanten von Pheneos
werden an dieser Auswanderung stark beteiligt ge=
wesen sein.

Wir haben alle Anzeichen einer allgemeinen
Empörung des Volkes und einer Verfolgung der
Priesterschaft auf dem Festlande wie auf den Inseln
und sind so veranlaßt, eine Ursache dazu aufzusuchen.
Sie liegt nahe: der erwähnte Zusammenbruch des
ägyptischen Reiches unter Menephtha II. (von 1321
bis 1281 v. Chr.), der mit dem Abfall kleinasiatischer
Völker und dem Einbruche der Libyer begann und
dann durch die Empörung des Osarsiph, den Einfall der
Unreinen und eine dreizehnjährige Anarchie (von 1313
bis 1300) vollendet wurde, gab ohne Zweifel einen
Krach, der von den Säulen des Herakles bis an die
Grenzen Indiens und von Nubien und Abyssinien
bis in das Innere von Thracien verspürt wurde.
Die Unreinen verbrannten in der erwähnten Zeit
Städte und Tempel, stürzten die Götterbilder,
schlachteten und brieten die heiligen Tiere, zwangen
die Priester ihr Fleisch zu essen und jagten sie dann
nackt ins Elend. Wenn sich diese Priesterver=
folgung, zu der viel Zündstoff gehäuft ge=
wesen sein muß, nach den auswärtigen Be=
sitzungen verbreitete, so ist das, was auf
Kreta, Rhodos, Delos, in Griechenland —
ja wahrscheinlich auch in Libyen — geschah,
vollkommen erklärt. Es ging dort eben zu, wie
es in Ägypten zuging.

Damit ist auch die Zeitrechnung hergestellt und
abermals gezeigt, wie Griechenlands Geschichte durch
die ägyptische Licht und Erklärung erhält. Schon im
Altertum gab es Leute, die die deukalionische Flut
nicht für eine wirkliche Wasserflut, sondern für eine
große Veränderung aller Verhältnisse ansahen; sie ist

also gleichzeitig mit der Priesterverfolgung in Ägypten
(von 1313—1300) zu setzen. Die flüchtig nach Argolis
kommenden Danaer sind demnach wohl als ein Teil
der von dem aus Äthiopien zurückkehrenden Me=
nephthes vertriebenen Empörer anzusehen.

Viertes Kapitel

Die Atlantiden Elektra, Sterope, Keläno, Alkyone

Die älteste libysch=atlantische Stiftung auf grie=
chischem Boden war allem Anscheine nach die südlich
vom Ausflusse des Alpheios gelegne Stadt Samos
mit dem Samikon, einem dem Poseidon geweihten
Tempel und Oleasterhaine, an dem später noch die
Triphylier ihre Feste und Landtage abhielten. Man
suchte hier die von Homer erwähnte verschollene
Stadt Arene und hielt Samos für deren Akropolis.
Wahrscheinlich war diese Stadt aus einer Thunfisch=
warte hervorgegangen. Sie lag den aus Libyen
kommenden Schiffen im ersten Anlaufe. Eine lange
schmale Seelache war hier durch eine noch schmalere
Nehrung vom offnen Meere getrennt. Ein Flüßchen
Anigros mündete dort, in dessen Nähe sich eine Höhle
der Anigrischen Nymphen mit einer Heilquelle befand,
und dabei eine zweite, worin Elektra den Dardanos
geboren haben sollte. [1]

Elektra war eine Pleiade, also eine Atlantide
und stammte aus Libyen. [2] Man hat darunter ohne

1) Strabo 8, 3. — 2) Schol. Eurip. Phoen. 7.

Zweifel die genannte Stadt Samos als Sitz von
Atlanten zu verstehen. Das hier befindliche posei=
donische Samikon deutet schon darauf hin, daß die
Triphylier eine libysche Ansiedlung waren. Das, wie
wir sahen, vom Triton stammende Palladion, das
von der Burg Pergamon herab Ilion schützte, war
von Dardanos mitgebracht worden und vordem im
Besitze seiner Gemahlin Chryse gewesen oder ihm von
seiner Mutter Elektra übergeben worden.[1] Es hatte
also früher der Stadt Samos angehört. Also
waren Poseidon und Athene auch hier ein Paar ge=
wesen, Dardanos aber, der Sohn des Zeus und der
Elektra, der Führer der großen Auswanderung, war
offenbar ein atlantischer Priesterfürst und im Besitze
der höchsten Geheimnisse. Der Dienst von Samothrake
mit seinem Kult der großen Götter, der Kabiren,
der Elektra u. s. w. dreht sich um Schiffahrt, Stern=
und Wetterkunde, wie der Kult von Berytos mit
seinen Kabiren, Dioskuren, Samothraken, mit dem,
wie wir sahen, die libyschen Atlanten in engster Ver=
bindung standen. Berytos scheint auch nach weitern
Spuren bei Sanchoniathon mit Libyen in Verbindung
gestanden zu haben. Denn, heißt es, „zu deren Zeit
(gewisser Söhne des Kronos) waren Pontos, Typhon
und Nereus, der Vater des Pontos, von dem Pontos
aus aber wurde gezeugt Sidon (die Stadt) und Po=
seidon (Libyen).“ Dann kämpft Uranos (im Westen)
mit dem Pontos, wird aber von Zeus Demarûs,
einem Sohne und Unterkönige des Kronos,[2] besiegt
und schließlich von Kronos entmannt, d. h. vollkommen
geschwächt. Zuletzt giebt Kronos (d. h. der König
von Assyrien) Byblos der Göttin Baaltis oder Dione
(d. h. der Aphrodite) und Berytos dem Poseidon,
den Kabiren, den Landbauern und Fischern, die

---

1) Schol. Eurip. Phoen. 136. — 2) Wohl örtlicher Gott einer
phönizischen Stadt.

auch die Reste des Pontos, d. h. die Trümmer der Seeherrschaft, nach Berytos weihten," d. h. die Rückgekehrten wurden zu Knechten des Esmuntempels gemacht. Ende der assyrischen Seeherrschaft. Dies deutet auf heftige Seekriege zwischen den assyrischen Phöniziern und den libyschen Atlanten. Poseidon war kein phönizischer Gott und wurde erst später von ihnen an einzelnen Stellen übernommen.

Die Geheimreligion der Kabiren war also atlantisch und poseidonisch, kam aus Libyen nach Griechenland und stammte weiterhin aus Phönizien und Chaldäa. Die chaldäisch-ägyptische Religion des zweiten Thot von Hermopolis liegt ihr zu Grunde. Denn Hermes ist Thot und als Kadmos Kabir von Samothrake. Diese Priesterstätte, war also, wie schon der Name besagt, eine Stiftung von Samos, und seine vom Dardanos mitgebrachte Religion muß also früher zu Samos im Peloponnes bestanden haben. Man kann deutlich erkennen, daß diese Seestadt einst weitreichende Verbindungen nicht bloß mit Libyen, sondern auch mit Sizilien, Italien, Spanien hatte. Denn Zakynthos, ein Sohn des Dardanos, der zu Psophis im nordwestlichen Arkadien daheim war, wanderte von hier nach der gleichnamigen Insel aus, gründete an ihrer Ostseite die Stadt Zakynthos, deren Akropolis er den Namen Psophis gab.[1] Die Zakynthier machten weite Fahrten in den Westen und legten vereint mit den Rutulern von Ardea bei Rom — nach Bochus 200 Jahre vor Trojas Falle — Sagunt in Spanien an.[2] Sie hatten ein Athenebild — ein Palladion — mitgebracht und ihm einen hölzernen Tempel gebaut, der noch zu Hannibals Zeiten stand.[3]

---

1) Steph. Byz. s. v. Ζάκυνϑος. Dion. Halik. 1, 50. — 2) Strabo 8, 41. Liv 21, 7, 14. Sil. Ital. 1, 291, 332. — 3) Plin. n. h. 16, 4, 9.

Pſophis, am Südhange des wilden Erymanthos
gelegen, hatte einen Tempel der eryciniſchen Aphro=
dite. Demnach war es vom Eryx in Sizilien aus
geſtiftet worden, deſſen Heiligtum wieder eine Stiftung
von Kypros und weiterhin von Byblos war. Auch
Zakynthos hatte dieſen eryciniſchen Dienſt.[1] Nun
iſt aus der Ilias bekannt, daß Äneas, der Sohn
des Anchiſes und der Aphrodite, zum Geſchlechte der
Dardaner gehörte und nach des Priamos Falle An=
wartſchaft auf das Königtum über die Dardaner
hatte. Seine Vorfahren müſſen alſo zu der Aus=
wanderung des Dardanos gehört haben und demnach
mit aus dem Peloponnes gekommen ſein. Dies be=
ſtätigt ſich. Denn Reſte des Geſchlechts waren dort
zurückgeblieben, wie auch ein Sohn des Dardanos,
Deimas, zurückblieb. So der Anchiſiade Echepôlos
zu Sikyon, der dem Agamemnon zwei ſchöne Pferde
gab, damit er nicht vor Troja zu ziehen brauchte.[2]
Im Mänalosgebirge zwiſchen Mantineia und Methy=
drion befand ſich ein Tempel der Aphrodite und dabei
ein Grab des Anchiſes. Der Ort hieß Anchiſia.[3]
Äneas war ein in Arkadien und Umgegend ſehr ge=
bräuchlicher Name.[4]

Wenn Äneas und Anchiſes den Dienſt der
Aphrodite hatten, ſo folgt daraus, daß ihr Geſchlecht
kypriſchen Urſprungs und mit den Kinyraden
von Paphos verwandt, ferner auf Grund des
Geſagten, daß es in Verbindung mit den libyſchen
Atlanten vom Eryx nach Pſophis und andern Orten
Arkadiens gekommen war. Die Städte Eryx mit dem
berühmten Aphroditentempel, ferner Elyme, Egeſta,
Entella, Lilybäon, Aska am Weſtende Siziliens galten

1) Dion. Hal. ebenda. — 2) Jl. 23, 296. — 3) Pauſ. 8, 12, 5. —
4) Emil Rückert (Trojas Urſprung, Blüte, Untergang S. 100) macht
ſieben angeſehene Peloponneſier namhaft, die Äneas hießen.

als troische Kolonien und zum Reiche des Priamos gehörig, aber jedenfalls war Eryx eine kyprische Stiftung aus der assyrischen Zeit, die ihren Ursprung, wie schon gesagt, dem Mädchenhandel verdankte. Damals, wo Menschenraub und Sklavenhandel etwas Alltägliches war, fand man es ganz in der Ordnung, auch solchen Handel zu treiben und ihm sogar den Anstrich der Religion zu geben.[1]) Hier am äußersten Ende Siziliens an fast unzugänglicher Stätte war der große Markt, wo die Töchter der Sikaner, Kelten, Iberer, Libyer, vielleicht vielfach von ihren Angehörigen selbst verkauft, zusammengebracht wurden, um über Zakynthos und andre Inseln und Küstenorte mit „äneiadischen" Aphroditetempeln, dann über die Hauptstapelplätze Korinth, Knidos, Rhodos nach Paphos, Amathus und von da nach Syrien und Babylonien verführt zu werden. Was die Aphroditetempel eigentlich waren, brauchen wir nicht zu sagen. Die Händler mit dieser Ware baten die Aphrodite (Euploia) um gute Fahrt.

Unbedenklich gehört die Sage von der Buhlschaft des Anchises mit Aphrodite und der Geburt des Äneas nicht nach Troas, sondern an den Eryx. Ein weit älterer Anchises mag hier Gründer und Stammvater gewesen sein. Er hatte hier einen heiligen Hain und ein Grabmal. So viel scheint mir sicher, daß in uralter Zeit das Geschlecht der Äneaden über das Volk der Elymer am Eryx geherrscht hat, und daß durch sie und durch die Dardaner diese Land=

---

1) Fortwährend tauchen in den öffentlichen Blättern Nachrichten auf, nach denen von gewissen russischen und sonstigen Unterthanen ein schwunghafter Mädchenhandel einesteils über Konstantinopel bis Indien hin und andernteils nach Südamerika getrieben wird. Dies öffnet den Blick über den antiken Aphroditendienst! Und diese Dinge geschehen in einer Zeit, wo man sich alle Mühe giebt, den Sklavenhandel in Afrika zu unterdrücken!

schaft an Troja gekommen ist. Durch diese Annahme fällt Licht auf die Äneassage. Es ist begreiflich, daß nach dem Falle Trojas, wenn auch nicht Äneas selbst, so doch Leute des Äneadengeschlechts ihre alten Stammsitze aufsuchten. Der Dienst der erycinischen Aphrodite hat sich jedenfalls schon in atlantischer Zeit nach Latium verbreitet. Der ihm anhängende Dardanide Zakynthos fand ihn schon in Ardea vor; ebenso war er in Antium, Lavinium zu Hause, war Religion des Latinerbundes und gelangte so nach Rom, dessen zum Teil trojanischer Ursprung gar nicht zu bestreiten ist. Wie durch diese troischen Besitzungen die Bebryker an den Pyrenäen mit denen vom Hellespont und in Bithynien zusammenhängen, haben wir erwähnt.

Eine dritte Pleiade und Atlantide war Sterope oder Asterope (Blitz), die wir auf der Stätte von Olympia zu suchen haben. Denn Önomaos, der Ausrichter der Spiele zur Zeit des Pelops, heißt Gemahl der Sterope. Von welcher Wichtigkeit das Feldlager der Kureten und dann der Leleger war, wie es das ganze Abendland überwachte, haben wir hinlänglich erörtert. Hier gebot zuerst der assyrisch = kuretische Herakles, dann der ägyptische, und zuletzt versuchte der hellenische den alten Glanz des Ortes wieder herzustellen; hier herrschte zuerst Kronos, dann Ammon mit Here Ammonia und dem ammonischen Hermes, zuletzt weihte der Sohn Amphitryons den Ort dem Olympischen Zeus und baute ihm einen Tempel. Hier waren die Verbindungen mit Libyen und dem gesamten Westen uralt und dauernd. Wie die Lakonier befragten die Eleer seit unvordenklichen Zeiten das Ammonion und sandten Dreifüße und andre Weihgeschenke hin, die man später noch zeigen konnte.[1])

---

1) Paus. 5, 15, 7.

Die Sagen von Atlas, von den Hesperiden, den Hyperboreern im Westen, dem dreileibigen Könige Geryones, den seligen Inseln und der Herrschaft des Kronos daselbst waren hier am lebendigsten. Dies zeigen auch die bildlichen Darstellungen.

Das Lager hatte sich aufgelöst. Fünfzig Jahre nach der Flut (um 1250 v. Chr.) erneuerte Klymenos, der Sohn des Kardis, ein Nachkomme des idäischen Herakles aus Kydonia auf Kreta, der in der Nähe die Stadt Phrixa angelegt hatte, die kriegerischen Lagerspiele.[1]) Wenn man fragt, wohin das früher hier hausende Kriegsvolk gekommen ist, so kann man annehmen, daß es mit Dardanos nach Samo- thrake und an den Hellespont gezogen ist. Auf der ersten dieser Inseln wurde Elektra als Strategis (Feldherrin) verehrt, was doch jedenfalls auf einen Heereszug und Eroberung deutet. Die Heerleute der Sterope hätten also zu den Dardanern gehört, aus denen die Troer hervorgingen; diese aber waren sehr kriegerische und abliche Roßzüchter. Erichthonios, der Sohn des Dardanos und Vater des Tros, war ungeheuer reich und besaß 3000 Stuten auf seinen Weidegründen.[2]) Auch in den Geschichten von Jlos, Laomedon, Ganymed spielen Rosse eine Rolle. Noch die nach Kyrene ausgewanderten Antenoriden trieben troïsche Pferdezucht.[3])

Eine vierte Pleiade und Atlastochter Keläno gehört nach Delphi, wo dieser Name mehrfach vor- kommt. So wurde eine Keläno von Prometheus, dem Ahnherrn der delphischen Feuerzünder und des Deukalion, Mutter des von ihm nach den Inseln der Seligen versetzten Lykos und des Eurypylos, der von

---

1) Pauj. 5, 8, 1. 14, 6, 6, 21, 5. — 2) Jl. 20, 220. — 3) Pind. Pyth. V, 78.

Triton die erwähnte Scholle erhalten hatte,[1]) oder von Prometheus Mutter des Lykos und Chimäreus.[2]) Dann wird Keläno eine Tochter des Hyamos, Stifters von Hyampeia auf dem Parnassos, und von Apollo Mutter des Delphos.[3]) Delphi muß angesehen werden als eine gemeinsame Stiftung von Japetiden, die, aus Nordsyrien über Argos und Ägialeia eingewandert, den Feuerdienst hierher gebracht hatten, und von libyschen Atlanten. Daher wurde Atlas hier zum Bruder des Prometheus und Sohn des Japetos. Man wußte in Delphi, daß vor Apollo Poseidon hier geherrscht hatte, aber in der großen Flut, die den Ort verwüstete, nach dem Tänaron hatte auswandern müssen, ferner daß vor der Pythia hier libysche Sibyllen geweissagt hatten,[4]) auch daß einst der libysche Herakles Makeris hierher gekommen sei.

Hieraus geht hervor, daß Delphi in pelasgisch-lelegischer Zeit, ebenso wie die andern Atlanten- und Poseidonsstädte, mit Libyen im allerlebhaftesten Verkehre gestanden hat.[5]) Gleich in den Anfängen des Apollodienstes treten Verbindungen mit diesem Lande kennbar hervor. Sie gehen über das westliche Kreta, wo in der Seestadt Tarrha ein Priesterfürst Karmanor hauste, der so hohe Befugnisse hatte, daß er den Apollo und seine Schwester von der durch den Todschlag des Python verwirkten Befleckung reinigen konnte. Sein Sohn Chrysothemis und dessen Sohn Philammon waren an der Stiftung des delphischen Apollodienstes beteiligt, und andrerseits gingen, von Minos vertrieben, unter dem Namen Akakallis Apollo-

---

1) Apollod. 3, 10, 1. Schol. Apoll. Rhod. 4, 56. — 2) Tzetz. Lycophr. 132. — 3) Eine ältere Tochter des Zeus (Ammon) und der Poseidonstochter Lamia, und eine jüngere. Paus. 10. 12. — 4) Ebenda 10, 6, 2. — 5) Auch Herodots Erzählung (4, 179) von dem auf der Fahrt nach Delphi an den Triton verschlagnen Jason spricht für diese Verbindung.

diener nach Libyen. Amphithemis, der Sohn der Akakallis, auch Garamas genannt, machte die Wüstenstämme der Araukeler, Maken, Psyllen, Nasamonen, Asbysten, Garemanten u. a. zu seinen Söhnen, d. h. vereinigte sie in einer Art Amphiktionie, die sich dem Ammonion unterstellte. Daher Apollo ein Sohn Ammons.[1]) So kann schon der Name Philammon, der Freund Ammons, den Beweis liefern, daß man auf Kreta und in Delphi das uralte Orakel in der Oase Siwah sehr wohl kannte. Wenn es die Lakonier und Eleer schon in uralter Zeit befragt haben, so werden es auch die Kreter, die Delpher und überhaupt alle Atlanten gethan haben.

Bei so weit zurückreichenden Erbkunden ist es begreiflich, wenn in den Zeiten, wo Psammetich das lange verschlossene Ägypten wieder dem Weltverkehr öffnete, man in Delphi den Gedanken faßte, die griechische Kolonisation nach Libyen zu lenken. Das Orakel riet dem Aristoteles Battos von Thera, der kleinen von Sparta aus besiedelten Kyklade, nach Kyrene auszuwandern. Der Kolonieführer war ein Atlantide und im Besitze der seinem Ahnherrn von Triton geschenkten Erdscholle, glaubte also Erbansprüche zu haben. Als es aber den ersten Ansiedlern anfangs sehr schlecht ging und sie den Apollo tadelten, daß er sie in ein so unwirtliches Land geschickt hätte, sprach Apollo: „Kennst du besser, denn ich, der dort war, Libyens Schafland, du, der du nicht dort warst, so bewundre ich deine Gescheitheit."[2]) Apollo rühmt sich demnach in Libyen gewesen zu sein; in Delphi hatte man also wohl gute alte Kunden, nach denen Libyen

---

1) Clem. Alex. protrept. S. 8. — 2) Herod. 4, 157.

ein treffliches, zum Anbau wohl geeignetes Land
war. Wer möchte noch daran zweifeln? Nun giebt
sich Otfried Müller alle erdenkliche Mühe, den ange=
führten Spruch zu entkräften und zu beweisen, daß
die Griechen bis dahin Libyen gar nicht gekannt
hätten; indes thut er das mit sehr verfänglichen
Mitteln.[1]) Der Wahn, daß der unvermischte Ursprung
seiner Hellenen um jeden Preis gerettet werden müsse,
und die Fabelgeschichte der Odyssee verblenden ihn.

Eine fünfte Pleiade und Atlantide Alkyone
gehört nach Böotien in den Strich am Euripos, wo
die Städte Tanagra, Hyrie, Anthedon liegen. Auch
die früher poseidonische Insel Delos, wo einst Glaukos
orakelte, gehörte dazu. Die hier auftretenden Heroen
erweisen sich als seekundige Atlanten. In dem Orte
Poloson bei Tanagra hatte, wie man erzählte, Atlas
selbst geweilt und Astronomie und Weltkunde
betrieben.[2]) Hier hat Otfried Müller richtig er=
kannt, daß die ältesten hellenischen Jahrescyklen und
eine Anzahl von Sternbildern böotischen Ursprung
verraten. So z. B. Orion mit seinem Jagdhunde
Seirios, die Hyaden als Töchter des Kadmos und
Pflegerinnen des Dionysos, der Drache des Kadmos,
der Widder des Phrixos, der Hund des Kephalos.
Auch hatte Hermes, der hier auf dem Berge Kerykion
geboren war, in Tanagra einen ausgezeichneten
Dienst. Die Kerykien scheinen Heroldschulen gewesen
zu sein.

In dem ganzen Striche war Poseidon zu Hause.
Er zeugte mit Alkyone den Hyrieus, Stifter von
Hyrie, Vater des Lykos, Nykteus und Orion, der

---

1) Das Hauptgewicht legt er auf die Mühe, die die Theräer
hatten, einen Steuermann anzuwerben, der sie nach Libyen führte.
Sie fanden ihn zuletzt in Itanos an der Ostspitze Kretas. Das beweist
nicht, daß es nur wenige Steuerleute dorthin gab, sondern nur, daß solche
aus Gründen abschlägliche Antwort geben konnten. — 2) Paus. 9, 20, 3.

mit Delos, Chios, Lemnos in Verbindung steht. Ein
andrer Hyriat war der schon genannte Eurypylos,
König von Kyrene, Sohn des Poseidon und der Atlantide Keläno (richtiger vielleicht der Alkyone). Poseidon zeugte sodann mit der Europa, die hier dem
nahen Teumessos angehört, oder mit einer Tochter
des Orion den angeblichen Argonauten und Ahnherrn
der Könige von Kyrene, Euphemos. Von ihm stammten
die Euphemiden, die beim Einfalle der Herakliden
mit den Minyern an das Vorgebirge Tänaron kamen
und hierauf mit dem Kadmeer Theras die Insel
Thera besiedelten, von wo die Gründung von Kyrene
ausging. Battos stammte im siebzehnten Gliede von
Euphemos ab und war im Besitze der erwähnten Erdscholle.[1]) Hyrie in Japygien (Kalabrien) und Meta-
pont wurden von diesem Hyrie und dem Berge
Messapion bei Anthedon aus gestiftet. In der Nähe
lag auch Aulis, wo sich die Flotte der Griechen zur
Fahrt nach Troas sammelte, und von wo später
Orestes mit vielen Auswandrern ebendorthin abging.

Söhne Poseidons und der Alkyone waren auch
die Anthedonier Hyperes und Anthas, die nach
Argolis auswanderten und am saronischen Meerbusen
Hypereia und Antheia gründeten, an deren Stelle später
Trözene und Kalauria traten. Hier hatte Poseidon
seinen Hauptsitz, und sein Tempel zu Kalauria war
der Vereinigungspunkt von sieben Seestaaten. Mit
Delos stand Anthedon durch den Kult des Glaukos
in Verbindung. Da es nun heißt, Poseidon habe

---

1) Besitz einer solchen gab Anrecht an das Land. Die Inachier
und Achäer im Spercheiosthale verloren ihre Wohnsitze an die Änianen,
weil ihr König dem als Bettler verkleideten Änianenkönige eine Scholle
geschenkt hatte. Plut. quaest. gr. 13. Ebenso gewann Kothos, der Sohn
des Xuthos, Euböa dadurch, daß er spielenden Kindern der Koler für
Spielzeug eine Scholle abgekauft hatte. Als die Eltern dies erfuhren,
töteten sie die Kinder. Ebenda 22.

für Delos, das er an Apollo abtreten mußte, Kalauria zum Wohnsitze erhalten, so glaube ich, daß
mit den beiden Atlantiden die Reste der Atlanten
von dort und vom Euripus ausgewandert sind.

Merope, die sechste Pleiade und Atlantide, ist
Korinth. Denn Sisyphos, der Ahnherr der äolischen
Sisyphiden, heiratete sie. Hier fanden wir die Danaïde Peirene, den Poseidon und Poseidonssöhne,
Athene, den Pegasos, kurz alles, was die Gründung
der Stadt auf das Land am Triton zurückführt. Die
Lage an zwei Meeren machte Korinth zu einem Hauptsitze der Schiffahrt, des Handels und der nautischen
Wissenschaften. Kein Wunder also, daß hier einst
eine Schule der Atlanten bestand, aber auch hier
waren sie in der großen Flut verschwunden und
hatten einer andern Priesterschaft Platz gemacht.
Denn an ihrer Stelle erscheinen die Heliaden. Auch
diese waren große Gelehrte und ausgezeichnete Sternkundige, hatten die Zeitein-
teilung (den Kalender) genauer bestimmt und
viele Erfindungen im Seewesen gemacht.[1]
Sie waren also Priester des Helios und offenbar
eine Chaldäersekte, die sich von Syrien und andrerseits von Kolchis aus, natürlich nicht ohne Waffen-
hilfe, nach dem Archipelagus verbreitet hatte und
selbst mit Heliopolis in Ägypten in Verbindung
stand.[2] Die Kolcher waren damals ein seefahrendes
Volk, setzten sich auf dem Isthmus fest und sandten
von dort Kolonien nach dem westlichen Peloponnes,
Epirus, bis ins Adriatische Meer hinein, wo sie z. B.
Olchinion stifteten. So wich in Korinth Poseidon dem kolchischen Helios und mußte sich

---

1) Diod. 5, 57. — 2) Einer der Heliaden, Aktis, geht nach Heliopolis. Diod.

später mit dem Isthmus begnügen, wo Kenchreä und Lechäon vielleicht schon vor Korinth von Söhnen Poseidons gestiftet worden waren. Die Kolcher gaben dieser Stadt und mehrern andern die Namen Ephyre und brachten Kunden vom Könige Äetes, von Medea, Kirke sowie kolchische Gift- und Arzneikunde mit. Diese Überlieferungen sind vornehmlich an Jason und die Argofahrt geknüpft.

Die Heliaden von Korinth scheinen den Namen der Atlantide Merope umgedeutet und sich Meroper genannt zu haben. Ein flüchtiger Heliade Kandalos wandte sich nach der Insel Kos an der karischen Küste, wo es noch in späterer Zeit Heliaden gab.[1] Die Einwohner hießen, angeblich von einem Könige Merops, Sohn des Eumelos, Meroper, die Insel Meropis.[2] Helios zeugt mit der Okeanide Klymene, der Gattin des Merops, den Phaethon. Nach andrer Fassung ist dieser ein Sohn des Klymenos und der Okeanide Merope. Aus der von ihm erzählten Sage kann man abnehmen, daß die Heliaden die Lehre von der Weltverbrennung hatten, die wieder mit der Phönix= lehre zusammenhängt. Rhodos mit seinen Danaïden= städten und seinem Poseidons= und Athenedienste war offenbar eine tritonische Stiftung und ein Sitz der Atlanten, aber als Telchinen mußten sie den He= liaden weichen, die hier von Osten aus dem Lande des Tithonos und der Eos gekommen sein müssen. Denn die Sagen von Phaethon, Eos spielen in Syrien, Kilikien, Kypros und reichen über Rhodos bis nach Attika, wo sich im Athenedienst Einflüsse des Eosdienstes zeigen und Thorikos offenbar eine aoïsche Stiftung ist. Hinter den Heliaden scheint das neuassyrische Reich zu stehen.

---

1) Corp. inscr. gr. 2525. — 2) Hygin poet. astr. 2, 16. Anton. Lib. 15. Eustath. ad Hom. S. 818, 35.

In Arkadien wird dann noch eine Atlantide, aber nicht als Pleiade namhaft gemacht: Maira, Tochter des Atlas und Gemahlin des Lykaoniden Tegeates. Ohne Zweifel ist darunter eine früher zwischen Mantinea und Tegea gelegne Stadt zu ver= stehen, die von ihren kriegerischen Bewohnern verlassen wurde, als sich, wie an mehreren andern Orten, Poseidon und Athene entzweiten. Denn die Mantineer waren nur Poseidonsdiener, die Tegeaten nur Athenediener, beide aber verehrten eine Heroïne Maira, die Mantineer zeigten sogar ein Dorf dieses Namens in der Nähe ihrer verlassenen, auf einem hohen Hügel gelegnen Altstadt; Pausanias entscheidet sich indessen mehr für die Tegeaten.[1]) Nach ätolischer Sage war Maira der Hundstern, eine Hündin, die den Weinstock geboren habe,[2]) und in Attika heißt so der Hund des ersten Weinbauers Ikarios.[3]) In Delphi war eine Heroïne dieses Namens mit Aktäon abge= bildet,[4]) dieser aber war ein Sohn des aus Kyrene stammenden Aristäos, der auf der Insel Keos, in Arkadien, Böotien, in Thessalien (am Pelion, am Peneios) erscheint und ganz besonders Abwehr der Hundstagshitze und Regenzauber lehrt. Auch der Erzieher des Aktäon, der Kentaur Cheiron, Sohn des Kronos und der Philyra, ist ein Libyer, Aktäon aber ein Opfer des Sternes, der die Hunde wütend macht. Auch hier also ist die astronomische Grund= lage unverkennbar. Die Stadt Maira in Arkadien war eine atlantische Stiftung und dem Sirius geweiht.

Die letzte Pleiade und Atlantide Taygete ge= hörte schon ihrem Namen nach an den Taygetos. Sie wurde von Zeus (Ammon) Mutter des Lake=

---

1) Paus. 8, 12, 48, 4. 53, 1. — 2) Nonn. Dionys. 12, 287. — 3) Apollod. 3, 14, 7. — 4) Paus. 10, 30, 2. Über Verehrung des Sirius bei den Libyern Plut. de sollert. an. Älian, hist. an. 7, 8. Plin. n. h. 2, 8.

dämon, dessen Heroon in der uralten Stadt Alesiä
bei Therapne zu sehen war. Myles, der Sohn des
Leler, hatte hier die erste Mühle aufgestellt und Ge=
treide gemahlen. Die Leleger trieben also auch Acker=
bau. Des Lakedämon Gemahlin war Sparta (Saat=
land), Tochter des Eurotas, der nach einigen ein
Sohn der Taygete, nach andern des Myles war.
Diese Geschlechtsableitungen sind sehr durchsichtig.
Die wohl erkennbare, genugsam erörterte Thatsache
ist die, daß die ältesten Ortschaften Lakoniens, wie
Lakedämon, Sparta, Therapne, Alesiä u. a. von Libyen
und von Triton aus gestiftet worden sind. Ziemlich
gleichzeitig mit der Auswanderung des Dardanos
aus Arkadien scheint eine andre aus Lakonien
nach Lydien stattgefunden zu haben. Denn Tantalos,
der Herrscher von Sipylos oberhalb Smyrna, wird
ein Sohn der Atlantide Taygete oder der (Danaïde)
Euroto (verderbt Euphryto) genannt. Die in seinem
Geschlecht üblichen Kinderopfer deuten auf Zusammen=
hang mit den arkadischen Lykaoniden und dem Kronos=
dienste. Als sein Sohn Pelops von dem Troer und
Dardaniden Ilos vertrieben wurde, wandte er sich
zuerst nach Lakonien, wo er an der Eurotasmündung
drei Städtchen gründete und mit thessalischen Achäern
besiedelte. Er machte also Ansprüche auf das Land
seiner Vorfahren. Tantalos und Pelops waren Ver=
ehrer des reichtumgebenden pheneatischen Hermes.

Fünftes Kapitel

Griechenland unter ägyptischer Herrschaft; die Telchinen, ihr Ursprung, ihre Künste und Wissenschaften und ihr Untergang

Griechenland war also in der pelasgisch=lelegischen Zeit eine Besitzung Ägyptens, gehörte zugleich mit Libyen zur Statthalterschaft Saïs und stand unter dem Gebote des Herakles von Kanobos. In Ägypten herrschten damals die Könige der angeblich siebzehnten, achtzehnten und teilweise der neunzehnten Dynastie, die Sesostris, Amenemhe II., Amoses, die Thutmoses, die Amenophis, Ramses, Sethos, zum Teile die größten und mächtigsten Herrscher. Ägypten war damals ein Welt= reich, und der Gott, dem die oberägyptischen Könige dienten, der Zeus Ammon, der Weltbeherrscher, dessen Machtgebiet vom Euphrat und Tigris und vielleicht weiterher, vom obern Nil und der Sahara bis nach Griechenland und nach Thrakien hineinreichte. Das Ammonion war damals ein Weltorakel, der widder= köpfige Zeus der große Dhu=l=karnaim der Araber und wahrscheinlich auch der Titan Krios (Widder), der

Gatte der Titanin Eurybia (Weitgewalt).[1] Er hatte seinen Vater Kronos vom Throne gestürzt und in die Unterwelt oder in den fernen Westen verbannt, wie dieser früher den Uranos, den Vater des Atlas und überhaupt die Titanen.

Da Sesostris=Epaphos, der Eroberer von Libyen und Griechenland, der größte Staatsordner und Ge= setzgeber war, den Ägypten nach Mneves gehabt hat, so versteht es sich von selbst, daß die neuen überseeischen Besitzungen planmäßig besiedelt und eingerichtet worden sind. Man hat zuerst Krieger, dann Priester, Handels= leute, Handwerker über die See geführt, Städte und Burgen erbaut und mit Besatzungen versehen, Ackerbau, Pferde=, Rinder=, Schafzucht und vieles andre einge= führt und bald auch große kostspielige Kulturarbeiten, wie z. B. die Entwässerung der versumpften Thäler von Pheneos, Stymphalos, der Kopaïs, durch Abzugsgräben und unterirdische Stollen unternommen, Riesenarbeiten, die auf einen Herakles zurückgeführt wurden, der aber nicht der hellenische, sondern füglich nur der assyrische oder der ägyptische sein kann. Damals, wo in Ägypten der Nil in großartigster Weise reguliert wurde, stand jedenfalls die Wasserbaukunst auf hoher Stufe, auch waren die Atlanten als Mathematiker gewiß mit den Künsten der Nivellierung hinlänglich vertraut. Es müssen damals ungeheure Geldmittel und Menschen= kräfte zu Gebote gestanden haben. Denn daß es eine ausgebildete Geldwirtschaft gab, sieht man aus der Erzählung, wonach der Hebräer Zophnatpaneach (Jo= seph) durch seine schrittweise Enteignung des Bauern= standes alles bare Geld von Ägypten und Kanaan im Palaste zu Heliopolis wie in einer großen Bank zu=

---

1) Hes. Theog. v. 184. Die Titanen sind die großen Weltmächte der Urzeit. Okeanos herrscht im äußersten Westen, Koios, der Vater der Leto, im fernen Osten, Japetos, so weit man sehen kann, in Syrien, Kronos in Assyrien, von wo er die Welt erobert.

fammenbrachte.[1]) So konnten die Kosten der Nil=
regulierung beftritten werden. Auch fchleppte Sefoftris
aus den eroberten Ländern ungeheure Schätze zu=
fammen.

Wenn der Auszug der Jsraeliten unter Mofes
nach einzig glaubwürdiger Angabe der Rabbinen ins
Jahr 1314 v. Chr., d. h. ins achte vor Menephthes II.,
unmittelbar vor den Ausbruch der Empörung des
Ofarfiph, gefetzt wird, fo war Jakob 430 Jahre früher
eingewandert, d. i im Jahre 1744, im dreizehnten von
Amenemhe I., vier Jahre vor der Thronbefteigung
des Sefoftris. Hieraus geht hervor, daß Jofephs
Thätigkeit unter diefe beiden Könige fällt. Seine große
Maßregel, die Verftaatlichung alles Grundes
und Bodens, war die unumgänglich notwen=
dige Vorbedingung zur Durchführung der
Nilregulierung. Die alten Chronologen, die Jofeph
zum Zeitgenoffen und Helfer des Apophis machten,
kannten alfo noch die unverderbte Gefchichte und
Chronologie, wir aber gewinnen dadurch eine neue
Beftätigung unfers Satzes, daß Amenemhe I. und
Sefoftris I. die beiden Apophen, und daß Sefoftris der
griechifche Epaphos ift. Die Sache ift nun ganz klar.
Der 430 Jahre lange Aufenthalt der Jsraeliten in
Ägypten deckt fich genau mit der faft ebenfo langen
Pelasgerzeit. Das Ende beider war der Zufammen=
bruch der von Sefoftris geftifteten Weltherrfchaft, hier
die deukalionifche Flut, dort der Auszug der Jsrae=
liten, der früher zur Zeit der Macht des Reiches gar
nicht möglich gewefen wäre.

Griechenland gehörte alfo von etwa 1730 an, wo
Phoroneus Argos gründete, bis 1321 einem mächtigen,
blühenden und wohlgeordneten Reiche an, deffen Macht
und Oberaufficht Frieden und Sicherheit gewährte, und

---

[1]) 1. Buch Mof. 47, 13 fgd.

dessen Einrichtungen dem Tochterlande zum Muster dien=
ten. Griechenland war ohne Zweifel als Kastenstaat ein=
gerichtet. Man kann deutlich Priester, Krieger, See=
fahrer und Handelsleute, Handwerker, Ackerbauer und
Hirten unterscheiden. Die Atlanten bildeten den
Priester= und Gelehrtenstand. Seefahrt, Handel und
Wandel müssen geblüht haben, da Hermes ein Reich=
tumsgeber wurde und seine Diener vor Üppigkeit ent=
arteten. Die Atlanten hatten das Land der Göttin der
Seefahrt, der Pleione, geweiht. Sie wohnten in sieben
heiligen, den Plejaden geweihten Städten, ihr Ahnherr
Atlas aber thronte auf der herrschenden Kyllene. In
der Stadt Pheneos hatte sein Enkel Hermes den
Orakelstuhl und schlug die Lyra der Weltharmonie.
Dabei war er in jener Zeit noch fast ganz der ägyp=
tische Hermes=Thot, Gesetzgeber und Erfinder aller at=
lantischen Künste und Wissenschaften. Der Zeus, dessen
Sohn er genannt wird, war nicht der olympische,
sondern Zeus Ammon,[1]) und dieser wieder im Geheim=
nis der atlantische Uranos. Daß die Atlanten förm=
liche Schulen hatten, daran ist gar kein Zweifel. Man
denke an Nauplia, an Tanagra, an die Kerykien.

Die mit Viergespannen fahrenden Söhne Poseidons,
die Diener und Dienerinnen der Athene waren der
Waffenadel und ägypto=libysche Krieger. Sie feierten
im Lager von Olympia, die Sakäen als das gleich=
bedeutende Neujahrsfest der fünf Einschubtage
mit Wettfahren und andern Kampfspielen zu Ehren
des Pharao, der in Ägypten an diesen Tagen selbst einen
cäremoniellen Lauf anstellte. Die Hauptstadt des Landes,
wo die Phoroniden regierten, war Argos. Von hier
ging das neu sich bildende Ackerbauvolk der Pelasger

---

1) Daher in Olympia ein Hermes Parammon.

aus und verbreitete sich schrittweise nach Arkadien,
Ägialeia, Böotien, Thessalien und weiterhin nach Thrakien und Epirus. Sie verehrten den Zeus, die Hera,
die Gaia, Demeter, Persephone, Hades, Hestia. Der
Olymp lag damals mitten im pelasgischen Lande und
war Mittelpunkt einer Amphiktionie, die über das Gebirge hinausreichte. Das vornehmste Land der Zeus-
diener, worin ihre heiligen Städte Dion und Leibethra
am Osthange des Olympos lagen, war Pierien, die
Heimat der Mnemosyne und der Musen, d. h. ihrer
priesterlichen Gelehrsamkeit. Die Weissagekunst von
Dodona stammte nach Herodots Erzählung aus dem
ägyptischen Theben und dem Ammonium.

Der plötzliche Zusammenbruch des ägyptischen
Reiches machte dem friedlichen Zustande ein Ende.
Überall ermordeten die Danaïden die Söhne des
Ägyptos. Dieselbe Bedeutung hat der in Athen,
Trözene, Mantinea, Tegea zwischen Poseidon und
Athene ausgebrochene, später wieder beigelegte Streit.
Unter Poseidon ist die libysche, unter Athene die
ägyptische Partei zu verstehen. Der saïtische Priester
in Platos Timäos rühmt, daß beim Einfalle der At-
lanten die Athener treu an Ägypten festgehalten
hätten.

Nicht lange darauf brach in Ägypten die furchtbare Empörung des Osarsiph und die allgemeine
Priesterverfolgung aus und warf den ganzen Priesterstaat über den Haufen. Sie verbreitete sich sofort, wie man annehmen darf, über Kreta und
Rhodos nach dem Archipelagos und dem griechischen Festlande und hatte hier überall den
Sturz der atlantischen Theokratie zur Folge.
Das sind die vielen örtlichen Fluten, die die Priestersitze wegschwemmten, wie Rhodos, Delos, Samothrake, Pheneos, Megara, Sikyon, Delphi,
Dodona, Leibethra, im großen und ganzen die

deukalionische Flut. Ihr Andenken erhielt deshalb
die Oberhand, weil der delphische Priesterfürst
Deukalion der Mann war, der in seinem nur
sinnbildlich zu nehmenden Schiffe die Themis,
d. h. Religion, Gesetz und Ordnung, in das
neue Zeitalter hinüber rettete und der Stifter
und Stammvater des Hellenentums wurde.
Die Sage von ihm ist der Geschichte von Noah nach=
gebildet, von dem er durch Japetos=Japhet abstammte.

Ohne Zweifel war diesem allgemeinen Kataklys=
mos eine lange Unzufriedenheit und innere Gärung
vorausgegangen, und neue Gedanken und Anschauungen
hatten versucht sich Bahn zu brechen. Osarsiph, der
Priester von Heliopolis, der mit seinen unreinen
Standesgenossen zuerst in die Steinbrüche am Mo=
kattam geworfen, dann in die öde, verrufene Lager=
stadt Avaris verbannt worden war, versuchte eine
neue Religion zu stiften, lehrte die Einheit Gottes und
schaffte den Bilderdienst und die Speisegesetze ab. In
derselben Zeit trat Moses auf und gab seinem Volke
ein neues Gesetz. So auch schuf der aus Delphi flüch=
tige Deukalion, durch Gesetzgebung den Stamm eines
neuen Volkes und legte den Grund zu der neuen del=
phischen Theokratie, die das gemeinsame Band des
Hellenentums bilden sollte.

Wir haben eine Anzahl abgerissener Nachrichten
vom Untergange eines verhaßt gewordnen Priester=
volkes der Telchinen. Was von ihnen berichtet wird,
stammt wohl aus der „Telchinischen Geschichte," einem
alten epischen Gedichte, das man dem berühmten kre=
tischen Wundermann Epimenides (um 600 v. Chr.),
einem gewissen Telekleides und andern zuschrieb.[1]
Das muß der Grund sein, daß bei Erwähnung der
Telchinen Kreta, Rhodos, Kypros im Vordergrunde

---

[1] Diog Laert. vit. Epimen. Athen. 7, 18 (283).

erscheinen, während doch solche auch auf dem Festlande
selbst vorhanden waren. Die Telchinen, heißt es,
waren Kreter, und Kreta hatte früher Telchinia gehei=
ßen.[1]) Sie waren, wie Strabo weiß, von dort ver=
trieben nach Kypros ausgewandert und hierauf zurück
nach Rhodos gezogen. Auch diese Insel hieß Telchi=
nis.[2]) Die telchinische Athene zu Teumessos bei Ta=
nagra in Böotien ist wohl nicht, wie Pausanias
meint, mit Telchinen aus Kypros,[3]) sondern aus Kreta
gekommen, da hier die kretische Europa zu Hause
war,[4]) die mit der Atlantide Keläno zusammentrifft.
Euphemos, der Ahnherr des Gründers von Kyrene,
war, wie oben gesagt, ein Sohn Poseidons und dieser
Europa, stammte also wohl aus Teumessos. Auch
Ägialeia Sikyon, eine Phoroneïsche Stadt, hieß Tel=
chinia, und Telchin, der Sohn des Europs, war einer
der ältesten Landeskönige.

Es liegt klar zu Tage, daß Telchinen nur ein
verächtlicher Ausdruck für die entarteten und
verhaßt gewordnen Atlanten ist. Das Wort
bedeutet im engern Sinne Sturmbeschwörer, im wei=
tern Zauberer und Gaukler. Sie waren Priester,
hatten viele Künste erfunden und nützliche Dinge ins
Leben eingeführt, waren aber mißgünstig und, wie alle
diese alten Priesterschaften, sehr zurückhaltend in Mit=
teilung ihrer Kenntnisse. Man glaubte, daß sie sich in
allerlei Gestalten verwandeln und wie die Magier
Wolken, Hagel und Schnee machen könnten. Nament=
lich hielt man sie für Blickzauberer.[5]) Mit ihrem
bösen Blicke verhexten sie Menschen und Vieh, be=
sprengten die Felder mit geschwefeltem Styxwasser und

---

1) Stob. Eclog. 38. Steph. Byz. s. v. $T\varepsilon\lambda\chi$. — 2) Strabo 14, 2.
— 3) Paus. 9, 19, 1. — 4) Vgl. Welker, Eine kretische Kolonie in
Böotien, wo über Europa genauer gehandelt ist. — 5) $\beta\dot{\alpha}\sigma\varkappa\alpha\nu\omega\iota$
(fascinatores) von $\beta\dot{\alpha}\sigma\varkappa\omega$, $\beta\dot{\alpha}\zeta\omega$, beschreien, besprechen.

verdarben so die Saaten und Gewächse. Der Aberglaube des Volkes wird ihnen gewiß noch viele andre Dinge zur Last gelegt haben. Mit ähnlichen Beschuldigungen mag Osarsiph die Wut seiner Anhänger gegen die ägyptischen Priester entflammt haben. Denn wie der Wettkampf des Moses und Aron mit ihnen zeigt, waren sie große Magier und Zauberer; ja wie man aus dem Totenbuche ersehen kann, glaubten sie an ihre Gewalt über Wind und Wetter und die Natur und erhielten durch Überreichung ihres Amtzeichens, des Wunder=stabes, förmlich die Befugnis dazu, Wunderdinge zu thun. So waren sie also Telchinen, und folglich konnten es die mit ihnen nah verwandten Atlanten auch sein.

Es gab indessen Leute, die behaupteten, der üble Ruf sei ihnen, weil sie sich in allen Künsten aus=zeichneten, nur aus Mißgunst angezaubert worden, durch ihre Weisheit hätten sie erkannt, daß eine große Flut über Rhodos kommen werde, und so wären viele von ihnen ausgewandert; die Zurückbleibenden kamen um.[1]) Dies ist die örtliche rhodische Kunde. An an=dern Orten ging es ähnlich zu; die Priesterschaften löſten sich auf, und was nicht ausgerottet wurde, floh auf die Berge oder über das Meer. So Deukalion und die Delpher, die sich auf den Parnaſſus retteten, so die Samothrakier, so Dardanos, der die Hauptmaſſe der Atlanten aus dem Peloponnes ausgeführt haben muß. Sie waren entartet. Plato hat uns im Kritias geschildert, wie gottesfürchtig, den Gesetzen gehorsam, nüchtern in Speise und Trank, verträglich unter ein=ander sie lange Zeiten hindurch gewesen seien, aber wie ihre Reichtümer und ihre Macht ihnen zum Unheil ge=diehen, wie sie zuletzt gottlos und lasterhaft geworden

---

1) Ovid Metam. 7, 365. Diod. 5, 56. Serv. ad Aen. 1377. Eustath. ad Hom. S. 772.

seien und wie sie Gott deshalb vertilgt habe. Plato meint
dies in Bezug auf die libyschen, aber es gilt auch von
den griechischen. Die Priesterverfolgung mag auch in
Libyen gerast haben. Daher sandte Zeus eine große
Flut über die Telchinen, warf sie ins Meer, oder Apollo
erlegte sie mit seinen Pfeilen.

Wenn so das theokratische System der Atlanten
zusammenbrach, so war das in erster Reihe der Sturz
der Priesterherrschaft von Pheneos und des dortigen
Atlas- und Hermesdienstes. In der That ist Atlas
in Verruf geraten. Homer nennt ihn den Unheil-
sinnenden,[1] und, Hesiod stellt ihn und seine drei
Brüder, die Japetossöhne Prometheus, Epimetheus,
Menötios, als Frevler gegen Zeus dar, die schwer
bestraft werden. Atlas wird in den fernsten Westen
verbannt, wo er den Himmel tragen muß.[2] Offenbar
ist Hermes, wie wir ihn auf dem Olymp finden, ein
gestürzter Gott gewesen und nur mit sehr geschmälerten
Ehren wieder aufgenommen worden. Wie wir sahen,
hat er mit Apollo gestritten und ihm die völkerleitende
Lyra abtreten müssen, sein Orakel ist verstummt, weil
er, wie das im homerischen Hymnus auf ihn wiederholt gesagt wird, zu einem ausgemachten Schwindler,
Lügner und Betrüger geworden war. Man sieht, von
den früher vorhanden gewesenen Ordnungen ist nur
der ganz verweltlichte Stand der Keryken oder Herolde
übrig geblieben, der es vornehmlich mit Handel und
Verkehr, mit Ränken und Listen und leichtem Erwerbe
zu thun hatte. Da Hermes im Besitze des Stabes ist,
mit dem er die Welt wechselnd einschläfert und erweckt
und die Seelen ins Jenseits führt, so ist er nach dem
Sinne des Wortes thelgein (einschläfern, bezaubern)
ein echter Telchine und Meister aller Telchinen und
ihrer Zauberkünste. Da ferner der Handel in Arkadien zumeist Viehhandel war, und er als Reichtums-

---

1) Od. 1, 52. — 2) Hes. Theog. v. 517.

mehrer galt, so wurde er vornehmlich als Schützer
der Pferde-, Rinder-, Schafzucht angesehen und von
reichen Herdenbesitzern, wie Tantalos, Pelops, verehrt.
So gewann er dann das Aussehen eines „pelasgischen
Naturgottes," was er durchaus nicht ist. Die rohe
Lachlust der arkadischen Hirten hat so das übrige gethan, ihn zu einem Ausbunde von Pfiffigkeit und schon
als Kind zu einer Art Eulenspiegel zu machen, während
er in den Mysterien ein Kabir und als Kadmos das
Prinzip der Weltordnung, die alles in Eintracht,
Frieden und Harmonie verbindende Macht war.

Von den astronomischen Kenntnissen der Telchinen
ist nicht die Rede; wenn sie aber Atlanten waren, so
verstehen sich solche von selbst. Die eigentlichen Telchinen, offenbar eine niedere Klasse der Priesterschaft,
hatten es mehr mit der Wetterkunde zu thun. Sie
standen im Dienste Poseidons, der gleichfalls ein gestürzter Gott gewesen war. Zu ihren Künsten gehörte auch
die Bearbeitung von Eisen und andern Metallen und
die Verfertigung von Bildwerken, eine Kunst, die sie wohl
erst auf Kreta von den Daktylen erlernt haben mögen.
So hatten sie angeblich dem Kronos die Harpe und
dem Poseidon den Dreizack geschmiedet und die ältesten
Götterbilder gemacht. Telchinisch hießen zu Lindos
ein Apollo, zu Kameiros eine Here, zu Jalysos eine
Here und Nymphen, zu Teumessos eine Athene. Man
erinnere sich hierbei an die vom Triton stammenden
Palladien. Die Bildnerkunst der Griechen scheint damit
begonnen zu haben, daß man den rohen altlantischen Steinpfeilern Köpfe aufsetzte und dabei mit Hermes begann.
Chryson, Argyron und Chalkon als Namen von Telchinen besagen,[1]) daß man das goldne, silberne, eherne
Zeitalter als telchinisch betrachtete. Hesiod schildert,
wie die Menschen während des ersten unter Kronos

---

1) Eustath. ad Hom 772, 1.

im Glücke und Wohlstande lebten, wie sie dann im
silbernen verweichlichten, unwissend, gottlos und
streitsüchtig wurden, und wie das eherne dann ein
Zeitalter der rohen Krieger und blutiger Zuchtlosig=
keit war, und wie Zeus jedes dieser Geschlechter ver=
tilgte.[1] Auch dies ist im Einklange mit dem Er=
örterten. Das eherne Zeitalter, dem das der edeln
und göttlichen Heroen folgte, deckt sich mit der wilden
Zeit der großen Flut, dem im silbernen große Ent=
artung vorangegangen war.

Die Telchinen waren Poseidonspriester. Auf
Rhodos, wo wir Poseidon, Athene, Danaïden und alle
Anzeichen tritonischer Stiftung vorfanden, galten sie
als Söhne der Thalassa (des Meeres). Sie zogen
mit Kapheira, einer Tochter des Okeanos, den ihnen
von Rhea anvertrauten jungen Poseidon auf und
rüsteten ihn, als er erwachsen war, mit dem Drei=
zacke aus. Er heiratete dann ihre Schwester Halia
und zeugte mit ihr sechs übermütige Söhne; die sich
der Landung der Aphrodite widersetzten, und dafür
mit Wahnsinn bestraft, sich an der eignen Mutter
vergingen, worauf sie ins Meer sprang und fortan,
wie die Kadmeerin Ino, als Göttin Leukothea ver=
ehrt wurde. Poseidon vergrub seine verbrecherischen
Söhne (wie Kronos den Atlas) unter die Erde[2] und
Zeus sandte eine große Flut, die die Insel längere
Zeit ganz unter Wasser setzte, bis sie endlich wieder
auftauchte und in den Besitz der Heliaden kam.
Unter den sechs Söhnen Poseidons hat man wohl
sechs Atlantensitze zu verstehen, mit Rhodos oder
Rhodia sieben, was wieder auf ein System schließen
läßt.

———

Da dem Seemann die Wetterkunde, Kenntnis der
Winde, Anzeichen von Sturm und Unwetter und

———

1) Hes. op. et dies. v. 109—155. — 2) Diod. 5, 55.

vieles andre sehr notwendig ist, so war bei dem
Aberglauben der Zeit das Wettermachen und Wetter=
beschwören eine poseidonische Kunst. Die Telchinen
machten, wie noch heute Schamanen, Medizin=
männer u. a., Regen, Hagel, Sturm, Gewitter, Schnee,
und als der Poseidonsdienst nach seinem Sturze
wieder auftauchte, kamen auch wieder, wenn auch in
weit beschränkterm Umfange, die alten Künste zum
Vorschein. So gab es zwischen der alten Telchinen=
stadt Sikyon und Phlius einen Altar der Winde,
an dem die Priester mit nächtlichen Opfern und
Zauberliedern, angeblich der Medea, Stürme be=
schwichtigten.¹) In Trözene, dem Zufluchtsorte der
aus Delos und Anthedon vertriebnen Poseidoniden,
wurde Hagel mit Opfern und Zauberliedern abge=
wandt und der schädliche Wind Lips durch allerlei
magische Mittel gebändigt.²) Zu Mothone (Modon)
auf der Südspitze Messeniens stand ein Tempel der
Athene Anemotis, die diesen Namen von ihrer Gewalt
über die Winde hatte. Noch der Philosoph Empe=
dokles, ein arger Schwindler, der vor den Griechen
in Olympia seine Marktschreiereien von der Panakeia
und dem Lebenselixir absingen ließ, trieb solche
Künste. Um die den Feldfrüchten schädlichen Etesien
zu bändigen, stellte man nach seiner Anordnung auf
allen Anhöhen aus Eselshaut gemachte Schläuche auf,
um sie einzufangen. Als der Wind sich legte, erhielt
er den Namen Kolysanemos, d. i. Windhinderer.³)

Die den Telchinen beigelegte Kunst, sich in allerlei
Gestalten zu verwandeln, war gleichfalls poseidonisch.
Der Meerbeherrscher verlieh sie als Geschenk seinen
Dienern, so z. B. dem Sohne des Neleus Perikly=
menos, der sich im Kampf mit Herakles in eine Biene
und einen Adler verwandelte, dann seiner Geliebten

---

1) Pauſ. 2, 12, 1. — 2) Ebenda 2, 34, 3. 4. -- 3) Diog. Laert.
8, 2, 5.

Mestra. Der die Seekälber hütende ägyptische Meer=
greis Proteus, „ein Unterthan Poseidons," verwandelte
sich unter den Händen von Menelaos Genossen in
einen Löwen, einen Drachen, Pardel, Eber, in Wasser,
in einen Baum.[1] Ebenso verwandelte sich die
Nereïde Thetis, um der Ehe mit Peleus zu entgehen,
in Feuer, Wasser, ein wildes Tier, einen Tintenfisch.
Der Seefahrerkönig Ramses III., der das Ansehen des
Reiches wieder hob und namentlich das Meer von
Seeräubern reinigte, muß ihnen, die er wiederholt
schlug und bis in die entferntesten Schlupfwinkel ver=
folgte, einen heilsamen Schreck eingejagt haben. Als
einem großen Zauberer und Telchinen gaben ihm
Spätere den Namen Proteus. Diodor sagt von ihm,
er habe die Wissenschaft der Winde besessen, sich in
allerlei Tiere, Pflanzen, Feuer u. a. verwandeln
können, diese Kunst aber habe er dem Unterrichte der
Sternkundigen verdankt.[2] Wie man aus dem Toten=
buche ersieht, machte der Phönixmensch in den
Mysterien zwölf Verwandlungen durch und wurde
rein symbolisch, wie das abgebildet ist, ein Phönix=
falke, eine Lotosblume, ein Schopfreiher, Kranich, eine
Schlange u. s. w. Jede dieser Verwandlungen hatte
ihre besondre, auf das geistige Leben bezügliche Be=
deutung. Von diesen in den unterirdischen Stolisterien
und Grüften geübten Begängnissen scheint also eine
dunkle Kunde unter das Volk gedrungen zu sein und
zu diesem Aberglauben Anlaß gegeben zu haben.
Merkwürdigerweise nennt Homer die Tochter des
Proteus Eidothea, d. i. Gestaltenschau.

Offenbar haben die Atlanten ganz in ähnlicher
Weise wie die Ägypter ihre Mysterien gehabt, in der
ihre Jünger in die Geheimnisse der Kabiren einge=
weiht wurden. Die verschiedensten Gottheiten, wie

---

1) Od. 4, 410. 455. — 2) Diod. 1, 62.

Hermes, Poseidon, Athene u. a., konnten Kabiren sein, ebenso wie Esmun und die sieben Planetengeister zu Berytos Kabiren waren. Dieser Dienst war eine Geheimreligion, die den Anspruch machte, höhere und reinere Erkenntnisse von den göttlichen Dingen zu gewähren. Weil die Atlanten den Zutritt zu ihren Geheimnissen durch schreckliche Eide und Prüfungen sehr erschwerten, so heißt es, die Telchinen seien sehr neidisch und zurückhaltend in Mitteilung ihrer Kenntnisse gewesen.

Wenn man sie Gaukler, Lügner und Betrüger schalt und als solche tötete und vertrieb, so mag dies seinen Grund eben in ihrer Geheimniskrämerei gehabt haben. Dafür spricht, was von Kreta, dem Hauptlande der Telchinen, wo Assyrisches, Ägyptisches, Libysches ganz vornehmlich zusammenfloß, und wo seit alter Zeit Kureten, Korybanten, Daktylen geheime Künste betrieben, berichtet wird. Zu Knossos, wo Minos als Gesetzgeber geherrscht hatte, bestimmte ein altes Gesetz, daß sämtliche Weihen (Teleten) allen mitgeteilt werden und, was anderwärts im Geheimnis weiter gegeben wurde, keinem, der es zu wissen verlangte, vorenthalten werden sollte.[1]) In der That befragte Minos kein Orakel, sondern stieg stets im neunten Jahre auf den Ida, um dort in einer Grotte von Zeus selbst unmittelbar seine Eingebungen zu empfangen — eine Ähnlichkeit mit Moses. Die Eleusinischen Mysterien, die Samothrakischen, die Orphischen bei den Kikonen in Thrakien sind Trümmer dieser frühern Geheimdienste. Der bald nach der Flut einwandernde Apollodienst, der durch die nach Delphi zurückgekehrten Deukalioniden auf den Orakelstuhl gelangte, wird als eine Religion des Lichtes und der Aufklärung angesehen,

1) Diod. 5, 77.

die dem finstern Truge der Telchinen ein Ende ge=
macht habe. Sie hat das Hellenentum geschaffen und
ihm seinen Stempel aufgedrückt, und wenn auch
das delphische Orakelwesen und der ganze Olymp mit
seinen dreist vermenschlichten und teilweise unsittlichen
Göttern tiefern religiösen Bedürfnissen und der den=
kenden Vernunft durchaus nicht genügen kann, auch
nie genügt hat, so wird man doch zugeben dürfen,
daß das Hellenentum einen bedeutsamen Fortschritt
gethan, daß es minder abergläubig und deshalb
geistig freier, klüger und verständiger geworden ist.
Darauf beruhte ja der Stolz der Hellenen gegenüber
den Barbaren.

Sechstes Kapitel

Sturmbeschwörung, Seeorakel und Weihestätten, Rettung und Untergang

Ein Sturm auf dem Meere, der das Schiff jeden Augenblick in den Abgrund schleudern oder an die Küste schmettern kann, ist etwas Schreckliches. Da man glaubte, daß sich die Windgeister durch Opfer und Gebete besänftigen ließen, so gab es Leute, die diese Kunst verstanden. Man nannte sie in Korinth Anemokoiten, d. h. Windberuhiger, in alten Zeiten Telchinen, d. i. Besänftiger. Auch die Magier, mit denen man diese verglich, übten diese Kunst. Als die persische Flotte an der thessalischen Küste beim Vorgebirge Sepias vor Anker lag, und ein heftiger Sturm entstand, schlachteten die Magier Opfertiere, ließen durch Zauberer dem Winde entgegensingen, opferten auch der dort verehrten Thetis und den Nereïden und stillten so am vierten Tagen den Sturm, oder er hörte, wie Herodot sagt, von selbst auf. [1]

Allem Anscheine nach nannte man die Lieder, mit denen man die Stürme zu beschwichtigen suchte, Sei-

---

[1] Herod. 7, 191.

renen, d. i. Bannlieder, von Seire (*σειρή*), Strick,
Fessel.[1]) Daraus hat Homer seine zauberhaft singenden
Seirenen gemacht. Als Odysseus ihrer Insel naht,
hört der bis dahin günstige Fahrwind auf, und es
entsteht Windstille. „Ein Gott schläferte die Wogen
ein."[2]) Da Stürme und Unwetter jeden Augenblick
eintreten konnten, so war es begreiflich, daß jedes
rechtschaffne Schiff außer dem Kapitän oder Patron
(Naukleros) und dem Steuermanne (Kybernetes) auch
einen Telchinen oder Anemokoiten an Bord haben
mußte. Er war zugleich Mantis, Weissager,
Opferer und Ratgeber in allen Nöten. So fuhren
Mopsos, Jdmon, Orpheus, Philammon mit den
Argonauten, so hatte Kalchas, der in Aulis durch das
Opfer der Jphigenie den entstandnen Sturm abge-
wandt hatte, die Flotte der Griechen durch seine Seher-
kunst nach Troja geleitet. Der Kodride Neileus hatte
auf seiner Fahrt nach Asien viele Manten an Bord
und ebenso der Karthager Hanno auf seiner Entdeckungsreise nach Westafrika. Natürlich hatte jedes
Schiff auch ein kleines Heiligtum, wo der Schutzgeist
des Schiffes und sonstige Seegötter verehrt wurden.
Die der Phönizier hießen Kabiren oder Patäken. Es
waren kleine, zwergartige Gestalten, die aber wahrscheinlich die großen Götter, wie Poseidon, die Dioskuren, Nereus u. s. w. vorstellen sollten. Der Mante
hatte ihren Dienst zu besorgen.

Neben dem Naukleros waren also auf einem
Schiffe die wichtigsten Leute der Steuermann und der
Mantis, beide Schüler atlantischer Weisheit. Die
Steuerleute waren natürlich vor allem in den großen
Seestädten zu Hause, wie z. B. in Nauplia, Korinth,
Pylos, Jolkos, Jtanos auf Kreta, bei den Phäaken.
Gute Steuerleute waren sehr geschätzt, namentlich

---

1) Hesiod fr. 164. — 2) Od. 12, 167

solche, die bei Nacht und Nebel zu segeln verstanden,
wie die der Phäaken. Ihre Namen werden gewissen=
haft genannt. So als Piloten der Argo Tiphys aus
Tiphä unterm Helikon, dann Glaukos und Azoros.
Die Steuerleute des Theseus auf seiner Fahrt nach
Kreta waren Nausithoos und Phäax aus Megara.
Zum Danke für glückliche Heimkehr stiftete er ihnen
beim Tempel der Skiradischen Athene ein Fest Kyber=
nesia. Berühmt als Seeleute waren Nauplios, Pala=
medes, Öax, Nausimedon aus Nauplia; Kinados
und Phrontis waren die Steuerleute des Menelaos,
Baios der des Odysseus, Palinurus der des Äneas.
Ein einfältiger Steuermann war sprichwörtlich. „Der
Mond des Akessäos" bedeutete dumme Ausreden.

Ein guter Steuermann mußte astronomische Kennt=
nisse besitzen. Denn er war beim Mangel des Kom=
passes darauf angewiesen, bei nächtlichen Fahrten den
Lauf seines Fahrzeuges nach dem Sterne des Atlas,
dem Nordsterne und dem kleinen Bären (der Phönike)
zu richten und die Stunden nach dem in den Jahres=
zeiten verschiednen Stande von Gestirnen, wie den
Pleiaden, Hyaden, des Orion, Arkturus, Bootes u. a.
zu bestimmen. Pleione war die nautische Wissenschaft,
Äolos ($\dot{\alpha}\epsilon\iota$ $\dot{\alpha}\lambda\lambda\acute{o}\varsigma$), der zwölf Kinder, sechs Söhne und
sechs Töchter hat,[1] der Inhaber der Windrose. Er
war der erste Wetterprophet gewesen und hatte die
Segel erfunden. Die griechische Windrose kannte zwölf
Winde, Boreas (reiner Nord), Meses, Kaikias, Aphe=
liotes (reiner Ost), Euros, Phoinikias, Notos (Süd),
....., Lips, Zephyros (West), Argestes (auch Olym=
pias und Skiron genannt). Offenbar war sie
atlantischen Ursprungs. Da die Winde als Geister
und Götter galten, so war das Beten zu ihnen, das
Ansingen, Beschwören und Opfern etwas Selbstver=

---

1) Od. 10, 5.

ständliches. Wie Pindar schildert, rief Mopsos bei
der Abfahrt der Argo, aus einer Schale spendend, den
Zeus, die Wogen, die Winde, die Nacht und die
Meerespfade an. Ebenso ruft Achilleus den Boreas
und Zephyros an, herbeizukommen und den Leichen=
brand des Patroklos zu entflammen. Dabei gelobt
er Opfer und spendet aus goldner Schale.[1] Wenn
der Telchin alle diese Wind= und Sturmgötter richtig
herbeirufen und besänftigen sollte, so mußte er eine
Unmasse von Liedern auswendig wissen und in seiner
Art ein gelehrter Mann sein.

Hesiod zählt in der Theogonie eine große Anzahl
urweltlicher Dämonen auf, die zum Teile ganz unge=
schlacht sind und ganz und gar der gerühmten helle=
nischen Schönheit und Plastik entbehren.[2] Die Mytho=
logen wissen mit ihnen wenig oder nichts anzufangen.
Von unserm Standpunkte aus wissen wir sie wenigstens
zum Teil zu deuten. Sie gehören fast ausnahmslos
der gestürzten Poseidons= und Telchinenreligion an
und verraten ganz offenbar ihren Ursprung aus West=
afrika, wo ja, wie schon Homer weiß, am Okeanos
„die Geburt der Götter" stattgefunden hatte.[3]
Man kann in dieser Religion bereits Atlantisches und
Medopersisches unterscheiden. An der Spitze dieser
Götter oder Dämonen steht Nereus, der Sohn des
Pontos, Vater der Nereïden, zu denen auch Amphi=
trite, Poseidons Gemahlin, gehört. Sie sind mit
Poseidon als Närjas, Quellnymphen vom Berge
Crontes, eingewandert. Dann kommt Thaumas (der
Wunderbare), offenbar der Gott der Atmosphäre und
ihrer wunderbaren Erscheinungen. Er zeugt mit der
Okeanide Elektra (auch Pleiade und Atlantide) die
Iris (den Regenbogen) und die Harpyien Aello

----

1) Il. 23, 194 — 2) Hesiod. Theog. v. 233 fgd. — 3) Il. 14, 201.

(Sturm) und Okypete (Schnellflug), d. h. die reißenden
Wirbelstürme, „die mit schnellen Flügeln es den
Hauchen der Winde und den Raubvögeln gleichthun."
Ihre Feinde waren nach andern Sagen die guten
Windgeister Kalaïs (der Schönwehende) und Zetes,
der Starkblasende. [1])

Der Meergreis Phorkys, dem auf Ithaka ein
Hafen geweiht war, und Keto (von Ketos, Seekalb,
Meerwunder) erzeugten Ungeheuer, wie die Gräen,
die Gorgonen, die, wie wir sahen, mit der Perseus=
sage nach Libyen gehören, die Echidna, die mit dem
gräßlichen Typhaon, „dem schrecklichen und gewalt=
thätigen Winde," wieder verschiedne Ungeheuer er=
zeugte, zuletzt die schreckliche Schlange, die am Ende
der Erde die goldnen Hesperidenäpfel bewacht. Die
Namen Chrysaor, Geryones, Orthros spielen nach
Spanien hinüber. Dann zeugt Okeanos mit Tethys
alle dem Dichter bekannten Flüsse und viele Töchter,
dreitausend Okeaninen, in denen man Länder, wie
z. B. Asie, Europe, Rhodeia, Inseln, Nymphen des
Okeans u. a. zu erkennen hat — verdunkelte Reste
der atlantischen Länderkunde. Asträos, der Sohn des
Titanen Krios und der Eurybia, der mit der Eos
die Gestirne, den Morgenstern und die Winde Ze=
phyros, Boreas und Notos zeugt, ist offenbar der
nächtliche Sterngeist, der über den nächsten Tag
und seine Witterung entscheidet. Denn bei Tages=
anbruch erwachen der Regel nach die Winde, und das
Wetter ändert sich. Die hundertarmigen Riesen
Briareus (oder Aigeion), Kottos und Gyes, Söhne
des Uranos und der Gaia, die ihr Vater sofort in
den Abgrund der Erde verbannt hatte, sind offenbar
Personifikationen des Erdbebens und der vulkanischen
Kräfte und demnach, ehe Seismos an ihre Stelle

---

1) *Ζήτης* aus *ζα - ἀήτης.*

trat, für Poseidon in Anspruch zu nehmen. Auch er
führte den Namen Aigeion. Sie hausten als Wächter
der gestürzten Titanen am Thore des Tartaros.
Unter vulkanischen Inseln und Bergen liegen Riesen
wie Enkelados, Mimas, Polybotes begraben.

Eine Seefahrt ist etwas Gefährliches und erweckt
ernste Gedanken. Die Furcht vor dem Tode und
vor den Schicksalen im Jenseits bewog daher die
Reisenden, ihre Rechnung mit dem Himmel zu machen
und sich so gut als möglich darauf vorzubereiten.
Diesem Bedürfnisse kamen Orakel und Weihestätten
in den Hafenorten und an andern Stellen entgegen.
Man konnte dort Gelübde für glückliche Heimkehr
machen, sich den schützenden Gottheiten verloben, sich
in die Geheimnisse einweihen und sich entsündigen
lassen, man erhielt in den mit allerlei Cäremonien
verbundnen Weihen Belehrung, gute Räte für den
Fall der Not, schützende Bilder und Amulette. Die
rettende Binde, die der Geweihte auf Samothrake
empfing, könnte ein Schwimmgürtel gewesen sein. [1]
Da man glaubte, daß die Anwesenheit von Ver-
brechern, Mördern, Tempelräubern und sonstigen
Frevlern dem Schiffe den Zorn der Götter zuziehe,
so trug man Sorge, solche davon fern zu halten.
Auf Samothrake verlangte man sogar vor der Zu-
lassung eine Beichte. Der Betreffende mußte wenigstens
die schwerste Sünde nennen, deren er sich schuldig
wisse. Darnach konnten die Priester seine Würdigkeit
oder Unwürdigkeit beurteilen. Als der nach Naxos
verschlagne Neileus wegen widriger Winde nicht
auslaufen konnte, erklärten die Seher, es seien viele
mit unreinen Händen auf der Flotte; man müßte das
Lager entsündigen, [2] und als einmal bei einem Sturme

---

[1] Der im Meere treibende Odysseus, dem Leukothea erscheint, und
dem sie den rettenden Schleier giebt, ist wohl damit als Geweihter
von Samothrake gekennzeichnet. — [2] Al. v. h. 8, 5.

ein Atheist zu beten anfing, sagte ein mitreisender Philosoph zu ihm: „Schweig; denn wenn die Götter merken, daß du da bist, gehen wir sicher zu Grunde."

Vor der Abfahrt des Schiffes wurden, wie wir sahen, Opfer gebracht. Dann begann die langweilige und mit vielem Leiden verbundne Fahrt in die offne See. Es drohten Stürme, Windstillen, verborgene Klippen und Sandbänke, felsige Ufer, schwer zu umsegelnde Vorgebirge und nicht zum wenigsten die überall umherschwärmenden Seeräuber, die die Schiffe mit langen Haken enterten, die Reisenden gefangen nahmen, und auf die Sklavenmärkte brachten. Während der Fahrt, wenn der Steuermann am Ruder saß und die Ruderknechte arbeiteten, war des Sehers Aufmerksamkeit auf Himmel und Meer und auf die guten und schlimmen Anzeichen und Vorbedeutungen gerichtet. Wenn der Fisch Pompilos dem Schiffe vorausschwamm, oder wenn ihm eine Herde von Delphinen folgte, so waren das gute Zeichen. Damals scheint es auch noch Walfische und riesige Robben und namentlich viele Seehunde im Mittelmeere gegeben zu haben. Daher Proteus, Hüter der Seekälber auf der Insel Pharos vor Ägypten, daher Lakedämon ketoessa, das an Seekälbern reiche, genannt. In seinem Meerbusen lag Gytheion, wo Nereus weniger ein Orakel, als ein Schiffergericht besessen zu haben scheint. Denn er hieß hier der Greis oder Ratsherr (Geront), der mildgesinnte, der untrügliche, wohlratende, der stets die Rechtsatzungen (Themisten) im Gedächtnisse hat.[1)]

Er war der Vater der Nereïden, der Seejungfern, deren Hesiod fünfzig mit Namen nennt, deren es aber eine weit größere Zahl an den verschiedensten Stellen des Mittelmeers vielleicht bis in den Ozean hinein

---

1) Hes. Theog. v. 233 fgd.

gegeben haben mag. Sie wurden mit Thetis zu=
sammen zu Kardamyle in Messenien, dann in Thessalien
am Küstenstriche unterm Pelion, auf Delos, auf dem
Isthmos mit Poseidon zusammen verehrt. Auf Ägina
hauste die Nereïde Psammatheia.[1] Auch im Stamm=
lande des Poseidon gab es Nereïden. Sein Diener
Eumolpos wurde in Äthiopien (Assyrien) von der
Nereïde Benthesikyme unterrichtet. Des Kepheus
Tochter Andromeda wurde als Buße dafür, daß ihre
Mutter Kassiopeia den Nereïden den Preis der Schön=
heit streitig gemacht und so den Poseidon erzürnt
hatte, zu Joppe dem Meerungeheuer zum Fraße aus=
gesetzt. Perseus befreite sie.

Da namentlich die Umschiffung steil abfallender,
stets von Winden umstürmter Vorgebirge, wie z. B.
von Malea, von wo Odysseus und Jason angeblich
nach Libyen verschlagen wurden, dann vom Tänaron,
dem Mimas, den Akrokeraunien u. a., sehr gefährlich
war, so pflegten die Reisenden davor auszusteigen,
um göttlichen Schutz für glückliches Gelingen anzu=
flehen. Am Tänaron lag ein Städtchen, wo sich die
aus Delphi vertriebnen Poseidonspriester heimisch
eingerichtet hatten. Euphemos und die Euphemiden
hatten hier eine Zeitlang gewohnt. Hier befand sich ein
Totenorakel und ein Eingang zur Unterwelt. Später
hatte ein Kreter Tettix an diesem Orte eine Seherstätte
aufgeschlagen. Auch weidete hier eine Herde weiß=
wolliger heiliger Schafe. Da in Sturmesnot Opfer
von solchen erfordert wurden, so konnten die Reisenden
sich damit versehen. Das Heiligtum war reich an
Weihegeschenken von Geretteten; darunter befand sich
auch das des Dichters Arion, ein Bild des Del=

---

1) Die Nereïden leben noch im neugriechischen Volksaberglauben,
namentlich in Lakonien, singen, führen nächtliche Tänze auf u. dgl.

phins, der ihn nach seinen eignen Worten dorthin
gerettet hatte.[1]

Auch die kleine Kyklade Delos, noch in geschicht=
licher Zeit ein berühmter Meßplatz, den nicht nur
Griechen, Kleinasiaten, Kreter, sondern auch Thraker,
Agathyrsen, Scythen, ja Hyperboreer aus dem Innern
Asiens besuchten, war in atlantischer Zeit im Besitze
Poseidons gewesen, und der Meergeist Glaukos hatte
hier zugleich mit den Nereïden geweissagt; aber auch
hier waren Poseidon gestürzt und seine Priester ver=
trieben worden. Sie waren, wie wir sahen, mit den
Atlantiden Hyperes und Anthas nach Trözene und
Kalauria ausgewandert, wo sie ein kleineres posei=
donisches Gemeinwesen stifteten, eine Amphiktionie
der Seestaaten gründeten und ihre telchinischen Künste
weiter betrieben. Delos wurde darauf ein Hauptsitz
der Leto, der Artemis und des Apollo, und das
Orakel ging in ihren Besitz über. Apollo, heißt es,
hatte die Weissagung von Glaukos gelernt. Seitdem
spukte der heimatlos gewordne Glaukos, der zu An=
thedon ins Meer gesprungen war, als Gespenst im
ganzen Archipelagos und drüber hinaus. In einer
gewissen Nacht des Jahres schwamm er, von seinen
Meerkälbern begleitet, um alle Gestade und Inseln
und weissagte Unheil. Wenn die Fischer dann in=
mitten des Wogengetöses seine Stimme vernahmen,
duckten sie sich tief in ihren Kahn, räucherten ihm
und baten um Abwehr des Unheils. Oftmals hörte
man ihn, wie er auf einem Felsen sitzend in äolischer
Mundart sein Unheil bejammerte, daß er nicht sterben
könne, weil er vom Kraute der Unsterblichkeit ge=
gessen habe, und wie er böse Zeit, Viehsterbe und
Mißwachs weissagte.[2]

---

1) Arion fr. Anthol. lyr. Bergk. S. 261. — 2) Schol. in Plat.
rempubl. l. 10, S. 611 C.

Am allerberühmtesten und für Seeleute und See=
reisende am wichtigsten waren die von dem Atlan=
tiden Dardanos gestifteten Mysterien von Samothrake.
Wer nur immer die Propontis und den Pontus zu
befahren gedachte, besuchte die nicht weit vor dem
Eingange in den Hellespont gelegne heilige Insel, um
sich in die cäremonienreichen Geheimnisse der Kabiren
einweihen und entsündigen zu lassen. Der Eingeweih=
ten muß eine ungeheure Zahl gewesen sein. Selbst
die Römer hatten späterhin großes Vertrauen zu den
Göttern von Samothrake. Älter waren Einflüsse
von Etrurien her, wo in Pyrgi, der Hafenstadt von
Cäre=Agylla, die Seegöttin Mater Matuta oder
Leukothea ein berühmtes reiches Heiligtum besaß.
Samothrake war der letzte Zufluchtsort der Atlanten=
religion. Da Dardanos der Stifter des troischen
Reiches gewesen war, und die Römer sich durch den
Dardaniden Äneas von den Troern ableiteten, so war
Anlaß zu gegenseitiger Befreundung gegeben. In der
troisch=römischen Penatenreligion steckt Atlantisches.

Auch Samothrake muß durch die Frömmigkeit
seiner Besucher ungeheuer reich geworden sein. Hier
hat man den Schlüssel zu dem ungeheuern Reichtum
der Atlanten, der sie verdarb und ihnen zum Ver=
derben gereichte. Ohne Zweifel war mit ihrer Aus=
rottung und Vertreibung eine allgemeine Plünderung
ihrer Tempelschätze verbunden gewesen. Auch die un=
geheuern Schätze von Delphi, von Dodona, von Pyrgi
und vielen andern Heiligtümern verfielen in der Zeit
höherer Aufklärung der Säkularisation; Leute, wie
Phaläkos, Phayllos, Philomelos, der Tyrann Dio=
nysios von Syrakus, der die Seeräuberei im Großen
betrieb, verstanden sich darauf, die Götter kahl und
arm zu machen. Es gab Ruchlose, die so frech
waren, der Asebeia (der Gottlosigkeit) einen Altar zu
errichten.

In jenen alten Zeiten, wo die Menschen ein=
fältig und von lebhafter Phantasie waren, glaubten
sie alle Augenblicke einen Gott oder Dämon leibhaft
zu sehen. Man kennt davon noch eine ganze Anzahl
Wundergeschichten. Nun waren namentlich das Meer
und seine Tiefen voller Wunder. Es gab dort herr=
liche Paläste des Poseidon und der Seegottheiten,
Ställe für Seepferde, Gärten und Wiesengründe.
Man sah am Tage, wenn in der Ferne Seehunde
oder Wale auftauchten und Fische aufsprangen, mit
Leichtigkeit Seejungfern, Tritonen, wenn nicht gar
den Poseidon selbst mit seinem Gespann von See=
pferden, und hörte in der Nacht im Wogengeräusch
den Ton der Muscheltrompete des Triton, den Ge=
sang der Nereïden oder die hohle Simme eines Meer=
gottes. Noch in später Zeit erzählte man von Tri=
tonen, die das Meer hier oder dort ausgeworfen hätte.
Es mögen große Polypen gewesen sein, wie die See=
mönche, von denen man in neuerer Zeit wissen
wollte. Das Schiffervolk ist heute noch sehr aber=
gläubisch.

Der Steuermann und der Seher beobachteten
unausgesetzt die Gestalt und den Zug der Wolken,
den Flug der Vögel, den Strich der Winde, ihr Aus=
setzen oder Umschlagen, die Anzeichen nahenden
Sturmes. Homer, der überhaupt auf dem Meere
heimisch ist, Strandgegenden, Klippenufer, Meerstrudel,
die Umschiffung von Malea trefflich zu schildern weiß,
hat auch Seesturm, Ungewitter auf dem Meere und
andres lebhaft dargestellt. Auch Hesiod, der Sohn
eines Frachtschiffers, schildert, obwohl er sehr wasser=
scheu ist, Seesturm und herbstliches Unwetter. Er
findet den Tod in den Wellen schrecklich.[1] Wir
können uns denken, welche Furcht und welches Bangen

---

1) Op. et. d. v. 687, 691.

eine Reisegesellschaft ergriff, wenn der Himmel sich
drohend umzog, und die Sonne bleich wurde, wenn
ein Schauer über die seltsam hüpfenden Wellen fuhr,
wenn es in der Ferne blitzte, und wenn der Himmel
oben ganz finster und das Meer unten ganz purpur=
farbig und wie dunkler Wein wurde, wenn dann der
Sturm daherjagte und zischend und heulend in die
Segel fuhr. Dann begann die Arbeit der Matrosen,
das Einreffen der Segel, das Niederlegen des Mast=
baumes, dann holten die Reisenden ihre kleinen
Götterbilder hervor, beteten und schrien und heulten
und machten Gelübde, wenn ein Donnerschlag erfolgte.
Dann begann die Arbeit des Windbeschwörers; er
sang unausgesetzt seine Lieder und beschwor die am
feindlichsten blasenden Windgötter mit lauter Stimme,
rief auch den Poseidon, den Nereus, die Nereïden
und Dioskuren an. Ihr Zeichen war das elektrische
St. Elmsfeuer. Wenn es sich zeigte, waren sie zur
Stelle, und die Macht des Sturmes war gebrochen.
Nach dem homerischen Hymnus waren sie „Söhne
des Zeus, geboren zu Rettern der Menschen und
schneller Schiffe, wenn die Winterstürme sie über das
unbarmherzige Meer treiben. Die im Schiffe fahrenden
rufen sie betend herbei, indem sie auf dem hohen
Hinterdeck, das Wind und Woge ganz mit Wasser
bedeckt, weiße Lämmer opfern. Auf einmal erscheinen
sie mit rötlich flackernden Flügeln in der Luft, und
sofort besänftigt sich der Sturm und glätten sich die
weißkämmigen Wogen, herrliche Zeichen überstandner
Not den Schiffern. Bei ihrem Anblicke jauchzen sie.“[1]
Das waren die samothrakischen großen Götter, die
Aspinen der Jranier, Açvinen der Jnder, die über
Libyen den Weg nach Griechenland gefunden hatten.

Nach Hesiod waren die Nereïden Kymodoke

---

[1] Hym. Hom in Diosc.

(Wogenbrecherin), Kymatolege (Wogenlegerin), Amphitrite und andre beim Besänftigen der Winde und der Wogen hilfreich.[1]) In großer Not griff man auch zu Menschenopfern, wie z. B. die nach Lesbos fahrenden Penthiliden, die nach göttlicher Weisung dem Poseidon einen Stier, den Nereïden ein Mädchen opferten.[2]) Wenn alles verloren war, hatte der in Samothrake oder sonst wo Geweihte noch die Hoffnung, in Poseidons unterseeisches Paradies aufgenommen und ein Meergott zu werden. Er that den Todessprung, den Ino-Leukothea, Halia, Boline, die kretische Britomartis gethan hatten. Sie waren Göttinnen geworden und den Schiffbrüchigen hilfreich, wie z. B. Ino dem Odysseus. Leukothea (Weißblick) hatte wahrscheinlich ihren Namen vom ersten Lichtblick, der die brechenden Wolken durchdrang, wenn der Sturm ausgerast hatte. Etwas ähnliches bedeutet Mater Matuta, die Morgenmutter. Die Nereïden haben Namen von allem und jedem, was auf die Seefahrt Bezug hat. Amphitrite (die beiderseits Geriebene) ist wahrscheinlich das personifizierte, die Wellen durchfurchende Schiff selbst und also die Schiffsgöttin. Dann ist Thoe, die Schnelle, Kymothoe, die Wogenschnelle, Eulimene, die vom guten Hafen. Nesaie, Aktaie, Psamathe sind von der Insel, dem Strande, vom Sande, Galene und Galateia von der heitern Meeresruhe genannt; Eukrante hilft zum guten Ende der Fahrt, Pontoporeia begleitet die Fahrt selbst, Sao rettet, Hippothoe, Hipponoe, Menippe erinnern an den Roßgott, Euarne (wie auch die Okeanide Melobosis) an die libysche Schafzucht; Lysianassa gilt als Tochter des Epaphos und von Poseidon als Mutter des Busiris.

Hiermit haben wir erschöpft, was über den Po-

1) Hesiod, Theog. v. 252.   2) Plut. kympos. qu. 20.

seidonsdienst zu sagen war, und seinen libyschen, weiterhin asiatischen Ursprung außer Zweifel gestellt. Alle diese Götter und Heroen, Zeus Ammon, Atlas, Hermes, Perseus, Triton, Poseidon, Athene u. a., die man mit Einem Namen die Tritonischen nennen kann, gehören dem aus Afrika eingewanderten Volke der Leleger an und stehen mit dem Kult des pelasgischen Zeus und dem der aus Osten stammenden Demeter ursprünglich nur im ganz losen Zusammenhange. Diese Religion ist schon als Mischreligion nach Griechenland gekommen. Als Sternkundige, Mathematiker, Nautiker und überhaupt als Gelehrte besaßen die Atlanten natürlich ein großes geistiges Übergewicht über das zugewanderte Volk des Perseus und seine Magier. Durch Verbindung beider ging die erwähnte Mischreligion hervor. Die Sprache des Perseusvolkes, aus der die hellenische entstand, war der iranischen und indischen nahe verwandt, ebenso waren es ihre Gottheiten. Poseidon ist der Apâm Napât des Orontes, Pallas Athene die Anâhita, Perseus Thraêtaona-Traitana (Triton), die Nereïden sind die Nârjas, die Dioskuren die Aspinen. Der uralte Aphroditendienst ist syrisch-kyprisch, Apollo- und Dionysosdienst sind erst nach der Flut eingewandert. So ist die griechische Vielgötterei aus sehr verschiednen, ursprünglich ganz getrennten Bestandteilen zusammengewachsen und ein ganz künstliches Gemächt.

Siebentes Kapitel

Auflösung des Kolonialheeres in Spanien, Stiftung
des Numidenreiches; Anteil der Tyrier daran — Die
Völker der Sarden und Jolaer, Kriege auf Sizilien
und Sardinien — Teilnahme der Griechen daran —
Der hellenische Herakles und Jolaos

Die Vorstellungen, die wir von der Seekunde der
Atlanten und der Ausdehnung ihrer Seefahrt gewonnen haben, sind bei dem großen Mangel an bestimmten Nachrichten darüber sehr unvollkommen,
aber sie genügen, um uns erkennen zu lassen, daß
hier große Dinge in den Abgrund der Vergessenheit
gesunken sind, und daß die Geschichte der Menschheit
hier eine große Lücke hat. Atlanten hat es gegeben.
Die Zeit ihres Bestandes und ihrer Wirksamkeit fällt
in die sieben Jahrhunderte zwischen 2000 und
1300 v. Chr., ihre Blüte und höchste Macht gleichzeitig mit dem ägyptischen Weltreiche zwischen 1750
und 1300. In dieser Zeit haben sie unter ägyptischer
Oberhoheit einen Priesterstaat in Griechenland gegründet, und Poseidon ist der herrschende Gott nicht
bloß in den griechischen Gewässern, sondern offenbar
im ganzen Mittelmeere und selbst draußen im Ozean

gewesen. Daß auch die keltische Gesittung, das
Druidentum in Gallien und Britannien atlantischen
Ursprungs ist, haben wir oben nachgewiesen und
gezeigt, wie die dortigen Steinbauten, die auch in
Griechenland vorkamen, mit der Religion des Atlas
zusammenhängen. Daß sie untergegangen sind, wurde
uns mit klaren Worten berichtet; wie sie unterge=
gangen sind, haben wir eingänglich gezeigt. Es ge=
schah in einer großen Sündflut, d. h. infolge des
Zusammenbruches, den das ägyptische Reich unter
Menephthes II. erfuhr, und einer allgemeinen Em=
pörung gegen die Priesterschaften. Damals töteten
überall die „Töchter des Danaos" die „Söhne des
Ägyptos," die Kleinasiaten empörten sich, die Libyer
fielen in Ägypten ein, die Israeliten entzogen sich
der ägyptischen Herrschaft, die Unreinen fielen ein
und hausten auf das furchtbarste im Lande, und
ebenso ging es damals in Griechenland zu. Die
Folge dieses Zusammenbruches war die Entstehung
ganz neuer Reiche im Osten, Norden und Westen.
Die Hebräer eroberten das herrenlos gewordne
Kanaan, Deukalion stiftete in Thessalien das kleine
Reich von Phthia, das Stammland des bald sich
ausbreitenden Hellenentums; 1273 v. Chr. beginnt
das neuassyrische Reich, um dieselbe Zeit das neu=
baktrische, in dem um 1100 der Prophet Zarathustra
auftrat und ein neues Gesetz verkündete. Um dieselbe
Zeit scheint sich ein neuäthiopisches Reich mit der
Hauptstadt Susa gebildet zu haben und ebenso Lydien
selbständig geworden zu sein.

Um dieselbe Zeit war es auch, wo, wie Sallust nach
numidischen Quellen berichtet, Herakles in Spanien
starb und sein aus vielen Völkern, namentlich Medern,
Persern und Armeniern, bestehendes Heer sich auflöste.[1]

---

1) Sall. bell. Jug. c. 18.

Denn dieses Ereignis, offenbar durch den Sturz einer großen Macht hervorgerufen, die das südliche Spanien mit einem Kolonialheere bis dahin im Gehorsam erhalten hatte, gehört der Zeit vor dem Eindringen der tyrischen Phönizier an und hängt mit der Stiftung des Numidenreiches zusammen. Die Scharen dieser herrenlos gewordnen Krieger setzten nach Afrika über und stifteten unter Libyern und Gätulern, mit denen sie sich vermischten, verschiedne Herrschaften, die Meder und Armenier mehr unter den Libyern an der Küste des Mittelmeeres, die Perser südlicher unter den Gätulern draußen am Ozean, also im Lande der Atlanten von Tingis und Lixos. So entstanden die Völker der Mauren oder Maurusier und der Pharusier. Sie hatten sehr bald Städte und trieben mit Spanien einen lebhaften Handel. Die Perser oder Pharusier kamen schnell in die Höhe. Sie hatten großen Reichtum an Herden und wurden daher Numiden, d. i. Nomaden, genannt. Übervölkerung bewog sie, junge Leute ausheimisch zu machen. Sie zogen aus, eroberten das Land unfern von Karthago und gründeten so das numidische Reich.

Dies muß im dreizehnten Jahrhundert v. Chr. geschehen sein. Welche andre Macht könnte aber damals Spanien besetzt gehalten haben, als eben Ägypten? Wir erinnern hier an den ägyptischen Herakles in Gades. Ägypten muß also auch das Land des Geryones aus der Hand der Assyrier übernommen haben. Natürlich brach dann auch hier seine Herrschaft zusammen. Das war der Tod des Herakles. Er war Herr und König im Flußgebiete des Guadalquivir gewesen und hatte namentlich hier in Bätika viele Städte gegründet. Barcino, Tyrasona, Urgellum, Bracaria, Numantia, Eleona, Curunia, Gades, Carteja (Six), Asido, Callet, Searo, Carmo,

Caura, Orippo, Carisa, Bastigi — auch Ascua in
Nordspanien — schlugen sein Bild auf ihre Münzen:
auch waren ihm zu Gades, auf verschiednen Inseln
und Inselchen, auch drüben in Afrika Inseln, Altäre,
Höhlen geweiht. Was das für ein Herakles gewesen,
ob der kretische, assyrische, der ägyptische oder der
spätere phönizische, läßt sich bei diesen Stadtgrün=
dungen nicht ausmachen; die verschiednen Herakles
flossen hier in einen zusammen; so viel aber ist ziem=
lich klar erkennbar, daß das heutige Andalusien von
etwa 1900 bis 1300 v. Chr. stets ein durch Waffen=
gewalt gegen die wilden Umwohner geschütztes Tochter=
land des Ostens gewesen ist. Von den sichtbaren
Verbindungen Spaniens mit Kreta und Olympia
durch Herakles haben wir oben gesprochen.

Nun sehen wir auch, wohin die westafrikanischen
Atlanten gekommen sind. Sie wurden von den aus
Spanien gekommenen Maurusiern und Pharusiern
unterjocht, nicht lange darauf von den Numiden und
ihren Bundesgenossen, den tyrischen Phöniziern, auf=
gesaugt. Wir haben oben gesehen, wie König
Ramses III., der Proteus der Griechen, ums Jahr
1225 an der ganzen Küste Afrikas bis in die Gegenden
von Karthago hin Seezüge unternahm und dabei Städte
und Völkerschaften unterwarf oder züchtigte. Derselbe
König war auch im Archipelagos thätig. Sein Name
Proteus kommt vor zu Torone am Athos (Tiruna,
Atu) und in Lydien am Tmolos. Er war ein Freund
der Tyrier. Er räumte ihnen in Memphis einen
besondern Stadtteil — das Tyrierlager — ein. Es
lag südlich von dem berühmten Hephästostempel und
hatte in seiner Mitte das schöne und wohlgehaltene
Temenos (einen Park) des Proteus, worin sich ein
Tempel der fremden Aphrodite befand.[1]) Man kann

---

1) Herod. 2, 112 Diese Aphrodite war wohl die tyrische kuh=
köpfige Astarte, die der ägyptischen Hathor=Aphrodite entsprach).

annehmen, daß die Mehrzahl der Schiffe, mit denen er seine Seezüge unternahm, von den Tyriern gestellt wurde. Daher diese enge Verbindung und das Emporkommen der Tyrier im Westen, wo durch den Sturz der Atlanten die Schiffahrt in Verfall geraten war. Ins Jahr 1209 wird eine Gründung von Tyros gesetzt, die bei dem ungeheuern Alter der Stadt nur eine Neugründung oder bedeutende Vergrößerung gewesen sein kann.

Die Tyrier kamen dadurch im Westen in die Höhe, daß sie sich eng mit den vordringenden und sich ausbreitenden Numiden verbanden, sie wohl mehr mit Geld als mit Heeren unterstützten und sich in den uralten Atlantenstädten einnisteten, was man dann Gründungen nannte. Die ältesten waren Leptis, Hadrumetum, Utika. Dieses Verhältnis hat seinen typischen Ausdruck in der engen Freundschaft gefunden, die Herakles — d. h. der tyrische Melkarth — mit Jolaos, dem Stammhelden der Numiden, geschlossen hatte, ja es hat allen Anschein, daß die Numiden damals den Namen Jolaer (vielleicht von der Stadt Jol, westlich von Algier[1]) geführt haben. Denn die Jolaer waren ein wohlgeordnetes, mit Gymnasien, Burgenbau, Gerichtshöfen, dädalischen Kunstarbeiten vertrautes Kriegsvolk, das von der Nordküste Afrikas aus nach Sizilien und Sardinien übergesetzt war und dort Eroberungen gemacht hatte. Die Jolaer besaßen spanische Erinnerungen. Zu Agyrion auf Sizilien (westlich vom Ätna), in Diodors Vaterstadt, befand sich ein prächtiger Tempel des Jolaos und dabei ein Gehege des Geryones, beide von Herakles gestiftet.[2] Dieser Herakles war entweder der hellenische oder der tyrische Melkarth.

---

1) Iol, heute Tenez oder Tiuz zwischen Mostaganem und Scherschel. — 2) Diod. 4, 24.

Er hatte die ihm entgegentretenden Sikaner in einer
großen Feldschlacht besiegt und Leontini und Agyrion
gestiftet; in Agyrion genossen auch seine Feldherrn
noch zu Diodors Zeiten Heroenehre.[1]) Jolaos war
selbst in Sizilien gewesen, und von seinem Zuge
waren Leute zurückgeblieben, die vermischt unter den
Sikanern wohnten und als Edle bei ihnen in hohem
Ansehn standen. Ähnlich wie die Perser den Kyros,
so nannten auch die Libyer und die Sarden den
Jolaos Vater. Zu seinen Ehren feierten die
Agyrier, die, wie er gethan, als Edle lange Haare
trugen und sie nur auf göttliche Weisung schoren
und dann dem Jolaos weihten, alljährlich große mit
Schmausen und Zechgelagen der Freien wie der
Sklaven verbundne Kampfspiele.[2])

Sardinien, wo noch in geschichtlichen Zeiten die
halbwilden Sardo-Libyer in ähnlicher Weise wie
Homers Kyklopen lebten, war schon früher von Iberien
aus erobert worden. Der libysche Herakles Makeris,
der auch nach Delphi gekommen sein soll, hatte sie
unterworfen. Sein Sohn war Sardos, der Stammvater der Sarden, von dem die Insel den Namen
Sardo erhielt.[3]) Er wurde als Vater Sardos (punisch
Ab Sardan oder Shardan) verehrt.[4]) Nach Ptolemäos
lag sein Heiligtum an der Nordwestküste nicht weit vom
Kap Sardo bei der heutigen Stadt Sassari. Er war
wohl der Stifter des Soldatenvolkes der Sardonier
oder Sardanier, dessen grimme Lache schon Homer
kennt, der Schartana oder Schairutana, die auf
ägyptischen Denkmälern als wohlgerüstete, uniformierte
Kriegsleute abgebildet sind und sich wohl in einzelnen
Banden als Mietsoldaten, unter Umständen als Seeräuber, bis nach Syrien und Ägypten verbreitet

---

1) Ihre Namen waren Leukaspis, Pediakrates, Buphonas, Gau-
gatas, Skygaios und Kritidas. — 2) Diod. 4, 30. — 3) Ebenda 4, 24. —
4) Pauf. 10, 17, 2.

hatten. Sie gehörten zu den Empörern gegen
Menephthes II. und wurden mit einem ähnlichen
Volke, den Zakkaru, von Ramses III. in der Nähe
des Kaps Abukir in einer Seeschlacht geschlagen.
Ptolemäos setzt dort zwei Namen Chartanoi und
Zygritai an, die den obigen Namen zu entsprechen
scheinen. Daß man in Kolchis sardonische Leinwand
webte, haben wir oben erwähnt.

Später war Jolaos mit einem Heere aus Libyen
gekommen, hatte, wie man annehmen muß, die Sarden
unterworfen, sich der schönsten Gegenden bemächtigt
und darauf seine Leute angesiedelt. Er führte nun
Viehzucht, Ackerbau, Obst= und Olivenkultur ein und
vereinigte Iberer (die Sarden) und Libyer zu einem
Volke.[1]) So entstand das Volk der Jolaer, das die
schönen, fruchtbaren, aber im Sommer ungesunden
Ebnen oberhalb Kalaris (Cagliari) bewohnte. Als
Gott verehrten sie den auch nach Griechenland ge=
kommnen kyrenäischen Aristäos oder Abtuchos, der
außer den oben genannten Betrieben auch Bienen=
zucht und andre Künste einführte und hier zwei Söhne
Charmos (Freude) und Kallikarpos (Schönfrucht)
zeugte. Jolaos ließ auch aus Sizilien den Dädalos,
d. h. Künstler, kommen, die viele herrliche Kunst=
werke schufen. Er setzte auch Gerichtshöfe ein und
erbaute Gymnasien und mit Bildwerk geschmückte
Gewölbe (ϑόλοι), die sogenannten, der Insel ganz
eigentümlichen Nurhagen. Hieraus ersieht man wieder,
daß die Griechen einst durchaus nicht das Vorrecht
der höhern Gesittung besaßen, und daß die atlantische
Kultur Nordafrikas einen hohen Stand erreicht hatte.

Diese Nurhagen, die man der Reihe nach für
ägyptisch, punisch, für Hyksosgräber, Tempel des
Sonnengottes u. a. erklärt hat, sind kegelförmige,

---

1) Solin. 1, 61.

aus behauenen Steinen (Lava, Basalt, Trachyt) regel=
mäßig aufgemauerte Türme, die im Innern manchmal
zwei bis drei durch Wendeltreppen verbundne Stock=
werke und kleinere und größere Säle mit bienen=
korbartigen Gewölben, bis zu hundert Mann fassend,
enthalten. Man kennt noch etwa 4000 davon, die
meist in größern oder kleinern Gruppen beisammen
stehen und fast ausnahmslos in den fruchtbarsten
Teilen der Insel zu finden sind, wo einst die Jolaer
wohnten. Ohne Zweifel sind es Herrenhäuser und
Burgen der Häuptlinge gewesen, worin sie nament=
lich ihre Reichtümer verbargen. Sie haben ihr Vor=
bild wahrscheinlich in den steinernen Türmen, die nach
Diodor die libyschen Räuber in der Wüste an Fluß=
läufen erbauten, um ihren Raub in Sicherheit zu
bringen, und an den Türmen (τύρσεις) der Tyrrhener.
Wie diese mögen sie nicht selten Seeraub getrieben
haben. Denn in spätern Zeiten gerieten sie hart mit
den Karthagern zusammen. Mit großer Heeresmacht
drangen diese ein, schlugen die Jolaer, trieben sie in
die Berge, verwüsteten ihre Äcker und verboten unter
Todesstrafe den Wiederanbau der Pflanzungen.

Die Jolaer verwilderten in den Bergen völlig
und wurden ein gefürchtetes Raubvolk. Sie wohnten
in Höhlen und selbstgemachten Löchern und Klüften
und lebten, wie ihre Vorfahren, die Libyer, von der
Milch und dem Fleische ihrer zahlreichen Herden,
entwöhnt von der Kornfrucht. Sie waren sehr arm
und genügsam, trugen Umwürfe von Ziegenfell, hatten
als Gerät nur einen Trinkbecher und ein kurzes
Schwert.[1] Noch zu Pausanias Zeiten gab es auf
Sardinien Jolaer, die in Leibesgestalt, Ausrüstung und
Lebensweise ganz den Libyern glichen. Dadurch, daß

---

[1] Nik. Damasc. fr. hist. Σαρδυλι[...]τες.

sie fortwährend die ebnen Gegenden brandschatzten, machten sie den Karthagern und Römern viel zu schaffen, ohne daß es ihnen gelungen wäre, diese Diagêbren, wie sie hießen, unschädlich zu machen. Auch trieben sie Seeraub. Nach Strabo hatten namentlich die Pisaten in Etrurien viel von ihnen zu leiden. In ihrem Lande gab es Musmonen, d. i. Muflons, wilde Schafe mit Ziegenhaar, in deren Felle sie sich kleideten. Noch heute ist die Ziegenfelljacke (Mastruca) hie und da zu sehen. Sie wohnten im nördlichen und östlichen Teile der Insel in den sogenannten ungesunden oder rasenden Bergen und waren in vier Stämme, die Tarater, Sossinaten, Balaren und Akoniter, geteilt. Verschieden von diesen Jolaern waren wohl die östlich von Kalaris in den Bergen hausenden, wilden Jlienser, die als Troer galten. Heutzutage heißt dieser Strich Barbagia, früher Barbaria, von den vielen Verbern, die beim Einfalle der Vandalen übers Meer flohen und mit den Jliensern zu dem Volke der Barbaricini zusammenwuchsen. Eine Stadt Jliola lag an der Westküste. Erst spät vermochte das Christentum hier einzudringen.

Die eigentlichen Sarden wohnten Spanien gegenüber und waren allem Anschein nach vorwiegend Jberer, die mit Norax, einem Sohne des Hermes und der Erytheia, Tochter des Geryones, also aus Gades hierher gekommen waren und Nora gestiftet hatten. Durch den libyschen Makeris und Sardos wurden sie zu Sarden.

Der libysche Jolaos ist unzweifelhaft eine von dem griechischen, dem Neffen des griechischen Herakles ganz verschiedne Person und allem Anscheine nach ein König oder Fürst der von Westen vordringenden Numiden gewesen, der (um 1100 v. Chr.) den Kampf mit den aus Spanien eingedrungnen Sikanern auf-

nahm und Teile von Sizilien und Sardinien eroberte.
Bundesgenossen der Jolaer bei diesen Kämpfen waren
die phönizischen Tyrier, die sich dadurch Erlaubnis zur
Ansiedlung und große Handelsvorteile erwarben.
So wurden der libysche Jolaos und der tyrische
Herakles Melkarth unzertrennliche Freunde und
blieben es jahrhundertelang, bis die Karthager den
Numiden über den Kopf wuchsen und sie, wenn auch
nicht unterjochten, doch in die zweite Reihe drängten.
Im Grunde genommen waren die Tyrier nur Gäste
im Lande, und auch Karthago hatte einst Grundzins
an die Könige der Numiden gezahlt, die sich später
der Regel nach mit Töchtern der vornehmen Karthager
verheirateten. Dieses Verhältnis währte herab bis
zu den Zeiten der Micipsa, Hiempsal, Juba, Massi=
nissa. Die Karthager schwuren ihre Staatseide beim
Schutzgeiste der Stadt, bei Herakles und Jolaos,
bei Ares, Triton, Poseidon, Helios und Selene.[1]
Nach der Sage war also Herakles in Spanien
gestorben oder von Typhon in der libyschen Wüste
getötet worden, d. h. die viele Jahrhundert lange
Oberherrschaft über den Westen hatte ein Ende ge=
nommen. Herakles war also tot, aber Jolaos machte
ihn, wie es heißt, durch den Geruch einer Wachtel
wieder lebendig. Dies bezieht sich offenbar auf eine
Cäremonie des Festes, das man zu Tyros alljährlich
im Monate Peritios (Februar) zur Feier seiner
Wiedererweckung beging, wobei man ihm Wachteln
opferte.[2] Es war offenbar ein Freudenfest zur Er=
innerung an den mit den Numiden geschlossenen
engen Bund und die Gründung der tyrischen Herr=
schaft im Westen. Die Tyrier hatten Frühlingsluft
gerochen. Der tyrische Herakles war, wie gesagt,

---

1) Polyb. 7, 6, 9. — 2) Athen. 9, 47 (392). Jos. Antiq. 8, 5, 3
nach Menander.

der göttlich verehrte Stadtgründer, der wilde fell=
bekleidete Jäger Usôos, von dem Sanchoniathon er=
zählt, und dessen prächtigen Tempel Herodot gesehen
hat. Er hieß Melkarth, d. i. Melech kart, König der
Stadt. Die Griechen haben diesen nackten, mit Löwen=
haut und Keule gerüsteten Herakles den Phöniziern
entlehnt. Denn der hellenische, wie ihn z. B. Hesiod
einführt, war ein regelrecht mit Helm, Panzer, Schild
gerüsteter, auf dem Streitwagen fahrender Heros.

Nun ist merkwürdig, daß die beiden griechischen
Heroen Alkäos und Protesilaos, wie sie eigent=
lich hießen, der eine Sohn, der andre (durch seinen
Vater Jphikles) Enkel des Amphitryon aus dem
Geschlechte der Danaerkönige von Argos und Ägyp=
tiden, die Namen Herakles und Jolaos führen.
Wer an die Schwindelgeschichten des Odysseus, die
Unbekanntschaft der Griechen mit dem Westen und
die fast völlige Abgeschlossenheit ihres Landes von
der überseeischen Außenwelt glaubt, kann das nicht
erklären; wenn man sich aber von diesem Irrtume
befreit und eingesehen hat, daß den Griechen seit
uralter Zeit das ganze Mittelmeer mit allen seinen
Küsten und Inseln wohl bekannt war, so ist man
imstande, die allereinfachste Erklärung nicht nur
vermutungsweise zu geben, sondern auch durch klare
Zeugnisse zu bestätigen. Wenn sich Phönizier und,
wie das Auftreten des Aristäos zeigt, Kyrenäer an
den Kämpfen im Westen, in Libyen, Sizilien und
Sardinien beteiligten, so konnten das auch Griechen
thun. Es ist ganz augenscheinlich und wird hin=
länglich klar gesagt, daß die Danaer Alkäos und
Protesilaos Führer griechischer Banden waren, die
im Heere der Jolaer dienten und die erwähnten
Namen Herakles und Jolaos sich als treueste Waffen=
gefährten beilegten, weil das Verhältnis bereits
sprichwörtlich geworden war. Kastor und Polydeukes,

25*

Achilleus und Patroklos, Orestes und Pylades sind
ähnliche Beispiele.

Verbindungen dieser beiden Heroen mit Sardinien
und Sikanien sind da. Die namhafte Stadt Thespiä,
westlich von Theben am Fuße des Helikon gelegen,
deren Bürger besonders stramme Soldaten waren,
wie das ihre todesmutige Treue an den Thermopylen
zeigt, führten ihre Gründung auf einen König Thespios,
Sohn des athenischen Erechtheus, zurück. Er hatte
angeblich fünfzig Töchter gehabt. Mit diesen zeugte
Herakles, als er auf der Jagd des Kithäronischen
Löwen des Königs Gastfreundschaft genoß, fünfzig
Söhne, die Thespiaden. Offenbar eine statistische
Formel, wie die von den fünfzig Lykaoniden, den
fünfzig Danaïden, den sieben Atlantiden u. s. w.
Nun ist es merkwürdig, worauf Movers aufmerksam
gemacht hat, daß einzelne Töchter des Thespios
afrikanische Städtenamen tragen. Da ist Kirthe,
mit der Herakles den Jobes — einen maurischen
Juba — zeugt, die bekannte numidische Königstadt,
der Sitz Massinissas und Jugurthas, Cirta, das
heutige Konstantine. Die Thespiade Tiphyse ist
dann Tipasa, heut Tefesa oder Tefessad, zwischen
Algier (Jkosion) und Jol. Zahlreiche Ruinen zeigen,
daß es einst eine bedeutende Stadt war. Nach
Prokopius sollen in ihrer Nähe zwei Säulen ge=
standen haben, auf denen eine punische Inschrift be=
sagte: „Wir sind Flüchtlinge vor dem Angesichte
Josuas des Räubers, des Sohnes Nave." Ob das
eine Fälschung ist, lassen wir dahingestellt, aber die
Stiftung des Numidenreiches fällt wirklich in die
Richterzeit. Der Thespiade Tigasis entsprechen
Namen wie Tichasa, Stadt in Zeugitana, Tigis,
Stadt in Mauretania Cäsariensis, auch Tagasa.
Eine weitere Thespiade ist Klaametis. Kalamenthe,
Kalaminthe sind libysche Örtlichkeiten. Die männ=

lichen Namen Teles und Amastrios erinnern an
Tilion auf Sardinien, Tela, Thala, Tala, Amastor,
Amastrios, Amestratos in libysch=punischen Gegenden.
Thuspa oder Thuppa ist ferner eine Stadt im süd=
lichen Algerien. Wie nun, wenn der König Thespios
ein Numide von Abkunft und Thespiä eine libysche
Stiftung gewesen wäre? In Afrika hat die Sage
Sinn, wenn es hieße, Herakles (der libysche oder
tyrische) zeugte mit den Töchtern des Thespios,
d. h. den Städten des Landes, Söhne, d. h. Fürsten
und Stammväter von solchen.

Nun soll von Thespiä eine starke Aus=
wanderung nach Sardinien gegangen sein.
Als Alkäos Herakles, heißt es, mit den Kalyboniern
gegen die Thesproter gestritten und ihre Stadt Ephyre
genommen hatte, schickte er zu Thespios die Weisung,
sieben seiner Söhne (des Herakles) zu Thespiä zu behal=
ten, drei nach Theben zu schicken und die übrigen vierzig
nach der Insel Sardo zu entsenden.[1]) Von diesen
sieben thespischen Herakliden stammten sieben vor=
nehme Familien daselbst ab, aus denen die sieben
Demuchen als oberste Leiter des Gemeinwesens ge=
nommen wurden. Demnach waren auch die übrigen
dreiundvierzig Thespiaden edle Geschlechter.[2]) Der
Führer dieser Auswandrung war Protesilaos=Jolaos.
Dem Zuge schlossen sich viele andre Thespier, dann
Athener, ja sogar Ätoler und Lokrer an. Der Apollo
von Delphi verhieß ihnen ewige Freiheit in ihrer
neuen Heimat. Sie gründeten im Nordosten der
Insel im Grunde eines tiefen Meebusens die Stadt
Olbia, die Athener dabei gesondert eine Ortschaft
Ogrylle, nach ihrem Stifter Ogryllos genannt,
oder wohl richtiger von der attischen Ortschaft
Agryle in der Phyle Erechtheis.[3]) Thespiä war

---

1) Apollod. 2, 7, 6. — 2) Diod. 4, 29. — 3) Paus. 10, 17, 4.

eine Stiftung des Erechtheus. Offenbar fällt diese
Auswanderung in die Zeit der Eroberung und
Besitznahme Sardiniens durch die Jolaer. Solche
wurden durch die Aufnahme in den Staatsverband
auch diese Griechen. Nun sieht man auch, wie
Protesilaos zu dem Namen Jolaos kam; wenn aber
schon ein Menschenalter vor dem trojanischen Kriege
Sardinien den Griechen so bekannt war, daß sie eine
starke Kolonie dorthin absenden und sich an dem
Kampfe der Jolaer gegen die Sarden beteiligen
konnten, so leuchtet wiederum ein, daß Homer dem
Odysseus ganz leere Fabeln in den Mund gelegt hat.

Die beiden Danaerfürsten sind demnach als
Bandenführer zu betrachten, die sich an den Feldzügen des libyschen Jolaos beteiligten. Der Stifter
des numidischen Reiches war Sophax oder Syphax,
Sohn des „Herakles“ und der Tinge, d. h. der Stadt
Tingis, also von dem in Spanien gestorbnen Herakles
abstammend. Tingis, noch heute als Tanger der
wichtigste Seehafen Marokkos und seit alter Zeit
ein vielumstrittener und umworbner Ort, war, wie
wir gesehen, eine Gründung aaditischer Araber aus
der Zeit des Hyksoseinfalls, deren König die Umwohner unterworfen und besteuert hatte, und unzweifelhaft ein Hauptsitz von Atlanten. Sagen vom
Riesen Antäos, seiner Königsburg, den Hesperiden-
gärten waren hier zu Hause. Nach Plinius waren
die Mauren oder Maurusier, angeblich aus Spanien
herübergekommne Meder vom Heere des Herakles,
einst das vornehmste Volk in Tingitana gewesen,
aber, ebenso wie die benachbarten Massaisyler durch
Kriege aufgerieben, bis auf wenige Familien zu-
sammengeschmolzen.[1]) Das Land hatten jetzt Gätuler
inne. Strabo nennt sie ein großes und reiches

---

1) Plin. n. h. 5, 1.

libysches Volk, Spanien gegenüber und von den Eingebornen und von den Römern Mauren genannt.¹)
Offenbar hat man hier wie anderwärts zwischen den
echten, wenig zahlreichen Mauren und der großen
Masse des Volkes, auf die der Name überging, zu
unterscheiden. In der That waren nach Ptolemäus
die Umwohner von Tingis Maziken, d. i. Edelleute,
ebenso die von Jol, einer großen volkreichen Hafenstadt und Sitz des Königs Juba, der es zu Ehren
des Augustus Cäsarea nannte. Sehr möglich also,
daß die Jolaer von hier ausgegangen sind.

Sophax wurde ein großer Eroberer, Herrscher
Libyens und Ahnherr der mauretanischen und numidischen Könige, der Massinissa, Syphax, Micipsa,
Hiempsal, Juba, Abherbal, Bochos, Jugurtha u. a.,
die demnach Herakliden waren. Nach Jbn Kaldun
war Sophak der Vater aller Berber. Auch des
Sophax Sohn Diodoros war ein gewaltiger Krieger
und Eroberer, der über viele libysche Völker gebot
und ein Heer hatte, in dem auch Hellenen, namentlich Olbianer und Mykener dienten. Jene waren
also wohl Leute des aus Thespiä nach Sardo eingewanderten Jolaos, die andern des Alkäos, der
angeblich die in Spanien erbeuteten Rinder des
Geryones nach Mykene trieb. Nach Ptolemäus
hauste ein Stamm der Mykener im südlichen Algerien.
Es ist also sehr möglich, ja wahrscheinlich, daß der
Tirynthische Herakles und sein Neffe als Heerführer
im Westen mitgekämpft und sich eben dadurch einen
großen Namen gemacht hatten. Nun fallen auch die
griechischen Namen des Königs Diodoros, der auf
Libysch wohl anders hieß, und der zu Agyrion verehrten Heroen Leulaspis, Pediakrates, Buphonas,
Kritidas minder auf. Die Stadt Psophis in Arkadien,

---

1) Strabo 17, 3.

früher Erymanthos, dann Phegia genannt, aus der
der Dardanide Zakynthos nach der gleichnamigen
Insel gezogen und Ahnherr der Stifter von Sagunt
geworden war, hatte ihren spätern Namen von einem
sikanischen Weibe des Herakles, angeblich einer
Tochter des Eryx, mit der Herakles daselbst als
Gast des Lykortas zwei Söhne Echephron und
Promachos gezeugt und in der Pflege zurückgelassen
hatte.[1] Daß Psophis einen Tempel der erycinischen
Aphrodite hatte, ist bereits erwähnt worden. Herakles
war also offenbar aus Sikanien nach Psophis ge-
kommen. In dieselben Zeitläufe fällt der verunglückte
Seezug des Minos nach Sikanien gegen den König
Kokalos von Kamikos und die Zerstreuung der Kreter
ins Innere der Insel und nach Japygien, zuletzt die
Eroberung der Insel durch die aus Italien über-
gesetzten Sikuler, infolgedessen sie statt Sikania fortan
Sikelia genannt wurde. Es müssen damals schwere
Kriege gegen die aus Iberien gekommnen Sikaner
um den Besitz der Insel geführt worden sein.

Nun ist eine letzte Frage, wie der Amphityoniade
zu dem Namen Herakles gekommen und Erbe sämt-
licher Heraklessagen geworden ist. Wir haben schon
gesagt, Herakles, oder besser gesagt Erakles, war
eine Würde, ein Amt von höchster Bedeutung.
Herakles ist nicht König, aber Statthalter und Be-
fehlshaber zu Wasser und zu Lande in dem Kolonial-
reiche, da aber dieses unter den Schutz der Reichs-
gottheit gestellt ist, nimmt er übermenschliche Züge
an. Es hat ebensoviele Herakles gegeben, als es
mächtige Reiche und als es Statthalter und Feldherrn gab, die Völker unterwarfen, Eroberungen
machten, Straßen bahnten und schützten, Städte
bauten, Tempel und Orakel stifteten, Landstriche ent-

---

1) Pauf. 8, 24, 1.

wilderten. Wie viele verschiedne Herakles es gab,
haben wir gesehen; jedes erobernde und herrschende
Volk hatte einen solchen, und wenn man den Namen
eines großen Heerführers nicht mehr wußte, nannte
man ihn einfach Herakles. Die Nachkommen eines
solchen, sehr abliche und vornehme Leute, nannte man
Herakliden. Es gab darnach kretisch=kuretische, libysche,
phönizische, hellenische u. a., die alle ihren Ahnherrn
als Gott oder Halbgott verehrten und ihm Heroen=
ehre erwiesen.

Erakles, der durch gute Thaten berühmte, war
der ursprüngliche Titel, da aber Alkäos ein Argiver
und Schützling der großen Landesgöttin Hera war,
so nannte ihn die Pythia, als er nach Delphi kam,
Herakles.¹) Das Orakel, das früher, wie wir aus
einem andern Spruche ersahen, unter dem ägyptischen
Herakles von Kanobos gestanden, hatte ihn also
feierlich zu dieser Würde erhoben, die große Rechte
verlieh, unter anderm das Recht, Orakel zu gründen
und zu versetzen. Denn als ihn die Pythia nicht
vom Morde des Iphitos freisprechen wollte, hob er
den Dreifuß auf, um ihn nach Pheneos zu tragen.
Das Orakel aber hatte Grund, einen Herakles zu
ernennen. Denn nach seiner Rechtsanschauung ge=
hörten alle Länder im Westen dem Herakles, weil er
sie erobert hatte. Nun war der Sohn der Alkmene
ein Fürst, der sein Geschlecht durch Lynkeus und
Danaos auf die ägyptischen Könige zurückführte und
überdies das Blut des Kadmos und Pelops in seinen
Adern fühlte, also ein Mann, der beim Kampfe um
den Besitz des Abendlandes als Mitbewerber auf=
treten und seinem Vaterlande die größten Vorteile

---

1) Al. v. h. 2, 32. Ἡρακλῆν δέ σε Φοῖβος ἐπώνυμον
ἐξονόμαζεν, Ἥρα γὰρ ἀνθρώποισι γέρων κλέος ἄφθιτον
ἕξεις.

erringen konnte. Alle alten Heraklessagen knüpften
sich an das Kuretenlager im Haine Altis, und hier
war es, wo sie auf Alkäos übergingen, der Olympia
gründete, den Dienst des olympischen Zeus einführte,
das Orakel der Jamiden einrichtete und mit großer
Pracht die Kampfspiele zu Ehren seines Ahnherrn
Pelops erneuerte.

Achtes Kapitel

Die Insel Atlantis

Es hat also Atlanten gegeben. Wir haben gezeigt, in welchem Volksstamme sie wurzeln, woher sie gekommen sind, welchen Ursprung ihre Weisheit hatte, welche Künste sie besonders getrieben und ausgebildet haben, in welchen Jahrhunderten sie bestanden und mächtig gewesen, und wie sie dann, gleichwie die Chaldäer in der Flut des Noah-Xisuthros, in einer zweiten, der deukalionischen, untergegangen sind. Sie wurden in den Zusammenbruch des von Sesostris gegründeten ägyptischen Weltreiches und in den Sturz der ägyptischen Priesterschaft hineingezogen, die an die Stelle der babylonisch-chaldäischen getreten war und die geistige Führung der Welt übernommen hatte. Man irrt, wenn man glaubt, daß damals kein geistiger Zusammenhang zwischen den Priesterschaften der alten Völker, und trotz großer Zerrissenheit im einzelnen keine tiefer liegende Einheit des Menschengeschlechts bestanden habe. Alle die verschiednen gelehrten Priesterschaften, die Magier, die Brahmanen, die Atlanten, die Druiden, sind von einem gemeinsamen Mittelpunkte ausgegangen und haben den Gottesglauben

und die Weisheit der chaldäischen Urväter, der Noah,
Henoch u. a. zur Grundlage. Sie gehen in zweiter
Reihe auf den ägyptischen Thot-Hermes der Hirtenzeit
als den Grundgesetzgeber zurück. Was wir als Heiden-
tum bezeichnen, nennen die Araber mit Recht Sabis-
mus und verstehen darunter chaldäischen Sternen-
und ägyptischen Tier- und Bilderdienst. Der iranische
älteste Zoroaster, der indische Gesetzgeber Manu, der
atlantische, der hellenische, der keltische, wohl auch
der germanische Hermes-Merkurius gehen alle auf
den ägyptisch-chaldäischen Thot-Hermes zurück. Die
Städte Heliopolis, Memphis, Hermopolis u. a. waren
einst weitleuchtende Sitze priesterlicher Gelehrsamkeit.
Alle Zweige der Wissenschaft wurden dort betrieben,
freilich nach dem Maße der Erkenntnis jener Zeit
und stark vermischt mit dem, was man heute Aberglauben nennt; aber ist denn heutzutage die Wissenschaft, wenn sie auch seitdem ungeheure Fortschritte
gemacht hat, frei von Irrtum und Aberglauben?

Während wir über Ägypten, Iran, Indien u. s. w.
zahlreiche Kunden haben und uns über Religion und
Wissenschaft ihrer Priester und Gelehrten in fort-
schreitendem Maße unterrichten können, sind die Atlanten ein verschollener großer Name und die Atlantis
ein in die Tiefe des Meeres versunkenes Wunderland,
ähnlich jenen versunkenen Städten, deren Türme man
zu Zeiten im Grunde leuchten und deren Glocken
man läuten hört. Gerade wo man es am wenigsten
vermuten konnte, treten sie am kennbarsten hervor.
Wir haben gezeigt, daß Griechenland einst ein Priesterstaat der Atlanten war, daß sie dort einen Hauptsitz
am Kylleneberge und sechs andre Sitze besaßen, daß
sie das Pelasgerland durch das Gesetz des Hermes
regierten, daß sie die wenig hervortretenden Werk-
meister des Poseidonsdienstes und des damaligen hoch-
stehenden Seewesens waren, daß es namhafte Heroen-

geschlechter gab, die sich von ihnen ableiteten, sich
vornehmlich mit Seefahrt abgaben und namentlich
die Urheber der Besitznahme und Besiedlung Libyens
wurden. Wir haben auch gesehen, wohin sie gekommen
sind. Das Schlußergebnis ist dieses: die nicht mit
Unrecht so hoch gepriesene Gesittung der Hellenen beruht zum besten Teile auf der Wirksamkeit der Atlanten. Teukalion selbst, der Ge-
rettete aus der großen Flut, der Stammvater einer
neuen Menschheit, der durch seine Gesetzgebung die
Grundlagen des Hellenentums legte, war Priester
einer poseidonischen Atlantenstadt.

Da die Atlanten aus Libyen, namentlich dem
Lande am Triton, eingewandert waren, so kann man
Rückschlüsse auf ihre Thätigkeit im Westen, in Libyen
sowohl wie im Keltenlande, in Iberien und Britannien machen. Wenn die Druiden, wie kein Zweifel
ist, von ihnen abstammen, dann ist die keltische Gesittung eine Schwester der griechischen, und es fällt
Licht auf die Ursprünge der europäischen Kultur überhaupt. Sie stammen zunächst aus Afrika. Welche
andere Städte im Westen Sitze der Atlanten gewesen
sind, können wir aus Mangel an Nachrichten nicht
bestimmen, nur so viel ist klar, daß die hundert Städte
an den Syrten in erster Reihe stehen, und daß es auf
der Insel Kerkenah eine Atlantenstadt gab; die be-
rühmtesten Sitze ihrer nautischen Weisheit aber waren
jedenfalls die am offnen Ozean gelegnen Hafenstädte
Gades, Tingis und Lixos. So viel erkennt man, daß
man dort Fischfang und Seehandel im ausgedehntesten
Maße betrieb, daß man weithin die Küsten von
Afrika und andrerseits von Spanien, Gallien, Britannien befahren und Absiedlungen dahin geführt hat,
daß man die kanarischen Inseln gekannt und des
Fischfanges wegen weit hinaus ins Atlantische Meer
gefahren ist. Von dem Seewesen dieser Völker kann

man also keine geringschätzige Meinung haben. Weil man im Osten wußte, daß die Atlanten den Ozean befuhren, nannte man ihn den Atlantischen.

Wir kommen nun zu der Frage von dem verschollenen Festlande oder der ungeheuern in genanntem Meere gelegnen Insel Atlantis, die die Atlanten nicht bloß entdeckt und bevölkert, sondern von wo aus die dortigen Könige aus Poseidons Geschlechte über die Inseln, Spanien, Tyrrhenien gegen Griechenland und andrerseits über Libyen gegen Ägypten einen großen Kriegszug unternommen haben sollten. Wir werden sehen, daß hier grobe Mißverständnisse zu Grunde liegen. Jedenfalls ist die Vorstellung eines großen, von Menschen bewohnten Landes jenseits des Meeres vorhanden, und nach der Lage der Dinge könnte dies eben nur Amerika sein. Denn wer wird glauben, daß die riesige Atlantis spurlos ins Meer versunken sei? Es ist also die Frage: hatten die Atlanten Amerika entdeckt und dort Ansiedlungen gegründet, haben sie es kürzere oder längere Zeit hindurch besucht, und ist mit ihrem Sturze die Kunde davon verschollen, wie später die Kunde von der Entdeckung durch die Normannen verschollen ist?

Zuvor müssen wir indes einen Einwand, den man machen kann, näher besprechen. Die Ägypter und andre Ostvölker glaubten an ein im Westen gelegnes Totenreich. Amenti, Westen und Unterwelt war jenen ein Wort. Ihrem Glauben nach fuhren die Seelen der Verstorbnen im Sonnenschiffe nach Westen, wo, wie im Osten ein Paradies Aanuru lag, dann unter der Erde durch schreckliche Straforte hin, um am Tage der Neugeburt im Osten wieder heraufzukommen. Auch die Griechen glaubten an Inseln der Seligen und an ein Elysisches Feld im Westen, wo namentlich die verstorbnen Heroen wohnten — Kronos herrschte dort über sie —, ein Glaube, der sich aus geschichtlichen Verhältnissen erklärt. Nach dem Sturze der assyrischen Herrschaft im Osten hatten sich Reste davon im Westen, in Sizilien, Italien, Libyen erhalten; daher hieß es, dort herrsche Kronos. Man zeigte in Sizilien und andern westlichen Gegenden viele auf hohen Stellen gelegne Ruinen, die man Kronosburgen nannte. Kronos hatte sie erbaut, wohl befestigt und mit Besatzungen versehen,[1]) auch dort sehr viel milder und weiser regiert, als, wie es scheint, früher im Osten. Durch die Tyrier und Karthager kam übrigens der Kronosdienst hier wieder mächtig empor, und der des Uranos und Atlas trat ins Dunkel zurück.

So bildete sich denn im Osten der Glaube aus, daß Kronos im fernen Westen herrsche, und daß namentlich im Kampfe gefallene und gestorbne Heroen in sein Reich versetzt würden. Frei von Kummer und Sorge und aller Not wohnen sie unter ihm auf den Inseln der Seligen, am tiefströmenden Okeanos, und dreimal im Jahre trägt ihnen das Getreideland honigsüße Frucht.[2]) Dort wohnen Minos, Äakos, Rhadamanthys, Lykos, Kadmos, Peleus, Achilleus, Diomedes, Ajas, Menelaos u. a., ja wohl gar die Tyrannentöter Aristogeiton und Harmodios. Sie wandern, wie Pindar singt, den Pfad des Zeus zu des Kronos Burg (Tyrsis), wo die Inseln der Seligen okeanische Lüfte umhauchen, und goldne Blüten und Blumen flammen, diese auf herrlichen Bäumen, andre ernährt das Wasser. Hell leuchtet den Toten dort die Sonne, und ihre Vorstadt (an der Kronosburg) liegt auf purpurrosigen Wiesengründen lautern Weihrauchs und goldner Früchte voll. Sie ergötzen sich an Rossen, Leibesübungen, Brettspiel und Harfenklang. Ein lieblicher Duft erfüllt den Ort; denn stets verbrennen sie

---

koſtbare Wohlgerüche auf den flammenden Altären
der Götter.[1])

Alſo ein Paradies von Kriegern, wie Odins Wal=
halla, oder wie Jimas Reich für die Jranier. Wenn
Jima, der Gründer der großen viereckigen Stadt, wie
wir vermuteten, Ninus=Kronos iſt, dann reicht dieſe
Sage andrerſeits bis Jran und Jndien.[2]) Der Ge=
folgsmann geht ſeinem Herren nach. Später ſchob
man das Reich des Kronos weiter hinaus in das ſo=
genannte Kroniſche Meer fünf Tagereiſen weſtlich von
Britannien. Darin lag die Jnſel Ogygia und dahinter
noch drei andre, auf deren einer Zeus angeblich den
Kronos eingeſchloſſen hielt. Von Ogygia hat man
noch 5000 Stadien (125 Meilen) bis zu dem un=
geheuern Feſtlande, das das Meer im Weſten wie in
einem Kreiſe umſchließt. Die Jnſel des Kronos iſt
wunderbar herrlich und hat das lieblichſte Klima. Es
ſind Leute dort geweſen, die alles nicht im Traume,
ſondern leibhaft geſehen haben; denn die Gottheit iſt
ihnen erſchienen, und andre haben Geiſter geſehen
und Stimmen vernommen. Kronos liegt dort ſchlafend
in einer tiefen Höhle auf einen goldfarbigen Felſen
hingeſtreckt. Zeus hat ihm dieſen Schlaf als Feſſel
gewürkt. Auf der Spitze des Felſens ſitzen Vögel,
die ihm Ambroſia zutragen, ſodaß die ganze Jnſel
mit Wohlgeruch erfüllt wird. Geiſter, die Seelen
ſeiner Genoſſen aus den Tagen ſeiner Weltherrſchaft,
bedienen ihn. Sie erſcheinen den Menſchen, ſind pro=
phetiſch und ſagen viele Dinge, namentlich die Welt=
geſchicke und Staatsveränderungen vorher, und zwar
als Träume des Kronos. Denn was Zeus in ſeiner
Weisheit vorausdenkt, das träumt Kronos.[3])

---

1) Pind. Ol. 2, 125. Thren. fr. 1. — 2) Jima iſt hier als
Jama zum Könige der Unterwelt geworden. — 3) Plut. de fac. in
orbe lunae.

Noch Prokopius redet von der Insel Britia und
den Totenschiffern, die nächtlicherweile die Seelen
der Gestorbnen übers Meer fahren. Der schlafende
Kronos ist das Urbild der schlafenden Könige, Helden
und Heldenjungfrauen, wie Karl der Große, Friedrich
Rotbart, die Walküre Brunhild oder Sigrdrifa. Es
ist nun die Frage: ist die Atlantis ein Erzeugnis der
Träumereien vom Totenreiche oder nicht? Wir glauben
uns für das letztere entscheiden zu dürfen, wenn man
auch zugeben muß, daß solche Vorstellungen hineinge=
mischt worden sind. Denn sie gilt als ein wirkliches
Land wie andre und geradezu als vierter Erdteil und
ist von lebenden Menschen und Tieren bewohnt gedacht.
Träume würden eine so greifbare Gestalt schwerlich
angenommen haben, daß z. B., wie Marcellus be=
richtete, die Bewohner gewisser Inseln an der afrika=
nischen Küste sagen konnten: „Wir haben von unsern
Vorfahren vernommen, daß jenseits des Meeres ein
ungeheures Land liegt." Zudem beschäftigten diese
Träumereien vornehmlich nur die Völker im Ostlande,
während die Anwohner des offnen Weltmeeres, die
stets die nackte Wirklichkeit vor Augen hatten, nichts
von einer Herrschaft des Kronos auf den ihnen wohlbekannten kanarischen Inseln, vom Eingange in die
Unterwelt, Hainen der Persephone, von Okeanos und
Tethys u. a. wußten. Wenn die Atlanten demnach
sagten: „Wir sehen keine Träume," so verstanden
sie darunter wohl die ihnen zu Ohren kommenden
Fabeln der Ostländer. Selbst Homer schildert das
Elysische Feld, wohin Menelaos kommen soll, gar
nicht als Wunderland, sondern als ein Land wie alle
übrigen. Es hat ein mildes Klima ohne heftige
Regengüsse und Schneewetter, und die herrschende
Hitze wird gemäßigt durch einen frischen, vom
Ozean hereinwehenden Wind; der Lebensunterhalt
ist dort leicht zu erwerben. Das sieht so aus,

als ob die Griechen dorthin alle Tage hätten kommen
können.

Die Normannen unternahmen ihre Fahrten von
Island nach Grönland mit Ruderbooten, die etwa
fünfunddreißig Mann faßten; die drei spanischen Kara-
velen, mit denen Kolumbus ausfuhr, waren ohne
Zweifel auch nur höchst einfache Fahrzeuge; das uralte Ruderschiff jener atlantischen Zeiten, die Pente-
kratere, die Pallas und Danaos nach den Angaben
des Atlas gebaut, war keineswegs ein verächtliches
Fahrzeug. Wir haben darüber vor vielen Jahren
schon einen Aufsatz eines amerikanischen Fachmanns
gelesen. Ebenso die Epaktris des Minos, die spätere
Triere. Man hätte damit ganz gut das Atlantische
Meer überfahren können. Was der neuzeitlichen Entdeckung von Amerika vorherging, Antreiben fremd-
artiger Gewächse, fremder Menschen, vielleicht Rückkehr verschlagner Schiffer,[1]) konnte auch damals die
seekundigen Atlanten auf den Gedanken bringen, Ent-
deckungsreisen nach Westen zu unternehmen, zumal
ihr täglicher Ausblick auf den offnen Ozean lebhaft
ihre Neugierde erregen mußte, was jenseits davon
sei; wenn sie aber auch Amerika wirklich entdeckt
haben sollten, so ist es begreiflich, daß bei der Geheimniskrämerei jener Zeit und den Träumereien, die
in den Köpfen spukten, davon nur dunkle Kunden in
den Osten gelangen konnten, und daß nach dem Untergange der Atlanten die ganze Sache verscholl. Was
uns Plato im Kritias und Timäos berichtet, stammt
aus ägyptischer Quelle, und man kann sehen, daß

---

1) Diodor weiß von einer schönen, fruchtbaren Insel im Ozean,
die vom Sturme verschlagne Phönizier nach langer Irrfahrt entdeckt
hatten. Die Etrusker wollten sie in Besitz nehmen und besiedeln,
wurden aber daran durch die Karthager gehindert (Diod. 5, 20). Dies
könnte nur eine der Azoren gewesen sein, da die Kanaren als Inseln
der Seligen altbekannt waren.

man in Ägypten Bücher hatte, die sich mit den At=
lanten und ihrer Weltkunde beschäftigten. Jedenfalls
besaßen sie darin von Alters her einen großen Ruf.
Denn „Atlas kennt alle Tiefen des Meeres." Offen=
bar hatten die ägyptischen Priester, denen diese Kunden
zukamen, die Atlantis nicht für das Totenreich, son=
dern für ein wirkliches Land gehalten. Kritias läßt
uns darüber keinen Zweifel.

———

Die Möglichkeit läßt sich also nicht abstreiten,
daß die Westafrikaner im zweiten Jahrtausende v. Chr.
Amerika entdeckt hatten und mit ihren Schiffen längere
Zeit hindurch besuchten. Nun ist die Frage, ob sich
daselbst noch Anknüpfungspunkte an die Atlanten und
das, was wir über sie ermittelt haben, vorfinden
lassen. Trotzdem daß zwischen jenen Zeiten und der
Entdeckung des Kolumbus etwa 3000 Jahre mitten
inne liegen, wäre es doch immer möglich, wenn es
z. B. Steindenkmale in Amerika gäbe, die den nord=
afrikanischen und keltischen genau entsprächen. Stein=
denkmale giebt es in der That, z. B. auf der Halb=
insel Yucatan in Masse, und es ist nur die Frage, ob
sich darunter solche von echt atlantischer Form finden.
Auch auf den mexikanischen Pyramidenbau und über=
haupt auf die alte aztekische Kultur müßte man sein
Augenmerk richten; denn manches darin erinnert un=
verkennbar an Ägypten; am sichersten aber würde
man der Sache auf die Spur kommen, wenn man
das astronomische System der Mexikaner, ihre Sterne
und Sternbilder, Jahresrechnung genauer ermitteln
könnte. Es giebt, wie man weiß, einen berühmten,
in Bilderschrift abgefaßten Kalenderstein, auch kannten
die Mexikaner die genaue Orientierung und hatten
ähnlich wie die Ägypter Geister oder Götter der vier
Kardinalpunkte, die sogenannten, jetzt nach christlichen
Heiligen umgenannten Pahatunes. Es würde also

manches dafür sprechen, daß die Atlanten sich auf
den Antillen und im Grunde des mexikanischen Meer=
busens festgesetzt hatten, der ihnen, wie dem Kolumbus
später, in geradem Anlaufe lag, und daß sie von dort
aus weiter fahrend die Vorstellung eines großen, um
das Meer herumliegenden Festlandes gewannen, ohne
es indes zu umfahren.

Wir wissen, daß wir hier mit bloßen Möglich=
keiten rechnen, indeß durften wir sie wohl machen
und versuchen, diese wichtige Frage ins Reine zu
bringen. Wir haben gesehen, welch ein großer Zug
durch die Menschheit geht, und wie im Grunde der
mannigfachsten und buntesten Erscheinungen eine
geistige Einheit waltet, die die Völker des alten Kon=
tinents von Babylonien und Ägypten aus nach Osten
bis Indien hin und nach Westen bis an den Ozean
verbindet, eine Einheit der Religion und Wissenschaft
der himmlischen Dinge. Es wäre von Wichtigkeit,
wenn es sich herausstellte, daß auch die Anfänge
amerikanischer Gesittung auf gleicher Grundlage be=
ruhen. Wie gesagt, die Vorstellung von einem vierten
Erdteile ist klar und bestimmt ausgesprochen in einer
Erzählung des Älian, die er aus Theopompos ent=
lehnt hat, einem Schriftsteller, der über die saïtische
Stiftung Athens gehandelt hatte und dabei wahr=
scheinlich auf die Atlantis zu sprechen gekommen war.

Merkwürdigerweise war oben von einem Phryger
Atlas und seinen Weltsäulen die Rede, unter denen
die Wissenschaft der höhern Dinge zu verstehen sei.
Dies befremdet, weil Phrygien von Westafrika sehr
entfernt liegt, aber doch sind noch andre Spuren vor=
handen, die auf einen innern Zusammenhang der
Phryger, dieser uralten Nation, mit den Atlanten
führen. Diodor bringt Atlanten und Phryger durch
den Dienst des Uranos und der Göttermutter näher
zusammen, und in der That scheinen die Phryger

Anhänger der altchaldäischen Religion gewesen zu sein.
Denn ihre alte Geschichte kennt einen Buße predigenden,
wehklagenden König Annakos, in dem schon andre den
biblischen Patriarchen Enoch gefunden haben, denselben, den man auch für Atlas hielt; ebenso kannten
sie Noah und die Sündflut. Die Münzen von Apa-
mea Kibotos zeigen eine Arche (Kibotos), eine Taube
und einen Mann mit der Beischrift No. Auch Ikonium,
eine der Hauptstädte des Landes, hatte Sagen von
der Flut, von Perseus und Medusendienst. Große
Weisheit legten sodann die Phryger einem Berggeiste
Seilenos bei, der an einer Quelle belauert, sich an
dem dort hingestellten Weine berauscht hatte und dann
überfallen und mit Rosenketten gefesselt nicht eher los-
gelassen worden war, als bis er dem Könige Midas
viele geheime Dinge kundgethan hatte. Man versetzte
diese Geschichte nach dem asiatischen Phrygien, an die
Quelle Inna am obern Strymon und an das rosen-
reiche Bermiosgebirge im westlichen Macedonien.

So spricht denn auch Seilenos von der Atlantis.[1]
Europa, Asien und Libyen, sagte er, seien Inseln, die ringsum der Ozean umfließe, das
wahre Festland aber sei das, das außerhalb
dieser Welt liege, es sei unermeßlich. Es gebe
dort viele fremde Tiere, Menschen von doppelter
Größe, viele große Städte (Staaten), eigentümliche
Lebensarten und Gesetze, namentlich aber zwei große
Gemeinwesen, den Staat Machimos und den Staat
Eusebes. Nun folgen Träumereien; die Machimoi
(Streitbaren) und die Eusebees (die Frommen) sind
offenbar als die im alten Festlande gestorbnen Krieger
und Priester anzusehen, die dort im größten Wohlstande leben. Die Eusebeer verzehren, ohne pflügen
und säen zu dürfen, in stetem Frieden die von

---

1) Älian. var. hist. 3, 18.

selbst wachsenden Früchte der Erde. Gesund und frei
von Krankheit und Not sterben sie lachend und in
Freuden. Wegen ihrer Frömmigkeit werden sie häufig
von den Göttern besucht. Ähnliche Schilderungen
werden von den Hyperboreern entworfen. Die Streitbaren dagegen sind sehr kriegskundig, bekämpfen fortwährend die Umwohner und gebieten daher über viele
Völker. Sie sind zwei Millionen an Zahl, sterben
selten an Krankheit, sondern meist im Felde, und weil
sie unverwundbar sind, meist durch Steinwürfe. Gold
und Silber ist bei ihnen so gemein, wie bei uns das
Eisen. Einst unternahmen diese Streitbaren einen
großen Heereszug gegen unsre Inseln. Mit zehn
Millionen überschifften sie den Ozean und drangen
bis zu den Hyperboreern vor, kehrten aber aus Ver-
achtung um, weil es sich nicht lohnte, ein solches Land
zu erobern. Am äußersten Ende (im Westen?) bewohnte das Volk der Meroper zahlreiche und große
Städte. Dort ist der Ort Anostos (Heimkehrlos),
einem tiefen weder nachtfinstern, noch taghellen, sondern rötlich trüben Schlunde gleich. Zwei Flüsse,
Hedone (Lust) und Lype (Trauer), umströmen ihn. An
beiden stehen Bäume, hohen Platanen ähnlich, die
aber verschiedne Früchte tragen. Wer von denen am
Fluße Lype genießt, muß fortwährend weinen und
stirbt zuletzt daran, während die vom Flusse Hedone
alle Begierden und Wünsche einschläfern und ein rück-
wärtiges Leben herbeiführen. Der Greis wird so
wieder Mann, der Mann Jüngling, dann Kind, und
dieses geht dann ins Nichtsein über — eine stark bud-
dhistische Phantasie. Der Mythos von Phaeton und
seinen weinenden in Pappeln verwandelten Schwestern,
sowie von den korinthisch-koïschen Heliaden spielt hinein.

Neuntes Kapitel

Der Heereszug der Atlanten; Athen eine faïtische Stiftung

Der Neuplatoniker Proklos in seinen Erläuterungen zu Platos Timäos hält den Heereszug der Atlanten gegen Ägypten für einen Zug der bösen Geister der Unterwelt, die die Ägypter in den Westen (Amenti) versetzten. Ein merkwürdiger Heereszug! Wir wollen nun zum Schlusse zeigen, wie es sich damit verhält, und wie geschichtliche Ereignisse verdreht und ins Wunderbare gezogen werden können. Wir haben gesehen, daß wirklich — und zwar in genau bestimmbarer Zeit — ein Heereszug der Atlanten gegen Ägypten stattgefunden hat. Denn nach dem Regierungsantritt des unglücklichen Königs Menephthes II., der durch das Siriusjahr 1321 so genau bestimmt ist, wie der Anfang der Olympiaden, empörten sich die Libyer und fielen heerend in Ägypten ein. Diese Empörung aber machte den Anfang des namenlosen Unheils, das den Sturz der ganzen Herrschaft zur Folge hatte. Wunderbar wäre es also nicht, wenn die sehr abergläubischen Ägypter in diesem Einfalle der Libyer den Anbruch des der Neugeburt vorangehenden Weltunterganges gesehen und ihre Feinde im Bunde mit der ganzen Unterwelt geglaubt hätten. Wir haben gezeigt, daß die im Kritias geschilderte Atlantis gar nicht das Wunderland jenseits des Ozeans, sondern die westafrikanische mit ihren Elefanten, Schafen, Rossen, poseidonischen Königen ist. Folglich kam der im Timäos geschilderte Heereszug nur von dort, nicht von der Rieseninsel Atlantis. Damit löst er sich, wie er geschildert wird, in ein Traumbild auf, ohne daß indes jene eine bloße Fabel zu sein braucht.

Wie Plato erzählt, hatte Solon diese Geschichte zu Saïs, wohin er auf seinen Forschungsreisen ge= kommen war, aus dem Munde eines dortigen Priesters gehört, mit dem er sich über die Vorzeit seines Volkes unterhalten hatte. Wie Plato angiebt, bestand zwischen Athenern und Saïten eine alte Verwandtschaft und Vertraulichkeit, was ganz natürlich ist, weil Athen als Kolonie von Saïs galt und es in der That auch war. Was Otfried Müller und andre dagegen vor= bringen, beruht auf ganz falschen Ansichten. Denn die athenische Pallas ist, wie wir gezeigt haben, un= zweifelhaft die saïtische Stadtgöttin und keine andre. Wenn also Solon sich in Saïs aufhielt, so war er, der vornehme hellenische Edelmann, unter alten Stamm= verwandten und Gastfreunden und konnte sich zwang= los mit ihnen unterhalten. Als Solon dem erwähnten Priester von der Vorzeit seines Volkes und der ur= alten deukalischen Flut (damals etwa 700 Jahre zurück) erzählte, lächelte dieser über eine solche Jugendlichkeit und fing an nach ägyptischer Weise mit dem hohen Altertume seines eignen Volkes groß zu thun, dessen Anfänge 8000 Jahre zurückreichten. Dann spricht er, wie ein neuerer Naturforscher, von den durch die himm= lische Parallaxe bewirkten, wechselweis erfolgenden Weltverbrennungen und Sündfluten, gegen die die deukalionische natürlich nur ein Spaß gewesen sei.

In einer spätern Stelle sagt der Priester gar, die Göttin habe zuerst den Athenern ihre Wohlthaten erwiesen, dann den Saïten, und dies sei geschehen tausend Jahre vor der hier in Ägypten gemachten Staatseinrichtung. Wenn man unter dieser die Stiftung des ältesten ägyptischen Staates versteht, so würde Athen mit seiner Pallas demnach schon um 9600 v. Chr. gegründet worden sein und der Atlanten=krieg also bis vor 8600 zurückreichen, Solon aber nach dem Ausspruche desselben Priesters von dem sehr edeln und tapfern Heervolke abstammen, das damals die Sache Ägyptens verteidigte — ein vollständiger Unsinn, wie er ärger kaum gedacht werden kann.[1] Offenbar aber ist unter dieser Staatseinrichtung nichts andres zu verstehen, als die von Psammetich (655—610) eingeführte neue Ordnung der Dinge, durch die Saïs die Hauptstadt Ägyptens und seine Göttin die oberste Herrin des Landes wurde. Wenn nun Athen tausend Jahre früher ihre Wohlthaten genoß, so war es um 1650 v. Chr. gestiftet, in der Zeit, wo Amosis die Herrschaft des Landes an Theben gebracht hatte, und die natürliche Folge ist, daß der Atlantenzug in jüngere Zeiten fällt. Ohne weiteres also kann er mit dem Einfalle der Libyer von 1321 oder 1320 gleichgestellt werden.

Damit gewinnt die Sache ein ganz andres An=sehen, und alles, was der Priester weiter sagt, was aber Solon oder Platon gänzlich mißverstanden haben, erweist sich als gute geschichtliche Kenntnis, die die Saïten von ihrer überseeischen Tochterstadt hatten. Der Priester sagt mit klaren Worten etwa folgendes:

---

1) In der That machten Phanodemos und Kallisthenes Saïs zu einer Kolonie von Athen, ein Kunststück, wie es auch die Argiver mit Jo, Epaphos, die Pheneaten mit ihrem Hermes machten, indem sie die Sache umkehrten. Theopompos hat das Richtige. O. Müller, Orch. S. 107.

Wir kennen aus unsern Aufzeichnungen euer Land
und eure Stadt ganz wohl; denn sie ist von Saïs
aus gestiftet worden, und die Göttin, die ihr verehrt,
ist dieselbe, wie die unsrige. Athen war damals eine
sehr wohl eingerichtete ägyptische Gemeinde, in der
es (außer Priestern) Krieger, Handwerker und Feld=
bauer gab. Das Volk lebte unter dem Schutze der
Burg Kekropia, worauf sich der Tempel der Athene
und des Hephästos befand, und worin eine starke Be=
satzung von unsrer Kriegerkaste lag, die die Aufgabe
hatte, das an ihrem Abhange wohnende Volk der
Handwerker und Ackerbauer zu behüten und in Zucht
zu halten. Diese Krieger waren sehr stolze und tapfere
Leute. Denn in Ägypten ist der Kriegerstand abge=
sondert von allen andern Ständen und darf keine
andre Beschäftigung als das Waffenhandwerk treiben.¹)
Sie hatten auf der Nordseite der Akropolis ihre Ka=
sernen (gemeinschaftliche Häuser) und Winterspeise=
anstalten, im Süden Gärten, Gymnasien, Sommer=
syssitien. Das Land war damals weit schöner und
fruchtbarer, und der Hymettos wohlbewaldet, das
Volk unterwürfig und gehorsam. Die Krieger und
ihre Frauen und Töchter, die damals vielfach mit ins
Feld zogen, dienten der kriegerischen Pallas, die in
Ägypten die Bewaffnung mit Schild und Speer und
die kriegerischen Künste erfunden hatte.

Als die Atlanten nun ihren großen Heereszug
gegen Ägypten unternahmen, griffen sie auch (also
1321, nicht 8000 v. Chr.) Griechenland an und suchten
es zu unterwerfen. Da erprobte sich vor allen andern
die Treue und Tapferkeit der Athener; sie leisteten
tapfern Widerstand und retteten ihr Land für Ägypten.

---

1) Vgl. Herod. 2, 166, 167. Auch die eigentlichen Hellenen waren
Waffenadel und (wie die Thraker, Scythen, Perser, Lyder) Verächter des
Handwerkerstandes. Herodot nimmt an, die Hellenen könnten dies von
den Ägyptern gelernt haben.

Ihr Gebiet reichte von Attika aus bis an den Isthmos, den Kithäron und den Asopos. Später an einem „bösen Tage" ging dieses edle Kriegsvolk zu Grunde, das heißt Ägypten verlor den letzten Rest seiner Herrschaft in Griechenland. Solon und die attischen Eupatriden sind Überbleibsel von dem erwähnten Heervolke.

Nun stimmt alles genau. Wir sehen, wie die ganze Fabelei entstanden ist. Da die Libyer berühmte Seefahrer waren, so ist es glaublich, daß sie gleichzeitig dem Angriffe zu Lande auf Ägypten einen zweiten zur See gegen Griechenland unternahmen, zumal auch die Seevölker der Südküste Kleinasiens in Aufruhr waren und überall „die Töchter des Danaos" gegen „die Söhne des Ägyptos" sich erhoben. Mit andern Worten, es brach unter den Kolonialtruppen Empörung und Zwietracht aus, indem ein Teil der Burgbesatzungen sich auf die libysche, der andre auf die ägyptische Seite schlug und an ihr festhielt. In mythischer Sprache heißt das: Poseidon entzweite sich mit Athene. Denn damals wurde alles, was die Menschen thaten, ihren Schutzgöttern zugeschrieben. Nun aber war Poseidon vorwiegend der Gott der Libyer, die saïtische Athene die Göttin der Ägypter. In diesem Streite hatten sich die Kriegsleute der alten Atlantenstadt Maira getrennt und die Poseidonsdiener Mantinea, die Athenediener Tegea gegründet. Ähnlich hatten beide Götter in Athen und in Trözene um die Herrschaft gestritten, und es war die Frage gewesen, ob namentlich die erstere Stadt Poseidonia oder Athenai heißen solle. Dann hatten die Athenediener gesiegt, aber nun war, wie wir oben gesehen haben, zwischen den gleichberechtigten Männern und Frauen der Streit ausgebrochen, bis es den Männern gelang, die Frauen ihrer Vorrechte zu entkleiden.

Hierauf versuchte Hephästos, der Schutzgott des Handwerkerstandes, der Athene Gewalt anzuthun und

rang mit ihr, wobei ihm gewisse Tropfen auf die
Erde fielen, die, dadurch befruchtet, ein Kind mit
Schlangenbeinen gebar, das so häßlich war, daß die
Töchter des Kekrops bei seinem Anblick wahnsinnig
wurden und sich vom Burgfelsen herabstürzten. Das
heißt, in verständliche Sprache übersetzt, der zahlreiche
Handwerkerstand empörte sich gegen den Kriegerstand
(die Hopleten) und machte einen aus ihrer Mitte,
den krummbeinigen Erechtheus,[1]) zum Könige, der
namentlich den vornehmen Weibern einen großen
Abscheu erweckte, aber zuletzt Schiedsrichter zwischen
Poseidon und Athene und Stammvater des Königs-
geschlechts der Erechthiden wurde. Er versöhnte die
Götter und wurde beider erklärter Liebling. Poseidon
schenkte den Athenern das Roß, Athene den aus
Libyen stammenden Ölbaum. Plutarch wundert sich
darüber, daß Poseidon überall weiche, in Athen vor
Pallas, in Delphi (und Delos) vor Apollo, in Argos
vor Here, in Ägina vor Zeus, in Naxos vor Dionysos
und überall sanft und ohne Groll. Zu Athen stand
er im selben Tempel mit Athene und Lethe (Vergessenheit) vereint. Das Andenken an den Streit
der Götter wurde am zweiten Boedromion (Herbst-
anfang) gefeiert.[2])

    Nach einer nicht verächtlichen Nachricht war
Athen im Jahre 1582 v. Chr. gegründet worden,[3])
und zwar von dem Saïten Kekrops, der die Burg
Kekropia baute, dem aus dem Lande gewichnen
Kronos Sühnopfer brachte und einen sehr milden,
blutlosen Opferdienst einführte. Natürlich brachte er

---

1) Krumme Beine, schlechte Haltung, blasse Gesichtsfarbe waren
die vom wohlgewachsenen, sonnengebräunten Abel verspotteten Kennzeichen des Handwerkerstandes. Deshalb war Hephästos lahm. —
2) Plut. Sympos. quaest. 6. — 3) Schol. Aristoph. Plut. 773. Ctfr.
Müll. Orch. S. 108.

die faïtische Athene mit. Wenn die angegebne Jahres-
zahl richtig ist, dann würde Athen unter dem kraft-
vollen Könige Thutmoses III. gegründet worden sein,
sieben Jahre vor der schließlichen Vertreibung der
Hyksos aus Avaris, der die Wiederherstellung der
ägyptischen Herrschaft durch große Feldzüge folgte.
Ohne Zweifel war Kekrops, den nur athenischer
Dünkel, die Sage vom Erechtheus nachbildend, zum
Erdgebornen gemacht hat, Anführer eines Teiles der
im saïtischen Nomos angesiedelten Kriegerkaste,[1]
die allem Anscheine medopersischen und nicht ägyptischen Stammes war, zugleich aber Führer einer
starken Auswandrung ägyptischer Handwerker. Denn
Saïs war, so viel man sehen kann, seit alter Zeit
eine große gewerbfleißige Stadt, und Ägypten ein
übervölkertes Land. So ist denn Athen von Hause
aus auf Gewerbfleiß angewiesen gewesen und hat
eine starke Bevölkerung von Schmieden, Zimmerleuten,
Webern, Sattlern, namentlich aber von Töpfern gehabt, die alle unter dem Schuhe des Hephästos, d. h.
des ägyptischen Phtha standen, der in Memphis als
Weltbildner verehrt wurde und in Saïs mit Neit-
Athene eng verbunden war. Die Handwerker bildeten
eine Kaste oder Gilde, den Stand der Demiurgen
oder Argaden. Athene bedeutet die Nichtstillende,
Nahrungslose (als Jungfrau) und Athenai eine
Stadt, die wegen Magerkeit des Bodens nicht von
Viehzucht oder Ackerbau, sondern von ihrer Kunst-
fertigkeit lebt.[2]

Die athenischen Ergaden hatten einen besondern
Stolz. Sie nannten sich Cheironakten, d. h. Hand-
fürsten, eine Kunstfertigkeit Cheironaxia, und die

---

1) Herod. 2, 166. — 2) Ἀ-θήνη von θάω stillen, nähren,
vgl. τιθήνη Amme, εὐθηνία Nahrhaftigkeit, Wohlergehen, γαλα-
θηνός, milchsaugend, jung, zart.

Athener wurden als das cheironaktische Volk an-
geredet.[1]) Dieser Stolz hatte also wohl darin seinen
Grund, daß Erechtheus aus ihrem Stande entsprossen
war, der den Streit der Götter geschlichtet, das Land
von der Herrschaft Amphiktyons (d. h. der thessalischen
Amphiktionen) befreit, der Athene auf der Burg einen
Tempel gebaut hatte, als Plebejer selbst ihr und des
Poseidon Priester geworden war, die Panathenäen gestiftet, die Silbergruben von Laurion eröffnet hatte und
im adlichen Viergespann gefahren war. Wenn es heißt,
daß sich die deukalionische Flut zu Athen im Tempel
des olympischen Zeus verlaufen habe, so dürfte dies
unter ihm geschehen sein. Jedenfalls war er ein
Staatsordner und Gesetzgeber und lange vor Theseus,
den man dazu machte, der Vorläufer der athenischen
Volksfreiheit. Schon Homer kennt ihn als besondern
Liebling der Athene, die ihn in ihrem gefeierten
Tempel (als Priester) eingesetzt hatte.[2]) Er hatte auf
der Akropolis ein Heroon, das noch heute vorhandne
Erechtheion. Darin befanden sich drei Altäre, einer
des Poseidon, auf dem man auch dem Erechtheus
opferte, ein zweiter des Butes (Rinderhirt), Athene-
priesters und Stammvaters des Priestergeschlechts der
Butaden und Eteobutaden, und ein dritter des
Hephästos.[3]) Erichthonios (Bodenadel) mag der
Heroenname des Erechtheus und ihm die landhütende
Schlange unter dem Schilde der Athene heilig gewesen sein.

In einer Hungersnot, heißt es, ließ er Getreide
aus Ägypten kommen,[4]) und nach Diodor war Peteos,
der Vater des Menestheus, der die Athener vor Troja
befehligte und ein ausgezeichneter Mann war, Rosse

---

1) Sophokl. fr. inc. 60. — 2) Il. 2, 547. Od. 7, 82. — 3) Paus. 1,
26, 6. — 4) D. Müller Orch. S. 108.

und schildgewappnete Männer zur Schlacht zu ordnen,[1] ein Ägypter. Hiernach scheint es also in der That, daß Attika noch um die Zeit des trojanischen Krieges mit Ägypten in politischer Verbindung gestanden hat. Warum sollte dies nicht auch möglich gewesen sein? Ja besondre Anzeichen sprechen dafür, vor allem der von Herodot und Thukydides hervorgehobne Umstand, daß Attika lange Zeit hindurch eine Sonderstellung einnahm. Denn während im übrigen Griechenland alles drüber und drunter ging und die Aufstörungen und Wanderungen und der Wechsel des Besitzes gar nicht aufhörten, erfreute sich Attika ungestörter Ruhe und wurde wiederholt und bis zur dorischen Wanderung der Sammelplatz der Heimatlosen. Thukydides erklärt sich diesen Umstand aus der Magerkeit des attischen Bodens, der die Begehrlichkeit der andern weniger gereizt habe, aber diese Erklärung befriedigt wenig; nehmen wir dagegen an, daß Attika damals noch unter ägyptischer Hoheit stand, so war es neutraler Boden, und dann erklärt sich alles vortrefflich.

— —

Auf diesem Umstande, daß die Athener in den Stürmen der allgemeinen Auflösung stets ihre Stadt behauptet haben und nie, wie die meisten andern, vertrieben worden und in der Fremde gewesen sind, beruhte ihr Anspruch und ihr großer Stolz auf Autochthonie, der sich später überspannte und von den Demagogen und Volksrednern unausgesetzt angestachelt wurde. Wenn sie der unwissenden Menge einredeten, die Athener seien ein ganz reines, mit fremdem Blute unvermischtes Volk und die reinsten aller Hellenen, so ist dies ebenso übertrieben, wie etwa heute, wenn ein amerikanischer Stumpredner mit dem Angelsachsentume seiner Landsleute prahlt. Es würde uns zu weit

---

1) Il. 2, 553. 4, 327.

führen, wenn wir zeigen wollten, wie viele Ver=
mischungen mit fremden Völkern in Attika stattge=
funden haben.

Der ägyptische und saïtische Ursprung Athens
steht also außer Zweifel. Wenn Otfried Müller ihn
leugnet und alles auf eine spätere Fabelei von
Grammatikern zurückführen will, so verkennt er ganz
die massiven Grundlagen der Überlieferung. Wir
haben darüber schon ausführlich gesprochen und ge=
zeigt, wo der Fehler liegt. Griechenland hat sich
nicht aus sich selbst und fast ohne Zusammenhang
mit der Außenwelt entwickelt, sondern hat von Anfang
an mitten im lebhaftesten Völkerverkehr gestanden,
und selbst die Hauptmasse seiner gesitteten Bevölkerung
gehört nicht seinem Boden an, sondern ist einge=
wandert. Man kann recht wohl die einzelnen, teil=
weise ganz verschiedenartigen Bestandteile nachweisen,
aus denen das Hellenenvölkchen erwachsen ist. Man
hat nur dem Ursprunge der einzelnen Götterdienste
nachzugehn. Als autochthonisch erweist sich nur der
Dienst des Zeus, der Hera, der Nymphen und des
uralten arkadischen Pan, der einem Stamme von
Ziegenhirten angehört hat. Mit dem Ackerbau wan=
derte aus Assyrien der Dienst der Demeter, der
Persephone, des Hades ein. Den Aphroditendienst
haben syrische und kyprische Dirnenhändler zu=
gebracht. Dann kam mit ägypto=libyschen Kriegs=
leuten der große Kreis der atlantisch=tritonischen
Gottheiten, namentlich Poseidon und Athene, worüber
wir ausführlich gesprochen haben. Noch jünger ist
die Einwanderung des Apollo= und Artemisdienstes,
und am jüngsten, wie zugestanden ist, der des Diony=
sos, der mit dem Weinbau aus Thrakien kam.

Wenn nun Athen eine saïtische Stiftung war,
so war auch die des Areopages eine solche. Damit

ist gesagt, daß, wie das sehr natürlich ist, auch ägyp=
tische Priester an dieser Stiftung teilgenommen hatten.
Der Areopag war ein wohlorganisierter Gerichtshof,
der in Fällen von Mord und Todschlag entschied und
von ältestem, priesterlichem Ansehn, wie kein andrer.
Die ältesten Areopagiten waren Eupatriden und ein
im Besitze uralter ungeschriebner Satzungen befind=
licher Priesteradel. Diodor macht ausdrücklich auf
die Ähnlichkeit des Areopags mit den höchst würdig
und förmlich verfahrenden ägyptischen Gerichtshöfen
aufmerksam. [1]) Auch war das ägyptische Verfahren
in Fällen unbeabsichtigten Todschlags dem griechischen
sehr ähnlich. Wie hier, mußte der Schuldige fliehen,
eine Bußzeit durchmachen, sich entsündigen lassen —
es geschah durch die Gymnosophisten (Einsiedler)
der Thebaïs — und dann am Grabe des Erschlagnen
ein Opfer bringen. In Ägypten stand das Recht=
sprechen nur den Priestern zu, und davon muß sich
auch das hohe Ansehn des Areopags herschreiben.
Wenn der saïtische Priester dem Solon sagte, er
(Solon) und die Athener (d. h. die Eupatriden) seien
nur ein schwacher Rest jener edeln und vornehmen
Menschenart, die einst in Athen gewohnt hätte, so kann
man annehmen, daß er auch an die Areopagiten dachte.
Solon begab sich eigens nach Ägypten und nament=
lich nach Saïs, um die dortige uralte und hochbe=
rühmte Gesetzgebung kennen zu lernen, und entlehnte
davon auch manches, z. B. das Gesetz über den Nach=
weis des ehrlichen Erwerbes. Er ging also an die
alte Quelle zurück. Er sowohl wie Plato glaubten
offenbar an den saïtischen Ursprung ihrer Vaterstadt,
oder vielmehr sie wußten ihn. Denn der beiden
Städten gemeinsame Pallasdienst setzt es außer
Zweifel.

---

1) Diod. 1, 75.

So viel von den Atlanten. Wir sind nach Kräften bemüht gewesen, die zersprengten und weit verstreuten Trümmer der Überlieferung zu sammeln, zu ordnen und zu erklären, um uns wenigstens ein Bild zu machen, aus dem man ersehen kann, was verloren gegangen ist, und welch große Lücken unsre Kenntnis des höhern Altertums bei näherer Betrachtung zeigt. Wir haben gesehen, daß die Anregung und Aufhellung dieser Frage tief hineingreift in die ältesten Verhältnisse des afrikanischen und europäischen Westlandes. Während auf der einen Seite die Chronologie des zweiten Jahrtausends v. Chr. einen festen Grund erhielt, fiel auf der andern ein bedeutendes Licht auf die Ursprünge des Hellenentums. Es handelt sich darum, ob es gelingt, sie ihrer mythischen Hülle zu entkleiden und der wirklichen Geschichte zurückzugewinnen. Wir setzen nach bestimmter Angabe den Einfall der Herakliden in den Peloponnes ins Jahr 965 v. Chr., folglich (mit Thukydides) die Einnahme von Troja 80 Jahre früher, ins Jahr 1045. Zwischen diesem Zeitpunkte und der deukalionischen Flut liegen also 250 bis 260 Jahre, ganz in Übereinstimmung mit den sieben bis acht Menschenaltern, die die verschiedensten Fürstenreihen ergeben. Dies war die eigentliche Heroenzeit.

Druckfehlerberichtigung

Seite 18 Anm. 3 lies „Agam. v. 869" statt 164.

„ 19 Anm. 2 lies „Hef. op. et d. v. 169" statt Hef. c

„ 27 Anm. 3 lies „Plin. n. h. 7, 57" statt 55.

„ 29 Zeile 12 und 11 v. u. lies „wurden, nahmen."

„ 32 Zeile 12 lies „Abimael" statt Alimael.

„ 41 Anm. 1 lies „75" statt 71.

„ 51 Zeile 1 oben lies „Hause" statt hause.

„ 109 Zeile 7 v. o. lies „Ptolemäus" statt Plotemäus.

„ 123 oben lies „Emblem" statt Enklem.

„ 124 Anm. lies „im arkabischen Tegea" statt in arkabischen Tegen.

„ 174 Zeile 3 lies „γλαυκούς" statt γααυκούς.

„ 223 Zeile 10 v. o. lies „der Atlanteer" statt des.

„ 289 Zeile 1 lies „Saken" statt Saben.

„ 350 Zeile 7 lies „von" statt vor.

— Neuigkeiten —
aus dem Verlage von Fr. Wilh. Grunow in Leipzig

Zugleich erscheinen

Leopold von Rankes Leben und Werke
von
Eugen Guglia

Broschirt 4 Mark

Weder Kommunismus noch Kapitalismus
Ein Beitrag zur Lösung der europäischen Lage
von
Carl Jentsch

In Leinwand gebunden 4 Mark 50 Pf.

Von demselben Verfasser sind im Herbst 1892 erschienen

Geschichtsphilosophische Gedanken
Ein Leitfaden durch die Widersprüche des Lebens

In Leinwand gebunden 4 Mark 50 Pf.

Wahrer Adel

Ein Zeitbild
von
J. Scheibert
Major z. D.

Broschirt 1 Mark

Wie kam es doch?

Ein von Eugen Richter vergessenes Kapitel
Aus glücklich bewahrten Briefen

Broschirt 1 Mark

Die Judenfrage eine ethische Frage
von
Leopold Caro

Broschirt 1 Mark

Die Juden
und die deutsche Kriminalstatistik
von
W. Giese

Broschirt 1 Mark

━━ Neuigkeiten ━━
aus dem Verlage von Fr. Wilh. Grunow in Leipzig

Schlaraffia politica

Geschichte der Dichtungen vom besten Staate

Broschirt 2 Mark, gebunden 3 Mark

Das Judenchristentum

in der religiösen Volkserziehung des deutschen Protestantismus

von

einem christlichen Theologen

Broschirt 2 Mark

Drei Monate Fabrikarbeiter

und Handwerksbursche

von

Paul Göhre

Broschirt 2 Mark, gebunden 3 Mark

Allerhand Sprachdummheiten

Kleine deutsche Grammatik des Zweifelhaften, des Falschen und des Häßlichen

von

Gustav Wustmann

Gebunden 2 Mark

Neuigkeiten
aus dem Verlage von Fr. Wilh. Grunow in Leipzig

Der Himmel auf Erden
in den Jahren 1901 bis 1912
von
Emil Gregorovius
Broschirt 1 Mark, gebunden 1 Mark 50 Pf.

Burschen heraus!
Die heutigen studentischen Korporationen und ihre Zukunft
Broschirt 1 Mark

Aus dänischer Zeit
Bilder und Skizzen
von
Charlotte Niese
Zierlich gebunden 3 Mark

Bilder aus dem Universitätsleben
von einem Grenzboten
In Lederpapier broschirt 2 Mark 40 Pf., gebunden 3 Mark

Skizzen aus unserm heutigen Volksleben
von
fritz Anders
Gebunden 3 Mark 60 Pf.

Druck von Carl Marquart, Leipzig

Atlantis

und das Volk der Atlanten

Atlantis

und das Volk der Atlanten

Ein Beitrag zur 400jährigen Festfeier
der Entdeckung Amerikas

von

A. F. R. Knötel

Leipzig
Verlag von Fr. Wilh. Grunow
1893

Inhaltsverzeichnis

Erstes Buch

Zweites Buch

Drittes Buch

Viertes Buch